防線失序
Collapsing Front

邱吉爾
記錄全球潰敗時刻

從新加坡淪陷到北非困局
政局動盪與軍事壓力同步襲來

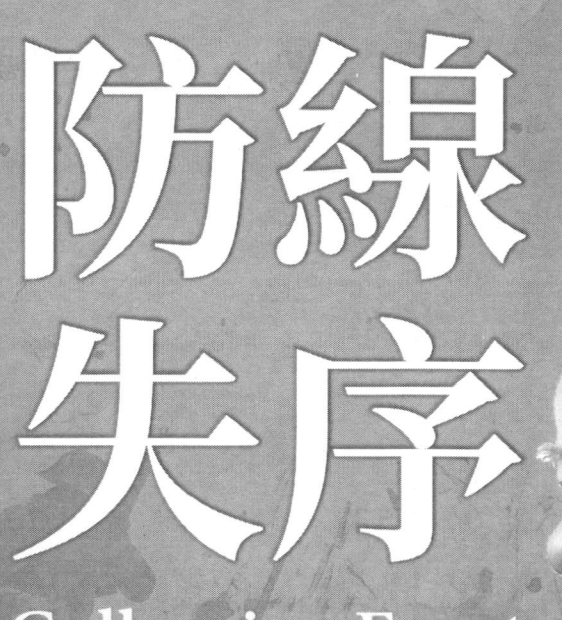

(Winston Churchill)
溫斯頓・邱吉爾 著
伊莉莎 編譯

從新加坡失守到緬甸危機，戰局迅速惡化！
盟軍信任動搖、國會壓力升高，戰爭進入最艱困時期
邱吉爾在外交、軍事與國內政局中尋求戰略突破的全過程

# 目錄

致謝 …………………………………………… 005

序言 …………………………………………… 007

大洋洲的防務隱憂 …………………………… 009

沙漠戰線遭受挫敗 …………………………… 025

馬來亞遇重大損失 …………………………… 039

國會面對信任考驗 …………………………… 059

內閣架構的再調整 …………………………… 071

新加坡全面潰敗 ……………………………… 087

潛艇在海上橫行 ……………………………… 101

印尼群島失守告急 …………………………… 119

緬甸戰局日趨嚴峻 …………………………… 135

孟加拉灣形勢緊張 …………………………… 153

艦船短缺的戰略危機 ………………………… 169

印度局勢與克里普斯 ………………………… 183

馬達加斯加戰略布局 ………………………… 199

美國於海戰中得勝 …………………………… 215

目錄

北極護航行動關鍵 …………………………………… 227

制空力量逐步增強 …………………………………… 245

馬爾他與北非戰事 …………………………………… 257

聲援第二戰場壓力 …………………………………… 279

莫洛托夫的訪問 ……………………………………… 291

制定整體戰略方向 …………………………………… 307

隆美爾發動反擊戰 …………………………………… 319

第二次訪問華盛頓 …………………………………… 333

國會再陷信任危機 …………………………………… 347

第八軍陷入困局中 …………………………………… 363

決策「火炬」作戰 …………………………………… 379

開羅旅行及司令部重組 ……………………………… 399

致謝

　　我再次向協助我完成著作的諸位好友致以感謝；他們包括：陸軍中將亨利‧波納爾爵士、艾倫海軍准將、迪金上校、愛德華‧馬什爵士、丹尼斯‧凱利先生和伍德先生。同時，我也感謝那些審閱過原稿並提供意見的其他人士。

　　也感謝伊斯梅勳爵與其他友人持續對我伸出援手。

　　承蒙英王陛下政府允許複製部分官方文件，該文件的皇家版權由英王陛下政府文書局所擁有，謹此感謝。根據英王陛下政府的指示，為保密起見，本書中某些電文已在符合實際需求的基礎上進行改寫。這些修改並未影響其原意或本質。

　　由美國海軍後備隊上校塞繆爾‧埃利奧特‧莫里森所撰寫一些關於海軍戰鬥的書籍，清楚地闡述了美國艦隊的戰鬥行動；並允許我進行引用，對此，我表示感謝。

　　致謝羅斯福財物保管理事會授予許可在本書中引用總統的若干電文，並感謝其他朋友同意公開其私人信件。

溫斯頓‧邱吉爾

致謝

序言

　　在其他著作中，我已經根據我所了解的，對以下事件進行了描述：促成第二次世界大戰的事件，納粹德國對歐洲的征服，以及英國在孤立無援中頑強抵抗，直至德國進攻蘇聯以及日本展開猛烈攻擊後，蘇聯和美國成為我們的盟國之相關過程。

　　在歲末年初之際，我與羅斯福總統在我們的海、陸軍顧問的支持下，於華盛頓宣布了偉大的聯盟，並制定了未來迎接戰爭的主要策略。如今，我們又必須面對來自日本的猛烈攻勢了。

　　1942年1月17日，我在普利茅斯降落時的情形即是如此，本書的故事由此展開。

　　書中的內容基於英國首相作為國防大臣在軍事事務上所承擔的特殊責任之視角進行撰寫。我參考了一系列指令、電報和備忘錄，這些資料在當時的背景下至關重要，此刻我也無從用更佳的詞句來形容這些資料的珍貴性與關鍵性。這些原始文件是在事態發展時由我親自口述。文章雖然由我親筆撰寫，但願各位在評價我時以此為依據。所有的謎底已經揭開，事後諸葛亮固然容易，但我必須將這個任務留給歷史學家，他們在合適的時機將會做出經過深思熟慮的判定。

序言

　　本書記錄的是從接踵而至的災難,逐步邁向接連勝利的關鍵轉折。最初的六個月諸事不順,接下來的六個月則事事如意。而且,這個令人欣慰的轉變一直持續到爭鬥結束。

溫斯頓・邱吉爾

威斯特姆,位於肯特郡的查特韋爾莊園

1951 年 1 月 1 日

偉大同盟的勢力是如何擴展的。

大洋洲的防務隱憂

在 1942 年，第二次世界大戰迎來了截然不同的局面，英國不再孤立無援；在我們身旁，有兩大強國作為盟友。儘管原因不同，蘇聯與美國都與大英帝國緊密合作，堅定不移地戰鬥到底。除非在某種壓力下聯盟瓦解，或是德國人獲得了決定性的強大武器，否則我們這種聯合確保了最終的勝利。事實上，交戰雙方都在急切地尋找新的作戰武器。正如後來的事實所顯示，原子彈的祕密注定落入我們已占上風的盟國手中。我們面臨的是一場可怕的血腥戰鬥。我們無法預測這場血戰的發展，但對其結局卻充滿信心。

此時，「偉大的同盟」必須面對日本的侵襲。日本的攻擊經過長期籌劃，英、美的前線——若可以如此稱呼——則成為無情猛烈的攻擊目標。在此之前的任何時候都不曾設想日本能夠戰勝美國；然而在菲律賓群島及在太平洋上的其他島嶼，美國卻付出了沉重的代價，而英國和不幸的荷蘭則在東南亞遭受嚴重損失。當時蘇聯正與德國的主力部隊展開殊死搏鬥，所以日本的進攻對蘇聯而言，損失僅在於原本英、美援助的力量和物資被轉移至他處。而英、美兩國還得經歷戰場上長期的慘痛失利。這些失利雖不影響最終結局，但對兩國人民而言，確實難以承受。英國因力量被牽制在歐洲地區，對日本在亞洲進行的軍事行動幾乎無力抵抗，而美國雖然資源豐沛，但備戰狀態尚處於初步組織階段，所以感到應接不暇。對於我們英倫三島的民眾而言，當時似乎一切狀況每況愈下，但細想之後，我們內心明白，勝利已成定局。

儘管國際局勢產生新的變動，但英國本土並未面臨新的威脅。相反的，

大洋洲的防務隱憂

　　澳洲和紐西蘭卻驟然感到自己處於戰爭的前線。他們意識到本身可能會遭受到直接的進攻威脅。戰爭不再意味著橫跨海洋，輸送人力、物力支援危機中的祖國。新的敵人能夠直接攻擊澳洲。澳洲大陸漫長的海岸線難以防守，而所有的大城市都位於沿海。他們唯一訓練有素的四支義勇師、紐西蘭師及最優秀的軍官，皆遠在海外。太平洋的海軍控制權頃刻落入日本之手，不知會維持多久。澳洲的空軍幾乎不存在。恐慌的氣氛籠罩澳洲，逼著他們的內閣只能專注於本身事務；對此情形，我們又怎麼會感到驚訝呢？

　　在這個充滿危機的秋季，儘管澳洲聯邦政府的成員及其專業顧問們似乎意識到聯邦正處於崩潰的邊緣，他們卻未能團結一致，以共同面對挑戰，而這個現實的狀況所造成的後果始終令外界感到驚訝。然而，由於他們的黨派力量薄弱且態度頑固，以至於本位主義的政治態度牢牢控制著一切。工黨政府憑藉微弱的兩席多數壟斷了所有的行政權力，甚至禁止了保衛本土的徵兵措施。這些派系的決策與澳洲的民族精神背道而馳，並使我們的任務更加艱難。我們的目標是盡可能為他們的安全提供保障，同時在全球策略中保持真正的平衡。

　　這本書中黯淡無光的篇章，必須從我與澳洲總理科廷先生的通訊開始。我們關於調遣駐紮在托布魯克澳洲軍隊的討論並不愉快。後來，隨著戰局的改善，他來到英國，我們都對他有了深刻的印象，這位非凡的澳洲領導人贏得了普遍的尊敬和愛戴。我與他也建立了友誼。不幸的是，他英年早逝，我們的友誼也因此中斷。然而，在那時候，各方面的壓力都很大，我過於關注於我們在看法上無法達成一致的許多重大分歧。我對在發給他的電報中流露出的任何急躁情緒感到非常遺憾。

　　身處華盛頓期間，我收到了來自科廷和澳洲外交部長伊瓦特博士的多封電報，這些電報是透過他們駐華盛頓的代表凱西先生傳遞的。科廷先生還向羅斯福總統發送以下電報：

1941 年 12 月 26 日

1. 在此緊要關頭，我想在你們二位就推進我們的共同事業進行討論之際，表達我的看法。

2. 我已致電邱吉爾先生討論俄國問題。我認為這與對日作戰有重要關聯，懇請二位在會商時予以考慮。

3. 我將就一個更加緊迫的事件簡述我的看法。

4. 根據所有的報告，形勢顯而易見，日本人已經掌控了北馬來亞的空域和海域。駐紮在該地區的少數英國部隊僅有一個澳洲師，因此我們已經派遣了一個空軍中隊前往馬來亞，兩個空軍中隊前往印尼。陸軍必須獲得空軍支援，否則將重演希臘和克里特島的教訓，而新加坡也將面臨嚴峻的威脅。

5. 新加坡的淪陷將導致菲律賓群島的孤立，印尼的淪陷，日本將試圖封鎖其他所有基地。這也必然會在該區域內中斷印度洋與太平洋之間的交通。

6. 此類挫折將對美國及我們的利益產生同等嚴重的影響。

7. 英國決定派往馬來亞的增援，從我們的角度來看，完全不足以應對需求，特別是在航空兵力方面，而作戰飛機的缺乏尤為明顯……少量的增援幾乎無濟於事。實際上，馬來亞抵抗日軍的能力將直接取決於英國和美國政府所提供的支援。

8. 我們的戰士過去英勇作戰，未來也將繼續英勇作戰；但他們必須得到充足的支援。在中東，我們部署了三個師的兵力。我們的空軍在英國和中東作戰，同時在加拿大接受訓練。我們已經將大量物資運送到英國、中東和印度。我們這邊的資源確實非常有限。

9. 你們完全具備掌控該局勢的能力。若美國政府有此意願，我們在太平洋地區樂於接受美國海軍司令官的指揮。總統曾提及，澳洲將成為一個

大洋洲的防務隱憂

越加重要的基地，但要實現這個目標，必須加強新加坡的防務。

10. 雖然我們面臨諸多挑戰，但仍在繼續加強對馬來亞的增援。

11. 若此事被視為極為緊迫的問題，我將感到萬分慶幸。

我已經收到伊瓦特博士從英聯邦駐新加坡專員鮑登先生處轉交的報告。該消息情況嚴重，而且已經得到證實。

1941 年 12 月 26 日

今日所見之報告顯示，空軍態勢越加嚴峻。昨日，英國損失了八架戰鬥機，而日本僅損失了三、四架。

吉隆坡和瑞天咸港目前作為我方空軍偵察的前線降落場，但由於日本飛機的優勢，連空軍偵察都面臨極大困難。大部分戰鬥機已經撤往新加坡，以保護該島嶼及基地。然而，空軍指揮官表示，為了有效護衛即將運送急需援軍、人員和物資的海軍護航隊，他只能暫時讓新加坡處於無防備狀態。

報告還指出：

我必須強調，馬來亞防禦戰的局勢不斷惡化，整個防禦系統有崩潰的危險。雖然新型戰鬥機按時運抵，但需要幾個星期的組裝，並面臨被炸毀的風險，無法扭轉局面。期待已久的增援部隊將全部用於替換前線疲憊的部隊，但對整體局勢無太大影響。英國當前的防禦策略是將保衛馬來亞的戰鬥機和高射炮的主要力量集中在新加坡島，以保護海軍基地，這使得包括皇家澳洲部隊在內的先鋒部隊在馬來亞的防禦中孤立無援。

目前，增援馬來亞防務的舉措實質上僅是形式上的表現。我認為，拯救新加坡的唯一途徑是立刻從中東空運強而有力的支援力量，包括大量最新式的戰鬥機及充分訓練過的作戰人員。增援的規模不應是若干旅，而應是若干師，且須迅速抵達以便部署。任何缺乏威力、非現代化且無法立即投入使用的力量，皆無濟於事。依照當前局勢，在我看來，新加坡的淪陷

恐怕不過是數週之內的事情。若要營救新加坡和駐紮在馬來亞的皇家澳洲部隊，必須立刻採取徹底而有效的行動。

事實顯而易見，若不立刻進行空中支援，新加坡必將失守。我質疑，一位澳洲部長在此刻訪問能有何成效。決策與行動必須在數小時內完成，而非拖延數日。

伊瓦特博士進一步指出，在他看來，鮑登的總結準確地呈現了局勢。「若不遵循他的建議，後果將難以承受。」

12月27日，科廷先生在《墨爾本先驅報》上發表了一篇署名文章，成為敵人向全球廣泛傳播的宣傳工具。他在文中提到：

我們不接受這樣的觀點，即認為太平洋的戰鬥應被視為整體衝突的一個附屬部分。這並非意味著其他戰區不如太平洋戰區重要，而是澳洲要求制定一個能動員所有民主國家最大力量的聯合計畫，以堅決擊退日本。

因此，澳洲政府認為，太平洋的戰爭首先是一場戰鬥，即美國和澳洲在民主國家的作戰計畫中必須擁有最充分的發言權。

我要毫不遲疑地表明，澳洲對美國的依賴毫無內疚之感，儘管我們與聯合王國有著傳統的連繫。

我們清楚地意識到聯合王國當前所面臨的困境。我們意識到入侵的威脅始終存在。我們了解力量分散所帶來的風險。然而，我們同樣明白，澳洲可能會崩潰，而不列顛卻能繼續堅持。

因此，我們下定決心，不允許澳洲崩潰，竭盡全力制定一個以美國為核心支持的計畫，該計畫將賦予我們堅持到戰局對敵人不利的信心。

綜上所述，澳洲的外交政策將致力於尋求俄羅斯的支持，並與發揮關鍵作用的美國攜手，聯合英國、中國和荷蘭的軍事力量，共同制定一項太平洋策略計畫。

大洋洲的防務隱憂

這種言論在美國的菁英階層中，以及在加拿大，均引發了極為負面的印象。我可以肯定，這種焦慮不安的表現，即便可以理解，也不代表澳洲人的真實感受。澳洲在第一次世界大戰期間的總理、聯邦統一黨領袖 W.M. 休斯（被稱為比利‧休斯）立刻表示：「如果澳洲認為英國的支持不如其他偉大的盟國重要，那無異於自取滅亡，這是一種不可靠且危險的政策。」這個言論在澳洲引發了一場激烈的辯論。我從華盛頓發電報給艾德禮先生：「我希望對此事不要再興風作浪，同時，我們應盡力給予支持……」我痛苦地權衡是否要直接對澳洲人民發表廣播演說。我完全接受了責任：「我希望你能設法暫時擱置所有問題，等我回來，以便我親自處理任何反對意見……如果馬來半島因利比亞和俄國的關係而被孤立，首先應由我負責，但我仍會繼續推進。如果議會中有質疑，希望能說明我特別請求在回國後親自答覆，非常感謝。」

就軍事局勢，我立刻回應了科廷先生：

首相致科廷先生

1942 年 1 月 3 日

韋維爾將軍的指揮區域僅限於當前軍事行動的戰鬥區域。因此，不包括澳洲、紐西蘭以及美、澳之間的航線，或實際上任何其他海上航線。這當然不是說，我們不會在資源允許的範圍內保護重要地區和航線。在我們看來，美國海軍應負責這些航線的安全，包括澳洲或紐西蘭海岸附近的各島嶼。這是我們全力爭取的目標。海軍上將金剛剛被授權統領整個美國海軍，他尚未接受我們的建議。顯然，如果我不能說服美國人承擔這一部分的責任，我們只能盡全力勉為其難；但我仍然希望我們的建議會被採納。如果真是這樣，我們或你們在該地區的所有船艦，在那裡作戰時自然要遵循美國的指揮。沒有人曾想將盟軍的主力集中在新設的西南太平洋戰區，我不知道你從哪裡得到了這個消息……

我在此夜以繼日地工作，力求為你們的利益和安全做出最周到的安排。同時，我也必須考慮其他戰區和潛在的危險；我們的資源有限，但這些威脅不可忽視。不久之前，你還堅持要求為中東的澳洲部隊提供最先進的裝備。儘管那裡的局勢良好，但戰事仍然尚未結束。在日本是否參戰尚未確定的情況下，若調動飛機和坦克至馬來半島，進而削弱奧金萊克的部隊實力，豈不是愚不可及？由於俄國的勝利和奧金萊克戰事行動的成功，高加索地區的威脅已經緩解，這才使得大量增援你們成為可能；而暫時犧牲中東（這點已經告訴你），更何況馬來亞現在已成為戰區，這也是合理的……

　　我與科廷先生持續進行意見交流。

澳洲總理致首相

1942 年 1 月 11 日

　　日本人竟能輕鬆地占領除了柔佛以外的整個馬來亞，總司令覺得即便現在實施保衛這個有限區域的計畫，仍需面對一些風險；聽到這些消息，確實令人焦慮不已。

　　據報告，第八澳洲師即將接到參加決戰的命令。政府對該師能傳承皇家澳洲部隊的優良傳統、成功執行任務毫不懷疑。然而，我仍請求你依照我之前的建議以及你本身的意圖，全力以赴地增援馬來亞，越多越好。我尤其關注空軍的部署；若重演希臘和克里特島戰役的錯誤，勢必引發公憤。必須妥善安排，避免此類情況發生。

　　你會注意到我們已經同意將第六和第七澳洲師，連同軍直屬部隊、補給和基地組織，從近東地區轉移至印尼群島。

　　我向澳洲政府再次提供了保證，並更加詳細地闡述了我們在東南亞戰區實施統一指揮政策的動機。在離開華盛頓的前夕，我對我們的情況進行了總結。

大洋洲的防務隱憂

首相致澳洲總理

1942 年 1 月 14 日

　　1. 一旦日本掌握了海洋控制權，而我們又必須與德國和義大利持續殊死搏鬥，我無法想像還有誰會期望馬來亞能夠堅守。唯一至關重要的是新加坡要塞及其關鍵的後方。我個人擔憂的是，恐怕為了爭取時間，我們在半島進行的防禦戰，會耗盡長期保衛新加坡所需的力量。原本可用的兵力相當於四個師，其中一個師已經失去，另一個師遭受嚴重損失，因此也爭取了一個月或六週的時間。或許有人認為，如果當初撤退得更快，損失會更少，那就好了。

　　2. 全力支持最高統帥的決定顯然是我們的責任。我們身處於遙遠的地方無法判斷是讓豐盛港方面冒些險，在半島西北邊作戰好，還是讓全部軍隊現在就退守到島上的要塞裡。我個人認為韋維爾是對的，那種主張是受到三軍參謀長支持的。我相信你對這個主張的大部分是會同意的。

　　3. 我堅信貴軍在即將到來的戰鬥中將以卓越的勇氣完成任務。為支援新加坡及其後方，各種措施正在實施。兩支載有第四印度旅及其裝備的護航隊已抵達，而一支運載英國第十八師主力旅的關鍵護航隊預計於 1 月 13 日抵達。對於這四千五百名士兵搭乘一艘軍艦穿越巽他海峽，我自然會感到擔憂。我仍希望他們能及時抵達，與澳洲戰友並肩作戰。我已將我們掌握的所有有關向這個重要戰場調動的細節及抵達日期告訴你。韋維爾認為 2 月下旬可能會組織進行一次反攻，這很有道理。

　　4. 你可能已經發現，我建議將兩個澳洲師從巴勒斯坦調往與澳洲利益息息相關的新戰區。唯一限制他們調動的因素是船隻問題。我們將竭盡全力從國內調動部隊進行換防。

　　5. 關於克里特島和希臘的指責，我一概不予接受。我們正在祖國全力以赴，應付當前的危機與侵略。我們已經消除所有黨派分歧，並對男女實行普遍的義務兵役。我們派往遠東戰場的精銳艦艇中，有兩艘已經不幸

被擊沉。我們正從削弱的力量中組織盡可能多的海軍援助。在利比亞戰役中，據報導，截至1月7日，大英帝國損失了1,200名軍官和16,000名士兵，以如此有限的兵力在沙漠地區維持前線陣地。阿蓋拉附近的大戰一觸即發。在你們英勇堅守托布魯克的全體軍隊由我軍換防後，我們已經成功解圍。因此，我希望你在評估關心澳洲人生命財產的同時，能採取寬容的態度……

至少這是個好消息：

首相致科廷先生

1942年1月14日

包括美國運輸艦「芒特弗農」號在內的重要護航隊，載有五十架「旋風」式飛機，一個反坦克團，五十門火炮；一個重型高射炮團，五十門火炮；一個輕型高射炮團，五十門火炮；以及英國步兵第五十四旅團，總計約九千人，已於昨天準時抵達新加坡。

弗雷澤先生亦表達了他的擔憂，我回覆電報如下：

首相致紐西蘭總理

1942年1月17日

1. 一如既往，我欣然接受你坦率的觀點，並欣賞你在提供意見時的公正論述。整體而言，我對這些意見深表認同。

2. 紐西蘭的政府與民眾自始至終對這場戰爭採取了務實且有利的立場；戰爭最初在歐洲的有限地區爆發，而且幾乎逐步蔓延至全球，如今已經逼近紐西蘭的門口。

3. 若你曾誤認為我們未曾關注你們的需求，儘管事實並非如此，我可以向你保證，倫敦與威靈頓間的距離無論多遙遠，都不會導致我們對你們的漠視，或是在危急時刻讓你們得不到慰藉。

4. 若在我所能掌握的時間內，無法詳盡地分析你的每個論點，望你諒解。自接到來電後，你應已從現有的回電中知悉我們與美國正在派遣陸軍與空中支援的狀況。我期望新成立的澳、紐軍團海軍戰區也能符合你的期望。此外，美國正籌備儘早派遣大量陸軍和空軍前往遠東地區。

5. 然而，你不應指望我承諾提供支援，這無法實現；也不應期盼我承諾迅速扭轉遠東的局勢，這種局勢未來會有所改善，但需要相當的時間。

6. 我理解你的觀點，即我們在軍事立場上過於自信，忽視了太平洋區域和紐西蘭潛在的風險，進而導致失誤。然而，誰能預見到美國海軍艦隊會在12月7日遭受如此嚴重的打擊，更不用說這次打擊以及我們兩艘優良軍艦損失所引發的後果呢？

7. 戰爭中的諸多變故始終難以預見，這對我們而言並非全然不利。我不清楚德軍參謀部是否真能洞察一切，從不失誤。譬如，不列顛戰役、大西洋戰役以及俄國的抵抗必然已動搖了希特勒對其軍事判斷精準性的信心。

很快，科廷先生回覆了我在14日發出的電報。

澳洲總理致首相

1942年1月18日

1. 我不明白，你如何能從我的電報中解讀出這樣的看法，認為我們預期即便沒有海軍的優勢也能守住整個馬來亞。

2. 反之，若你查閱1941年12月1日澳洲政府關於首次新加坡會議的電報報告，便能發現以下電文，果然不幸被言中：

代表團得出的整體結論是，缺乏主力艦隊的遠東地區，現有的兵力和裝備不足以抵禦日軍的大規模入侵。

3. 英國武裝部隊的參謀長安排了以下的兵力：

（1）認為保護馬來亞所需的陸軍。

（2）為（1）項部隊提供全面的裝備。

（3）為確保馬來亞獲得「相當程度的安全」所需之空軍力量。

4. 在這個地區，我們於陸軍、空軍和物資上已經盡力而為，並始終主張增強所有防禦措施。然而，當前卻有一種滿足於現狀的態度，這與日軍的迅速推進是不相符的。我在12月5日電報中提到情況令人擔憂，原因即在於此……

5. 早在1937年，澳洲聯邦政府就收到聯合王國的承諾，目的在將新加坡建設成堅不可摧的要塞。當1933年帝國國防委員會對新加坡的防務進行視察時，澳洲高級專員曾指出新加坡的淪陷或主力艦隊無法使用所可能引發的嚴重後果。他表示，歸根結柢，澳洲的整個國防體系是以新加坡的安全和主力艦隊的駐紮為基礎的。他補充說，若對此沒有足夠的信心，澳洲將不得不考慮建立更強大的陸軍和空軍，以應付海軍在抵禦入侵方面不可靠的威脅。

6. 我重提往事，僅是為了明確我們對帝國和地方防務的理念。就我們在太平洋戰爭中承擔的任務而言，我們所擁有的資源是有限的，這已經影響我們在其他戰區的合作決策。

7. 我對克里特島和希臘的看法，並不代表我在指責你，也並非在斷定任何人，但不可否認的是，空軍支援的範圍並未如承諾般……我之所以坦率地向澳洲人民說明這種情況，是因為我認為最好讓他們看清事實，而不是誤以為一切順利，最終在現實面前感到失望。

8. 聯合王國人民的非凡努力，沒有人比他們在澳洲的親戚們更加欽佩。然而，對於我們所付出的努力，甚至那些你覺得我們未能完成的事情，我們不做任何辯解。正如你所了解的，帝國的各個部分境況不同，資源各異，且各自面臨獨特的問題……

我有責任深入理解澳洲政府所面臨的憂慮及其潛在的危險，然而，我不得不指出，澳洲各政黨，尤其是工黨，在戰前對國防事務的忽視以及

大洋洲的防務隱憂

對綏靖政策的強力支持。這份電報總結了我所能採取的立場，理應在此引用。

首相致科廷先生

1942 年 1 月 19 日

1. 感謝你坦率地表達看法。對於戰爭爆發前的防務失策和綏靖政策，我並不承擔責任。在野十一年間，特別是戰爭爆發前的六年裡，我不斷發出警告。然而，自 1940 年 5 月擔任首相以來，我對資源的優先次序和分配承擔了全部責任。從那時起，本島不斷向東輸送援軍和飛機，發揮了我們運輸能力的最大限度，並運用了所有可能的方法運送飛機和坦克。我認為中東戰區比新開闢的美、英、荷、澳戰區更為緊迫。同時，我們必須履行對俄國的軍火供應承諾。無人能預見日本的行動，但我確信，一旦日本攻擊我們和你們，美國將參戰，澳洲的安全和最終勝利是可以保證的。

2. 必須牢記，僅在三個月前，駐紮在中東的皇家澳洲部隊面臨著隆美爾自西面和北面橫掃高加索、波斯、敘利亞、伊拉克而來的雙重夾擊威脅。在這種困境下，各種軍事理論都強調必須集中力量消滅敵軍的一方。我認為，在以我們的能力於地中海東岸—裏海建立最強戰線的同時，最好能除掉隆美爾。然而，這條戰線遠超出我們的資源供應能力。後來，隆美爾的部隊有三分之二被殲滅，昔蘭尼加被清除，但這僅是僥倖。事實上，當奧金萊克接替韋維爾時，戰局仍未見分曉。

3. 我雖不敢斷言能夠徹底殲滅隆美爾的部隊，但我們至少取得了實質性的成功，已經擺脫了一大威脅，並解放了重要的兵力。同時，俄國出人意料的頑強抵抗為我們贏得了寶貴的喘息時間，在地中海東岸至裏海前線的形勢可能會更為有利。如此一來，我們能夠將第十七印度師，以及不久之後其他幾支原本部署在地中海東岸至裏海前線的印度步兵師，與英國第十八師、第七和第八等兩個澳洲師，還有實力強勁的空軍和部分裝甲部隊，從中東調往遠東戰區。我們正在迅速推進。你可以想像，若我們被隆

美爾擊敗，若高加索、巴庫油田和波斯遭受破壞，我們將面臨多麼悽慘的局面。我堅信，在日本尚處於和平狀態時，將打敗隆美爾所需的兵力調往馬來半島增援是錯誤的。處處求穩，便無處強大。

4. 我們有理由感到幸運，首先是俄國的勝利，其次是我們對隆美爾的頑強抵抗取得了巨大成功，最後是美國與我們同時遭受日本的襲擊。我們在過去和未來都不得不面對巨大的風險，這種責任應由所有在職和非在職者承擔，他們未能意識到納粹的威脅，也未能在其勢力微弱時加以消滅。

5. 1941至1942年交替之間，我們與美國遭遇了一連串無法預見的重大海軍災難。短短一小時內，美國在太平洋的海軍優勢被暫時打破。再過一小時，「威爾士親王」號和「卻敵」號被擊沉。日本因此暫時掌控了太平洋，顯然我們在遠東將遭受更嚴峻的懲罰。在這次影響你們的新危機中，我批准派遣由三艘地中海快速戰艦、四艘「皇家」級戰鬥艦及新修復的「沃斯派特」號組成的印度洋新艦隊前往保護你們，這可能會產生最大效果。

6. 我之前已經告訴你「巴勒姆」號被擊沉的消息。現在我也必須通知你，「伊莉莎白女王」號和「英勇」號都因遭遇「人控魚雷」而在水下受損，其中一艘需停運三個月，另一艘則需六個月。對於這三艘軍艦的情況，敵方尚不知情，你自然明白，我們無需提醒他們，我務必請你對這個最新情報絕對保密。

7. 然而，這種惡劣的局勢終將過去。到1942年五月，美國將在夏威夷部署一支強大的艦隊。我們曾建議他們，如果有需要，可以將兩艘新戰艦從大西洋撤出，即便這會加重我們的負擔。我們正從四艘新型航空母艦中抽調兩艘，甚至可能是三艘，派往印度洋。「沃斯派特」號即將抵達，「英勇」號也會隨後跟進。如此一來，只要不再出現不幸事件，海軍在印度洋和太平洋的力量對比將傾向於我們，所有日軍的海外軍事行動將失去現有的自信。同時，我們正在努力在地中海增強空軍力量，以彌補戰鬥艦

大洋洲的防務隱憂

隊的不足,而我們最新的戰鬥艦「安森」號的即將抵達以及「約克公爵」號的完工,將使我們能夠應付因美國增援太平洋而導致大西洋實力大幅減少的狀況。

8. 我們絕不能意志消沉,亦不可相互指責,而應齊心協力精誠團結。切勿懷疑我對澳洲和紐西蘭的心意。我無法為未來提供任何保證,但我確信嚴峻的考驗就在眼前,然而我從未如此樂觀,堅信我們將安全且光榮地走出黑暗深淵。

接獲覆電如下:

澳洲總理致首相

1942 年 1 月 22 日

1. 感謝您如此詳盡的回答,願與您攜手合作以回報您的厚意。

2. 正如你早先預見的歐洲事態一樣,我們感到對太平洋局勢的理解比在倫敦時更為透澈。

3. 很遺憾,事實證明了我們對馬來亞的看法是正確的,戈登·貝內特關於局勢嚴重的報告讓我感到極度不安。

4. 您所提出的遠景計畫令人鼓舞,然而當務之急是在不久的將來。日軍即將面臨大規模反攻,同時,我們可能會對他們的占領力量給予致命一擊。

澳洲人聲稱他們對遠東來自日本的威脅的了解和預見能力,超越了我在倫敦的理解和預見;這種說法只能透過對戰爭全局的分析來評估。他們專注於研究本身的局勢,這是他們的職責。而我們則需為整體利益考慮。

為了確保澳洲、紐西蘭和荷蘭政府在對日戰爭的各項行動中實現全面而持久的合作,我們提議在倫敦設立一個機構。我已將其最終方案向澳洲與紐西蘭的兩位總理報告。

1942 年 1 月 19 日

建議由部長級人員籌組一個遠東委員會。我願擔任主席，其他成員包括掌璽大臣達夫·庫珀（他是我在國防委員會的代表）以及來自澳洲、紐西蘭和荷蘭的代表。澳洲的成員預計為厄爾·佩奇，紐西蘭的代表可能最初由高級專員擔任，還需一位荷蘭內閣大臣。委員會將與聯合王國聯合計劃委員會的委員協商，並得到自治領聯絡官的參謀小組支持。會議職責是彙總各代表國意見並向主席報告，同時將主席的意見回饋給委員會。這當然不會影響厄爾·佩奇在涉及澳洲事務時繼續出席內閣會議。你是否同意？我也同時在與弗雷澤及荷蘭政府磋商。

2 月 10 日，太平洋作戰委員會召開了首次會議。我擔任主席，與會者包括掌璽大臣、外交大臣、荷蘭首相 P.S. 格布蘭迪博士、荷蘭大臣埃德加·米歇爾斯·范·費爾杜伊嫩、代表澳洲的厄爾·佩奇爵士、代表紐西蘭的 W.J. 喬丹先生、代表印度和緬甸的艾默里先生，以及三軍參謀長。在隨後的會議中，中國也派出代表參加。會議的主要任務是「審查太平洋全區對日戰爭所執行的廣泛基本政策」。

在羅斯福總統的領導下，華盛頓也籌組了一個太平洋作戰委員會，這兩個委員會保持著緊密的連繫。1943 年 8 月，在倫敦召開了最後一次會議。戰爭仍由原有機構指揮，但太平洋作戰委員會的會議讓未在常設機構中的國家有機會對戰爭發展發表看法。

不久後，一系列災難性事件打破了這一切的平靜。

大洋洲的防務隱憂

沙漠戰線遭受挫敗

奧金萊克將軍在西非沙漠地區經過長期籌備後所取得的軍事勝利，以及托布魯克的成功解圍，在 1941 年對我們是很重要的一項成就。所以在我訪問華盛頓時，我很有信心地談論他接下來的軍事行動。然而，德軍隆美爾先是成功地將他的部隊有序撤至加柴拉以南的陣地，並在此遭到戈德溫 - 奧斯汀將軍所率領的第十三軍的攻擊。雙方經過三天的激戰後，隆美爾於 12 月 16 日被迫繼續撤退。我們的機動部隊試圖從沙漠側翼迂迴包圍，阻止隆美爾沿濱海路線撤往班加西。然而，惡劣的天氣、崎嶇的道路以及補給困難等因素導致這個計畫未能成功。儘管敵軍在第四英印師的追擊下處境艱難，但仍成功到達班加西。敵軍的裝甲部隊則通過梅基利沿沙漠道路撤退，我方第七裝甲師緊隨其後。不久，警衛旅也加入追擊敵軍裝甲師的行列。

此時，我們渴望重現去年取得的勝利，當時義大利軍隊自班加西向南撤退，我軍迅速推進至安特拉特，成功截斷敵軍並俘獲大量士兵。然而，目前立即支援足夠強大的兵力已經不可能，敵人也充分意識到再次被包圍的風險。因此，當我們的先頭部隊抵達安特拉特時，發現該地德軍防守嚴密，無法繼續推進。在這條防線之後，隆美爾將所有部隊撤至阿傑達比亞，頑強抵抗我軍，同時在阿蓋拉構築堅固陣地。他於 1942 年 1 月 7 日順利將部隊撤至該地。

此時，第十三軍的後勤狀況已然捉襟見肘。惡劣的天氣和敵機的干擾，不幸地延誤了班加西港的整備工作。因此，前線部隊的補給被迫透過陸路從托布魯克運輸，而能提供的物資也寥寥無幾。第四英印師因此無法

沙漠戰線遭受挫敗

從班加西調往南方，我們用以應對阿蓋拉敵軍的兵力，僅有警衛旅與第七裝甲師。第七裝甲師在1942年一月中旬由新調來的第一裝甲師替換。有一段時間，這些部隊因實力不足，既無法發動進攻，也無力著手修繕防禦工事以防禦反攻。

在這個相同的不幸之地，一年後的1942年，軍事災難再度重創了英國在沙漠地區的全部戰役；在這悲慘的一月中，究竟發生了哪些事件，實在需要詳細敘述。

1942年1月9日，奧金萊克將軍向華盛頓發去電報，在描述其部署後，報告以下的情形：

以下是關於敵軍可能行動的預測。阿蓋拉－馬臘達戰線將被堅守。義大利第十軍團與布雷西亞、帕維亞兩師駐守阿蓋拉地區，並由德軍第九十輕快師增援。義大利機動軍與特蘭托、的里雅斯特兩師及德軍第九十輕快師駐紮馬臘達，以阻止我軍從南方包圍阿蓋拉。德軍第十五、第二十一裝甲師，可能還有阿里埃特裝甲師作為後備，準備進行反攻。

第二天的來電：

昨日，警衛旅團的兩營部隊依然被牽制在距離阿傑達比亞西南方十二英里的陣地。

當時，我正在白宮地圖室內工作，這些看似平淡無奇的電報，其含義不難解讀。

首相致奧金萊克將軍

1942年1月11日

恐怕此電傳達到時，敵軍的七個半師多數已經趁機逃脫，目前仍在沿交通線撤退。我也注意到，九艘一萬噸的商船據報已經安全抵達的黎波里。眾所周知，你認為直走阿卜德的路線能夠截斷隆美爾手下的義大利步

兵部隊，但現在看來，他們已經逃脫。這些情況將對「雜技家」計畫（長驅直入的黎波里）產生怎樣的影響呢？我確信你和你的部隊已盡全力，但我們必須面對當前的事實，他們將極大影響「體育家」和「超體育家」計畫。

此處再次強調海上戰爭對第八集團軍未來的重要影響。K艦隊（馬爾他艦隊）的覆滅，以及1941年12月19日「海王星」號巡洋艦在的黎波里附近水雷區的損失，使得敵方護航艦隊能夠滿載關鍵補給品穿越海域，在關鍵時刻補充隆美爾的軍隊。

請記住，「體育家」是我們在法屬北非支持魏剛將軍的計畫，若他願意接受。為此，我們命令一個裝甲師和三個野戰師整裝待命，一旦接到通知，立即從英國出發；同時，一個規模不小的空軍分遣隊也做好準備。魏剛和維琪尚未對我們的建議作出明確回應，但我們始終希望隆美爾被擊敗，我們能夠進駐的黎波里，進而迅速挺進突尼西亞，這將激勵他們其中的一方或雙方轉變立場。「超體育家」則是英、美干預法屬北非的更宏偉計畫；我早已感到羅斯福總統對此極為支持，儘管我在1941年12月16日的文件中提出，將其作為1942年英、美在西方主要的兩棲作戰計畫。因此，敵人在阿傑達比亞的堅決抵抗及井然有序地撤退至阿蓋拉，對於我和我所有的計畫來說，比在沙漠地區僅僅阻礙我們向西推進具有更深遠的意義。事實上，在我與總統討論的整個計畫中，這是一個不利的因素。然而，從奧金萊克將軍後來發來的電報來看，似乎一切順利，決定性的行動已經迫在眉睫。

奧金萊克將軍致首相

1942年1月12日

1. 我認為尚不能斷言敵軍各師大部分已經避開我們。確實，他們仍以師的名義存在，但這些師只是空有其名。例如，我們知曉德國第九十輕快師，原本有九千人，現在僅剩三千五百人，該師現存的野戰炮僅有1門。

沙漠戰線遭受挫敗

2. 依我判斷，原德、義軍隊中乘機逃脫者不超過三分之一，總計德國人一萬七千，義大利人一萬八千。這些人組織渙散，既無高級指揮官，也缺物資，並因我方持續施壓，已經精疲力竭，絕不可能達到三萬五千人的規模。

3. 我有理由相信，六艘船艦（每艘平均七千二百噸）近期已經抵達的黎波里。

4. 我堅信，我們應推進「雜技家」計畫，原因眾多，其中一個相當重要的原因是要確保德國在俄國和利比亞的雙重戰線上持續受到攻擊。我向你保證，我不會因為形勢所迫而輕舉妄動，里奇將軍也不會如此。然而，聽到俄國戰線上振奮人心的消息後，我認為我們應該竭盡所能以維持利比亞方面的壓力……我確信，敵人的困境比我們所能想像的還要嚴重。

奧金萊克將軍致首相

1942 年 1 月 12 日

1. 敵軍似乎已經全部退至梅爾塞—卜雷加港—馬特克斯—季奧芬—阿蓋拉一線，我軍在東線和南線與敵軍接觸。根據我們對敵方部署的了解，他們的編制和作戰單位似乎數量不足，他們正在利用德軍僅有的資源來加強義大利各師的剩餘力量。

2. 班加西作為一個陸上基地，發展得相當不錯，但惡劣的天氣一直未見好轉，時常會遭遇猛烈的沙塵暴，遮天蔽日，能見度幾乎降至零，嚴重影響裝卸和運輸。

3. 里奇將軍正在執行他的戰略，我期待我們很快能在前線集結更強而有力的兵力。敵軍的疲軟和瓦解趨勢越發顯著。

首相致奧金萊克將軍

1942 年 1 月 13 日

12 日來電已收到。我今天已經將其呈交給總統閱覽。我堅信，你將盡

力推動，並在阿蓋拉－馬臘達戰線上謀求決戰，這是非常正確的。無論結果如何，願意給予你支持。

從1月12日至1月21日，隆美爾的部隊在阿蓋拉陣地保持沉寂，而從地中海延伸到南部的「利比亞沙海」出現了長約五十英里的空隙。該防線的鹽田、沙丘和小峭壁對防禦非常有利，敵軍小心翼翼地用地雷和鐵絲網加固這些地形。奧金萊克將軍認為在2月中旬之前不能對該陣地發起攻擊。在此期間，他派遣警衛旅的兩個主力營和第一裝甲師的支援隊與隆美爾的軍隊周旋。在其後方，距離約九十英里的安特拉特駐紮著梅塞維將軍指揮的英國第一裝甲師的其餘部隊。這些部隊與駐紮在班加西及其以東地區的第四英印師組成第十三軍，由戈德溫-奧斯汀將軍指揮。該軍分布廣泛，由於後勤困難，導致前線薄弱，援軍遙遠。至於用地雷或其他障礙物來保衛英軍前線的措施，也尚未實施。根據計畫，如果隆美爾發動反攻，我方前鋒部隊應立即撤退。然而，奧金萊克將軍不相信隆美爾具備進攻能力，他認為自己有充裕時間來增援兵力和準備補給。

奧金萊克致帝國總參謀長

1942年1月15日

1. 敵軍目前明顯在加強阿蓋拉周邊的陣地。敵軍在前線的總兵力預估為：德軍一萬七千人，野戰炮五十門，反坦克炮七十門，中型坦克十二輛，輕型坦克二十輛；義大利軍一萬八千人，野戰炮一百三十門，反坦克炮六十門，M13型坦克五十輛，大約為原有兵力的三分之一。

2. 我們的先鋒部隊由警衛旅團、第一和第七裝甲師的支援隊伍、四個裝甲車團以及第二裝甲旅組成，他們已經與敵軍全面接觸，巡邏隊已經抵達阿蓋拉－馬臘達區域。

3. 除了空中行動，敵軍並未展開全面攻勢；他們的空中活動最近有所增加，可能是因為船隻抵達的黎波里後，燃料問題有所緩解。我方空軍持

沙漠戰線遭受挫敗

續展現極高的活躍性，一邊對敵軍進行攻擊，一邊為我方港口和前線部隊提供掩護。敵機繼續襲擊我方港口和班加西以東的交通線路，但未造成重大破壞。

4. 班加西港口的發展進展順利，儘管惡劣的天氣和洶湧的海面造成了一些延遲，供應品依然在港口卸裝中。

不久傳來消息，報導巴爾迪亞、塞盧姆和哈爾法亞連同一萬四千名士兵及大量戰爭物資向我第三十軍投降，我軍傷亡不到五百人。同時，我軍一千一百名士兵也被解救。

在返回本國之前，我在百慕達並未接獲任何重大消息；與總統告別時，我確實有一種感覺，認為我們在北非冒險的看法逐漸趨於一致，事實證明這種感覺是完全正確的。抵達倫敦後，消息依然樂觀，儘管在新的戰役爆發前顯然需要一個停頓期，但這段時間比我們最初預期的要長一些。

我剛剛回國，在繁忙的事務中，還不得不為即將到來的議會辯論做準備。自從我上次在下議院發表長篇演講後，世界上發生了許多重大事件，現在是時候向全國做一個完整報告了。從我在報紙上看到的報導，到我每天至少花費一小時閱讀的材料，都顯示出不斷增長的不滿情緒和不安心理，認為我們顯然沒有為應付日軍在東方和遠東的突襲做好準備。在公眾眼中，沙漠地區的戰役進展順利；我很高興能夠向議會說明事實真相。我請求同事們給予我足夠的時間。

不幸的是，奧金萊克將軍低估了敵人重組力量的能力。馬爾他島的皇家空軍在少將勞埃德的果敢領導下，曾對義大利港口和船艦發起秋季攻勢，助力陸戰取勝。然而，1941 年 12 月時，德國空軍中隊在西西里島集結的強大空襲力量令其瓦解。我們近期在海上的失利，使得海軍上將坎寧安的艦隊大為削弱，暫時無法有效阻止通往的黎波里的航線。如今補給品能夠自由地送抵隆美爾手中。1942 年 1 月 21 日，他派出三個縱隊，每隊

約一千名有坦克支援的摩托化步兵，進行強力偵察。這些縱隊迅速突破了我方無坦克掩護部隊的接合缺口。戈德溫-奧斯汀將軍因此下令撤退，先撤至阿傑達比亞，然後封鎖敵軍從安特拉特到姆蘇斯的路線。

1月23日，傳來了一則令人不安的消息。

奧金萊克將軍致首相

1942年1月23日

1. 顯然，1月21日隆美爾向東移動，是因為預期將遭到我軍的攻擊。他觀察到前方只遇到輕型部隊，顯然決定推進，試圖擾亂我們的主要交通線，並認為該線是以班加西為基地的。1月21日，在阿傑達比亞東南地形複雜的沙丘地帶撤退時，第一裝甲師支援隊的幾個縱隊，據報損失大炮七門，機動車輛一百輛；傷亡若干，詳情未知。

2. 倘若隆美爾執意推進，尤其是在交通樞紐班加西一帶，他的東側翼可能會遭到我軍裝甲部隊的攻擊，該區域我們大約有一百五十輛巡邏坦克以及美國坦克。昨晚有敵軍小股縱隊幾乎深入至安特拉特，推測是一支突擊隊。

3. 我認為國內公眾可能會因敵軍重新占領阿傑達比亞而感到惶恐不安，但這正是隆美爾被誘導深入，進而自陷不利的時機。隆美爾的行動阻礙了我們原定進攻阿蓋拉的偵察及其他準備工作，但你也清楚，遲遲沒有進攻的主要因素，過去和現在都是因為在班加西及其前線需要建立足夠的戰備力量……我堅信里奇將軍正在等待時機，在比阿蓋拉更有利於我們的地區展開遭遇戰，因為阿蓋拉地勢有沼澤，交通也不便……

當時我完全接受了這種觀點，對1月21日的事件以及所有前線部隊正快速撤退的情況一無所知。直到這一刻，我沒有理由預感到災難即將來臨。相反，我得知的是英軍即將發起進攻的消息。雖然我們向的黎波里塔尼亞的轉移可能已經延誤，但奧金萊克對未來似乎充滿信心。然而，就在1月24日那天，傳來了截然不同的消息。

沙漠戰線遭受挫敗

奧金萊克將軍致首相

1942年1月24日下午3時

敵人顯然能夠出乎意料地集中兵力向前推進，他們最初的進展確實讓我們的前鋒部隊暫時遭受了挫折。你知道，這些部隊的實力相當薄弱，已經被迫撤離了大路。隆美爾再次發動了一次大膽的突襲，他的初步成功可能會使他如同去年一樣變得得意忘形。然而，這次他的補給情況遠不如去年，而且那時他還有增援部隊。儘管局勢的發展不如預期，但我希望能夠將其扭轉，最終使局勢對我們有利。

然而，這個消息再度引發震驚。1月24日晚間收到一份軍事電報。

地中海總司令轉第八集團軍海軍聯絡官信件

1942年1月24日

班加西的撤離準備正在有條不紊地進行，純屬預防措施。目前尚未下達破壞命令。在此情況下，非戰鬥人員正於夜間遷移，盡可能向東推進至遠處……若班加西淪陷，德爾納亦無法防守。

聽聞此消息後，我立即發了一份電報給奧金萊克，此前我未收到過他發來的類似報告。

首相致奧金萊克將軍

1942年1月25日

截獲了第八集團軍關於從班加西和德爾納撤退的報告，令人非常不安。確實從未有人向我指出這種局勢可能會發生。非戰鬥人員已向東撤離，班加西的破壞工作尚未下令，這一切將使戰役的發展與我們預期的完全不同。你在安特拉特地區真的遭遇了重大挫折嗎？我們新的裝甲部隊不能與重新集結的德軍坦克較量嗎？我認為這是一個嚴重的危機，對我來說是個意外。為什麼他們要如此迅速地撤退？為什麼第四英印師不堅守班加

西，就像德國士兵堅守哈爾法亞一樣？這種顯然面臨的撤退意味著「十字軍戰士」計畫的失敗和「雜技家」計畫的終結。

奧金萊克立即動身前往里奇將軍的前線指揮部。

奧金萊克將軍致首相

1942 年 1 月 26 日

1. 昨日，我從開羅飛抵此地。形勢嚴峻，儘管第一裝甲師和警衛旅團奮力作戰，局勢顯然無法穩定。敵軍昨日將我軍逼退至姆蘇斯，並且已經越過此地。然而，仍在其東部轉移的縱隊，昨晚似乎與敵軍交火。

……

4. 作為預防性措施，經我批准，重型裝備和基地設施已經撤離班加西。里奇將軍現在直接指揮第四印度師，並命令該師從班加西以南全力進攻，同時派出混合縱隊切斷安特拉特地區敵軍的交通並攻擊其側翼。第一裝甲師正全力以赴，將敵軍牽制在察魯巴南部和梅基利西部，並保護第四印度師的側翼。

5. 經戰鬥判斷，敵軍的編制為第十五與第二十一裝甲師、阿里埃特師以及第九十輕快師。

隆美爾將主力部隊安置在姆蘇斯後，便可自由選擇向西北的班加西或東方的梅基利發起進攻。他採取了雙向進攻策略。雖然他的主要目標是攻取班加西，但同時也派遣一支部隊向東北方向進行佯攻，擾亂我方交通線。此佯攻取得了顯著效果。我方原計劃從班加西調動第四印度師部分兵力、裝甲師和從察魯巴調來的警衛旅進行南方反攻，但該計畫被迅速取消。最終，我們撤出了班加西，第十三軍全線退至加柴拉－比爾哈凱姆。

班加西的淪陷，立刻成為引人注目的事件。

沙漠戰線遭受挫敗

奧金萊克將軍（位於前進指揮部）致函首相

1942 年 1 月 27 日

　　關於在班加西過早採取行動的報告令我感到極為不安。經查詢，顯然存在某些誤會，可能是由於下級指揮官過於草率，導致命令海軍人員全部撤退，並在撤離前破壞了幾艘駁船和碼頭上的繫船柱。歸陸軍負責的港口主要破壞工作並未實施，除了破壞幾個敵軍倉庫外，沒有進行任何破壞。皇家空軍顯然損壞了一些汽油，這也是由於誤會所致。這些可避免的錯誤令人遺憾，但並非重大損失。我正在追究責任。

　　在詳述軍事動態後，奧金萊克將軍對經過的情形進行了如下概括：

　　……我擔憂我方裝甲部隊確實沒有與敵軍進行有效交鋒；他們遭受重大損失，卻未能同等程度地打擊敵軍。原因尚不明確，可能是因為我軍過於分散，無法集中力量對敵軍密集陣型採取統一行動。這或許僅僅是眾多原因之一。第一裝甲師或其殘餘部隊現已集結，並在裝甲車隊的掩護下，我希望他們能立即投入攻擊戰鬥，但我在等待該師師長的報告。其他方面的行動需要調查，這即將進行。同時，目標是重新奪回主動權，緊逼敵軍，若有可能則消滅他們，否則也要迫使他們撤退。我相信里奇將軍已經下定決心實現這個目標。特德和我目前住在這裡。

　　次日來電：

　　敵軍已經分散兵力，顯然意圖占領梅基利和班加西。這是隆美爾慣用的大膽策略，也說明他低估了我軍抵禦侵略的能力。他的坦克很可能主要負責東進。除了可能進攻班加西以外，他的行動並未擾亂里奇將軍的反攻計畫。

　　在此，我感到極為擔憂，奧金萊克將軍從未真正理解沙漠地區的實際情況。他未曾發出任何電報來說明第二裝甲師，也即第十三軍的遭遇。我期望他此刻在里奇將軍的司令部，能夠查明事情的真相。當時，我也毫不知情。

首相致奧金萊克將軍

1942 年 1 月 28 日

1. 我對你完全信任，你能堅持下來，我感到欣慰。

2. 你可能已經獲取了關於隆美爾計畫的消息，他竟打算掃蕩班加西－姆蘇斯－梅基利三角區域，隨後退守至阿蓋拉附近的待命線。這似乎使我軍有必要堅持到底。

3. 我迫切渴望獲悉你關於我軍裝甲部隊被敵軍劣勢兵力擊潰的進一步消息。這次衝擊實在沉重。

他對這場災難的反應僅限於指責我軍坦克的劣質，卻未作任何解釋，隨後更糟的消息接踵而至。

奧金萊克將軍致首相

1942 年 1 月 29 日

1. 情勢越加嚴峻，恐怕我們必須暫時撤離班加西。今晨，第七印度步兵旅被敵軍的兩支混合兵種縱隊以壓倒性兵力逼退。敵軍每支縱隊至少配備二十五輛坦克。

2. 與此同時，一支規模龐大的隊伍，至少配備了一千五百輛機械化車輛，正從南部進軍阿比亞爾。由於面臨被包圍的風險，第四印度師的指揮官決定在條件允許時在班加西南部停止推進……在這種情況下，我認為他的決定是正確的。班加西的破壞已下達命令執行。我們在該地已無重要資產。

3. 不得不承認，敵軍的勝利超出了他們和我們的預期。他們的戰術既精妙又大膽。接下來需要觀察他們將如何在姆蘇斯地區分散裝甲部隊，以維持對班加西進攻所需的龐大力量。隆美爾承擔了巨大的風險，我們也是如此。到目前為止，事實證明他是正確的，然而，里奇將軍和我現在正竭盡全力扭轉局勢。第一裝甲師在坦克和火炮方面的損失慘重，這支主力部

沙漠戰線遭受挫敗

隊的作戰能力可能暫時受到了影響，但願情況並非如此。

4. 依我觀察，未見任何鬆懈或紊亂之情形，士氣亦未曾低落。

奧金萊克將軍致首相

1942 年 1 月 31 日

1. 1 月 28 日電示，昨日午後已經接收，感謝。遺憾的是，我們不得不放棄班加西，然而損失僅為暫時性的。

2. 關於第一裝甲師的行動：儘管我們可能在作戰地區的坦克力量原本優於敵軍，我無法確知敵軍的坦克數量究竟會比我們每日能整裝待命的數量少多少。我已列舉出導致我軍裝甲部隊失利的一些原因，我認為這些理由仍然有其合理之處。我也提到了其他目前無法解決的困難，包括我軍兩磅重大炮與德軍大炮相比射程短、效能差，以及我軍巡邏坦克在機械上不如德軍坦克可靠。此外，我對那種認為我軍裝甲部隊的戰術領導水準極高、足以抵消德軍物力優勢的說法並不同意。事情已然到了這個地步，但這並非一朝一夕所能改善。

3. 我無奈地得出這樣的結論：要有效對抗德軍的裝甲部隊，並懷有必勝的信心，我們的裝甲部隊在現有的裝備、組織和領導條件下，至少需要具備二比一的優勢。即便如此，他們若要取得成功，還必須與步兵和炮兵部隊實現最緊密的合作，因為除了反坦克炮稍顯不足外，步兵和炮兵完全有能力與德軍對等部隊抗衡。這些原則正在根據情況加以實施，但我仍然擔心，跡象顯示皇家裝甲部隊的人員在某些情況下對他們的裝備失去了信心。必須竭盡所能地糾正這一點。

4. 里奇將軍與我緊密關注隆美爾的可能意圖，無論其計畫為何，他必然會利用最小規模的部隊來爭取勝利，直到遇到抵抗。應對這種行動的計畫已經制定……

隆美爾再次展示了他在沙漠戰鬥中的卓越能力，超越了我們的指揮

官，他重新奪回了昔蘭尼加的大部分地區。這次撤退將近三百英里，粉碎了我們的希望，迫使我們放棄班加西，並失去了奧金萊克將軍為期望已久的2月中旬進攻而累積的所有儲備。隆美爾一定感到驚訝：他僅用三個小縱隊在有限的兵力支持下發動攻勢，竟然取得了壓倒性的勝利。里奇將軍重新整編了第十三軍的殘部和其他從加柴拉和托布魯克地區調集的部隊。在這裡，追擊和被追擊的雙方都筋疲力盡，對峙一直持續到5月底，那時隆美爾才得以再次發動進攻。

形勢的多變和軍事上的重大失敗，其根本原因在於：敵軍事實上可以在地中海自由通行，進而補充和支援他們的裝甲部隊，他們還能夠從俄國戰線上調回大部分空軍。然而，現場的戰術變化卻從未得到任何解釋。決定性的一天是1月25日，那天敵軍突破了戰線，直抵姆蘇斯。從那時起，局勢的混亂和計畫的頻繁變更，使隆美爾獲得了主動權。警衛旅不明白為何不允許他們進行一次抵抗，而撤退的命令卻一再下達，必須遵從，第四英印師也未能發揮作用。

後來的敵軍文件顯示，他們的坦克效能優於我軍。德國非洲軍團投入了一百二十輛坦克，義軍則有八十輛以上，與我軍第一裝甲師的一百五十輛相對。然而，為何未能有效利用該師，仍未有解釋。奧金萊克在電報中報告：「該師剛從聯合王國抵達，缺乏沙漠作戰經驗。」電報進一步指出：「我軍坦克整體效能不如德軍，巡邏坦克在機械效能上也較差。裝備不佳，機械可靠性低，加之反坦克武器遠不如德軍，形勢更加嚴峻。」

這些論調需要深入分析。第一裝甲師是我軍最優秀的部隊之一。大部分士兵接受了兩年以上的訓練，效率與正規軍不相上下。他們於11月在埃及登陸。在離開英國前，他們根據最新情報和經驗，竭盡全力調整車輛以適應沙漠環境。在開羅的工廠裡經過例行檢查後，這個師穿越沙漠前往安特拉特，並於1942年1月6日抵達。為保護履帶，坦克經過沙漠時被

沙漠戰線遭受挫敗

裝載在特殊運輸車上，抵達安特拉特時完好無損。然而，這支精銳部隊尚未經歷大規模戰鬥，就損失了一百多輛坦克。在倉促撤退時，大批汽油被拋棄；許多坦克因燃料耗盡而被遺棄。

警衛旅在執行撤退命令時，發現了大量的汽油，由於敵軍逼近，不得不將其銷毀。然而，他們在沙漠中發現了不少被遺棄的坦克，便設法運來大量汽油，親自駕駛這些坦克。僅科爾斯特里姆的一個連隊就收集了六輛坦克，並將其安全轉移；其他部隊獲得的坦克更多。實際上，有些連隊將獲得的坦克與摩托化步兵協同作戰，使他們比初始出動時更為強大。要建立如同裝甲師般的單位，並配備專家和訓練有素的士兵，需要付出巨大的代價和勞動力；經由好望角運輸，更是需要付出大量努力；派遣其參戰也需做好充分準備 —— 當我們想到這些種種，再看到如此不當處理的後果，實在令人痛心。德軍雖遠離的黎波里基地四百多英里，卻能成功，而我們卻遭遇失敗，這種對比令回顧更為難堪。英國國民在探究這些事件時，切勿被誤導，以為我軍坦克的技術缺陷是此次巨大損失和深遠影響的唯一原因。

馬來亞遇重大損失

在 1941 年 12 月底之前，馬來亞的局勢已經呈現緊張及危急的狀態了。新年伊始，由第九和第十一英印師構成的第三軍，在陸軍中將希思的指揮下，面臨東、西兩海岸發出的猛烈攻擊。敵軍自哥打巴魯沿海岸公路南下，現已與我軍第九師的一個旅團在關丹交火。西線，第十一印度師堅守金寶的山頭陣地，其中一旅在其左翼防禦霹靂河。第八澳洲師的兩個旅駐紮在柔佛邦，其中一個旅守衛豐盛港的海灘；此地敵軍可能隨時登陸，威脅我軍前線。日軍已經至少派出三個師對抗我們，船艦集結於宋卡，預示可能有額外的部隊到來。我方期待已久的增援正在抵達。至 1942 年 1 月中旬，第四十五印度旅，即英國第十八師的主力旅，及 50 架「旋風」式戰鬥機順利抵達。1 月底，第十八師全師及印度增援的另一旅預計準時到達。

在新加坡南部狹窄海域上保護這些運輸船隊，需要調動我軍現有的全部海軍力量，包含小型艦艇，以及幾乎所有剩餘的戰鬥機。因此，日本空軍能夠自由攻擊我方部隊和交通線。荷蘭人為了履行他們與我們的協定，已經派遣了四個飛行中隊參與新加坡的防禦，但這些中隊如同我們的中隊一樣，幾乎沒有實質作用。剩下的僅有幾架轟炸機，由於缺乏戰鬥機的掩護，無法發揮作用。我軍戰鬥部隊的任務是爭取時間等待援軍，策略是在連綿不絕的陣地上盡量將敵軍牽制在北面，而不使本身實際參戰，以免影響新加坡本島防禦的前景。

臨近 12 月底時，曾計劃籌組一支小型兩棲作戰部隊，以便沿西海岸襲擊敵軍後方。12 月 27 日，我們發起了一次攻擊，取得了相當的成功，

馬來亞遇重大損失

然而敵軍幾乎完全掌握了制空權，迅速使我方薄弱的海軍無法從瑞天咸港出擊。1月1日，剛從美國抵達的一支擁有六艘快速登陸艇的小艦隊被摧毀。此後，唯一的可行之策便是在海面上避開日軍的攻擊。

在四天激烈的攻勢中，金寶陣地由第十一印度師負責防守。然而，1月2日的情報顯示，日軍在霹靂河口附近登陸，致使該師的後路面臨被截斷的風險。希思將軍預見到在瓜拉雪蘭莪附近可能會遭遇海上襲擊，命令皇家海軍陸戰隊一個小隊從瑞天咸港展開海陸反擊，但未能取得成果。在1月3日至4日的夜間，似乎有日軍部隊在瓜拉雪蘭莪附近登陸，但其規模不明。敵軍的情報零星且混亂，且兵力不足以抵擋。我軍因此撤退，並在斯林河岸重新籌組防線，派遣一旅兵力至西南方向，以防後方可能的襲擊。

等待下一次不可避免襲擊的僅是一些疲憊不堪的部隊；在過去的三週裡，他們大多一直在持續作戰，因此，難以抵抗1月7日落在他們頭上的猛烈攻擊。日本人出動坦克沿著大路在月光下發動進攻，突破了防線。兩個旅陷入混亂，損失慘重，勉強得以突圍。這次嚴重的失利，擾亂了我們拖延敵軍以等待增援的計畫。此外，東海岸的第九師也受到重創。該師在關丹的一個旅使日軍損失兩千人後，已經撤退，全師集中在勞勿附近。如果在西海岸的部隊進一步撤退，將暴露其側翼。

此時，韋維爾將軍在前往美、英、荷、澳聯合司令部途中，已經抵達新加坡並視察前線。他下令全面撤退，徹底擺脫日軍，以便我方疲憊的士兵能在新銳部隊或相對較新的部隊後方得到喘息。選定的撤退地點沿麻坡河約一百五十英里後方，右側鄰近昔加末。澳洲師的戈登·貝內特少將負責指揮，包括他自己部隊中的第二十七旅、從東海岸撤退的第九英印師和新到的第四十五印度步兵旅。第十一英印師，一直處於前線，準備後撤整頓。撤退於1942年1月10日開始。經過幾場激烈的防衛戰後，敵軍被甩

開，四天後，新防線建立。同時，瑞天咸港的海上基地已經被放棄，我方輕型殘餘艦艇撤至本加欖港。1月16日，一小股日軍從海上在此登陸。僅有兩艘軍艦可進行攔截，但未能找到敵軍。

那支關鍵的運輸船隊，運載著第十八師的主力旅（第五十三旅）以及五十架「旋風」式戰鬥機，現正於新加坡進行卸貨。船隊在海軍和空軍部隊的護送下，成功穿越敵軍制空權的風險區域，但仍隨時可能遭受攻擊。然而，這些增援部隊的實際作用並未如其數量所示般重要。第四十五印度旅由新兵組成，僅接受過部分訓練，尚未進行叢林戰的訓練。英國第十八師經過三個月的航程，需要時間恢復戰鬥力，但他們一上岸便投入了注定失敗的戰鬥。

人們對「旋風」式戰鬥機寄予厚望。認為終於有了高品質、能夠與日軍抗衡的飛機。這些飛機以最快的速度組裝完畢，升入天空。最初幾天，它們的確給敵軍造成了相當大的損失，但對於新到的飛行員來說，一切都是陌生的。僅僅幾天後，日軍飛機在數量上占據優勢，使我方損失逐漸加重。這些「旋風」式飛機很快就減少了。

昔加末—麻坡戰役在激烈的交鋒中持續了一週。戈登·貝內特將軍將大部分兵力部署於昔加末的通道上，以阻截敵軍，另外安排第四十五印度旅和一個澳洲營，以及後來增援的另一個營，駐守於麻坡河下游。他們在昔加末前線的伏擊戰取得了顯著成功，日軍損失了數百人，儘管後續戰鬥激烈，敵軍仍被阻擋。然而，在麻坡，四個守備營於1月15日遭到日本禁衛師團的全面攻擊，包括正面進攻和側翼從海上連續登陸的襲擊。他們幾天來試圖南下突圍，卻被敵軍重重包圍。最終被迫放棄運輸工具，分散成小隊突圍。這支部隊的四千人中，僅八百人倖存返回，旅長鄧肯、各營營長及第四十五旅的副指揮官全部陣亡。這支小隊伍在敵眾我寡且敵軍掌握制空權的情況下頑強抵抗，進而使昔加末的守軍在側翼和後方免於威

馬來亞遇重大損失

脅,成功撤退。為掩護撤退行動,第五十三旅的兩個英國營被調派參戰,正在後方整編的第十一英印師部分部隊也被部署,以應付敵軍在本加欖港及其南部沿海登陸的威脅。

我軍如今沿著馬來半島南端,從豐盛港至本加欖港展開,形成一條長達九十英里的防線。敵軍步步緊逼。豐盛港與居鑾遭遇激烈戰鬥,但關鍵的攻勢再次出現在西海岸;在那裡,兩個英國營在本加欖港堅守了五天。當時所有直接出口皆被封鎖,部隊沿海岸後撤二十英里,海軍連續數夜撤走兩千人。

與此同時,日軍獲得了強而有力的增援。1月15日,一個大型護航隊將兩個師的新銳部隊運抵宋卡,他們從此地向南推進,目標直指我軍防線中心的居鑾。此時,敵軍在馬來亞的兵力已達五個師。1月26日,我軍勇敢但力量有限的空中偵察隊報告稱,興樓海面有兩艘巡洋艦、十一艘驅逐艦、兩艘運輸艦以及多艘小型艦艇。我軍集結的二十三架飛機全部出動,兩次對其展開攻擊。儘管日本運輸隊在戰鬥機的保護下,我方飛機,特別是老式「角馬」式戰鬥機損失慘重,但我們的攻擊擊中要害,成功擊中兩艘運輸艦,至少摧毀敵機十三架。這次勇猛的突襲成為我軍空軍戰鬥部隊的最後輝煌。次日夜間,兩艘從新加坡駛來的驅逐艦試圖出擊,但遭遇攔截,其中一艘被擊沉。已經登陸的日軍迅速從興樓沿海岸南下,進攻駐紮在豐盛港的第二十二澳洲旅。如此,1月27日我方在豐盛港防線右側、居鑾防線中心及暴露的左翼均爆發激烈戰鬥。珀西瓦爾將軍決定撤退至新加坡島。每個人和每輛車在最後階段必須越過長堤方能抵達。初期階段,一個旅大部分陣亡,但到1月21日清晨,其餘部隊已經全部撤過,並炸毀了身後的長堤。

如果當初將我們所有的力量集中於新加坡全島的防禦,而僅以機動性強的輕部隊牽制日軍南下馬來半島,這是否會更為有利,至少值得辯論。

經我批准當地指揮官的決定,是在柔佛進行戰鬥以保衛新加坡,但盡量延緩敵軍逼近新加坡的速度。馬來半島的防禦戰,基本上就是連串的撤退,伴隨著激烈的防衛戰和堅韌的支援。此次戰鬥為參戰的軍隊和指揮官贏得了高度榮譽。然而,當援軍抵達時,他們幾乎全被敵人逐一削弱。敵人擁有諸多優勢。在戰前,他們已經對地形和戰鬥條件進行了詳盡的研究,並制定了周密的大規模計畫,特務祕密滲透,藏匿腳踏車以供軍隊使用。大量的部隊和儲備早已集結,有些儲備甚至非必要。日軍各師團對叢林作戰十分精通。

如前所述,日軍掌握制空權是由於我軍需要兼顧其他地區的緊急需求,當地指揮官對此並無過失,但這卻是致命的弱點。結果是,我們派去保衛新加坡的主要戰鬥部隊和幾乎所有在對日宣戰後增派的援兵,在半島上英勇作戰時耗盡了力量。當他們經過長堤抵達原定的關鍵戰場時,已經無力再戰。他們在此與當地守備隊和基地的眾多分遣隊會合;這些人雖增加了人數,卻未能增強戰鬥力。此外,還有英國第十八師的兩個新旅,他們經過長途跋涉,在陌生且未預料的環境中剛剛登陸本土。原本為新加坡的決戰而準備、並打算在此完成崇高使命的軍隊,在日軍發起進攻前便已損耗殆盡。儘管表面上仍有十萬人,但已不再是一支完整的軍隊。

讀者也許能從波納爾將軍在 1949 年撰寫的備忘錄當中,了解戰前時期關於新加坡要塞的策略。備忘錄涉及到 1940 年 8 月以及後來日軍占領越南時所做出的多項決策。這些決策要求大幅增加守備隊人數,尤其是空軍的增援。然而,正如我之前提到的,所需資源被用於其他地區,只有在日本宣戰和美國參戰後,才得以進行大規模的供應。到那時候,事實上為時已晚。當地指揮官們的要求甚至超出了三軍參謀長的預期。滿足任何一方的需求都是不切實際的。波納爾將軍的備忘錄對此進行了公正的描述。在此,我僅能簡述當時的情況。

馬來亞遇重大損失

新加坡的悲劇發生後，隨即在國內引發了一場極為莊重嚴肅的辯論，我與韋維爾將軍及科廷先生之間進行了頻繁的電報交流。

首相（在華盛頓）致韋維爾將軍

1942 年 1 月 9 日

如你在之前的電報中所了解的，我一直急切地希望馬來半島的英國軍隊能夠盡力保存，以便用於保衛新加坡堡壘及其柔佛腹地。因此，我非常贊同目前正在進行的防衛戰策略，這樣可以對敵人造成重大損失，拖延敵軍，並摧毀一切對他們有利的資源。然而，我不理解為何我們的陣地不斷被敵軍的海上運輸所突破。敵人利用無武裝的船隻、木船或漁船沿半島西岸南下，隨後從各個河港登陸，迫使我們撤退。只需一、兩艘潛艇使用四英寸口徑的火炮或魚雷擊沉這些無武裝的運輸船，就能有效封鎖這些河口。敵機來襲時，潛艇可以潛入水下以避開攻擊；這樣可以保護我軍在半島上的西翼，使每一寸土地在我方撤離時以敵軍的最高代價交換，同時避免我軍陷入險境。如果你能告訴我目前的情況以及還能採取的措施，我將非常感激，以便我能向總統說明，因為我經常與他討論戰爭的各個方面。

韋維爾將軍對我關於日軍在馬來亞西岸所進行的海、陸行動的批評問題作出如下答覆：

韋維爾將軍致首相

1942 年 1 月 10 日

致三軍參謀長的報告中關於馬來亞整體局勢的電報想必已經閱悉。自從西翼受到威脅的局面出現，我便開始考慮動用海軍力量予以應付。最初嘗試使用巡邏船，但它們在白晝遭受空襲打擊。最近三個夜晚，驅逐艦「偵察」號已經從蘇門答臘基地出動。當前僅有三艘荷蘭潛艇在馬來亞行動；已經安排自 1 月 12 日起，一旦潛艇從其他任務中調回，即投入檳榔嶼與雪蘭莪之間西海岸的作戰。

我對這份電報無法滿意,對之後收到更為詳盡的解釋亦然。

首相致第一海務大臣

1942年1月22日

情勢確實不容樂觀。在馬來亞西海岸,我們被一支沒有戰艦護航的敵軍完全壓制,顯然敗局已定。因此,我方部隊被迫逐步撤離陣地,敵軍贏得了寶貴的時間,戰鬥部隊中普遍瀰漫著不安情緒。缺陷顯而易見。為何敵軍能獲得這些船艦呢?我們顯然幾乎沒有船隻,或僅有少數,即便這些海域直到最近仍在我方掌控之下。此外,關於來自岸上的重機槍射擊,敵軍如何能占領這些海岸?這些駁船必然是沿著海岸線行進,他們不可能在控制每一段海岸的據點都裝備重機槍。

你務必蒐集更為準確的情報。毫無戰艦的日本人居然能掌控馬來亞西海岸,這豈不是英軍海戰史上最驚人的失敗之一?我脾氣急躁,深感抱歉,但我仍需要一份更深入調查後的詳細報告。

海軍上將龐德提供了一份詳盡的回應。

第一海務大臣致首相

1942年1月24日

1. 你1月22日的指示,純粹是從海軍角度審視馬來亞西海岸的軍事行動,但我們從痛苦的經驗中了解到,在敵方擁有空中優勢的近海,小船艇在任何地方都能活動,這不僅是海軍問題,也是空軍問題。

2. 若這種沿岸的滲透發生在1914年,我想可以歸咎於海軍未能履行其職責。然而,到了1942年,情況就截然不同了……

3. 基於我們目前掌握的所有消息,事態的發展似乎如下:

(1)根據總督發給殖民地事務大臣的電報,戰前已經安排將所有船艇開往河流上游,以防敵人獲取哪怕是小船;當地軍事當局在接到威脅通知時,這個措施顯然已經生效。然而,我方行動部分失敗,因為敵軍透過叢

馬來亞遇重大損失

林小徑滲透，抵達了上游我方船艇的藏匿處。不過，我們了解到，大多數機動船及其他船隻都已被摧毀。

（2）檳榔嶼的情勢似乎已經走向失敗，「焦土政策」的執行似乎完全沒有奏效。如此一來，敵軍獲得了大量的小船，並開始沿海岸向南推進。在這個地區，我們毫無防禦可言。由於敵方空軍占據優勢，我們也無法保住什麼。

（3）為了從離開新加坡三百四十英里的檳榔嶼反擊敵軍的進攻，我們在新加坡準備了少量小船，配備輕炮，這些都是戰事爆發時臨時籌備的。因為敵軍掌握制空權，這些小船在白晝難以移動，任何嘗試移動的船隻都被擊沉。

（4）敵軍已經透過陸路從宋卡運來了摩托登陸艇，並正在加以使用。

4. 時至今日，馬來亞的海軍少將正竭盡全力增補巡邏艇；曾向韋維爾將軍詢問荷蘭軍隊能否提供支援，也諮詢過印度政府關於皇家印度海軍協助的可能性。空軍在其有限的能力下亦在協同作戰。

必須承認，我們可以投入戰鬥的艦艇，僅能勉強保護增援的運輸船隊並確保通往新加坡的航線暢通。至於沿海防禦，除了幾艘武裝簡陋的小船和一些改裝後裝備劣質武器的商船之外，別無他物。面對強大的空中力量，我們這幾艘力量單薄的艦艇已經堅持下來。它們勇氣可嘉，但缺乏成功的手段。

不久，情勢便顯露無遺：韋維爾將軍早已對我們能否長久守住新加坡產生疑慮。讀者們自然會理解，由於日軍必須先行將重炮卸下、運輸到合適地點並完成安裝，之後才能對要塞進行圍困，我對這座島嶼及要塞的堅守寄予了何等希望。在我離開華盛頓前，原本期待至少能堅持兩個月。我注視著我們部隊從馬來半島撤退時所遭受的損失，心中憂慮，但未能進行有效的干預。而戰爭另一面的對手，卻贏得了寶貴的時間。

韋維爾將軍致三軍參謀長

1942 年 1 月 14 日

　　昨日，也就是 1 月 13 日，抵達新加坡，然後乘車前往昔加末，與希思和戈登·貝內特會面。計畫正在推進，但由於吉隆坡以北的戰鬥，第九師和第十一師在人數和士氣上再次受挫，敵軍的推進速度超出我之前的預期。新加坡的防禦戰將是一項艱鉅的任務，我們需要運氣相助，才能期望運輸船隊按時安全抵達。昨日一整天的大雨，為運輸船隊的最後接近提供了掩護，還可能延緩敵軍的進攻。戈登·貝內特和澳洲軍隊士氣高昂，我確信他們會給予敵人沉重的打擊。

　　為了深入了解我始終認為無懈可擊的近岸防務及其應付圍攻的準備情況，我發出了以下一封電報：

首相（在華盛頓）致韋維爾將軍

1942 年 1 月 15 日

　　1. 倘若你們被迫撤退至該島，可能會產生何種結果，請告訴我你的看法。

　　2. 為保衛此地區需要部署多少部隊？有何良策可預防如同香港那樣的敵軍登陸？沿陸地區域設置了哪些防禦工事和障礙？你是否有信心能用要塞火炮壓制任何圍攻炮隊的企圖？一切準備就緒了嗎？對非戰鬥人口採取了哪些措施？我始終認為最緊迫的任務是將此島的防禦戰堅持到最後一刻，但我仍期望不必發展到如此境地……

　　3. 收到你發來的電報，人人都感到欣喜，這讓大家意識到你是多麼意氣風發地投入到這個艱鉅的任務中去。所有美國人和你的英國朋友一樣，對你懷有同樣的信任。

　　直到我重返倫敦，我才收到韋維爾的回電。

馬來亞遇重大損失

韋維爾將軍致首相

1942 年 1 月 16 日

  在我最近停留新加坡期間,我參與了對該島防禦問題的討論,並要求制定詳細的計畫。時至今日,所有的策略都基於抵禦來自海上的進攻,並牽制在陸地上於柔佛或更北地區的侵襲。雖然已經安排了摧毀長堤的措施,但對於在島嶼北部修建防禦工事以阻止敵軍渡過柔佛海峽的行動,卻未有實質性進展。最重型的要塞火炮可以全方位旋轉,但由於彈道平直,其並不適合用於炮戰,實在無法保證其能有效壓制敵軍的炮隊。供應情況依然良好。已批准將某些空軍設施和儲備遷移至蘇門答臘和爪哇,以防止資源過於集中。一旦收到詳細計畫,將再次電告。相當程度上取決於空軍的態勢。

  1 月 19 日清晨,我閱讀了這份電報,感到無比震驚與痛苦。海軍基地和城市的陸地竟未設立永久性防禦工事以提供掩護。更令人震驚的是,自戰爭爆發,尤其是日軍在越南立足之後,竟無任何司令官採取顯著措施去建立野戰防禦。對於野戰防禦的完全缺失,他們甚至隻字未提。

  根據我對戰爭的見聞,我堅信,憑藉現代的火力,只需數週便能建立起強大的野戰防禦,並能透過地雷和其他障礙物限制並切斷敵軍的進攻路線。我從未料到,該地竟然沒有環繞的永久性炮臺來保護這個著名要塞的後方。我無法理解我為何對此一無所知。然而,當地沒有官員,國內也沒有顧問意識到這個迫切需要的措施。無論如何,沒有任何人,即使是看過我電報的人,也沒有指出這一點;我的電報基於錯誤的假設,即認為常規包圍是不可或缺的。我在書中讀過 1877 年的普列文戰役,那是在機關槍尚未普及的年代,土耳其人在俄軍攻擊的緊要關頭,於普列文臨時築起防禦工事;我也曾在 1917 年考察過凡爾登,在那裡,一支野戰軍駐紮在分離的炮臺內外,取得了輝煌的戰績。我相信,敵人若要摧毀新加坡的各個

堅固據點，必將被迫大規模使用炮兵，而由於困難重重且曠日持久，這將阻礙炮兵的集中，並阻礙軍火沿馬來亞交通線的集結。而如今，這一切突然化為烏有，我眼前只見一片可怕的景象：全島幾乎赤裸，雖然軍隊還未筋疲力盡卻已經疲憊不堪，撤退至島上。

我記錄這些情況，並非為自我辯解。這是我早該意識到的，我的顧問們也同樣早該意識到；早該有人告訴我，而我早該向他們詢問。我提出了數千個問題，唯獨忽略了這一點，因為在我看來，新加坡不可能沒有陸地防禦，就如同一艘戰艦下水時不可能沒有船底。我了解為了解釋這個失誤而給出的各種理由：其一，軍隊忙於訓練和在北馬來亞建構防禦工事；其二，勞動力的短缺；其三，戰前經濟的限制以及陸軍部的集中管理；其四，陸軍的職責是保護該島北海岸的海軍基地，因此他們的任務是在北岸之外作戰，而不是沿岸作戰。我認為這些理由並不充分。防禦工事是早應該建好的。

我當時立刻意識到，必須迅速採取行動，補救當前的局面，於是我立即口述了以下的備忘錄：

首相致函伊斯梅將軍，轉交參謀長委員會

1942 年 1 月 19 日

1. 我不得不承認，韋維爾將軍於 1 月 16 日發來的電報及其他相關消息讓我感到極為震驚。我從未想到，新加坡要塞背後，擁有半英里至一英里寬的天然屏障，竟然完全未設防以抵禦來自北方的進攻；啟程時，我曾與約翰·迪爾爵士討論此事，他也未曾意識到。若不將島嶼建成堡壘，那麼作為要塞又有何意義？單獨的防禦工事線應結合探照燈和交叉火力，與低窪地帶的電網和障礙物相配合，並準備充足的彈藥，以便要塞炮火能覆蓋敵軍在柔佛的陣地，這在和平時期是最基本的配備；若一個要塞已經存在二十年卻無此設備，實在難以置信。若果真如此，那麼在這場戰爭的兩

馬來亞遇重大損失

年半中，豈不是更應完成必要的野戰工事？在任何討論中，你們竟無人提及此事，究竟為何？這一點早該做到，因為在過去兩年的備忘錄中，我多次表明，我依賴新加坡島上的防禦工事抵擋正式圍攻，而非克拉海峽的計畫。如今在英國，我們已經意識到保護所有炮臺後方的必要性，以防後方登陸襲擊；樸茨茅斯的波茨唐山炮臺早已證明這些長期有效的原則……

2. 數個臨海炮臺與一個海軍基地尚不足以構成一座要塞。要塞是一個周圍全面設防的堅固陣地。若僅有海向炮臺而無要塞炮臺或固定防禦工事來保護後方，無論出於何種理由，都是不可原諒的。正因這個失誤，要塞的命運完全掌握在一萬名乘小船橫渡海峽的士兵手中。我鄭重警告，這可能成為暴露出來的最大醜聞之一。

3. 在柔佛戰役如火如荼之際，需即刻制定計畫，力求盡善盡美，計畫中應涵蓋：

（1）嘗試在北方戰線部署要塞火炮，策略為：採用弱炸藥。如無弱炸藥，則填裝適量的高爆炸藥。

（2）在可集結大量兵力的登陸點，布設地雷，構築路障。

（3）在栲樹密布的沼澤及其他區域，安裝鐵絲網並布置陷阱。

（4）建構野戰防禦工事和堅固據點，以實現野炮與機槍的交叉火力。

（5）一旦在柔佛海峽或其他任何在火力範圍內的地點發現小船，立即徵用，並置於我們的掌控之下。

（6）在海峽兩端部署野炮，謹慎地進行掩護，並安裝探照燈，以便摧毀任何試圖進入海峽的敵艦。

（7）籌組三至四個具機動性的反攻後備縱隊核心，以便在被逐出柔佛時能據此建構軍隊。

（8）應動員所有男性居民參與構築防禦工事。以最嚴格的強制手段確保鋤頭和鏟子的充分利用。

（9）新加坡不僅必須竭盡全力維持防禦，還要全島奮戰到底，直至所有部隊和每個堅固據點被摧毀為止。

（10）最終，新加坡市必須化為一座堡壘，堅守到底。絕不可以考慮投降⋯⋯

因此，三軍參謀長發布了以下指令：

三軍參謀長致韋維爾將軍

1942 年 1 月 20 日

柔佛戰役或許對你們不利，應予以深思，並作好充分準備以最大程度地保衛該島。以下是幾個關鍵點：

1. 必須做好充足的準備，使得要塞的大炮能夠有效應付陸地上的侵犯，同時要組織有效的射擊操作。在檢查儲備時，應通知高爆炸藥的最緊迫需求量。

2. 應透過鐵絲網、地雷、陷阱或其他可行手段，阻止海峽通往陸地的通道、島上的登陸地點及其出口。

3. 一些用於保衛海灘的火炮和機槍需要從南部移至島嶼的北側和西側。

4. 所有位於海峽內外且在該島火力射程內的船隻或小艇，須納入我們的掌控或予以摧毀。

5. 防禦策略應基於地域體系，確保所有地面防衛的位置能有效掌控最危險的入侵通道。由於在沼澤地帶部署海灘防禦存在困難，需建立一個機動後備部隊的有效體系，以便迅速反攻。此外，應在腹地發展交通壕網，以防止敵軍登陸後的陣地擴展。為達成此目標，以及為建造各種防禦工事，應充分利用一切可用的民工和軍工資源。

6. 應採取所有可行的措施，以防範敵軍透過夜間奇襲登陸獲勝的企圖。考量日軍的戰略和機動能力，應重新偵察那些看似無人會登陸的

馬來亞遇重大損失

地點。

　　7. 應採取適當措施，保護柔佛和新加坡的機場及其他潛在的登陸地點，防止據報在越南準備的日軍空運部隊入侵。必須充分利用皇家空軍的人力資源。

　　8. 需要採取有效措施，疏導和管理平民，並抑制第五縱隊的行動。

　　9. 參與常規安保工作的人員必須武裝，並在當地防護計畫中明確分配職責。

　　10. 全島必須全面完善訊號通訊，並與蘇門答臘機場建立連繫，該機場可以作為提供近距離支援的飛機的基地。

　　11. 相信上述幾項已有許多正在實施，盼望能儘早告訴結果。其餘事項應立即展開行動，切勿延誤；並須採取一切可能措施，以備長久的防衛工作。

　　與此同時，我亦發電報給韋維爾將軍：

1942 年 1 月 20 日

　　鑑於你已被任命為美、英、荷、澳四國在西南太平洋的最高統帥，我顯然無法直接向你發出指令。你所有的作戰命令（我希望越少越好），將由總統透過華盛頓的聯合參謀長委員會轉達。不過，當我有建議或問題時，我堅持我們應繼續保持通訊。尤其是在涉及新加坡這樣的重要堡壘的地方防務時，更要如此。你今日收到的參謀長委員會關於新加坡島陸上防禦的電報，必須以此為背景來解讀。你的多封電報讓我非常不安，我要明確表示：我期待每一寸土地都要堅守，每一件物資或防禦設施都應被徹底摧毀，以防落入敵手，除非在新加坡市的廢墟中進行了持久戰，否則絕不能考慮投降。

　　我亦致函三軍參謀長：

首相致函伊斯梅將軍，轉交參謀長委員會

1942 年 1 月 20 日

此事雖屬最高統帥權責，但三軍參謀長需提出建議。顯然，任何事情都不應該影響我們對新加坡戰役的專注。然而，若新加坡失陷，部隊仍可快速調往緬甸。作為策略目標，我認為保持滇緬公路通暢比維持新加坡更為關鍵。

三軍參謀長致函珀西瓦爾將軍（駐新加坡）

1942 年 1 月 21 日

1. 戰時內閣就馬來亞的最新局勢展開了討論。

2. 內閣收到有關日軍繼續在馬來亞西岸我軍戰線後方登陸的報告，心感不安。原本寄望當地海軍部隊能迅速部署，有效應付可能無武裝的敵船入侵。請詳述已經採取的措施及你們期望對此事採取的行動。

3. 此外，另一個被討論的議題是新加坡島的水資源問題。回想香港曾因水資源短缺而被迫投降，你能確保新加坡即使與馬來半島斷絕連繫，也能持續生存嗎？

4. 一個月前，總督接到命令，盡可能疏散新加坡的非戰鬥人口。請電告已經疏散的人數及未來計畫。

21 日清晨，當我醒來時，發現韋維爾將軍的電報置於我的公文匣上，內容極為悲觀地描述了新加坡防務的前景。

韋維爾將軍致首相

1942 年 1 月 19 日

派往新加坡研究該島防禦計畫的官員現已歸來。該島北部的防禦計畫正在制定中。駐守該島所需的部隊人數，與防禦柔佛所需的人數相仿，甚至可能更多。我已命令珀西瓦爾在柔佛堅守至最後一刻，但也要制定計

馬來亞遇重大損失

畫，以便在柔佛戰役失利時盡量延長島上的抵抗。但我必須向你報告，我對柔佛失陷後島嶼還能堅守多久持懷疑態度。要塞的大炮配置主要用於對付海上目標，彈藥也大多適用於此；許多火炮只能向海面開火。一部分守備隊已經調往柔佛，留下的部隊能發揮的作用尚不明確。很抱歉呈現出如此黯淡的前景，但我不希望你對島上要塞抱有錯誤印象。新加坡的防禦工事完全是為海上攻擊而設計的。我仍然希望柔佛能夠堅守至下一次護航隊抵達。

隨後又收到以下電報：

波納爾將軍致首相

1942 年 1 月 20 日

鑑於局勢進一步惡化，韋維爾已經緊急飛往新加坡。

麻坡一線局勢混亂，然而四十五旅和第二澳洲營正從巴克里地區撤退，計劃與五十三步兵旅匯合，步兵旅目標是奪取位於本加欖港以北八英里的巴榮山。右翼現已撤至昔加末河後方，今晚將撤回拉比斯。

韋維爾返程時會收到電報。

韋維爾將軍致三軍參謀長

1942 年 1 月 20 日

今日飛抵新加坡，與珀西瓦爾、希思及西蒙斯會面。

1. 馬來亞局勢急遽惡化。第四十五印度步兵旅全旅及兩個澳洲營被阻隔在麻坡以東的巴克里，顯然無法撤出。五十三旅在巴克里以東二十英里的巴榮，同樣遭受重創。

2. 根據南部局勢，昔加末—拉比斯地區的部隊需要撤退，可能需向柔佛和巴魯全面撤退，最終再撤回島上。

3. 保護本島的準備工作正在利用有限的資源全面展開。保衛是否能成

功，取決於從柔佛撤回部隊的數量和狀況、增援的抵達以及空軍在島上維持戰鬥機的能力。如果一切順利，防衛時間有望延長。

4. 新加坡在今天早晨遭遇了兩次轟炸，每次敵軍出動的飛機約有五十架。軍事損失的具體情況尚不清楚。

韋維爾將軍亦針對我於 20 日發出的電報作出回覆，但直到晚上我才收到。

韋維爾將軍致首相

1942 年 1 月 21 日

1. 我非常樂於繼續聽取你的看法。

2. 我希望你對新加坡的防禦不會有錯誤的理解。直到最近，我才意識到，防禦規劃完全是針對海面攻擊的。三軍參謀長來電所提的各點，已全部研究並盡可能實施。

3. 我希望將印度旅和十八師的剩餘部隊調至新加坡，扣除傷亡後，守衛本島應有相當於三師的兵力，這是在被迫情況下的策略。後續援軍可能需要用於防守爪哇和蘇門答臘，這兩地力量薄弱。為此，我們正與荷蘭方面制定計畫。

我對韋維爾十九日的電報沉思許久。我一向只是想著激勵他們，並盡可能地逼迫他們堅守該島、要塞和市區；除非政策有了決定性的變化，否則，這個態度必須堅持下去。然而，現在我開始更多地考慮緬甸，以及開赴新加坡的援軍。這些援軍可能會遭遇危險，也可能會有所挽回。將他們的航向轉至仰光，時間還來得及。因此，我起草了以下給三軍參謀長的備忘錄，並及時送到伊斯梅將軍手中，供他們在 1 月 21 日十一時三十分的會議上使用。但我必須坦白，我並沒有下定決心。我依靠我的朋友和顧問們。此刻我們大家都感到極為不安。

馬來亞遇重大損失

首相致函伊斯梅將軍，轉交參謀長聯席會議

1942 年 1 月 21 日

鑑於韋維爾將軍發來的電報中傳達了極其不利的消息，我們在今晚的國防委員會會議上，必須重新審視整體局勢。

1. 我們恰恰犯下了我在啟程的船上發出「留神」電報時所擔憂的錯誤。原本可以在柔佛建立起一條堅固的防線，或者至少在新加坡沿岸形成一道屏障的部隊，目前已被逐一擊潰。在登陸方面未能建立起有效的防禦線。海軍對敵軍在半島西海岸的迂迴行動未採取妥善的應對措施。韋維爾將軍已經表達了看法，認為保衛新加坡島需要更多的兵力，而在柔佛的戰鬥幾乎注定失敗。

2. 他的電報對持久防禦不抱希望。顯而易見，這種防禦只是用來犧牲正在路上的援軍。如果韋維爾將軍仍懷疑是否能撐過幾個星期，那麼接下來的問題是：我們是否應立即摧毀所有碼頭、炮臺和工廠，集中力量保衛緬甸，並確保滇緬公路的暢通無阻？

3. 依我之見，當務之急是正視此問題，並坦率地向韋維爾將軍提出質疑。如果海軍和陸軍的破壞工作徹底完成，新加坡對於敵人還有什麼比西南太平洋上其他港口更重要的價值？另一方面，若緬甸失守，後果將極其慘重。這將導致我們與中國的連繫中斷，而在與日本交戰的軍隊中，中國軍隊是最為成功的。我們很可能由於決策不明，顧慮重重，以致於新加坡和滇緬公路雙雙失守。此決定顯然取決於新加坡島能堅守多久。如果只能堅持數週，那麼犧牲我們全部的援軍和飛機顯然是不值得的。

4. 此外，任何人都必須意識到，一旦新加坡淪陷，科里幾多爾勢必隨之失守，這將極大震撼印度；唯有強大的軍隊抵達和緬甸戰事的勝利方能使印度維持下去。

請在今晨將一切的狀況納入考量。

三軍參謀長未能得出明確結論，當晚召開國防委員會時，要求我們採取如此重大的步驟時，也同樣猶豫不決。作為盟軍最高統帥，韋維爾將軍需承擔直接且初步的責任。我個人認為問題極其棘手，所以無法堅持我提出的新觀點，如果當時我已經做出決定，我會堅持下去。我們當中沒有人預料到防禦戰竟會在短短的三個多星期內崩潰，否則至少可以花一、兩天時間進行更深入的考量。

澳洲的代表厄爾·佩奇爵士顯然沒有出席參謀長委員會，我也沒有邀請他加入國防委員會。不知何故，他看到了我發給三軍參謀長的一份備忘錄，並立即向他的政府發了電報。1月14日，我們收到了科廷先生的電報，內容包含了嚴厲的指責。

科廷先生致首相

1942年1月23日

鑑於今日戰時內閣緊急會議召開的緣由，審議有關馬來亞局勢的報告，我發出以下電報：

……根據佩奇的報告，國防委員會已經考慮撤出馬來亞和新加坡的事宜。鑑於我們曾得到各種保證，撤離新加坡將被普遍視為不可原諒的背叛。在帝國和地方的防務體系中，新加坡是一個核心堡壘。正如我在電報中指出的，我們都清楚，該地的建設堅不可摧，無論如何，它能長期堅持，直至主力艦隊抵達。

即便在緊急情況下，援軍也應被派往印尼，而非緬甸。任何其他選擇將引發強烈不滿，並可能迫使荷蘭單獨和談。

鑑於援軍的持續承諾，我們已經確實履行了協定中我方的責任。我們希望你不要因撤退而破壞整體目標。

馬來亞局勢與對拉包爾的進攻引發了公眾深切的不安，認為盟軍無力阻止日軍的推進。我政府意識到有責任讓公眾做好準備，以便可能抵抗侵

馬來亞遇重大損失

略者,同時也有責任和義務解釋為何尚未能阻止敵人抵達我們的海岸。因此,全面探討形勢中的一切可能性是責無旁貸的,尤其是澳洲人民中有大量志願者參軍並在海外服役,但當他們的抵抗力、帝國的威信以及盟國的事業都可能遭受無法彌補的損失時,他們卻不得不長久等待局勢的改善。這一點令人難以理解。

科廷先生的電報既嚴厲又不尋常。「不可饒恕的背叛」這種說法與事實和軍事現實並不吻合。災難即將來臨。我們是否能夠規避?利弊如何平衡?此時,這些重要部隊的目的地仍在我們掌控之中。從現實角度審視這些問題,就無所謂「背叛」。此外,澳洲戰事委員會無法評估全局。否則,他們就不會要求完全忽視緬甸,而事實證明緬甸是我們唯一能夠拯救的地方。

將科廷先生的電報視為決定性因素是不準確的。倘若我們在策略上早已達成共識,那麼我們當然會按照我的建議,坦率地將情況告訴韋維爾將軍。然而,在會議上我感受到,反對放棄遠東這個重要戰略據點的立場十分堅定。尤其當美國在科里幾多爾頑強作戰之際,英國若選擇「臨陣脫逃」,其在全球,特別是在美國所引發的迴響,將是不可想像的。至於一個純軍事決定應為何種方向,那是毫無疑問的。

然而,在獲得所有人的同意或默許後,已經竭盡全力增援新加坡,支持其防務。第十八師繼續推進,其部分部隊早已登陸。

國會面對信任考驗

　　關於我前往華盛頓的使命以及在我離國五星期內所發生的種種情形，眾人都期望我向國會做出詳盡的彙報。我心中有兩個顯著的事實。其一是，偉大的同盟最終必將取得勝利；其二是，在日本猛烈攻擊下，一系列無法估計的巨大災難將降臨於我們。大家都欣慰地看到，作為一個國家和帝國，我們的生存不再有危險。然而，既然存亡的威脅基本消退，每位評論者，無論是善意的還是惡意的，都可以自由地指出許多政府所犯下的錯誤決策。許多人甚至認為，改進我們的作戰指揮方式，以縮短這個可怕歷程，是他們的責任。我個人對我們已經遭受的各種失敗感到不安，沒人比我更清楚，這些失敗僅僅是巨大災難的開端。澳洲政府的態度，各媒體消息靈通卻不準確的評論，二、三十位能幹議員的詭譎且持續的冷嘲熱諷，議會會客廳的氛圍，使我感到一種難以應付不愉快且膚淺的意見，從四面八方猛烈地向我襲來。

　　在另一方面，我深知自己處於優勢地位。1940 年時英國人民能夠倖存，我曾付出微薄之力，我可以期待他們對此心存感激。我不低估國民的忠誠，這猶如浩浩蕩蕩的潮流，推動著我持續前行。戰時內閣和三軍參謀長對我展現了最崇高的忠誠。我對自己充滿信心。鑑於情勢所逼，我曾明確告訴周圍的人士，對我個人的職權和責任若有絲毫削減，我是絕不允許的。新聞界議論紛紛，建議我繼續擔任首相並發表演說，但將實際的戰爭指揮交給他人。我下定決心不向任何方面妥協，自己承擔首要的直接責任，並要求下議院對我進行信任投票。我仍記得法國人的一句名言，「On ne règne sur les mecs que par le calme.」（你只能透過冷靜來統治別人。）

國會面對信任考驗

　　向議會和全國發出迫在眉睫的警告是至關重要的。在領導中，給出虛假的希望並很快被戳穿是最嚴重的錯誤。英國人民能夠堅毅而樂觀地面對危機或災難，但他們厭惡被欺騙，厭惡那些負責處理事務的人沉溺於毫無根據的幻想。我認為，用最悲觀的語言描繪當前局勢，進而提醒民眾重視未來可能的災難，這不僅對我個人的立場，而且對整個戰爭指揮都是必要的。在此時此刻，這樣做可能不會影響軍事局勢，也不會動搖人們對最終勝利的基本信念。即使每天都有令人不安的消息傳來，我仍願意花費十二到十四小時專注於撰寫一篇全面而且能反映最新狀況的報告；即使沙漠戰爭的失敗消息不斷傳來，我依然準備好了我的報告和對我們形勢的評估。

　　在這個時期，有一種普遍的呼聲，要求設立一個生產部，並讓其大臣參與戰時內閣。1941 年 7 月，在我首次訪問羅斯福總統之前，我在下議院進行了長時間的辯論，解釋為何當時沒有必要設立這樣的機構。然而，輿論仍然傾向於支持這個觀點，這不僅是由於媒體報導的發展，還因為相關人員和部門的實際狀況，使這個主張更具說服力。例如，美國總統已經委任唐納德‧納爾遜負責所有生產工作。難道不應該有一位相對的官員嗎？大家的目光都集中在比弗布魯克勳爵身上，他在華盛頓的成就已經被描述過，並且在美國的高層中擁有巨大的影響力。在 1917 年和 1918 年的軍需部中，我負責過現在由軍需部和飛機生產部掌管的職務。這些部門在原材料和熟練勞動力方面存在複雜交織的問題，因此若有一個統一指揮的權威機構，將會更加便利。隨著如今每件事務的規模不斷擴大，這種要求就越發強烈。比弗布魯克是俄國人和美國人共同信任的人選，要領導如此龐大的聯合機構，似乎沒有人能比他更為合適。

　　自從他從飛機生產部轉到軍需部後，這兩個相關的部門之間產生了不少摩擦，其中有些是無法避免的。我希望在戰時內閣層級的生產大臣領導下，將我們軍事生產的這兩個主要部門整合起來，這不僅能夠恢復協調，

還可以提高效率；他早就具備這個職務的資格。我認為他可以擔任生產部大臣。而現任飛機生產部大臣穆爾-布拉巴宗上校和我認為適合擔任軍需部大臣的安德魯‧鄧肯爵士，可以作為他的兩位助手。他們都具備巨大的創造性和全面的判斷力；就在這些想法在我腦海中盤旋時，一位新人物出現了。

斯塔福德‧克里普斯爵士早已渴望結束他在蘇聯的使命。無論是在戰爭期間還是戰後，擔任駐蘇聯大使的英國和美國外交官都認為這項任務極其乏味。在希特勒的進攻尚未將蘇聯與我們連繫在一起的時期，我們的外交使節在莫斯科幾乎被完全忽視。他很少有機會接觸到史達林，而莫洛托夫對待他和其他盟國大使的態度也極為冷淡。在1941年12月的危機中，蘇聯的外交重心從莫斯科轉移到了古比雪夫，莫斯科那種令人不快且徒勞的狀況不僅重現，而且更加惡化。後來，我與史達林直接交涉，現在美國總統也直接與史達林對話，許多事務透過這種管道解決，大使的職能逐漸與關鍵事務脫節。德軍入侵時，斯塔福德在國內，曾向我表示希望離任，但他接受並同意我的看法，認為不應在蘇聯首次遭遇困境時將他召回。從那時起，已經將近八個月，像他這樣身分的政治人物要求返回我們政治生活的中心——下議院，顯然是合情合理的。因此，在1942年1月初，我同意他的調任，並派遣阿奇博爾德‧克拉克‧克爾爵士接替他的職務。

1月23日，克里普斯從俄國返回。工黨因其極端主義，數年前便將他逐出黨籍，因此此時他的身分是脫離工黨的重要政治人物。英國民眾對俄國的英勇抵抗懷有熱烈好感，因而聯結到他擔任駐俄大使一職，使得他的聲望倍增。英國左派及其報刊形成了一種論調，認為俄國參戰並支持孤立無援的英國，他的貢獻超過當代任何人。極端左派中有人認為他有資格成為候補首相；這些圈子中有人預期他將領導一批新的政府評論家，他們希望將這批人組成一股重要的議會力量。我個人既了解他的才能又欣賞他，

國會面對信任考驗

渴望將他納入政府，在政府中，我們需要一切可獲得的幫助。由於他先前的工黨同僚並無異議，我便尋找機會。

對於左翼的看法，我雖然消息靈通，但總是根據事情的合理性來行事。第一次世界大戰中，當我擔任軍需大臣時，克里普斯是英帝國最大炸藥廠的副廠長，並出色的完成了任務。他不僅具備實際的行政經驗，還擁有卓越的才智。我認為，任命他負責軍需部最符合公共利益，也可作為成立生產部這個重大計畫的一部分。1月25日，斯塔福德·克里普斯爵士和夫人到契克斯與我共進午餐。那天下午，我們進行了愉快的長談。我向他提出明確的建議，並解釋了這個職務在軍事生產整體格局中的位置。他表示需要考慮一下，隨後再給出答覆。

辯論於1月27日展開，我在下議院提出了問題。我能明顯感受到他們的怒氣未消；在我回國後，我曾請求將我即將提供的彙報錄音，以便向大英帝國和美國廣播，但他們卻以各種與當時形勢無關的理由予以反對。因此，我撤回了請求，儘管在世界上其他任何議會中，這種請求都不會被拒絕。就在這樣的氛圍中，我站起來發言。

自從我回國以來，我意識到必須要求下議院對我進行一次信任投票，這是完全正常的憲政和民主程序。關於戰事的辯論已經被提上議程。我安排了三個整天的時間，將以最開放、最自由的方式進行辯論。任何議員都可以自由表達他們的觀點，無論是批評內閣、政府的組成還是個別人員，只需要保留軍事機密，而下議院向來謹守這個原則。你們還能找到比這更自由的方式嗎？你們還能找到比這更具民主精神的方式嗎？其他國家很少有這樣的制度，在國家面臨生死攸關的戰爭時仍能維持這樣的制度。

我有責任向下議院說明，為何此時我請求獲得特別的支持。有人建議，我們應該進行為期三天的辯論，期間，政府無疑會遭到那些責任較輕者的嚴厲批評，最終不進行表決，大家便散會。在這種情況下，那些持敵

對立場的媒體——其中一些已公開表達敵意——將會理直氣壯地宣稱政府的信譽已經破產，甚至在一切都已經塵埃落定、所有討論結束後，仍會暗示有人曾私下告訴我，如果我要求議會進行信任投票，那將是極其魯莽的……

近期我們從遠東接收到大量負面消息，我認為，很可能還有更多不利的消息即將傳來，我隨後會解釋原因。這些壞消息中包含了許多在見識和行動上的錯誤和不足。沒有人會虛情假意地聲稱，在沒有任何錯誤和缺點的情況下會發生這些不幸。我把這一切比作洶湧的巨浪向我們襲來，這也是我要求下議院進行一次正式、嚴肅信任投票的另一個理由；在這場戰爭中，下議院從未退縮。如果下議院不堅持兩件事，首先是自由辯論，其次是在之後進行一次明確、誠實、坦率的投票，那麼就有失職責。隨後，我們都會清楚地知道我們的真實處境，所有與我們交往的人，無論是在國內還是國外，無論是朋友還是敵人，都會了解我們和他們的處境。因為我們進行了一次自由辯論，能參與辯論的議員可能只有二、三十位，所以我要求四、五百位未發言的議員們表達意見。

我之所以要求進行信任投票，是因為局勢已經十分嚴峻，而且未來可能會更加惡化。如果某位議員對內閣的批評是建設性的，甚至是嚴厲的譴責，並且他對內閣的看法與批評相符，那麼他完全可以採取更進一步的行動，加大力度。然而，如果有一位正直的議員對政府極度不滿，並認為為了公共利益，政府應該被推翻，那麼他應當在議會中勇敢地表達自己的立場。以明確的語言闡述理由，甚至更加明晰，這無可厚非。政府將竭盡全力，努力達到辯論中所設立的標準。不過，在辯論中，無需花言巧語；在投票時，亦無需畏首畏尾。我曾投票反對我當選後所支持的政府，回顧往昔，我為此舉感到欣慰。在這個艱難的時期，每個人都應該認清並履行自己的職責。

我撰寫了一些關於沙漠地區戰事的報告提供給他們。

國會面對信任考驗

奧金萊克將軍原定為戰役準備五個月，但他在 11 月 18 日便對敵軍發起攻擊。在兩個多月的時間裡，裝備最新武器的部隊分散在沙漠中展開了激烈而持續的戰鬥，每天清晨進行偵查，整日鏖戰，常常打到深夜。戰局的發展與最初的預想截然不同，一切都顯得鬆散而混亂。大多數情況下，戰鬥依賴於個別士兵和低階軍官的表現。雖然大多數是如此，但並非全然如此；若非奧金萊克將軍親自介入，調整指揮，下令不惜一切代價堅持進攻，施加無情壓力，這場戰役早在 11 月 24 日便會失敗。若沒有這個果斷決策，我們此時可能已經退回到出發時的舊戰線，甚至更往後退。托布魯克可能已經失守，隆美爾也可能已經向尼羅河推進。之後，戰局逐漸明朗。昔蘭尼加被我軍收復，並持續堅守。雖然我們尚未能徹底摧毀隆美爾的軍隊，但他們已有近三分之二的兵力被削弱、被俘或陣亡。

議會顯然未能意識到隆美爾反攻成功的深遠意義，因為他們無法得知在英國迅速占領昔蘭尼加之後即將揭曉的更大計畫。班加西和阿傑達比亞的失陷已經是眾人皆知，這似乎是沙漠戰事中勝負無常的一次插曲。而且，正如此處轉發的電報所述，對已經發生的事件及其原因，我也缺乏準確的情報。

我無法不對隆美爾表達讚美之情。

目前昔蘭尼加西線的情勢我無法描述。我們面臨的對手既大膽又有能力，若不考慮戰爭的破壞，他堪稱一位偉大的將軍。他顯然得到了增援。另一場戰役，或許此刻正在進行中，至於結果如何，我有一條原則，即從不對戰役的結局做出預測。我常因這條原則而感到安慰。當然，沒有人說我們沒有機會……

我提到隆美爾時，略為表達對其執行的戰略手段欣賞之意。後來得知，有些人對此感到不悅。他們無法理解為何要指出敵軍將領的優點。這樣的狹隘雖屬人之常情，但這種心態與贏得戰爭勝利或建立持久和平的精神相悖。

接著，我便提及了我們在遠東赤手空拳所面臨更為關鍵的問題。

我已經向下議院提交了這幾個月的情況報告，尊敬的議員們可以從中了解到，我們的資源是多麼緊張，直到現在我們還能生存下來，實屬不易，真是運氣使然──我們實在談不上有什麼功勞。如果我們三、四個月前聽從那些大喊大叫的呼聲，去進攻法國或低地國家，我不敢想像我們現在會處於什麼樣的境地。我們仍能看到牆上寫著的標語：「立即開闢第二戰場」。誰能不被這句話的吸引力所打動呢？但設想一下，如果我們接受了這樣的強烈誘惑，我們的處境會是怎樣的呢？我們每一噸位的船舶、每一支小艦隊、每一架飛機，全軍的力量都將被投入到法國海岸或低地國家的海岸，進行殊死搏鬥。遠東和中東的所有災難，與另一個更糟糕的敦克爾克問題相比，將顯得微不足道⋯⋯

我猜，那些曾經在討論是否於法國開闢第二戰場時大聲疾呼的人，如今可能會重新調整策略，巧妙地質疑：為何我們在馬來亞、緬甸、婆羅洲和蘇拉威西島的兵力不足？

在這兩年半的戰爭期間，我們只是勉強度日⋯⋯我們才剛剛能瞥見我們的未來。顯然，我們正處於極其艱難的時刻；然而，只要我們團結一致，投入我們最後的力量，我們似乎正朝著勝利邁進，比以往更加清晰地看到了希望⋯⋯

既然我們在尼羅河流域應付德國和義大利，就無力為遠東的防衛做好準備⋯⋯或許在某些方面我們原本可以有所作為，但我們無法為抵禦日本的侵略做好充分準備。內閣的策略一直是，除非確定美國也將參戰，否則幾乎不惜一切代價避免與日本衝突。下議院還記得吧，在我們最無能為力的時刻，我們甚至暫時關閉了滇緬公路。我記得，我們的批評者中有些人對此非常憤怒，但我們別無選擇。大不列顛或英帝國從未有過也不可能有一個時期，能夠單獨對抗德國和義大利，同步進行不列顛戰役、大西洋戰役和中東戰役，同時在緬甸、馬來半島以及遠東全面地做好準備來應對日

國會面對信任考驗

本這個擁有七十多個機動師、世界第三大海軍和龐大空軍之軍事帝國的衝擊，並對抗八、九千萬強悍好戰的亞洲人的進犯。如果一開始我們就將軍事力量分散在遠東那些廣闊的區域，我們早已被消滅。如果我們將戰線上急需的大量部隊調往沒有戰事或永遠不會有戰事的地區，那麼我們就完全做錯了，那樣我們就會失去能夠安全脫離困境的機會（現在看來不僅僅是一個機會）……

所作出的決策是為了對俄國有所貢獻，力圖擊敗隆美爾，並在地中海東岸至裏海之間建立一條更為堅固的防線。依據這個決策，我們所能做到的，只是在遠東進行適度和部分的準備，以應付假設中日本猛烈進攻的威脅。確實有六萬名士兵在新加坡集結，但現代空軍、坦克、高射炮及反坦克炮部隊則優先提供給尼羅河流域。

對於這個決策，無論是其整體戰略層面，還是對俄國的外交政策，我個人承擔全部責任。如果我們未能妥善管理資源，那我的過失最大。如果今夜我們未能在緬甸和馬來亞部署強大的現代化空軍和坦克，我的責任比任何人都大。那麼，我為何要應要求尋找替罪羔羊，將責任歸咎於陸軍、空軍或海軍人員呢？那麼，我為何要應要求出賣所有忠誠可靠的同僚和朋友們，以平息英國和澳洲部分新聞界的指責，或以抵消我們在馬來亞和遠東的失敗以及我們在那裡的持續挫折呢？

我不得不讓下議院的所有人忍受了將近兩小時聆聽我的演說。他們對所聽到的一切缺乏熱情。然而，我的感覺是，他們並非全然冷漠。考慮到我所預見的情勢，我認為在演講結束時，應該做出最壞的預測，但既不令人生失望，也不做任何承諾。

儘管我感受到勝利與解放的力量如同洶湧的潮水，將我們與世界各地受難的人民帶向最終的目標，但我不得不承認，戰爭帶給我的負擔比起1940年那個令人心驚的夏季更加沉重。如今，戰線已然鋪開，薄弱環節需要加以防衛，無法避免的災難接踵而至，刺耳的聲音不絕於耳，我們可以

更加坦率地討論戰爭的複雜局勢。因此，作為下議院的僕人，我認為我有權請求大家不要施壓於我，迫使我違背良知和理智去行動，不要逼我尋找替罪羔羊以鞏固個人地位；請求大家不要逼迫我去做那些譁眾取寵卻於戰爭無益之事。相反，我請求大家繼續給予鼓勵與支持。我從不曾敢對未來妄加預言。我堅持最初的綱領：熱血、艱辛、淚水與汗水，這些是我曾奉獻的，而在五個月後，我又新增了「許多缺陷、錯誤和失望」。然而，我看到光明正從烏雲後透出，照亮我們的道路，因此，我此刻鼓足勇氣，要求下議院給予信任宣告，作為聯合國家軍武庫中新添的一件武器。

　　辯論持續了三天之久，然而其間的語氣卻出乎意料地友善。下議院有些事情是無可避免要完成的。在戰時內閣中，以艾德禮先生為首的成員們熱情地支持政府的工作。到了1月29日，我只得結束辯論。當時我擔心無法進行表決。我試圖用激將法來迫使批評我們的評論家們走進投票走廊反對我們，同時避免得罪那些現在已經沒有反對意見的議員們。然而，我所能說的話並不足以激起保守黨、工黨和自由黨中不滿人士的投票熱情。在表決時，獨立工黨對信任投票提出了異議，幸好，該黨僅有三個席位。投票的最終結果是四百六十四票對一票。我感謝少數黨領袖詹姆士·馬克斯頓，是他讓事情水落石出。新聞界的大肆報導，使得慰問和慶賀的電報從各方湧來。白宮的美國友人們表現得尤為熱烈。總統六十歲生日，我發電報祝賀。他回電說：「與您同處一個十年，妙不可言。」然而，新聞界中愛嘮叨的人並非沒有對策。他們見風使舵，靈活如松鼠。聲稱要求投信任票是多麼多餘！誰曾想過要挑戰聯合政府呢？我稱這些話為「刺耳的聲音」，不過是災難臨頭的預兆而已。

首相致議會保守黨領袖

1942年1月31日

　　我為保守黨投票的輝煌結果，兩年來票數持續上升，向你表示祝賀。

國會面對信任考驗

　　我打算撰寫一封信給自由黨領袖來討論他們的投票事宜。或許您願意先行審閱此信，如無異議，請即刻寄出。

邱吉爾先生致函阿奇博爾德·辛克萊爵士

1942 年 1 月 31 日

　　自由黨在下議院投信任票時的情況值得關注。總人數二十人中有六人棄權或缺席，只有十四人代表自由黨。其中三人是大臣，即你本人、約翰斯頓和富特。你們在上議院還有一位次長。此情形猶如船帆大而船身小。保守黨在本屆政府執政期間的三次表決中分別投了二百五十二票、二百八十一票和三百零九票，我擔心保守黨可能會批評不支持政府的行為。

　　與此同時，《新聞紀事報》已成為評論最為尖銳、時常持對立態度的報紙之一，但遺憾的是，它在莊重而嚴肅的獨立性方面仍不及《曼徹斯特衛報》。

　　我建議你對這些情況要特別留心。你也明白，我向來不以議會席位的多少來評估自由黨的實力。然而，既然議席已經如此稀少，我認為黨更需要在信任其正式決定參與和支持的政府事務上，保持團結一致的行動。

　　斯塔福德·克里普斯爵士在辯論期間雖未發言，但他在辯論進行時寫了一封友好的信件給我，解釋為何在我所提供的條件下，他無法接受我邀請他擔任軍需大臣的提議。他指出，為了達到預期的增產目標，至少必須讓軍需大臣在其部門內擁有完全的自主權，並成為戰時內閣的一員，負責分配和決策優先次序。「基於這一點，你可以理解，我認為在所提條件下接受此任務是不合適的，因為我感到無法在這個職位上取得成功，只能導致你和公眾的失望。我原本希望能夠在你肩負的重擔中助一臂之力，但經過深思熟慮後，我不得不做出這個痛苦的決定，我對此深感遺憾。」

我回覆說：

1942 年 1 月 31 日

令我遺憾的是：您覺得除非滿足某些條件（這些條件並非我能承諾的），否則無法協助我們承擔軍需部的重任。

將軍需大臣納入戰時內閣的行列，違反了由生產大臣全權負責軍需品事務的政策，而議會近期已經明確支持這個政策。此舉亦將進一步偏離小型戰時內閣的原則；這一點在現政府成立之時及成立後，輿論均予以高度關注。內閣成員已從五人增至八人；若將駐開羅的國務大臣算入，則為九人。倘若進一步納入軍需大臣，就無法將飛機生產大臣排除在外。若這兩個軍需部門的首長進入戰時內閣，那麼供應作戰部門的大臣也需納入其中。如此一來，便會違背小型戰時內閣及生產大臣獨立負責的兩大原則。我可以肯定，下議院和公眾都不會支持這個改變。

你建議我們經常會面，這讓我感到愉悅。我會隨時準備聆聽你的友好建議，儘管我過去希望的是你能提供實質性的幫助。或許終有一天我能如願以償。

事情在此暫時中止，但並未結束。

國會面對信任考驗

內閣架構的再調整

　　內閣度過信任投票的考驗僅能暫時安撫人心。大難即將降臨，我已經發出了足夠的警告。到了 1942 年二月，危機果然來臨。同時，我注意到政治界的緊張局勢也在加劇。有人提議要「加強」政府，聲稱「新的血液」應該注入。而現成且最受矚目的新血無疑是斯塔福德‧克里普斯爵士。我極不願因外部壓力而做出改變，在信任投票的辯論中，我曾為此事使用了一些強硬的措辭。然而，到了二月分，成立生產部無論如何已經勢在必行，這次的變動將具備內閣改組的性質。新聞部駐世界各地的人員都報告稱，英國國內的政治鬥爭可能帶來巨大的危害。顯然，必須立即解決這些艱難而棘手的人事問題。另一方面，成立生產部的過程也許會造成一些激烈的對抗局面，但我決定採取溫和的手段來完成，這樣總好過在籌備期間產生的重大摩擦與不快。

　　當我接近完成生產部的計畫時，得知比弗布魯克勳爵的健康狀況急遽惡化，我感到十分難過。他有嚴重的哮喘，經常整夜難以入眠，而唯有睡眠才能緩解症狀。從華盛頓回國之後的一個晚上，我們在新樓開會時，我聽到一個持續不斷的聲音，忍不住不耐煩地說：「誰去想想辦法止住那個貓叫聲。」大家頓時安靜下來，這時我才意識到，那個聲音其實是我那位可憐的朋友正在哮喘。我只得連忙道歉；但我之所以提起往事，是因為這也反映了那些令人疲憊不堪時期的緊張狀況，這也是促使比弗布魯克採取行動的原因之一。他確實想每晚花上三、四小時在高空飛行，以便利用高度來減輕哮喘帶來的痛苦。

　　這種問題是比弗布魯克神經衰弱的根本原因，我只能稱之為神經衰

內閣架構的再調整

弱。在我們訪問華盛頓時，我已經阻止了他一次情緒化的辭職。然而，如今他對職位的厭倦感越發明顯且強烈。儘管他渴望擁有更廣泛且不受限制的權力，內心卻希望能從重重負擔和憂慮中解脫出來，我的其他同僚中也有許多人持有類似的想法。

有些人不如我了解他在任職期間的貢獻，未能意識到他的力量、魄力及判斷力，因此難以理解他對我產生的巨大影響。他們未曾注意到，我們在第一次世界大戰中的重大事務及後續工作中有過長期合作。除了我十分尊敬但關係一直不算密切的西蒙勳爵大法官外，比弗布魯克是與我一同在前次戰爭中經歷震驚與勞累的唯一同僚。我們兩人在政治上屬於老一輩。在過去的危機與爭論中，我們常站在不同立場，有時甚至激烈對立；但總體而言，我們始終維持著關係，這是我個人社會生活的一部分；雖然歷經宦海起伏，但由於私人間的深厚友誼始終如一，因此這種人際關係更加穩固。在這些暴風驟雨的時代裡，與一位雖無行政權力卻時常能發號施令的人物談論當時的困難和問題，並將其與我們已經克服或經歷過的事情比較，對我而言，常是一種樂趣。我的其他同僚當時還是默默無名的人，其中多數是那些在記憶猶新的過去日子裡馳騁戰場的年輕軍官。

我已整裝待發，準備將一項龐大的新任務交給比弗布魯克，以便他能夠充分展現才華，同時將可能激怒他的各種障礙降至最低。1942年2月4日，我向議會宣布成立生產部，並任命比弗布魯克勳爵為生產大臣，其先前的職務由安德魯・鄧肯爵士接替。然而，仍有一些關鍵細節需要在幕後進行安排。應比弗布魯克的要求，並經萊瑟斯勳爵的全力支持，我決定將軍事運輸部併入正在籌劃的生產部。雖然這並非我最初的計畫，但鑑於萊瑟斯勳爵希望與比弗布魯克共事，而且他們在他的領導下關係融洽，我認為這樣的合併是有利的。然而，劃分職責的每一個細節，都如同戰鬥般需經過一番較量。儘管我耐心尚可，但最終也達到了忍耐的極限。

邱吉爾先生致比弗布魯克勳爵

1942 年 2 月 10 日

我將在數小時內將白皮書提交議會，現附上校樣一份。就我而言，這已經是最終版本。為了確保安排妥當，令你滿意並造福公眾，同時消除各相關部門的顧慮，我在上週已經投入大量時間和精力。我只能做到如此。

我深信，接受這項工作並竭盡全力將其成功完成，是你的職責，而你具備充分的能力來實現這個任務。我認為，萊瑟斯關於軍事運輸部在商船類型上應擁有有效發言權的決定，是非常必要的，因為該部門是這個問題的唯一權威，並且了解實際情況。如果在其他問題都已經解決後，你仍在這一點上，或與我為你設計的這個龐大機構的任何其他方面上堅持己見，鑑於我們所處的極度危急形勢和廣泛的利害關係，我不得不指出，你將面臨來自國內和美國的嚴厲批評。因此，我希望你能從全面性思考出發，避免讓你的國家、朋友，尤其是你的聲譽遭受嚴重損害。

在這件事情上，我將依照計畫行事，今晨提交白皮書。倘若另一方面你決定終止我們的關係，我將請求議會准許我將報告延至星期四。這封信由布里奇斯親自遞交給你，並請託他帶回你的回信。

比弗布魯克勳爵同意了此項決策，詳細界定生產部責任的白皮書因此於 2 月 10 日由我提交給議會。我在議會中宣讀了開篇的主要四段：

1. 生產大臣根據國防大臣和戰時內閣的政策，負責所有戰時生產相關事務，是戰時內閣中的關鍵人物。此大臣接手生產管理委員會原有的全部職責，但人力和勞工事務不包括在內。

2. 其職責涵蓋現有生產能力和原材料的分配（包括原材料進口的規劃）、在必要時確定生產優先順序，以及對相關部門和分支機構的管理與指導。

3. 儘管本白皮書有所規定，各大臣在主管生產部門時對議會的責任保持不變；任何大臣級長官在正當履職方面的問題上，有權向國防大臣或戰

內閣架構的再調整

時內閣提出申訴。

4. 生產大臣還代表戰時內閣，主持及討論在國內和美國設立的聯合機構，這些機構負責處理盟國之間軍需品的分配和原料問題。

此處，霍爾-貝利沙先生插話打斷，質問為何人力和勞工問題未被納入提議。顯然，這涉及比弗布魯克勳爵與歐內斯特·貝文先生之間的對立關係，於是我繼續宣讀了其他3節，內容如下：

8. 勞工與兵役大臣擔任戰時內閣大臣，未來在戰時內閣整體領導下執行原由生產管理委員會負責的人力和勞工相關任務。這些任務涵蓋為武裝部隊、民防、戰時生產及民用工業分配人力資源，並處理生產領域的常規勞工問題。

9. 管理人力需求和分配屬於勞工與兵役大臣的職責之一，他需要就可能更高效利用人力的策略發布指示。為此，其官員有權在必要時獲取人力使用的相關消息。

10. 所有涉及生產部門與勞工部的勞工問題，將由勞工大臣與生產大臣或其指定官員進行協商解決。這三個供應部門將繼續保留其現有的獨立勞工組織。

最後，我呼籲對這份白皮書進行深入研究，並為這個計畫的試行創造機會；如需辯論，我將全力提供協助。

在事態發展的過程中，斯塔福德·克里普斯爵士的立場和態度越加顯得舉足輕重。他似乎有一些言論需要公開發表。他從莫斯科返回後，曾進行一次普受歡迎的廣播；因此，他受到鼓舞，不斷請求新聞大臣給予更多機會進行廣播演講。2月9日，我寫了一封信給他，內容如下：

我得知，當你在布里斯托爾回應有關參與政府的問題時，你說了類似「你最好去問邱吉爾先生」這樣的話。在這種情況下，是否可以公開你1月29日的信件以及我在31日的回覆呢？

我意識到在第二頁上「如果再加上軍需大臣在內」之前，我遺漏了插入「依據職權」的字樣。比弗布魯克並非以軍需大臣的身分加入戰時內閣，而是在1940年秋季擔任飛機生產大臣時，由於一般性原因被任命的。因此，我建議補上這些字，只是為了澄清我的本意。

遵重他的意願，我並未將信件公之於眾，但在我看來，讓他加入戰時內閣是廣受歡迎的。為了滿足這個需求，同時也回應許多有影響力人士的強烈願望，他們認為戰時內閣應減少成員，並讓所有閣員盡量不受部門行政責任的限制；要同時滿足這兩方面的要求並不簡單，因此我構思了一個新的權宜之計。

在1940年5月政府組閣期間，我身兼數職，包括下議院議長職務。日常事務由艾德禮先生負責，我僅處理必須親自處理的重要事務。在我看來，斯塔福德爵士具有多方面的才能，足以領導下議院。他不僅是議員，還是最傑出的辯論家之一。這樣的任命，加上他作為戰時內閣成員的身分，可以使他成為內閣的發言人，進而賦予他廣泛的活動空間，這是他們一直希望並私下表達要求的。我與艾德禮先生討論了這個方案，在如此緊張的局勢下，他的忠誠至關重要。我向他建議，將掌璽大臣和下議院領袖的職務交給克里普斯，而他本人負責自治領事務部，並授予副首相頭銜，但在組織上不作實質性變動，這僅是一種形式上的調整。

艾德禮先生表示同意，因此我只能請求克蘭伯恩勳爵從自治領事務部調去殖民地事務部。我將這個職位與上議院領袖的職務結合在一起。這兩個職務原本是由莫因勳爵擔任的，他是我最為尊敬的人物和朋友之一。他在政府中的角色失利對他無疑是一個沉重的打擊，我對他的處理感到不安。後來，一系列事件導致他在開羅被一名以色列刺客殺害。

內閣架構的再調整

親愛的華特

1942年2月19日

　　由於多種私人和公共因素，我被迫對殖民地事務部進行一次調整。對此，我深表遺憾。當前的形勢和公眾意見都在呼喚政府進行重大改組，因此我必須將自治領事務部交給艾德禮，許多人堅決認為此部門應由一位戰時內閣成員管理。鑑於此，我真誠希望克蘭伯恩能接替你的職位，基於我對你的了解和你在戰爭期間的表現，我相信你會願意滿足我的期望和需求。

　　在這暴風驟雨的時期與你共事，一直令我倍感愉悅；因你在擔任殖民地事務大臣及下議院領袖的職務時，展現了卓越的才幹，並且因為你時常給予我的支持與友誼，我由衷地向你表達深切的謝意。

　　莫因以一貫莊重的態度和愉悅的心情，接受了辭去內閣職務的決定。「毋庸贅言，」他寫道，「我深知你需要改組政府；我只想補充一句，你讓我在如此重要的機構服務了一年，並始終對我關懷備至，我對此將永懷感激。」

　　在我們的政府機構正處於難以應付的混亂中心時，國外的災難再次降臨。1942年2月15日，新加坡投降。如我們之前所預估的一樣，英帝國有十萬名官兵成為日本的俘虜。在此之前，即2月12日，發生了一件事情，我認為雖然不那麼重要，但在公眾中卻引起了更大的憤怒和不安。德國戰鬥巡洋艦「沙恩霍斯特」號和「格奈森諾」號，連同巡洋艦「歐根親王」號從布雷斯特成功逃脫，穿越英吉利海峽。根據公眾所知或可能聽到的消息，它們在多佛的炮臺轟擊下，以及我方空軍和海軍部隊的猛烈攻擊下，依然毫髮無損。我們將在適當的時候重新審視此事。公眾因此對內閣及其戰事指揮的信任動搖，確實不令人驚訝。

由於生產部的設立以及斯塔福德‧克里普斯爵士的加入所帶來的必要安排，政府內部進行了調動，這幾乎相當於一次重大改組。我決心同時進行其他一些變動。馬傑森上尉表現平平，不再擔任陸軍大臣，我提議由他的常務次長詹姆士‧葛利格爵士接任。葛利格在效率與毅力方面享有盛譽，是一位傑出的公務員。我擔任財政大臣時，他曾擔任我的私人祕書大約五年；他不僅在財政部得到鍛鍊，還曾在印度擔任總督行政會議的財政委員，表現優異。他對陸軍部的工作非常熟悉，並贏得了全體將領和官員的信任。他不願進入上議院；對下議院也沒有經驗；此刻他必須物色並在必要時爭取一個選區，以適應政治領袖所需更廣泛和多樣化的活動方式以及更靈活的手段。他的毅力、無私和勇敢，再加上一點固執個性，整體人格特質都是非常突出的。提升他到大臣級別是理所當然的，但同時，我也的確失去了一位最能幹的文官。

在飛機生產部門，我進行了調整，由盧埃林上校接替穆爾－布拉巴宗上校。盧埃林上校在前往美國時期的表現非常出色，我們的所有飛機生產現在與美國緊密結合。至於後者，他已經接受了貴族爵位。

親愛的穆爾－布拉巴宗

1942 年 2 月 21 日

懷著深深的遺憾，我寫信告訴，由於形勢和輿論的壓力，我將進行政府改組，不得不對飛機生產部進行調整。

我深知你在該部門的辛勤付出，並對你一直以來的友好態度心懷感激。你明白，在這場艱難且不利的戰爭中，我的處境頗為艱辛，衷心希望公務上的分離不會影響我們珍視的友誼。

內閣架構的再調整

他的回信彰顯了他的品行：

親愛的首相

1942年2月21日

我深表理解。在政策方面有一、兩個我認為至關重要之處，原本想及早與你討論，但此刻已無此必要。

我對過往的所有經歷感到滿意。你曾給予我的信任，我深表感激。部門事務和工作狀況已大為改善，相較我初來時已有顯著進步。

祝

萬事順利。

布拉巴宗

為精簡戰時內閣，我被迫要求財政大臣退出正式戰時閣員的職務。

邱吉爾先生致金斯利·伍德爵士

1942年2月19日

我認為有必要籌組一個新的戰時內閣，因此附上名單。你會發現，我無法將財政大臣列入其中，這樣才能符合本屆政府最初成立時的原先計畫。

對此我深感歉意，但確實無計可施。然而，若牽涉到你的公務事務，仍需麻煩你。

最終，在那次關鍵的調整中，伍德先生為了縮減內閣成員數量而退出戰時內閣，展現了他極高的愛國情操和無私精神。

在內閣改組期間，比弗布魯克勳爵貢獻了許多重要的建議。除卻涉及本身之事，他對他人的事務始終能保持理智與客觀。例如：

親愛的首相

1942年2月17日

謹附上我於電話中提及的信函。

人民對本身失去了信心，他們期望政府能夠恢復這種信心。政府有責任滿足這個期望。

內閣機構的調整，如何才能，確實滿足民眾的需求呢？

1. 是否應讓斯塔福德·克里普斯爵士入閣？然而，公眾對克里普斯的期望只是一時的熱潮，而這種熱潮已經開始消退。

2. 委任一名國防部長，或者是國防副部長嗎？然而，要找到一個既能令公眾滿意，又能在你的領導下令你滿意的人選，這樣的職位是不存在的。或許能任命一位如克里普斯般符合當前公眾情緒的人選，但克里普斯無法讓你滿意。

3. 是否應籌組一個由少數大臣構成的戰時內閣，每位負責監督多個部門，但不具體承擔各部職責？此計畫建議應予以實施。戰時內閣應包括現內閣中最有能力的貝文、廣受歡迎的閣員艾登以及工黨領袖艾德禮。內閣中的其他成員應被移除。儘管他們也是勇士，比其他三十位成員更值得敬仰，但仍不及前三名。

4. 最後，政府中有些官員被公眾視為無能的大臣。這些人的名字你一定耳熟能詳。在國防大臣中，總有一位與公眾顯得格格不入。或許有兩位。

此信顯然屬於私人性質，我個人並不打算鼓勵或助長任何公眾的激動情緒。

你的永久的朋友

馬克斯

他還摘錄了修昔底德的一段話寄給我，未附上日期；也許他曾試圖將這段話應用於本身，但徒勞無功。

內閣架構的再調整

　　不再與斯巴達展開對話。明確告訴他們，你並未被當前的艱難所擊垮。無論是作為國家還是個人，唯有在困境中無畏無懼、並進行最堅決的抗爭，才能稱得上是真正的英雄。

　　然而，如今一切似乎已成定局，比弗布魯克勳爵選擇辭職。他的健康狀況每下愈況，覺得無法再承擔新任的繁重責任。我盡力勸阻他，但他與其他主要大臣在我面前進行了一場冗長而煩人的討論，使我意識到最好不要再勉強他。因此，我同意他退出戰時內閣，前往美國承擔一些職責不太明確的任務。在那裡，他可以影響總統身邊的人，對我們有所助益，還能在西印度的一個島嶼上獲得他身體急需的休養和寧靜。許多不欣賞他特質或不理解他對戰爭貢獻的人，以及那些曾與他爭吵的人，都感到滿意。只是我深切地感到若有所失。

　　幾日後，他寄出了最後一封信，詳述了我們分道揚鑣的經過。

親愛的溫斯頓

1942 年 2 月 26 日

　　今日我將離開總部，返回我先前的居所。此刻，我需要向你敘述我在這二十一個月中所經歷的高度冒險，這種經歷是前所未有的。

　　在這段時間裡，我的一切努力始終依賴於你的支持。

　　你冒著巨大風險將我引入內閣；而留任我的決定也使你受到部分內閣成員的抨擊。

　　我給予你的，與我從你那裡獲得的相比，實在微不足道。因你的緣故，我才能聲名遠播。公眾的信任，實在出自於你。我的勇氣是你激發的。這些恩惠讓我有資格在你的助手名單中占據一席之地，當你將我們的人民從困境中解救時，這些助手們是在為你服務。

在即將分別之際，我撰寫這封滿懷感激與敬意的信，獻給國家的領袖、人民的救星以及自由世界抵抗的象徵。

你的親愛的

馬克斯

我原本計劃在他康復並心情平靜後讓他回來，但那時我並未向同事們透露這個想法。

生產部肩負重大責任，如今再度出現職位空缺；而我在尋找繼任者方面並不會感到困擾。我認為奧利弗·利特爾頓是一位工作經驗豐富且具備極高行動能力的人，他的能力經歷了時間的考驗。我在他童年時期便在他父親家中認識他了。1940年，我將他從平民生活中召喚出來，任命他為貿易大臣並進入議會。在貿易部任職期間，他獲得各黨派的信任；作為駐開羅國務大臣，他在中東軍事失利後首當其衝，歷時將近一年。在後方的行政管理和鐵路事業中，他倡導或實施了諸多重要改革。這些經歷使他與艾夫里爾·哈里曼先生建立了密切連繫，並在華盛頓受到高度尊重。此外，我還需另覓一人來接替他擔任駐開羅國務大臣。3月18日，澳洲駐華盛頓代表R.G.凱西先生被任命為他的繼任者。

戰時內閣的改組於2月19日公布，儘管新增兩名成員，但總人數從八位減少至七位。讀者將會注意到，與輿論的強烈趨勢相反，我已經充分實現了我的觀點，即戰時內閣的成員應是負責部門的實際領導者，而不僅僅是空頭顧問，除了思考、討論，並根據折中方案或多數意見做出決定外，別無其他任務。

內閣架構的再調整

舊閣

1. 首相 邱吉爾先生
2. 掌璽大臣 艾德禮先生
3. 樞密大臣 約翰・安德森爵士
4. 外交大臣 艾登先生
5. 不管部大臣 格林伍德先生
6. 供應大臣 比弗布魯克勳爵
7. 財政大臣 金斯利・伍德爵士
8. 勞工大臣 貝文先生

新閣

1. 首相 邱吉爾先生
2. 副首相暨自治領事務大臣 艾德禮先生
3. 掌璽大臣兼下議院議長 斯塔福德・克里普斯爵士
4. 樞密大臣 約翰・安德森爵士
5. 外交大臣 艾登先生
6. 生產大臣 奧利弗・利特爾頓先生
7. 勞工大臣 貝文先生

當然，這也引發了多種問題。克蘭伯恩勳爵認為，作為上議院議長，他理應成為戰時內閣的成員，至少應該經常參與會議。他也迫切希望增強政府在上議院的辯論實力；按照慣例——儘管在憲法上不是必需的，上議院至少應有兩名國務大臣。在此情形下，我認為詹姆士・葛利格爵士可以以貴族身分來承擔他的新任務。

邱吉爾先生致克蘭伯恩勳爵

1942 年 2 月 20 日

我認為，將那種「在戰時內閣會議上經常出席的絕對權力」賦予任何領導上議院的人，這是不可能的，因為大家堅決主張小型組織的討論。過去，上議院和戰時內閣之間唯一的連繫是比弗布魯克，他很少參加會議，即使參加，也僅僅是討論他自己的問題。

我無法保證，上議院任命的各部次長必定是具備議會經驗和地位的人。我不禁考慮各重要部門的工作效率。然而，我也必須關注他們是否具備充分的辯論能力。至於蘭卡斯特郡公爵大臣達夫·庫珀，他或許有意升遷，但我尚未與他討論。

然而，在這短短的兩、三天內，我不願意做出任何最終的安排。同時，對於你向我所提議的任命，我打算暫時不做決定。舉例來說，也許可以考慮將任務分配開來，由一位大臣負責上議院，另一位大臣負責掌管殖民地事務部。

感謝您坦誠的來信，我對此心懷感激。我完全理解所面臨的困難，並將努力尋找解決之道。

幾日之後：

詹姆士·葛利格爵士非常希望繼續留在下議院，而這也顯然符合下議院的意願，因此我無法請他到上議院協助你。憲法的精神得到了完全維護。不過，如果你需要額外的幫助，我可以請達夫·庫珀以其蘭卡斯特郡公爵大臣的職務前往上議院。或者你可以再觀察幾個星期，看看形勢如何發展。

在次要機構中也進行了其他一些調整。在這方面，我獲得了相當多的支持。為了掃清障礙，竟有九位主要次長將他們的機構交由我自由支配。有些調整在數週後才得以實施；最終的變動名單如下：

內閣架構的再調整

1942 年 2 月 22 日

1. 殖民地事務大臣克蘭伯恩勳爵，代理莫因勳爵之職。
2. 飛機生產大臣盧埃林上校接替穆爾—布拉巴宗上校的職務。
3. 貿易大臣多爾頓先生接替盧埃林上校的職務。
4. 經濟作戰大臣塞爾伯恩勳爵接替多爾頓先生的職務。
5. 陸軍大臣詹姆士·葛利格爵士，接替辭職的馬傑森上尉一職。
6. 公共工程大臣波特爾勳爵於 1942 年 3 月 4 日接替辭職的卜里思勳爵。
7. 主計大臣，威廉·喬伊特爵士，接替漢基勳爵的職位。
8. 副檢察總長馬克斯韋爾·法伊夫少校接替威廉·喬伊特爵士的空缺。

關於上議院在戰時內閣中的代表問題，我運用了先前提到的方法來解決，即使幾位大臣並非正式的內閣成員，但實際上他們是「常駐列席者」。因此，在月末之前，我已經能夠恢復我們的正常工作。

首相致愛德華·布里奇斯爵士

1942 年 2 月 27 日

下週內閣的工作安排如下：

1. 星期一下午五時半，地點十號。全體參加；以及慣常的列席者、三軍參謀長、各自治領和印度代表等。議程：戰爭的總體態勢，不涉及特定的機密事件，如即將展開的軍事行動；以及任何其他合適的議題。
2. 太平洋會議於星期二下午六點在十號舉行。
3. 星期四正午十二時，下議院將召開會議，屆時戰時內閣將會集。（如有必要，星期三、四兩日下午六時將再次舉行會議。）
4. 星期五正午十二點於下議院。僅戰時內閣成員及你本人出席。若需他人參與特殊項目討論，將另行安排召集。

5. 星期五下午十點，國防委員會會議。參加者包括三軍參謀長、海、陸、空三大臣，必要時或特別指定下，還有印度事務大臣和自治領事務大臣，以及我本人、副首相與外交大臣，或許還有奧利弗·利特爾頓先生。

我們來看看這種方法是否可行。

總體而言，新聞界和公眾普遍讚賞此次改組的核心部分。政府部門經歷如此大規模的調整後，議會也意識到穩定的必要性，因此，我們獲得了寶貴的喘息之機，得以應付即將降臨的更多困境。

在這個國內政治緊張且不斷變化、國外又屢遭挫折的時期，我的地位似乎未受影響。公務繁多，幾乎占據了我的所有時間，鮮少有機會去考慮個人處境。某些同僚或未來同僚地位未定，這似乎反而增強了我的權力。我並不會因為有人想取代我的職責而感到困擾。我的要求是，在經過適當討論後，相關政策能夠符合我的期望。不幸的事件恰好使我與三軍參謀長更加緊密，這種團結在政府各部門中是顯而易見的。在戰時內閣中，或在更大規模的內閣級別中，沒有人暗中策劃或製造對立。然而，外界不斷施壓，要求我改變戰爭指導策略，以獲得更佳效果。「我們一致支持首相，但他的工作實在過於繁重。有些責任，他應該卸下。」這種觀點始終存在，且有許多相關的論述不斷的傳播力圖被接受。我很高興地收到弗雷德里克·莫里斯爵士以下的來信：

親愛的首相

1942 年 2 月 14 日

我曾與一些議員交談，察覺到你可能面臨壓力，不得不重啟勞合·喬治先生在 1916 年至 1918 年間為協調政策與戰略而採用的模式，即取消國防大臣職位，使三軍參謀長直接與一個由不管部大臣組成的小型戰時內閣對接。

我對勞合·喬治先生的體系有兩年半的經驗，我認為你的體系在兩者中更為優越，除了一個例外。在帝國國防學院以及各軍事學院，我長期以

內閣架構的再調整

來一直倡導這樣的體系。我認為應該設立一位國防大臣,直接與三軍參謀長接觸,而在戰時唯一適合擔任國防大臣的就是首相。從普遍原則到具體事實,你具備有極大優勢,能夠與海、陸、空軍士兵位處同一陣線,這在政治家中相當罕見。讓三軍參謀長參加戰時內閣會議的方法,勢必會大大浪費他們的時間;在戰時內閣會議中,他們不如與首相直接密切連繫時能夠暢所欲言。

從我的外部觀察來看,現行制度中唯一的缺陷在於聯合計劃委員會。根據我的經驗,這個委員會的成員由於各自的職權繁忙,難以專注於聯合計劃的工作;在開會時,他們往往不是提出建議,而是指出困難並表示反對。若要採取有效行動,唯一的途徑是選擇一位負責實施計畫的人,在他制定計畫時給予必要的支持,然後將計畫提交給你和三軍參謀長批准。這樣一來,計畫的適用性以及實施所需的條件是否齊備,便由你和三軍參謀長來決定。

在此艱難時刻,特向你致以我的同情與祝福。

你的真誠的
莫里斯

在1942年2月24日,我在致函弗雷德里克爵士表示感謝時補充道:「我逐漸形成這樣的看法,即在設立『任務』時,根據任務的特性,必須讓三軍中某一軍的軍官處於其他人員之上。」

我已經決意將戰事指揮的所有權力掌握在自己手中。唯有讓首相兼任國防大臣,方能行使如此權力。在克服反對意見和處理分歧時,遇到的困難遠超過擁有決定權本身。最高職位需要統一的領導思想,以確保合作與修正的完整性不被破壞。如果我被解除國防大臣職務,我絕不願繼續擔任首相。此事眾所周知,這也駁回了在極不利條件下提出的所有質疑;許多關於設立委員會或其他非個人機構的建議也因此失去意義。我必須對所有助我成功的人表示感謝。

新加坡全面潰敗

根據我的判斷，在激烈的戰爭期間，派遣皇家委員會調查新加坡失陷的原因是不切實際的。我們沒有足夠的人力、時間和精力來進行此事。議會接受了這個看法；然而，我當然意識到，為了公正地評估相關官員和軍人的表現，一旦戰鬥結束，就應立即對所有原因進行調查。然而，後來的政府並未啟動這個程序。許多年過去了，許多證人已經去世。我們也許永遠無法擁有一個適當的法庭，來對英國歷史上最慘重的失敗和最大規模的投降做出正式的評判。在這些篇章中，我並不打算越俎代庖，代替這樣的法庭，也不打算對個人的行為發表意見。我將範圍限定於記錄我確信無疑的主要事實，並引用當時記錄下來的文件。讀者可以從這些材料中得出自己的結論。

我對這裡軍事部分的描述，親自負責。在撰寫此部分內容時，得到了波納爾將軍的極大支持。當華盛頓會議決定成立美、英、荷、澳聯合司令部時，他已經實際擔任遠東戰區總司令，司令部設於新加坡。美、英、荷、澳司令部成立後，他成為韋維爾將軍的參謀長。若非如此，他本可能被選中接替珀西瓦爾將軍肩上的重任。

珀西瓦爾將軍對新加坡島的防禦安排大致如下：

1. 第3軍由希思上將指揮，主要由1月29日抵達的英國第十八師（貝克威思-史密斯少將指揮）及吸收了第九師殘餘部隊的第十一英印師（基少將指揮）組成。該軍負責的區域沿著島的北岸延伸至長堤，但不包括長堤。

2. 長堤起始的一線由第八澳洲師（戈登・貝內特少將指揮）負責，第四十四印度旅歸其指揮。該旅幾天前剛到達，與第四十五旅相似，由年輕且部分受訓的士兵組成。

3. 南岸由要塞部隊防守，包括兩個馬來亞步兵旅和義勇隊，全部由西蒙斯少將指揮。

海岸防衛的重炮雖可朝北轟擊，但彈藥不足，難以有效對付敵軍集結於密林的區域。島上僅剩一個戰鬥機中隊及一座可用的機場。由於傷亡和消耗，集結的守備軍人數已從陸軍部預估的十萬六千人減少到約八萬五千人，其中包括基地後勤和非戰鬥部隊。在總人數中，約有七萬人是武裝部隊。儘管投入了大量本地人力，但野戰防禦準備和障礙物布置未能滿足當前的緊急需求。前線即將遭受攻擊，但缺乏永久性的防禦工事。經過長途撤退和島上激戰，軍隊士氣已經相當低落。

北岸和西岸面臨威脅，柔佛海峽寬度介於六百至二千碼之間，充當了天然屏障。沿海幾條河流的河口有茂密的栲樹沼澤，提供相當的掩護。需要防守的戰線長達三十英里，在對岸叢林中的敵軍行動完全無法看見。島的內部大部分被茂密的植被和種植園遮蔽，視野受限。武吉智馬村周圍設有大型軍需品倉庫和三個重要的水庫。在這一切的背後便是新加坡市，市內居住著約一百萬來自不同種族的居民，還有一批難民。

我們已經不再懷有長期保衛新加坡的幻想。唯一的問題在於戰爭將持續多久。早在1月21日，三軍參謀長便注意到了破壞活動，並電告珀西瓦爾將軍，「若情況極端惡化」，一定不能在新加坡掉以輕心。他們指出，「必須確保任何可能對敵軍有用的物資都在全面焦土政策中不被遺漏」。他們還討論了銷毀軍火的問題。1月31日，我對這份文件批註道：「明顯的方法是用彈藥射擊敵人。撤退是絕不允許的，若萬不得已，撤退也需耗費兩、三天……向敵人開火並耗盡彈藥，這是要塞即將淪陷時早已制定的、

理所當然的措施。應有足夠時間進行安排。如果要塞能有效防守,最終我們只會感到軍火短缺,而不會留下大量彈藥。」

兩天後,我再次下達了指示:

首相致函伊斯梅將軍,轉交三軍參謀長委員會

1942 年 2 月 2 日

1. 必須執行之任務:首先,海軍基地需徹底摧毀,確保所有碼頭和工廠至少在十八個月內完全無法使用;其次,要塞的火炮必須全部銷毀,使其在前述相同的時間內無法再度運作。如此,新加坡將不再對敵軍具有作為有效海軍基地的意義。安排上述破壞行動時,不應引發恐慌,因為這些活動都在軍事禁區內進行,禁止公眾進入;安置炸藥的具體操作可由工兵負責。

2. 對於損毀其他貴重財物的問題,也應提前制定計畫,但在準備階段絕不能削弱防禦力量;如將軍所言,防禦工作應持續至最後一刻。能延緩一天,就爭取一天。

就印度洋的整體局勢,我與參謀部進行了長時間的會談,並向他們提出了多項問題。

首相致伊斯梅將軍

1942 年 2 月 2 日

今晚十時,我計劃與三軍參謀長舉行參謀會議,商討增援馬來亞和緬甸的下一步措施,以及印度洋的防衛策略。

我想到的有幾個方面:

1. 新加坡 —— 為何直到上週我們才獲悉島上三個機場中有兩個已經被馬來半島的炮火控制?為何未建其他機場?北岸的防禦進展如何?內地交通和輻射公路等方面採取了哪些措施?儘管長堤部分受損,我預估已經

特別設置炮火和機槍火力進行控制。就敵軍登陸而言，他們似乎無所不能，而我們卻無能為力，那麼針對日軍從海上通往馬來亞交通線的反擊，現在有何計畫？

2. 關於派遣護航隊運送增援部隊、飛機和糧食直接駛往新加坡以提供支援的計畫，目前正在制定中。是否已經安排從蘇門答臘和爪哇出動重型轟炸機襲擊日軍機場，以協助救援？是否有任何計畫在周邊島嶼建立新的空軍基地？對新加坡島上男性居民進行義務勞動的安排進展如何？必須繼續努力減少無效人口。這些事項中有很多屬於韋維爾將軍的職權範圍，但我們必須全面了解情況，確保沒有任何細節被忽視。

3. 印度洋基地——為確保這些基地的安全，我們正在採取哪些措施？例如，亭可馬利守備隊的現狀如何？大炮的情況如何？為了保護出入口，已經實施了哪些防禦措施？附近可用的飛機場有哪些？海軍負責印度洋的防禦工作，有什麼增援計畫？三艘航空母艦何時能夠出航？「沃斯派特」號未來計劃採取什麼行動？「英勇」號的修理進展如何？我注意到有一艘潛艇在孟加拉灣用炮火擊沉了一艘商船。在這些區域內航行的商船是否都已經完成武裝？船上是否有專業炮手？正在採取哪些措施以確保本地力量能夠防禦孟加拉灣？到目前為止，我們似乎缺乏活躍的輕型或重型海軍部隊。計劃派遣哪些驅逐艦、驅潛快艇和巡洋艦前往印度洋？請寄送一份未來四個月內逐月增援的時間表。

4. 在澳洲的兩個師調至美、英、荷、澳戰區後，還計劃進行其他增援。鑑於美國人將依照「磁鐵」作戰計畫進入北愛爾蘭，並且由於俄國方面及其他因素可能延後進攻日期，看來英國至少還需派遣四個師的兵力。至於這些師是否前往埃及，或地中海東岸—裏海一線，或印度，或美、英、荷、澳戰區，需日後再作決定。關鍵在於讓他們動起來。我們必須做好準備，確實減少補給和進口物資，以調遣更多軍隊。使用較小型商船運送軍隊，這一點需要考慮。來自弗里敦的西印度旅情況如何？我們在蘇伊

士以東需要更多士兵。整個戰區必須進行盤點評估。

5. 增援印度已是迫在眉睫。我非常關心日軍目前的勝利在全亞洲引發的迴響。增派英國部隊至印度將是必要的。這些部隊不需要是完整編制的師，因為他們的主要任務是維持當地內部安全和防範叛亂。對此，可以考慮使用登陸師和一些獨立營。

6. 我在其他文件中已經提及，美軍有可能在波斯灣部署，並在地中海東岸至裏海一線籌組一支部隊。

請將上述各節的執行計畫及時間表一併寄送給我，並根據您的詳細考量，增補上述問題。

新加坡空軍的狀況日益惡化。

首相致韋維爾將軍

1942年2月2日

我觀察到，你已經指示新抵達新加坡的「旋風」式飛機前往巨港。表面上，這個新決定似乎顯示對新加坡防衛的失望；請解釋其中緣由。

韋維爾將軍致首相

1942年2月3日

在1月29日，與皮爾斯一起訪問新加坡時，我們決定將大多數戰鬥機撤至蘇門答臘。部隊進入新加坡後，島上四個機場中的三個已經處於敵軍炮火的射程之內。由於對機場的空襲規模不斷擴大，轟炸機不得不轉移到蘇門答臘較為安全的基地。馬來亞的失守突顯了堅守蘇門答臘南部的極端重要性，也表明了在蘇門答臘維持機場的必要性，以便進行進攻行動，減少敵機對新加坡的轟炸規模。戰鬥機保護這些機場是絕對必要的。

若將戰鬥機停留於已暴露的新加坡機場，數日內將面臨毀滅。與此同時，我們竭盡全力維持戰鬥機的防衛，確保在卡蘭機場保留一個飛行中隊，並在條件允許時利用其他機場為從蘇門答臘起飛的戰鬥機加油。

新加坡全面潰敗

我認為，以上部署為新加坡的空中防禦提供了最佳願景，彰顯了捍衛新加坡的堅定決心與光明前景。

首相致韋維爾將軍

1942年2月4日

1. 聽聞你計劃為從蘇門答臘起飛的「旋風」戰鬥機進行加油，以支持其在新加坡的防衛任務，感到十分欣慰。

2. 然而，令人大惑不解的是，大多數戰鬥機無法從各自基地直接起飛進行攔截，反而需要在蘇門答臘和新加坡之間耗費大量飛行時間，這無疑是一個嚴重的劣勢。

3. 儘管我意識到駐紮在新加坡的飛機面臨暴露的風險，但仍不理解為何在日軍攻擊新加坡時，蘇門答臘基地會強烈地感受到需要戰鬥機進行防禦。此外，我們還計劃在2月底前透過「雅典娜」號和「無畏」號增派約九十架「旋風」式戰鬥機。因此，我希望在支援新加坡的過程中能承擔一切必要的風險。

4. 令人費解的是，為什麼留在島上的戰鬥機中有一半是「野牛」式的？如果數量必須受到限制，那麼在品質上當然應當選擇最佳的。

2月8日清晨，巡邏隊的報告顯示，敵軍在西北部種植園集結，我方陣地遭受猛烈炮火襲擊。晚間十時四十五分，克蘭寺河西岸的第二十二澳洲步兵旅遭遇日軍第五師和第十八師的猛攻。襲擊的高潮是經由裝甲登陸艦艇越過柔佛海峽而來；這些艦艇經過長期周密的計畫，早已從陸路運至下水點。戰鬥異常激烈，許多艦艇被擊沉；然而，由於澳軍地面兵力稀少，敵軍在多處成功登陸。待該旅重整旗鼓時，敵軍已經占領阿馬肯村，該村是附近地區多條大道和小路的交會點。次日清晨八時，敵軍進攻登嘉機場。一個適宜組織阻擊線的顯著地點位於克蘭寺河上游和裕廊河上游之間較為狹窄的地峽。第二十二澳洲旅和第四十四印度旅奉命撤防至此陣

地，並由司令部後備隊調派兩營士兵支援。

以下是軍事報告：

珀西瓦爾將軍致韋維爾將軍

1942年2月9日

敵軍昨夜在西岸猛烈攻擊進行登陸，目前已經推進五英里。登嘉機場被敵軍占領。駐守此地的澳洲旅傷亡慘重。透過動用司令部後備隊參戰，暫時遏制了敵軍的推進；然而，由於我軍需防守的海岸線過於漫長，局勢無疑十分嚴峻。已經制定計畫，準備在必要時集結兵力保衛新加坡。

2月9日晚間，在長堤與克蘭寺河之間，第27澳洲旅的防線前方遭遇了新一輪的攻勢。敵軍再次成功，獲得立足點，並在該旅與克蘭寺河－裕廊河之間打開了一道缺口。同時，我方部隊從西部撤退至未設防的戰線，在進退兩難之際，敵方已經越過此線。第11印度師的一個旅和英國第18師的三個營的大部隊相繼被派去奪回戈登‧貝內特戰線上的陣地，但至2月10日晚，日本軍隊已經逼近武吉智馬村，並在坦克支援下於當夜取得顯著進展。

消息傳至，我立刻撥通電話：

首相致韋維爾將軍

1942年2月10日

我相信你已經清楚我們對新加坡局勢的立場。根據帝國總參謀長向內閣的彙報，珀西瓦爾手下有超過十萬的兵力，其中包括三萬三千名英國士兵和一萬七千名澳洲士兵。我對日軍在馬來半島的總人數表示懷疑，是否已有五個師在前線，第六個師是否即將抵達。在這樣的情況下，守軍的人數必定遠遠超過已經渡過海峽的日軍，他們必須全力以赴，徹底消滅敵軍。在這個階段，絕不能考慮保全軍隊或保護平民。此次戰鬥必須不惜一切代價，堅持到底。第十八師有機會可以載入史冊。指揮官和高級軍官應

新加坡全面潰敗

與他們的部隊共赴生死。英帝國和英軍的榮譽在此刻岌岌可危。我希望你對任何形式的軟弱行為絕不手軟。俄國人在戰爭中表現出色，美國人在呂宋的表現也頑強無比，我們國家和民族的榮譽與這次戰鬥密不可分。務必調動每個部隊與敵軍展開白刃戰，決一勝負。我確信這些話也代表了你的想法，告訴你是為了與你分擔責任。

韋維爾以一種悲觀的語氣描述了他的視察經歷。

韋維爾將軍致首相

1942 年 2 月 11 日

1. 我在新加坡停留了一天，今天返回。就在我離開之前，收到了你的電報。我會見了所有師長和總督，並將電報中指示的方針傳達給他們。我還以相同的內容，給珀西瓦爾留了一份書面指示。

2. 新加坡保衛戰進展不佳。日本軍隊利用其慣用的滲透戰術，在西部迅速推進，速度超乎預期。我已經指示珀西瓦爾派遣所有可用的軍隊進行反攻。部分部隊士氣低落，未見有士氣高昂者。四面環水之地，需堅守廣闊的臨水陸地，地形條件不利於防禦。主要問題在於增援部隊訓練不足，以及日本軍隊勇猛且戰術嫻熟，加上制空權的掌握，導致我軍自信心受挫。

3. 我正竭盡全力激發戰鬥意志和樂觀情緒，但尚不能斷言這些努力已經完全奏效。我已經下達最堅定的命令，絕不允許任何投降念頭，所有部隊必須堅持戰鬥到最後。

4. 我推測珀西瓦爾能夠部署的軍隊人數未必如你所述的那般龐大。我認為他最多擁有六萬至七萬人。然而，若他的軍隊能夠以充沛的活力和堅定的決心投入戰鬥，他便有能力應付登陸的敵人。

5. 北部的三座機場其中一座現已被敵軍占領，其他兩座在炮火攻擊下無法使用。南部島上的機場在持續轟炸中，功能受到嚴重限制。

6. 當我從新加坡返回時,在黑暗中於碼頭跌倒,背部折斷了兩根小骨。傷勢雖不嚴重,但需要住院幾天,可能在兩、三週內行動不便。

2月11日是全面混戰的一天。從後備軍調集了一支混成部隊,以填補麥克里奇水庫和武吉智馬公路之間的缺口。靠近敵人的長堤已經遭受破壞,一旦我方掩護部隊撤離,敵人便能迅速修復。當天晚上,日本禁衛旅越過長堤,逼近義順村。次日,即2月12日,第三軍接到命令撤至一個環形陣地,從武吉智馬公路延伸至第五十三師防守的兩個水庫,然後擴展到巴耶黎巴村和卡蘭。從章儀岬調來的要塞部隊在這條線的後方集結。武吉智馬公路以南,2月12日激戰持續了一整天。第二十二澳洲師仍堅守在武吉智馬村以南的陣地,敵軍攻擊長達四十八小時,未能迫使其撤退。他們現在處於孤立狀態,接到指令撤至東陵。第四十四印度旅和第一馬來亞旅從這裡將戰線向南延伸。

2月13日,日軍未取得進展。駐守巴實班讓山嶺的馬來亞團在日軍第十八師團重炮轟擊兩小時後,頑強地將其擊退。

2月13日,開始執行將三千名指定人員從海道撤至爪哇的計畫。負責撤離的包括當地重要人士、技術人員、多餘的參謀人員、護士和其他在戰爭中有特殊價值的人員。同行的有在要塞上指揮空軍和海軍的普爾福德空軍少將和斯普納海軍少將。這次是他們最後的海上旅途。護航入侵蘇門答臘的日本海軍部隊襲擊了他們。當天和次日從新加坡起航的約八十艘小船幾乎全被敵軍擊沉或擄獲。普爾福德和斯普納的下落直到戰後才被知曉。2月15日,他們的船遭遇敵軍驅逐艦攻擊,被迫擱淺在一個小島的灘上。他們和同舟的約四十五人上岸,未受阻礙。一名年輕的紐西蘭軍官立即乘坐一艘本地小船啟程,歷經風險,於2月27日安全抵達巴達維亞。當時,爪哇本身也陷入混亂,但仍安排了一架飛機去拯救倖存者。不幸的是,這次的救援行動失敗了。在小島上,這批遭難且染上瘧疾的人們苟延殘喘,

越來越絕望,但未受敵人驚擾。到3月底,普爾福德等十四人去世;斯普納等四人在4月去世。5月14日,倖存的高級軍官、空軍中校阿特金斯意識到末日將至,與另外七人駕一艘本地船駛往蘇門答臘,向日軍投降,日軍隨後派人到小島上,將剩餘的人帶走,他們後來在新加坡俘虜營中受盡折磨。

2月14日的主要戰鬥集中在南段的武吉智馬公路兩側,我軍被迫撤退到最後的防線上。此時,新加坡市內的狀況令人震驚。民工已經潰散,水供應即將中斷,由於倉庫落入敵軍手中,軍用糧食和彈藥儲備已經耗盡。此時,有組織的破壞計畫開始實施。固定防禦工事的大炮以及幾乎所有的野戰炮和高射炮,連同祕密裝備和文件,全部被銷毀。所有航空汽油和空投炸彈都被燒毀或炸毀。關於海軍基地的破壞,情況有些混亂。命令已經下達,浮船塢擊沉,乾船塢的鐵浮門和抽水機械被破壞,但整個計畫中仍有許多項目尚未完成。

當日,海峽殖民地的總督向殖民地事務部呈報:

1942年2月14日

司令官向我報告,新加坡市目前正遭遇嚴重圍攻。三英里半徑內集結了一百萬人。水源供應遭到嚴重破壞,難以維持超過二十四小時。街道上屍體遍布,無法掩埋。我們正面臨斷水的危機,可能導致疫病的爆發。我認為有責任將這種情況告訴司令官。

這些電報在韋維爾將軍與珀西瓦爾將軍之間傳遞,但倫敦方面直到數週後才因我的請求而收到。

韋維爾將軍致珀西瓦爾將軍

1942年2月13日

你務必如現狀般,堅持戰鬥至終。然而,在竭盡所有人力後,部分勇敢堅定的人員需要搭乘小船逃離,南下經由各島嶼前往蘇門答臘。此類小

船若配備防護沙袋，並裝載機關炮或小炮如兩磅炮，也能在蘇門答臘海域發揮防衛作用。

珀西瓦爾將軍致韋維爾將軍

1942 年 2 月 13 日

敵人現在距離海岸不足五千碼，新加坡全市已在其野戰炮的射程範圍內。我們面臨斷水斷糧的危險。根據各指揮官的意見，交戰的部隊已經極度疲憊，既無法抵擋猛烈的進攻，也無力發動反攻。我們渴望有機會採取攻勢，儘管這僅僅是象徵性的姿態，但現在連這一點都無法實現，因為能夠執行此類任務的部隊已經不復存在。在這種情勢下，抵抗不見得能持續一、兩天。我的下級指揮官一致認為，為了爭取時間而使新加坡市遭受巨大損失和慘重傷亡，是得不償失的。由於海外帝國的關切，我感到有必要傳達他們的意見。將來必會到達一個階段，那時為了軍隊和平民的利益，繼續流血將毫無意義。你的 2 月 10 日的指示正在執行，但在上述情形下，請你考慮，能否給予我更大的自由行動權？

韋維爾將軍致珀西瓦爾將軍

1942 年 2 月 14 日

你們必須盡可能長時間地對敵軍造成最大的損失，必要時進行巷戰。你們的牽制行動可能對其他戰區產生重大影響，導致敵方死傷。儘管我們完全了解你們的困境，但繼續戰鬥是必需的。

此刻，韋維爾向我發來以下電報，似乎已成定局。

韋維爾將軍致首相

1942 年 2 月 14 日

接到珀西瓦爾的電話，敵軍逼近市區，他的部隊無力再進行反攻。已經指示他繼續對敵軍造成最大損失，必要時進行巷戰。我擔心抵抗無法持續太久。

新加坡全面潰敗

讀者或許記得我在 1 月 21 日給三軍參謀長的備忘錄中，提議放棄新加坡的防禦，將援軍轉移至仰光；以及我當時沒有堅持這個建議的情形。當時我們都下定決心要在新加坡一決勝負，因此唯一的成功機會（實際上是我們希望爭取的時間），就是發出嚴厲命令，號召全力以赴，戰鬥到底。韋維爾將軍接受了這些命令，並作出承諾，從電文中可以看出，他對珀西瓦爾將軍施加了極大的壓力。無論最高指揮層有何疑慮，前線的將領不必了解這些，只需接受明確而簡單的指示，這個原則永遠正確。然而此刻，新加坡已經沒有任何希望，如果繼續無謂的犧牲，不僅沒有勝利的可能，還會使這個人口密集、無計可施且驚恐萬分的大城市陷入巷戰的恐怖中，我堅信這個做法不對。我向布魯克將軍表達了這個觀點，他也認為國內不應再向韋維爾將軍施壓，而應授權他做出不可避免的決定；我隨即發出電報，表示我們對這個決定應共同承擔責任。

首相致韋維爾將軍

1942 年 2 月 14 日

倘若在新加坡無法取得更多進展，你無疑是唯一的決策者，並應以此精神指示珀西瓦爾。帝國總參謀長表示贊同。

總司令立即向珀西瓦爾將軍下達指令，完整內容附在發給我的電報中：

韋維爾將軍致首相

1942 年 2 月 15 日

在過去的四十八小時內，已收到來自珀西瓦爾的兩封電報，他稱由於城市缺水及其他困難，他的抵抗能力現已顯著削弱。兩次回電都指示他堅持戰鬥到底。我現已向他發送以下電報：

韋維爾將軍致珀西瓦爾將軍

1942 年 2 月 15 日

　　只要你仍能對敵方造成傷亡和損失，只要你的部隊在實力上依然能夠支持，你就必須堅守戰鬥。爭取時間並對敵方造成損失，在這關鍵時刻至關重要。當你心中有數，認為無法繼續時，我允許你酌情停止抵抗。當採取此行動時，所有對敵有用的武器、裝備和運輸工具，當然必須銷毀。在最終停止戰鬥之前，應給予意志堅定的團體或個人機會，盡一切可能逃脫。他們必須攜帶武器。請告訴你的意圖。無論情況如何，對於你和全體部隊在最後幾天的英勇努力，我表示感謝。

　　2 月 15 日星期日，這一天成為了投降的時刻。軍糧僅能支撐兩、三天，槍炮彈藥幾乎耗盡，車輛的汽油幾乎枯竭。最為嚴重的是，水源供應最多只能再維持二十四小時。高級指揮官向珀西瓦爾將軍提出建議，要麼反攻，要麼投降，而筋疲力盡的部隊無法實施第一種選擇。他決定投降，並向韋維爾將軍發出了最後一封悲慘的電報。

1942 年 2 月 15 日

　　因敵軍襲擊導致的損失，水、汽油、糧食和彈藥均已耗盡，無法再繼續作戰。各級將士已經竭盡全力，感謝你的支援。

　　日本人終於得到了他們無條件投降的要求。當晚八時三十分，敵對行動宣告終止。

　　在這個黯淡時刻，我們收到了來自我們最偉大盟友的電話，令人寬慰：

羅斯福總統致前海軍人員

1942 年 2 月 19 日

　　我深知新加坡的失陷將如何影響你和英國人民。這可能讓那些慣於批評的人得意，但儘管我們的挫折再嚴重——我絕不低估他們——我們仍

需時刻準備著對付敵人的下一步行動。在這段艱難的時期，我希望你能夠安心，因為我確信你深得英國人民的信賴。我希望你明白，我常常想念你，並且知道，如果有任何事是我可以幫上忙的，你一定要毫不猶豫地告訴我……期待你的回音。

潛艇在海上橫行

我們懷著輕鬆的心情和高昂的情緒歡迎美國參戰。從此,我們的重擔將由一位擁有無窮資源的夥伴與我們共同分擔。我們可以預期,敵人的潛艇將在海戰中迅速被制伏。儘管在我們的盟國未能全力投入之前,損失仍不可避免,但是,有了美國的幫助,我們在大西洋的生命線將得到保障。如此一來,我們就可以在歐洲和中東展開反希特勒的戰爭。然而,遠東局勢暫時仍會顯得黯淡。

然而,1942年注定會發生充滿扣人心弦的事件,在大西洋戰區,這一年也是戰爭中最為艱難的一年。到1941年底,敵方的潛艇艦隊擴充至約二百五十艘,據德國海軍上將鄧尼茨的報告,其中大約一百艘具備作戰能力,並且每月以十五艘的數量持續增加。儘管我們聯合防禦的力量遠勝於單獨作戰,但由於面臨更多的攻擊目標,我們的力量仍顯不足。在長達六、七個月的時間裡,敵方潛艇在大西洋海域肆意橫行,幾乎將我們拖入戰爭面臨無限期延長的災難中。倘若我們被迫中斷大西洋的航運,或對其施加嚴厲限制,我們的聯合作戰計畫將全面停滯。

1941年12月12日,在一場德國元首參與的會議中,決定對美洲海岸發動潛艇襲擊。然而,由於大量德國潛艇和最優秀的指揮官被調往地中海,再加上鄧尼茨根據希特勒的命令必須在挪威和北極海域保持1支強大力量,最初他們僅派出六艘七百四十噸級的大型潛艇。這些潛艇於12月18日至30日從比斯開灣港口出發,奉命深入紐芬蘭和紐約之間的沿海航線北端,接近美國運輸船隊聚集的一些港口。它們的騷擾立即取得成效。截至1942年1月底,三十一艘船隻,總計約二十萬噸,在美國和加拿大

潛艇在海上橫行

沿岸被擊沉。不久之後，攻勢向南推進，越過漢普頓海峽和哈特勒斯角，直抵佛羅里達海岸。在這條海上通道上，有大量美國和盟國的無防禦船隻。珍貴的油船隊也沿著這條航路在委內瑞拉和墨西哥灣之間頻繁往返。如果這條交通線受到干擾，我們的整個戰爭經濟和所有作戰計畫將受到影響。

在加勒比海域，德國潛艇在眾多目標中專門選擇油船作為攻擊對象。中立國的各類船隻與同盟國船隻一同遭遇襲擊。這種屠殺的範圍每週都在擴大。1942 年 2 月間，德國潛艇在大西洋造成的損失增至七十一艘，計三十八萬四千噸，除兩艘外，全部在美洲地區被擊沉。我們自開戰以來所遭受的損失，這是最嚴重的一個月分。不過，這種情況很快就要克服了。

儘管尚未達到 1917 年最嚴重時期的悲慘程度，但此次破壞已經大大超越當前戰爭的紀錄。這些破壞僅僅是因為十二至十五艘德國潛艇在該地區的短暫出現所致。數個月以來，美國海軍的保護措施顯得極為不足。全面戰爭持續向美洲大陸逼近，而對此致命攻擊的準備竟然如此匱乏，實在令人震驚。依照美國總統「不參戰但全面支援英國」的政策，他們已經給予我們極大幫助。我們獲得了五十艘舊驅逐艦及十艘美國緝私船，並以西印度群島的基地進行交換。然而，我們的盟國對這些船隻依然念念不忘。自從珍珠港事件以來，太平洋對美國海軍構成了巨大壓力。儘管在戰前和戰爭期間，他們知曉我們採取的防禦措施，但對於沿海護航及增加小型船隻的計畫竟無任何安排，實在值得特別關注。

美國並未制定針對海岸空防的具體計畫。儘管美國陸軍航空兵幾乎掌握了所有沿海基地的軍用飛機，但他們並沒有接受反潛戰的訓練；而在海軍方面，儘管配備了水上飛機和水陸兩用飛機，卻缺乏有效的反潛戰策略。因此，在這些至關重要的數個月之中，美國的有效防禦系統是經過艱難而猶豫的步驟才逐步建立的。在此期間，美國和盟國在船隻、貨物以及

人命方面都遭受了巨大的損失。如果德國人利用他們的大型水面艦艇進攻大西洋，損失將會更加慘重。希特勒堅信我們計劃在近期內進攻挪威北部。由於他只關注這一點，他錯失了大西洋上的良機，將所有可用的水面艦艇和大量寶貴的潛艇集中在挪威海域。他說：「挪威是這場戰爭的關鍵地區。」挪威地區確實重要，讀者也是明白的，但此時此刻，德國的機會應該是在大西洋。德國的海軍上將們都主張採取海上攻勢，但由於他們的元首頑固地堅持己見，所以建議未能成功；同時，由於燃料的短缺，他的戰略決策反而更具影響力。

在 1942 年一月，他已經將其唯一且全球最強的戰鬥艦「提爾皮茨」號調遣至特隆赫姆。

首相致函伊斯梅將軍，轉交參謀長委員會

1942 年 1 月 25 日

1. 據悉，「提爾皮茨」號已在特隆赫姆出現長達三日。摧毀或哪怕只是擊傷這艘戰艦，乃是當前海上最為重大的任務。沒有其他目標能與之相提並論。此刻，它無法獲得如布雷斯特和德國本土各港口那般的高射炮火保護。即便只是使其受傷，將其拖回德國亦屬不易。毫無疑問，最佳行動時機是月光之夜，然而，月光下的攻擊效果遠不及白晝。如果成功，全球海上武力的格局將徹底改變，且太平洋上的制海權亦將重新由我方掌握。

2. 轟炸機編隊、海軍航空部隊與航空母艦之間需密切合作。應立即制定計畫，安排航空母艦的魚雷機與重型轟炸機於白晝或黎明時分發動攻擊。在此階段，整個戰爭策略計畫圍繞這艘軍艦展開，因為它已使四倍於它的英國主力艦陷入癱瘓，更遑論困於大西洋的兩艘美國新戰鬥艦。我認為此事至關緊迫且重要。明日我將在內閣中討論此議題，並且在週二晚上的國防委員會上也需深入探討。

希特勒決定將戰鬥巡洋艦「沙恩霍斯特」號和「格奈森諾」號調回國內港口，作為防禦策略的一環。這兩艘戰艦被困在布雷斯特已經將近一年，期間對我們的海上運輸構成了重大威脅。1942年1月12日，因這個問題在柏林召開特別會議，德國海軍高層討論了執行元首意圖的計畫。希特勒的發言如下：

駐紮在布雷斯特的海軍部隊發揮了值得稱讚的作用，他們成功的牽制了敵方空軍，使其無法對德國本土發動攻擊。只要這些艦隻保持完好無損，敵人便感到有必要發動進攻，這種有利的態勢將得以維持。我們的艦隻駐紮在布雷斯特，能夠牽制敵方海軍；如果將它們調往挪威，同樣具有可能性。如果我認為這些艦隻在未來四到五個月內能夠保持完好無損，然後由於局勢的變化，可以投入大西洋的戰鬥，我會更傾向於讓它們繼續留在布雷斯特。然而，在我看來，局勢未必會如此發展，因此我決定將它們撤出布雷斯特，以避免因暴露而每天面臨襲擊的風險。

這個決定引發了額外的複雜局面，當時在英國引起了不少的騷動和喧譁，因此有必要在此稍作說明。

1942年2月11日晚間，這兩艘戰鬥巡洋艦與「歐根親王」號巡洋艦一起成功地從布雷斯特逃脫，通過英吉利海峽，重新回到本國港口的庇護之下。

由於1941年冬季我們在地中海的艦隊遭遇了重創，整個東方艦隊暫時陷入癱瘓，正如我先前提到的，我們被迫將幾乎所有的魚雷飛機調往埃及，以防敵人可能的海上入侵。然而，我們也採取了一切可能的措施來監視布雷斯特，並計劃透過空中和海上的炸彈和魚雷來應付敵人任何的突圍行動。還在海峽和荷蘭沿海區域沿假設的航線布設了水雷。海軍部預計敵人會在夜間穿越多佛海峽；但德國海軍上將選擇在夜間駛離布雷斯特，利用深夜的黑暗來避開我方的巡邏，並在白天逃過多佛海峽的火力。他於2

月 11 日午夜前從布雷斯特啟航。

　　1942 年 2 月 12 日清晨，霧氣瀰漫；當敵艦現身時，我方巡邏機的雷達忽然失效。岸上雷達也未能探測到。當時我們以為這只是個不幸的意外。大戰開打後，我們才得知德國雷達總監馬蒂尼將軍已經策劃了一個縝密的方案。德國的雷達干擾技術本來不佳，因增加了多種新設備而大幅提升，但為了在這關鍵的一天不被察覺，那些新干擾器是循序漸進地投入使用，因此，干擾似乎逐日加劇。我們的雷達操作人員沒有無端抱怨，也無人察覺異常。然而，到了 2 月 12 日，這種干擾異常強烈，沿海雷達幾乎癱瘓。直到上午十一時二十五分，海軍部才獲知消息。此時，逃逸的巡洋艦和護航的飛機與驅逐艦已經距離布洛涅不到二十英里。午後不久，多佛海峽的重炮臺全線開火，五艘摩托魚雷艇組成的首批戰鬥隊迅速出海迎戰。由埃斯蒙德少校（曾率領機群對「俾斯麥」號的首次攻擊）指揮的六架「旗魚」式魚雷機也從肯特郡曼斯頓起飛，未及等待十餘架「噴火」式戰鬥機的支援。這些「旗魚」式飛機遭敵機猛烈攻擊，雖然向敵艦投下魚雷，但代價慘重。無一歸航，僅五人獲救。埃斯蒙德被追授維多利亞十字勳章。

　　轟炸機和魚雷轟炸機一波接一波地襲擊敵方，直到傍晚才停歇。我軍與德軍戰鬥機展開激烈混戰，由於敵機數量占優，我軍損失較敵方嚴重。當德國巡洋艦於下午三時三十分左右離開荷蘭海岸時，從哈里季出發的五艘驅逐艦發起猛烈進攻，在激烈炮火掩護下，從距離約三千碼處即發射魚雷。然而，德國艦隊在多佛海峽炮臺的炮火和魚雷攻擊下毫髮未損，繼續航行；至 2 月 13 日上午，所有德國艦隊都返回了本國。此消息令英國公眾大為震驚，他們不明白發生了什麼，自然認為這是德國控制英吉利海峽的明證。不久，我們透過特務人員獲悉，「沙恩霍斯特」號和「格奈森諾」號在空投的魚雷網下遭到重創。「沙恩霍斯特」號直到六個月後才恢復戰鬥力，而「格奈森諾」號再也未在戰爭中露面。然而，這個消息無法公開，

潛艇在海上橫行

因而全國怒潮洶湧。

為了平息批評之聲,特地展開了一次正式調查,並就那些可公開的事實進行了報告。從事後來看,從全局出發,這個事件對我們而言非常有利。羅斯福總統在電報中表示:「鑑於有些人將這次海峽事件視作失敗,我將在下週一晚上的廣播演講中對此發表一些看法。我越來越相信,德國所有艦隻既然集中在國內,這就使我們在北大西洋的海軍合作問題變得更為簡單。」然而,在當時,除了我們參與機密的小圈子之外,其他大同盟成員都認為這件事非常糟糕。

我與羅斯福先生的觀點相符。

前海軍人員致羅斯福總統

1942 年 2 月 17 日

由於德國海軍力量從布雷斯特撤離,本土水域及大西洋的海軍局勢顯然得到了緩解。此前,它們威脅著我們所有前往東方的運輸船隊,迫使我們派遣兩艘軍艦護航。其分艦隊既能進入大西洋的商船航線,也能駛入地中海。我們希望它們留在現在的位置,而不是原來的地方。我方的轟炸機力量無需再分散,可以專注於對付德國。最後,你可能已經得知,「歐根親王」號已被擊傷,「沙恩霍斯特」號和「格奈森諾」號也遭到魚雷攻擊,前者已被擊中兩次。這至少能在六個月內限制它們的活動;在此期間,雙方的海軍力量都將得到顯著增強。未能將其擊沉,實在令人遺憾。我們正在調查為何在白天未能察覺它們的離去。

直至兩個月後,我才得以在 4 月 23 日的祕密會議中向下議院揭示這些顯而易見的事實。

兩艘敵艦穿越海峽的消息震驚了忠誠的英國民眾,這令我深感觸動……由於埃及的需求,我們的魚雷飛機力量有所削弱。至於海軍,我們沒有在海峽部署主力艦,原因顯而易見。我們僅有六艘驅逐艦來應付德國

的戰鬥巡洋艦,這個情況值得關注。有人質疑我們其他艦隊的去向?答案是,它們過去和現在都在大西洋一帶,為從美國運來的糧食和軍火護航,缺少這些物資,我們無法生存……許多人認為德艦通過海峽令人震驚且恐慌。它們原本可以向南突破,或進入地中海。它們也可能遠赴大西洋,襲擊商船,或北上通過挪威的峽灣返回本國水域。然而,在公眾眼中,唯一不可能的就是通過英吉利海峽,穿越多佛海峽。因此,我將宣讀海軍部的總結。這份文件是在德國巡洋艦突圍前十天,即2月2日撰寫的。此時,它們的演習、航行試驗以及德國護航驅逐艦的到達,已經表明其意圖。總結指出:

乍一看,德國人選擇經海峽北上似乎頗具風險。然而,由於他們的巨型艦艇效用有限,他們更傾向於這條航線。一方面依賴有效的驅逐艦和飛機以確保安全,另一方面則因為我方並無巨型艦艇能在海峽攔截他們。因此,我們很可能會看到這兩艘門巡洋艦和一艘配備八英寸火炮的巡洋艦,伴隨著五艘大型和五艘小型驅逐艦,以及空中二十架戰鬥機(另有增援隨時待命),經由海峽北上。

分析所有因素後,德國艦隻東行穿越海峽北上,比通過海洋前往挪威的風險更小。因此,德國人在做好充足準備前不會輕率行動。一旦離開布雷斯特,海峽之路似乎是他們最可能選擇的路線。

如我所料,海軍參謀部在事件發生前起草的文件給下議院留下了深刻印象,這是事後任何解釋都無法達到的效果。

與此同時,德國在美國大西洋沿岸的侵擾依舊猖獗不減。一位德國潛艇指揮官向鄧尼茨報告稱,即便再增加十倍的潛艇,仍能找到大量目標。德國潛艇白天潛伏於海底,而夜間則以高速在海面上選擇最有價值的目標。每一枚魚雷幾乎都能擊中目標,而在魚雷耗盡後,艦炮的效果也幾乎同樣顯著。大西洋沿岸,那些曾燈火輝煌的城市,每晚都聽得到近岸的戰鬥聲,目睹船隻在海面上焚毀、沉沒的景象,並要救助倖存者和傷者。人

潛艇在海上橫行

們對政府極為憤怒,而政府的處境十分尷尬。然而,美國人雖然容易憤怒,但並不輕易被嚇倒。

在倫敦,我們以憂慮和沮喪的心情關注著這些不幸事件。早在 2 月 6 日,我便向霍普金斯發出了個人建議:

德國潛艇在大西洋西北部擊沉我方船隻,損失相當嚴重,不知總統是否已注意到此事,最好能對此有所了解。自 1 月 12 日起,已確認的損失為 158,208 噸,預估的損失為 83,740 噸,以及可能損失的有 17,363 噸,總計損失為 259,311 噸。

1942 年 2 月 10 日,我們向美國海軍主動提供了二十四艘裝備先進的反潛拖網船和十艘驅潛快艇,並配備訓練有素的船員。這些船隻受到了盟國的熱烈歡迎。首批船隻於 3 月抵達紐約。雖然數量有限,但我們已經竭盡所能。「這些都是英國提供的,這是英國所能給予的最大支援。」在必要的組織尚未建立,基本護航艦隊尚未集結之前,沿海運輸船隊無法啟航。現有的作戰艦艇和戰鬥機最初只能用於巡邏受威脅的區域。敵人很容易避開巡邏隊,轉而攻擊那些無防禦的目標。2 月 16 日,一艘德國潛艇出現在荷屬西印度群島阿魯巴島的大油港外,擊毀一艘小油船並損傷另一艘後,從海港外轟擊岸上設施,但未造成嚴重損失。而試圖用魚雷襲擊停泊的大油船的行動也未成功。同一天,其他幾艘潛艇在同一海域擊沉了三艘油船。不久後,另一艘潛艇駛入英屬聖露西亞島的卡斯特里港,擊沉兩艘停泊船隻後,竟然全身而退。定期運送軍隊前往遠東的郵輪通常在此加油,這次事件迫使我們改變其航線。幸運的是,「瑪麗王后」號和其他大型郵輪未在此地遭受攻擊。

三月間,查爾斯頓與紐約之間的區域反而成了最為緊張的地帶。單艇潛行無阻地遊弋於整個加勒比海和墨西哥灣,毫無顧忌,令人難以忍受。在這個月內,沉沒的船隻總噸位接近五十萬噸,其中四分之三在距美國海

岸三百英里以內的區域沉沒，且幾乎一半的噸位屬於油船。相對而言，德國潛艇在美洲水域僅損失了兩艘，這兩艘是在三月間被美國飛機於紐芬蘭海域護航時擊沉的，直到 4 月 14 日，美國驅逐艦「羅珀」號才在美國大西洋沿岸首次擊沉了一艘潛艇，這也是水面艦隻的首次戰果。

三月時，我重新審視了一個問題，這個問題當時成為戰爭中的一大關鍵。

首相致哈里·霍普金斯先生

1942 年 3 月 12 日

1. 在西經 40 度以西和加勒比海域，油船頻繁遭到擊沉的現象讓我深感憂慮。1 月分，共有十八艘船隻被擊沉或受損，總載貨噸數為二十一萬一千噸；到了 2 月分，這個數字增加到三十四艘，載貨噸數升至三十六萬四千九百四十一噸；而在 3 月的前十一天，就有七艘船被擊沉，總載貨噸數達八萬八千四百四十九噸。據報導，僅昨天一天就有三萬噸被擊沉或受損。綜上所述，在兩個月零幾天的時間內，僅這個海域便有約六十艘油船被擊沉或受損，總計約六十七萬五千載貨數。此外，還有多艘油船延誤。

2. 大西洋運輸船隊的任務調整後，許多美國驅逐艦不再負責橫渡大西洋的護航，而可以執行其他任務。我們已調派二十四艘反潛艇拖網船，其中二十三艘已抵達你處。

3. 局勢緊迫，需採取果斷行動。我們希望你能從太平洋調動若干驅逐艦，並提供護航力量，以便在我們移交的十艘驅潛快艇投入戰鬥前，能於西印度群島和百慕達地區組織緊急運輸船的護衛隊。

4. 除此之外，僅有兩種替代方案：要麼暫時中斷油船的航行，但這將嚴重影響我方作戰物資的供應；要麼延長哈利福克斯至聯合王國之間的運輸周轉期（即減少運輸量），這樣在短期內可以調派足夠的護航艦艇來加強西印度群島的運輸隊。然而，必須意識到，這不僅會使我們的月進口量

減少約三萬噸,而且還需要一段時間才能見效。

5. 我期盼海軍最高當局能夠就這些替代方案展開商議。若因延長運輸船隊的周轉期而暫時減少進口,您方務必考慮在下半年增添新噸位以助我們解決問題。不知上述事項徑向總統提出是否妥當,請告訴。

6. 我收到了總統關於各項重大問題的精彩電報,意識到我們在戰爭問題上的觀點是一致的,令我感到非常放心,深感欣慰,請替我向金及馬歇爾轉達問候,並告訴他們:「美好的日子即將來臨。」

美國總統在與海軍上將們急切討論了這個問題和海軍整體形勢後,詳盡回覆了我的電報。他對拖網船和防潛快艇的抵達表示歡迎。在跨大西洋護航力量方面,他提出了一系列節約措施,包括在 7 月 1 日之前延長運輸的周轉期,屆時美國將大幅增加小型護航艦隻和飛機的生產。他重新向我保證了我們下半年進口計畫的必要性。

數日後,他再次來電補充說明,我察覺到他略顯緊張。

羅斯福總統致前海軍人員

1942 年 3 月 20 日

關於反擊大西洋潛艇威脅的問題,你最近給霍普金斯發了電報,備見關懷;這讓我不得不請你特別關注如何猛攻潛艇基地和建造、修理場所的問題,以便在源頭和潛艇必然集結的地方制止其活動。

經過詳盡研究和計畫的制定,我答道:

前海軍人員致羅斯福總統

1942 年 3 月 29 日

1. 為了應付德國潛艇未來的陰謀,我們集中力量轟炸其巢穴。昨晚派出 250 架轟炸機,其中包括 43 架重型轟炸機,前往呂貝克。據報,此次行動戰果輝煌無比。這是根據你的建議執行的。

2. 海軍部與皇家空軍海防總隊已經制定了一項計畫，準備在比斯開灣的各個海口進行晝夜不間斷的巡邏。比斯開灣的港口是潛艇前往加勒比海和美洲海岸作戰最近且最理想的出發點。德國目前的慣用戰術是白天潛行於水下，夜晚則全速在海面航行。我們期望飛機的夜襲和威脅能夠妨礙它們的夜間活動，迫使它們在白天更多地暴露。因此，日夜進行威脅是重要的，這樣可以拉長它們的航程，縮短我方的作戰時間。由於在巡邏區域內來來往往的潛艇從來不少於六艘，每個月或多或少可以取得一些擊毀和擊傷的戰果，這個好處更是如虎添翼。

3. 鑑於貴方依然面臨重大損失，即便運輸船隊完成籌組，也僅能部分彌補，故海軍部急切希望派遣四個轟炸機中隊，隨後再增派六個中隊前往比斯開灣執行新的巡邏任務。既然有此益處，我以極為殷切的態度請求滿足他們的願望。

4. 反觀之，轟炸德國的行動顯得極為必要。我們在尋求目標的新方法上已經取得顯著效果。然而，我們的轟炸機編隊尚未達到我們預期的擴充規模。對於「蘭卡斯特」式飛機翼梢的結構缺陷，我們深感失望。這個問題導致我們四個中隊的最新、最佳飛機停飛數個月。在此關鍵時刻，天氣逐漸轉好，德國人正將高射炮火撤離城市以準備對俄國的進攻；當你迫切希望轟炸潛艇基地、特別關注石油目標時，從轟炸機司令部調走這六個中隊令我頗感為難，尤其是哈里斯的表現已然非常出色。

在三月底，我們在聖納澤爾取得了輝煌而英勇的勝利。在大西洋沿岸，這個地方是「提爾皮茨」號一旦受損時唯一可以進行修理的船塢。若能摧毀這個擁有世界上最大船塢之一的地點，將使「提爾皮茨」號從特隆赫姆突破至大西洋的行動更加危險，進而可能使其認為此舉不值得。我們的突擊隊員摩拳擦掌，而此項光榮任務又與高超的戰略緊密相連。在皇家海軍賴德中校的指揮下，由驅逐艦和輕型海防艦隻組成的一支遠征隊伍，在埃塞克斯團紐曼上校的協助下，率領二百五十名突擊隊員，於3月25日下

午從法爾茅思出發。他們需要在敵方持續巡邏下穿越四百英里的海域，並從盧瓦爾河口逆流而上五英里。

遠征的任務在於摧毀水閘的閘門。「坎貝爾頓」號——五十艘美國舊驅逐艦之一——艦首裝載了三噸烈性炸藥，在密集猛烈的炮火下，衝向閘門。它在此處自動鑿沉，艦上主要的大型爆破炸彈的引信已經裝好，等待一段時間後便會引爆。負責將這艘驅逐艦帶到此處的是貝蒂少校，科普蘭少校率領一支登陸部隊從甲板躍上岸，準備摧毀船塢的機械設備。敵軍以壓倒性兵力進行攔截，激烈的戰鬥隨即展開。除五名士兵外，登陸部隊全體陣亡或被俘。賴德中校的艦艇在帶領剩餘部隊突圍時，儘管四面受敵轟擊，卻奇蹟般地衝向大海而未沉沒，最終安全返國。然而，大爆炸尚未發生。引信出現故障。直到第二天，當一群德國軍官和技術人員在那艘堵在閘門口的「坎貝爾頓」號殘骸上檢查時，那艘軍艦才以毀滅性的威力爆炸，導致數百名德國人喪生，並摧毀了那個大水閘，在大戰期間未被修復。德國人善待我方俘虜，其中四人獲得維多利亞十字勳章，但對勇敢的法國人施以嚴厲懲罰。這些法國人因一時衝動而從四處奔來，試圖援助他們所期待的解放先鋒。

4月1日，美國海軍終於能夠實施沿海區域性護航措施。起初，這僅僅意味著少數護航船隊在白天於戒備森嚴的停泊地之間航行約120英里，而夜間所有船隻必須停航。佛羅里達和紐約之間每天至少有120艘船需要護航，因此造成的延誤構成了另一種災難。直到5月14日，才有一支組織完備的護航船隊，從漢普頓海峽前往基韋斯特。自此，護航措施迅速向北擴展至紐約和哈利福克斯。到5月底，從基韋斯特沿東海岸向北延伸的護航鏈終於形成。形勢迅速緩和，儘管敵方潛艇試圖持續進行攻擊，但我方船隻的損失顯然減少了。

德國鄧尼茨海軍上將迅速將攻擊重心轉向加勒比海和墨西哥灣，那裡

的護航措施尚未建立。這個策略導致油船損失噸位急遽上升。德國潛艇的活動範圍逐漸擴大，甚至在巴西海岸和聖勞倫斯河出現。直到年底，一個覆蓋這些廣闊區域的全面護航體系才得以實施。然而，6月分情況有所改善，而到7月底，美洲沿岸船隻的巨大損失基本結束。在這七個月裡，盟軍在大西洋因潛艇襲擊損失超過三百萬噸，其中包括181艘英國船，總計113萬噸。所有損失中，護航船隊損失不到十分之一。在7月之前，敵方為此付出的代價是在整個大西洋和北極海損失了十四艘潛艇，其中只有六艘是在北美海域被擊沉的。7月後，我們重新奪回了主動權。僅在7月，我們在大西洋沿岸就擊沉了五艘潛艇，同時在其他地區擊沉了六艘德國潛艇和三艘義大利潛艇。這個月共擊沉十四艘，其中半數由護航艦擊沉，令人振奮。這是前所未有的最高紀錄。然而，即便如此，每月新加入戰爭的潛艇數量仍然超過我們擊沉的數量。

此外，盟國一旦開始實施對策，鄧尼茨海軍上將便迅速將潛艇撤離該區域。只要海洋有開闊的水域可供活動，他總能在我們尚未抵達之前，在新的區域內獲得短暫的成功。就在五月，一支運輸船隊在愛爾蘭以西約七百英里的地方遭襲，損失了七艘商船，因此，我方跨越大西洋的航運雖曾享有一定的自由，卻已經受到破壞。隨後，潛艇在直布羅陀地區發起攻擊，並在弗里敦附近再次現身。此時，希特勒再次為我們提供了助力，他堅持保留一隊潛艇以備不時之需，以防止盟國占領亞速爾群島和馬德拉群島的計畫。讀者明白，他在這方面並非全然錯誤，不過，若我們決定採取這個行動，單靠潛艇未必能產生決定性的干擾。鄧尼茨海軍上將對這一向他珍視的潛艇所提出的新要求感到遺憾，因為此時正值美洲沿岸的平靜時期結束，他正在重整旗鼓，準備在主要的運輸船隊航線上再次出擊。

潛艇的襲擊是我們遭遇到最嚴峻的困境。如果德國人選擇孤注一擲，那是明智的。我記得父親曾說過，「在政治上，一旦找到有效的方法，就

要堅持不懈。」這同樣是一條策略原則。正如戈林在 1940 年不列顛戰役中不斷更換空襲目標一樣，潛艇戰因誘人的目標不斷出現而略有緩和。然而，在不利的情況下，潛艇戰依然是極為可怕的。

在此陳述其他地方的事態演變，並簡要提及截至 1942 年底大西洋戰役的進展，仍是合適的。

在八月，德國潛艇將其目光轉向千里達周邊海域和巴西北部海岸。此處運輸鐵礬土至美國供航空工業使用的船隻，以及載著補給品前往中東的船隻，成為極具吸引力的目標。同時，一些行蹤不定的潛艇也在弗里敦附近活動；有些甚至南行至好望角，少數深入至印度洋。南大西洋的局勢一度引發我們的憂慮。在九月和十月期間，五艘獨自返航的大型郵輪在此被擊沉。然而，所有在護航下前往中東的軍隊運輸艦均安然無恙。在被擊沉的大型船隻中，有近兩萬噸的「拉科尼亞」號，當時正載著兩千名義大利戰俘前往英國，許多人因此溺亡。

在此時，主要戰鬥再度沿著北大西洋的幾條關鍵航線展開。德國潛艇已經汲取教訓，開始重視空軍的力量，在新的攻勢中，它們總是活躍於我方以冰島和紐芬蘭為基地的飛機無法覆蓋的中間地帶。8 月間，兩支護航運輸船隊遭受嚴重打擊，其中一支損失了十一艘船隻；在這個月內，德國潛艇共擊沉了一百零八艘船隻，總計超過五十萬噸。在 9 月和 10 月，德國人重新採用舊戰術，在白天進行水下襲擊。由於「狼群」的數量增多，再加上我方兵力有限，運輸船隊不可避免地蒙受重創。直到現在，我們才深刻體會到空軍海防總隊缺乏足夠數量的超遠距飛機。空軍掩護區域距離我們海岸的基地仍未超過六百英里，並且離紐芬蘭僅約四百英里。在此地區範圍中間存在大面積無防禦的空隙地帶，使得冒險航行的水面護航艦隻得不到任何空中支援。

1942 年初，我們的空軍海防總隊面臨一段困難時期。遠東和地中海的

增援需求大幅消耗了飛機和訓練有素的飛行員，這些資源被迫分散以滿足其他地區的急需。此外，儘管我們一直期待擴充空軍海防總隊的新遠距飛行中隊，但這個計畫也被迫暫時擱置。在如此的困境中，我們的空軍人員仍然竭盡全力執行任務。

海軍的護航艦隻，儘管能夠在一定程度上抵禦潛艇所慣用的白天襲擊策略，但僅僅依靠這些艦隻無法覆蓋運輸船隊四周的廣闊區域，也無法抵擋在船隊兩側的密集攻擊。因此，當「狼群」發動攻擊時，它們可以集結足夠的力量突破防禦，進行協同攻擊。我們了解，解決之道在於：不僅需要派遣水面護航艦保護運輸船隊，還必須配備充足的飛機進行掩護，以便在發現附近潛艇時迫使其潛入水中，進而為運輸船隊開闢一條安全通道。單純依賴防禦措施是不夠的。要擊敗德國潛艇，我們必須在海、空領域協同作戰，全面搜索，一旦發現目標，立即給予猛烈打擊。目前，我們所擁有的飛機、訓練有素的飛行員和空中武器數量尚不足以產生決定性的影響，但我們已利用海上部隊組成了一支「支援分遣隊」，並開始行動。

此策略概念早就已經有人曾經提出，但缺乏實施方法。

首批支援分遣隊由兩艘海岸炮艦、四艘新下水的快速巡洋艦和四艘驅逐艦組成，這些艦艇在潛艇戰中成為了極具威力的力量。它們裝備了訓練有素且經驗豐富的船員和最先進的武器；計劃在不依賴護航艦隊的情況下獨立作戰，不受其他任務限制，專注於在任何受威脅區域搜索、追蹤並消滅潛艇群。支援分遣隊與飛機的緊密合作是這些計畫得以實現的關鍵；到1943年，飛機發現潛艇後，引導支援分遣隊圍剿已經是司空見慣的事。而在追擊一艘潛艇時，常常會發現其他潛艇，也就是找到一個便可能找到一群。

與此同時，運輸船隊需要海上空軍的支援力量，這一點已經得到了密切關注。讀者回想起我們第一艘護航航空母艦「大膽」號在其短暫而活躍

的歷程中所取得的成就；它已經在 1941 年 12 月不幸遇難。而到 1942 年底，後續已有六艘此類航空母艦投入戰鬥。隨後，除了英國建造的之外，美國也建造了不少，英國建造的首艘「復仇者」號曾在 1942 年 9 月間隨俄國北部的運輸船隊航行。10 月下旬，它們在護送「火炬」運輸船隊時，成功打擊潛艇，初顯身手。配備了海軍「旗魚」式飛機後，它們更好地滿足了當時的需求 —— 即不依賴陸上基地進行深海偵察，並與海面護航艦隻密切配合。經過極大的努力和智慧，我們在反潛艇措施上取得了顯著進展；然而，敵人的力量也在成長，我們仍然面臨許多嚴重的挑戰與挫折。

1942 年 1 月至 10 月，德國可作戰的潛艇數量，從九十艘增加到一百九十六艘，除去損失，約有一半在秋季活躍於北大西洋；我們的運輸船隊在那裡遭遇了規模更大的潛艇猛烈攻擊。同時，由於投注於非洲的主要戰鬥，所以我們在大西洋的護航艦隻被迫大幅減少，盟軍在 11 月的海上損失是整個戰爭期間最嚴重的，僅德國的潛艇就擊沉了我方一百一十七艘船，總噸位超過七十萬噸，還不計因其他因素而造成的十萬噸損失。

由於空軍無法提供掩護，外海遠洋地區的局勢越加嚴峻。因此，我於 11 月 4 日親自成立了一個新的反潛艇委員會，專注於處理此類事務。該組織被賦予了做出重大決策的權力，並在戰爭中發揮了不可小覷的作用。為了延長配備雷達設備的「解放者」式飛機的航程，我們決定將它們從戰鬥任務中撤回，以便進行必要的改進。應我的請求，羅斯福總統將所有適合的、配備最新雷達的美國飛機調往聯合王國進行部署。這樣一來，我們得以在比斯開灣恢復更為強大的軍事行動。這個決定以及 1942 年 11 月採取的其他措施將在 1943 年見效。

首相致麥肯齊·金先生

1942 年 11 月 23 日

  1. 運輸船隊近期在大西洋中段航線遭受的重大損失讓我感到憂慮。經驗表明，空軍護航隊發揮了重要的保護作用，使潛艇在白天潛入海底，進而難以形成群體。

  2. 在輔助航空母艦尚未出動之前，我們必須依賴沿海基地的遠程飛機。目前，所有輔助航空母艦都用於聯合作戰，短期內無法滿足所有運輸船隊的需求。我們計劃增加一些「解放者」式飛機的油箱容量，使其有效航程達到 2,300 海里。然而，為了覆蓋所有運輸船隊，這些長航程飛機需要從冰島和北愛爾蘭的機場起飛，也需要從大西洋沿岸的機場起飛。

  3. 因此，我們迫切希望利用拉布拉多半島的古斯機場，以便這些遠端飛機執行反潛艇任務，能否請盡快準備必要的加油和地勤設備。我們在甘德同樣需要這些設備，請在當地採取相同措施。不久之後，我們還計劃派遣空軍海防總隊的 1 個中隊前往這些基地作戰。同時，只要加拿大飛機能夠擴大航程以支援受威脅的運輸船隊，將極大地減少損失。

  加拿大人與我們展開了最大規模的合作，在我們的防禦力量打擊下，潛艇的攻勢開始減弱，不再那麼肆無忌憚。1942 年 10 月期間，共擊沉了 16 艘潛艇，創下戰爭期間前所未有的最高月度紀錄。然而，1942 年年底，一支約 20 艘潛艇的群體在亞速爾群島附近襲擊了一支正在航行的運輸船隊。在三天內，我方損失了 15 艘船，其中 12 艘為英國船隻。至 1943 年決戰時，儘管敵軍潛艇的實力最為強大，卻遭遇了有效的挑戰和控制；這段經歷將留待後續詳述。

  冬季的氣候為我們提供了難得的喘息空間。

潜艇在海上横行

印尼群島失守告急

　　英國、美國、荷蘭、澳洲、紐西蘭、印度和中國等國的政府之間，使用最安全的加密方式傳遞了數萬字的電報，目的在最高統帥的領導下成立由美、英、荷、澳組成的司令部。這個司令部的人員配置嚴格按照各國要求的比例，涵蓋海、陸、空三軍。關於是否可以邀請一位荷蘭海軍上將來統率海軍以示妥協，如何與美國和英國協調安排，以及澳洲將獲得何種利益等問題，經過了艱難的討論。五大國和三軍之間終於就所有這些問題達成了一致，而此時遠東戰區相關的廣闊地區已經被日本占領，盟軍的聯合艦隊也在爪哇海的一場絕望戰役中被擊沉。

　　起初，我與蔣介石之間發生了一些誤會，雖然沒有對局勢的演變產生實質影響，卻涉及到複雜的政治關係。在華盛頓期間，我已經意識到，中國在美國人心中，甚至在高層人士的眼中，具有非同尋常的重要性。我察覺到有一種評估的看法，將中國幾乎視為與大英帝國相當的戰鬥力量，將中國軍隊視為可與蘇聯軍隊媲美的隊伍。我向總統表示，我認為美國輿論對中國在這場全面戰爭中的潛在貢獻評估過高。他並不同意。中國有五億人口。如果如此龐大的人口能夠像日本在上個世紀那樣蓬勃發展，並獲得現代化武器，那時會發生什麼？我回答說，我只是指出在當前戰爭中，繼續作戰已經非常艱難。我說，我當然樂於幫助和禮遇中國人，因為我對這個民族充滿欽佩和喜愛；但對他們政治的極端腐敗感到遺憾。然而，當我認為某種評估標準完全不切實際時，請不要期望我去接受。

　　韋維爾將軍擔任印度總司令期間，曾飛越喜馬拉雅山前往重慶會晤蔣介石。這次會面符合美國人的期望。然而，結果卻不如人意，蔣介石向羅

印尼群島失守告急

斯福總統抱怨,稱這位英國司令官顯然對中國在自身問題上所能做出的貢獻缺乏熱情。我想把這一點說清楚。

首相致韋維爾將軍

1942 年 1 月 23 日

1. 我仍對你拒絕中國協助防守緬甸及滇緬公路的原因感到困惑不已。我明白,你現在已經接納了中國第四十九師和第九十三師,但中國第五軍和第六軍的其餘部隊正駐紮在邊界的另一側。緬甸似乎面臨被蹂躪的嚴重風險。每當我們回憶起中國人如何在孤立無援且裝備不足的情況下堅持抵抗日本,看到我們在日本人統治下的困境時,我無法理解為何我們不接受中國的援助。

2. 我必須向你傳達美國人的觀點。在許多美國人眼中,中國的地位與英國同樣重要。總統對你極為重視,但對蔣介石在與你會晤後的沮喪情緒感到些許意外。美國三軍參謀長堅決要求將緬甸交由你指揮,原因僅在於他們相信你會體諒中國,並打通滇緬公路,這對爭取全面的勝利至關重要。同時,別忘了,亞洲人團結的潛在影響悄然顯現,這將使我們必須面對的種種災難和挫敗更加嚴峻。

3. 倘若我需要以一個詞語來總結我在美國所汲取的經驗,那便是「中國」。

韋維爾回應稱:「我並未拒絕中國的協助。你提到我『現在』才同意接收第四十九和第九十三師。實際上,早在 12 月 23 日我前往重慶時,我就已經同意;他們遲遲未動身,完全是中國內部的問題。據我了解,除了另一個品質堪憂的師之外,這兩個師組成了中國第五軍。我僅要求第六軍不要調往緬甸邊境,因為供應問題……英國軍隊應由印度和非洲調往緬甸,只要一切順利,在交通運輸的限制下,應該是足夠的……我明白美國人對中國的看法,但民主國家通常是感情用事,而非理性思考。一個將軍的職

責是,或應該是,理智地制定計畫。我認為,我對確實接受中國援助第五軍的兩個師以及要求第六軍留在昆明作為後備部隊的決定是正確的;遺憾的是,這個行動引起了誤解。我希望你有機會之時,能改變總統的看法。我也認為英國在中國的聲望不高,在我們取得一些成就之前,很難改變這一狀況。承認我們需要中國的援助才能守住緬甸,但也不會提升我們的聲望。」

首相致韋維爾將軍

1942 年 1 月 28 日

感謝你。我非常高興我們達成了一致。我必須把握機會向總統闡明。

1942 年 1 月 10 日,韋維爾將軍抵達巴達維亞,在荷軍司令部中心萬隆附近設置了總部。儘管他的軍官團隊規模有限且與增援隔絕,但在長達五千英里的戰線上,多個據點正激戰不休。在這樣的情勢下,他專注投入到建立首個戰時盟軍司令部這個複雜且緊迫的任務中。

日軍的幾次勝利,已經對構成馬來亞屏障南翼的一系列島嶼構成威脅,其中蘇門答臘和爪哇尤為重要。在東面,麥克亞瑟將軍在沒有援助的情況下,繼續在菲律賓的巴丹半島上進行頑強的抵抗。在西面,英屬馬來亞大部分已經被占領,新加坡也面臨危機。在盟軍兩翼主要但岌岌可危的抵抗線之間,日軍又通過複雜的荷屬群島向南推進。荷蘭已經失去婆羅洲和蘇拉威西島的兩個油港,砂拉越和汶萊。敵軍穩步推進,每到一處便建立空軍基地以鞏固成果,並準備襲擊下一個目標。他們的部隊從不超越海岸基地的空軍掩護範圍,也不超越海上航空母艦的掩護範圍。一個軍國主義國家長期策劃的深遠計畫,在這次戰略突襲中得以全面實現。

對於韋維爾而言,一切都取決於增援部隊的及時到達。拯救中部島嶼上守衛關鍵據點的少量荷蘭駐軍已經幾無可能,而新加坡的事態進展也已經眾所周知。荷蘭方面,由於本土已經被占領,力量更是捉襟見肘。他們

印尼群島失守告急

自始至終完全投入了所有力量，如今卻日漸削弱。來自中東的兩個澳洲師和一個裝甲旅仍在途中。另有三個高射炮團已經匆忙抵達爪哇那空空如也的機場。四十八架「旋風」式飛機從「無畏」號上起飛；還有兩個轟炸機中隊從埃及經由印度飛往蘇門答臘，其中八架最終抵達了爪哇。我們所能調動的一切資源都已經派出。美國從菲律賓群島調派的亞洲艦隊也加入了英、荷海軍部隊。美國人亦全力以赴，從空中和海上向盟軍司令部運送飛機；但由於距離遙遠，日本的作戰機器卻迅速而精準地運作著。

1942年1月底，蘇拉威西島的肯達里及東婆羅洲的大油港巴厘巴板相繼失守。安汶島及其重要的機場也被敵軍以壓倒性的兵力占領。再向東，日本人越過英、美、荷、澳的作戰區域，占領了新不列顛島上的拉包爾和索羅門群島中的布干維爾島。這代表著他們切斷澳洲與美國生命線的初步企圖。2月初，日本的首批部隊在新幾內亞的芬什哈芬登陸，但因其他地區的戰局，日本暫時無法控制這些偏遠地區。在另一端，緬甸的戰事正在進行。

了解當時德國人的想法是相當有趣的。2月13日，海軍上將雷德爾向德國元首彙報稱：

仰光、新加坡，甚至可能還有達爾文港，很可能在數週內即將被日本占領。預計在蘇門答臘的抵抗將非常微弱，而爪哇可能會堅持較長一段時間。日本正在計劃奪取錫蘭這個關鍵據點，以便在印度洋上穩固這個策略位置，同時也在籌劃利用強大的海軍力量來奪取該地區的制海權。

目前，有十五艘日本潛艇在孟加拉灣、錫蘭周邊海域，以及蘇門答臘和爪哇兩側的海峽中活躍。

一旦仰光、蘇門答臘和爪哇被攻占，波斯灣與美洲大陸之間的最後油井也將失去控制。澳洲和紐西蘭的汽油供應只能從波斯灣或美洲運輸過來。若日本的戰鬥艦、航空母艦、潛艇及海軍航空隊能以錫蘭為基地，英

國要維持與印度和近東的交通，便需依賴護航嚴密的遠洋船隊。在全球的所有重要區域，只剩亞歷山大港、德班和西蒙斯敦可作為英國海軍大型艦隻的維修基地。

韋維爾竭盡所能地應付這場風暴。在巨港，他打造了一支空軍主力。在海上，美、荷潛艇對進攻婆羅洲東、西兩面的敵軍部隊進行了成功的打擊。日軍在巴厘巴板的進攻遭遇抵抗；美國的四艘驅逐艦擊沉了敵方四艘運輸船。另一艘運輸船則被一架荷蘭飛機擊沉。然而，空軍補給僅能彌補消耗。2月4日，海軍的一支小型航空隊試圖阻擾來自望加錫海峽的敵軍運輸船隊，但因空襲受損，不得不撤退；接到多份報告，稱一支強大的日軍部隊在亞南巴斯群島集結。我們在巨港的空軍，主要是由澳洲的幾個航空中隊組成，包括六十架轟炸機和約五十架「旋風」式飛機，但地勤設備不足，彈藥缺乏，高射炮的防護也不夠。2月13日，我們出動所有轟炸機，轟炸從亞南巴斯群島開來擁有二十五艘或更多運輸船的日軍船隊，但未取得決定性戰果，損失七架飛機。次日早晨，七百名日軍傘兵在巨港降落，爭奪機場的激戰持續了一整天。若無支援，這些傘兵遲早會被殲滅，但在2月15日，一支強大的進攻部隊的先頭梯隊出現，由登陸艇運至河口。我們派出所有飛機攻擊這些船隻和登陸艇，給予敵軍帶來重大損失，暫時遏制了他們的進攻──但由於空軍力量減弱，他們仍會繼續進攻。此時，巨港的戰力僅剩二十架「旋風」式飛機和四十架轟炸機，其中許多無法作戰，機場設施也毫無設備。到了晚上，很明顯的，我方僅存的少量部隊必須撤退，蘇門答臘島南部即將全部落入日軍手中。那一天，新加坡也淪陷了。

災難臨近之際，韋維爾將軍為我們送來了一份詳細的緊急報告，分析事態可能的發展，我也將此傳達給了兩位相關的自治領總理。

印尼群島失守告急

韋維爾將軍致首相

1942 年 2 月 13 日

……敵軍在新加坡的迅捷推進出乎意料，同時，一支敵方護航運輸船隊正駛向南蘇門答臘，這迫使我們重新審視保衛印尼群島的策略，因為南蘇門答臘在計畫中具有至關重要的地位。若時間允許，待從澳洲開赴南蘇門答臘的第七師抵達後，即可建構堅固的防線。然而，目前防禦工事尚未完備。

第七澳洲師的先鋒步兵旅預計將於 3 月 8 日具備作戰能力，而整個師則要到 3 月 21 日才能投入行動。

若南蘇門答臘淪陷，持久防禦爪哇恐難以實現。以該島的面積來看，駐軍顯得不足。第六澳洲師計劃增援爪哇，但在 3 月底前無法完成。第七澳洲師若從南蘇門答臘撤出，則可用於爪哇。

從空軍的角度來看，爪哇的防禦是一項艱鉅的任務；而失去南蘇門答臘則更加令人恐懼。即便空軍援軍可以立即到達，我們的空軍也難免會迅速消耗且無法及時補充。

我方空軍規模有限，不僅需直接對抗敵軍空軍，還必須攻擊敵方航運，因此無法護衛我方航運。

顯而易見，控制南蘇門答臘對於保衛爪哇是至關重要的條件。目前形勢並不要求我們立即調整計劃，但它可能迫使我們這樣做。若果真如此，首要考慮的就是澳洲軍團的部署地點，因為大部分訓練有素、裝備精良的澳洲軍隊都集中在這個軍團中。

我們需要持續向蘇門答臘增援，直至明確無效為止。如果之後再支援爪哇，恐怕不再划算。

在新加坡失守後的第二天，最高統帥重新審視了戰區範圍內的局勢。他所撰寫的報告不僅條理分明，還詳細地描述了當時的情景。

韋維爾將軍致首相

1942年2月16日

1. 你或許已經預料到,近期在新加坡和南蘇門答臘發生的事件,已經讓我們面臨極其嚴峻且迫切的戰略方針問題。

2. 在地理上,爪哇的長度為五百英里 —— 相當於從倫敦到因沃內斯的距離 —— 其北部海岸幾乎全是適合登陸的地點。

3. 敵人進攻的規模及可能的作戰行動。如果敵方具備運輸和護航能力,預計在未來十至十四天內,他們可能派遣四個師進攻爪哇;在一個月內可能再增派兩個或更多的師。最大規模的空襲可能可以派遣四百至五百架戰鬥機(包括從航母起飛的)以及三百至四百架轟炸機。

4. 我們用以下兵力抵禦敵人對爪哇的進攻:

(1) 海軍。戰鬥部隊最多可由三至四艘巡洋艦和約十艘驅逐艦組成。若將這支部隊部署於該島受威脅的兩端,則兵力分散顯得薄弱。若集中部署,因距離問題,難以快速抵達關鍵地點。不論其位置,皆會遭遇空軍的猛烈打擊。

(2) 地面部隊。目前駐紮著三個戰鬥力不足的荷蘭師。英帝國部隊包括:一個配備輕型坦克的第三輕騎兵旅的營,以及分散在各部的約三千名澳洲士兵。此外,還有數千名皇家空軍的地勤人員,其中部分沒有配備武器。美國方面:一個野戰炮團,但裝備不完整。

(3) 空軍。目前擁有大約五十架戰鬥機、六十五架中型轟炸機或俯衝轟炸機,以及二十架重型轟炸機。

5. 僅在當地海、空軍力量占據優勢的情形下,方能阻止近期爪哇的登陸。然而,事實顯示,這種優勢根本無法實現。一旦敵人成功登陸,目前已經無力阻止他們迅速占領島上的主要海、空軍基地。

6. 首批空運至爪哇的澳洲軍隊預計月底才能抵達,3月8日方可參戰。整個師將於3月21日全部運抵並投入戰鬥。剩餘的一個師則要到4月中

印尼群島失守告急

旬才能到達。

結論：在對日作戰中，緬甸和澳洲至關重要。儘管爪哇的淪陷無疑是沉重的打擊，但尚未達到致命程度。因此，不應為增援爪哇而削弱緬甸或澳洲的防禦力量。

當前首要的問題在於澳洲軍隊移防過來的最佳目的地選擇。如果局勢允許他們在島上駐紮並在有利條件下抵禦日軍，我將毫不猶豫地支持採取冒險行動，就如同一年前在希臘所做的決定。當時我認為，我們有很好的機會阻止德國的侵略，無論結果如何，我依然認為冒險是合適的。在現狀下，我必須指出：從戰術和戰略的角度來看，冒險行動是不合適的。我也深刻理解其中涉及的各種政治因素……

對此事，我撰寫了以下的備忘錄：

首相致函伊斯梅將軍，轉交參謀長委員會

1942 年 2 月 17 日

我認為，採取與韋維爾將軍的主要觀點相悖的行動是不切實際的。就我個人而言，我贊同他的看法。最理想的策略似乎是：

（1）若澳洲政府批准，該先遣部隊將被派遣至緬甸。

（2）其次，利用原本分配給第二澳洲師的船隻，經由孟買，將第七十師調往緬甸。途經錫蘭時，留下一個旅。

（3）一旦運輸工具可用，應迅速將剩餘兩個師調回澳洲。

（4）派遣 W.S. 第十七號運輸船隊運送增援的高射炮部隊，以保障亭可馬利安全，並讓該運輸船隊的其餘船隻前往仰光。

對於韋維爾將軍計劃如何運用爪哇的現有兵力，我並不知曉。他是打算讓他們與荷蘭人共同抵抗，盡可能拖延淪陷的時間，還是另有打算，準備將他們調往他處呢？在我看來，這個問題比前面提到的幾個問題更值得商榷。

我對總統羅斯福表示：

1. 韋維爾關於新加坡失陷和日軍在蘇門答臘強行登陸引發新局勢的電報，想必你已經看到了。我們今天將在國防委員會，明天將在太平洋作戰委員會上討論我們的處境，並會將我們的建議通知你們。在蘇門答臘和爪哇展開有力抵抗，最好能有好的前景，否則就會面臨是否將所有增援部隊調往仰光和澳洲的問題。看似澳洲政府相當希望將他們的兩個師調回澳洲。我無法長久拒絕。目前駐紮在巴勒斯坦的第三師可能也要陸續撤回。在我看來，目前最重要的地方是仰光，只有它能確保與中國的連繫。你也知道，韋維爾已明智地將原定本月20日到達那裡的英國裝甲旅調開。明天，三軍參謀長將透過軍事途徑將我們討論的結果告訴你。

2. 利比亞的戰役已經迫在眉睫，隆美爾可能會發動進攻。我們期望能獲得良好的戰果。昨日的初步空戰表現出色。

韋維爾將軍未曾預見到對我們在印尼最後根據地爪哇的攻擊會在2月底前展開。根據他當前的兵力和可能獲得的增援來看，勝利的希望渺茫。因此，他建議將正在運輸途中的澳洲部隊全部調往緬甸。2月18日，緊鄰爪哇東側美麗的峇厘島淪陷。幾天後，我們唯一剩下與澳洲保持空中連繫的基地帝汶島也被占領。這時，以珍珠港事件而聞名的南雲海軍大將所率的快速航空母艦艦隊出現於帝汶海，艦隊由四艘大型航空母艦組成，並有戰鬥艦與巡洋艦的襄助。2月19日，他們對達爾文港聚集的船隻進行了一次毀滅性的轟炸，造成大量傷亡。這場短暫戰役過後，達爾文港作為基地的價值已經喪失。

我們目前已知，日本對爪哇的進攻是在2月28日發起的。2月18日，一支由五十六艘運輸艦和一艘強大護航艦構成的西方戰鬥分隊，從越南的金蘭灣起航。2月19日，另一支由四十一艘運輸艦組成的東方戰鬥分隊也從蘇祿海的和樂島出發，並於2月23日抵達巴厘巴板。2月21日，我們

印尼群島失守告急

的聯合參謀部向韋維爾將軍發出通知：爪哇應由現有駐軍堅守，不會增派援軍。同時，命令他將司令部撤離爪哇。韋維爾回覆稱，他認為美、英、荷、澳聯合司令部應解散，而非撤退。此提議獲得了同意。

隨著事態的全面展開，我注意到終局已然顯現。

首相致韋維爾將軍

1942 年 2 月 20 日

1. 保衛美、英、荷、澳戰區的整體計畫顯然因敵軍在各方面的迅速推進而受到影響。已經決定，利用現有部隊以及若干在途中的部隊在爪哇進行頑強戰鬥，並將主要增援力量調往緬甸和印度。總統計劃讓美國負責澳洲的側翼，而我們則集中全部力量防守或收復緬甸和滇緬公路，當然，這是在盡一切可能延長爪哇抗戰之後的事情。他也意識到錫蘭的重要性，因為這是我們海軍重新集結的唯一途徑。

2. 我揣測，若麥克亞瑟將軍放棄了科里幾多爾，他未必不會關注澳洲。你尚未告訴我，當必須撤離爪哇時，你的總部將遷往何地。

3. 我個人的觀點是，應該讓你重新擔任印度總司令，並讓哈特利將軍返回他的北方司令部。從這個核心位置，你將能夠啟用我們整個對日戰爭的行動。

1942 年 2 月 21 日，我收到韋維爾將軍令人沮喪的回覆。

恐怕美國、英國、荷蘭和澳洲戰區的防禦已然瓦解，爪哇的抵禦也難以持久。防禦歷來依賴空戰……目前投放的任何力量都不足以延續戰鬥；關鍵在於你願意拯救什麼……我認為這個總部已經無實際效用……

最後，談談關於自己的事。我依舊和往常一樣，您認為我最適合被派往何處，我便願意盡全力去那個地方工作。我在這裡未能達到您的期望，也未能達到總統的期望，若換上更有才幹的人，也許已經取得了勝利……

如果您認為我調回印度可以發揮最大的作用，我自然願意服從。不過，您最好先徵求總督的意見，了解一下我的威信和影響力，經過這次失敗是否仍能維持，因為這兩點在東方極為重要，同時也談談哈特利及其繼任者在北方司令部面臨的困難。

我對即將離開這些堅毅勇敢的荷蘭人感到十分不捨。如果你認為繼續留在這裡與他們並肩作戰會有所裨益，我真的願意留下。

致以最美好的祝願。我擔心你正經歷一段艱難時光，但我相信你的勇氣將幫助你順利地度過難關。

在我看來，我始終堅持這樣一個原則：評判軍事指揮員不應從結果出發，而應基於其工作的品質。我從未對美、英、荷、澳戰區抱有幻想，現在我僅希望能挽救緬甸和印度。我們鄭重其事地請求韋維爾來面對這場風暴般的危機，他以冷靜而堅定的態度接受挑戰，這令我十分欽佩。有些人會找藉口委婉拒絕，或在接受一個困難且希望渺茫的任務前，提出無法滿足的條件，因為任務若未能完成，只會損害他們的名聲。韋維爾的表現展現了陸軍的最佳傳統。因此，我回覆說：

首相致韋維爾將軍

1942 年 2 月 22 日

當你不再統領美、英、荷、澳戰區時，應立即前往印度。我們請求你重新擔任總司令職務，從這個主要基地繼續對日作戰。

或許你需要任命一位副司令來協助處理日常事務。此事可以待你抵達德里後再行處理。其他任何考量皆屬次要。

我希望你能明白，總統、華盛頓的聯合參謀部，以及我和你在此地的所有友人，對你在艱難局勢和不利條件下，卓越指揮美、英、荷、澳戰區的作戰，給予了高度評價。

印尼群島失守告急

韋維爾回應說：

我們計劃在 2 月 25 日離開此地。對於你那寬厚仁慈的來電，以及再度將印度軍區交給我的信任，我深表感激。若哈特利能繼續擔任副總司令，將是極大的幫助。

25 日，他再次撥打電話：

今晚，我將與皮爾斯一同前往可倫坡。從可倫坡出發，我將根據哈特利發來的回電，飛往仰光或德里。

韋維爾與皮爾斯搭乘飛機離開萬隆。負責駕駛的美國飛行員對進入駕駛艙的人說道：「嘿，我只有這張路線地圖，不過沒關係，聽說我們要去一個叫『塞龍』的地方，地圖上已經標出。」他們飛行了將近兩千英里才抵達「塞龍」。韋維爾在空中經歷了一次不尋常的旅程。他遭遇了不下六、七次致命的危險事件，但他沒有受傷。人們認為他是飛機上的約拿；然而，約拿總能倖存，飛機也能安全返回。這次飛行過程中飛機在空中起火，但在機組人員的努力下，火焰被撲滅，而這位總司令並未被驚醒。

韋維爾在錫蘭收到了以下電報。

首相致韋維爾將軍

1942 年 2 月 26 日

請評估錫蘭這個策略要地是否需要一位傑出的軍事指揮官，負責全軍統帥及民政事務；波納爾是否為適當的人選。我們不希望再出現另一個新加坡的局面。

1942 年 3 月 6 日，波納爾將軍被任命為駐軍司令。

我向那些留在爪哇並與荷蘭人並肩作戰到底的人員發出了以下的電報：

首相致空軍少將莫爾特比

1942 年 2 月 26 日

　　我向你及留守爪哇的全體英軍官兵致以最良好的祝願，願你們在當下的激戰中贏得勝利與榮耀。爭取多一天的時間都至關重要，我確信你們將竭盡所能，以延續這場戰鬥。

　　荷蘭海軍上將赫爾弗里克如今已經成為稀少的盟國海軍部隊的指揮官。這位堅毅的荷蘭人從未失去希望，他不惜一切代價，無視敵人的兵力優勢，持續對敵方展開猛烈攻擊，堪稱荷蘭歷史上著名航海家的繼承者。面對敵軍在海上派遣大批運輸船隊進犯爪哇，他組織了兩支主攻部隊：東線的一支駐紮在蘇臘巴亞，由杜爾曼海軍上將指揮；西線的一支位於巴達維亞的丹戎不碌港，由英國艦隊組成。英國艦隊包括「霍巴特」號（澳洲）、「丹內」號、「龍」號等巡洋艦，以及「偵察」號、「坦尼多斯」號等驅逐艦，曾多次出海搜索敵人；2 月 28 日，接到命令經巽他海峽撤往可倫坡，數日後安全抵達。由於丹戎不碌燃料短缺，且不斷遭受空襲，故這支西線主攻部隊此時撤退。如果他們加入杜爾曼海軍上將的東線主攻部隊，結果也不會有所不同。

　　與此同時，杜爾曼於 2 月 26 日下午六時半乘坐「德雷特爾」號離開蘇臘巴亞。同行的有「埃克塞特」號（英國）、後炮失靈的「豪斯頓」號（美國）等重巡洋艦；「爪哇」號（荷蘭）、「珀斯」號（澳洲）等輕巡洋艦；以及九艘驅逐艦，其中英國三艘，美國四艘，荷蘭兩艘。赫爾弗里克海軍上將給予杜爾曼的命令是：「你必須繼續進攻，直至敵人崩潰為止。」這原是一個正確的原則，且日本入侵的運輸船隊是一個可觀的戰利品；然而，在此次情況下，該原則忽略了敵人壓倒的優勢、完全的制空權以及西部主攻部隊已經離開的事實。杜爾曼海軍上將還缺乏一套統一的電訊密碼。他的命令在下達前，需由一位美國聯絡官在「德雷特爾」號艦橋上翻譯。他要求

印尼群島失守告急

留在蘇臘巴亞的幾架戰鬥機進行保護的緊急呼籲，沒有得到回應。2月26日夜，他搜索敵人，但一無所獲；清晨，他返回蘇臘巴亞，為各驅逐艦補充燃料。剛駛入港口，就收到了赫爾弗里克海軍上將的緊急命令，要求他去攻擊在巴韋安島以西發現的敵軍。

杜爾曼重新率領他那支疲憊的部隊駛向大海；大約一小時後，下午剛過四點，戰鬥開打。起初，雙方勢均力敵。遠距離的炮戰未給任何一方造成損失，日本驅逐艦的一系列魚雷攻擊也未能成功。半小時後，一艘敵艦被擊中起火，但不久後，「埃克塞特」號的一個鍋爐房被擊中；速度減慢，只得掉頭駛回港口。隨後的艦隻也採取了相同的行動。幾乎同時，荷蘭驅逐艦「科頓納」號被魚雷擊沉。杜爾曼海軍上將遂向東南撤退，全面戰鬥停止，僅剩下驅逐艦「伊列克特拉」號試圖從日本的煙幕中發射魚雷，但遭遇三艘日本驅逐艦攔截，最終沉沒。

「埃克塞特」號在被迫暫停一段時間後，終於能夠以十五海里的速度航行，隨後接到命令，在剩餘荷蘭驅逐艦的護衛下返回蘇臘巴亞。

杜爾曼海軍上將在對其分散且規模縮小的艦隊進行重新編組後，指揮著這支艦隊繞到敵軍的側翼，試圖對敵方運輸船隊造成打擊。戰鬥仍在間歇性地持續。敵軍獲得了增援，並透過空中偵察掌握了杜爾曼的全部動向。美國驅逐艦在發射完所有的魚雷後，被命令返回蘇臘巴亞。英國驅逐艦「邱比特」號不幸觸雷，瞬間沉沒，造成大量傷亡。十時半過後，杜爾曼海軍上將在前進途中遭遇了兩艘日本巡洋艦，經過激烈交火，兩艘荷蘭巡洋艦均被魚雷擊沉，這位勇敢的荷蘭將領在與強敵對抗中壯烈犧牲。成功脫險的「珀斯」號和「豪斯頓」號駛向巴達維亞，並於次日下午抵達。

這個故事仍需完整描述。當晚，澳洲與美國的巡洋艦在補充燃料後，再次啟程，試圖通過巽他海峽。它們正巧駛入日本西線攻擊部隊主力的陣中，該部隊的運輸艦正在爪哇西端班滕灣解除安裝部隊。幾艘巡洋艦趁著

日本軍隊上岸之際,擊沉了兩艘運輸艦;因此,在自身尚未覆滅前實現了報復。「珀斯」號上的三百零七名官兵與「豪斯頓」號上的三百六十八名官兵倖存,但被關押在日本戰俘營。兩位澳洲和美國的艦長隨艦沉沒。

與此同時,受損的「埃克塞特」號與唯一倖存的英國驅逐艦「迎戰」號撤回了蘇臘巴亞,但該地很快失守。儘管所有退路都被敵軍嚴密封鎖,這兩艘艦艇仍然成功駛離。此前一天參戰的四艘美國驅逐艦已耗盡魚雷,但在 2 月 28 日晚,它們依然前進,巧妙穿過狹窄的巴厘海峽,僅遇到一艘敵方巡邏艦,未予理會。天亮時,它們脫險南下,最終抵達澳洲。對於噸位較大的「埃克塞特」號而言,這條航線不可行。2 月 28 日晚,它與「會戰」號及美國驅逐艦「波普」號一同出發,試圖通過巽他海峽前往錫蘭。次日黎明,這支小艦隊被發現,四艘日本巡洋艦在驅逐艦和飛機的護航下窮追不捨。在猛烈炮火的壓制下,曾在 1939 年普拉特河口戰役中聲名大噪的「埃克塞特」號不久便失去行動能力,終在中午前遭遇致命的魚雷襲擊。

「會戰」號與「波普」號均已沉沒。兩艘英國戰艦上的五十名軍官和七百五十名水兵,連同「波普」號的倖存者,皆被日軍俘獲。

我們的海軍力量就這樣被摧毀,爪哇也被敵人三面緊密包圍。為補充迅速衰竭的空軍力量,兩艘美艦運載五十九架戰鬥機,進行最後的努力。其中一艘舊飛機供應艦「蘭利」號在駛近時遭空襲被擊沉;另一艘安全抵達,但此時甚至無法將裝箱飛機運上岸。最高司令部解散後,所有盟軍部隊都交由荷蘭人指揮,以保衛爪哇。蒲爾頓將軍指揮二萬五千名荷蘭正規軍,後由西特韋爾少將指揮的英軍分遣隊加入。英軍分遣隊由三個澳洲營、第三騎兵旅的一個輕坦克營,以及由英國皇家空軍後勤單位四百五十人和美國砲兵部隊後勤單位若干人組成的武裝部隊。荷蘭方面約有十個空軍中隊,但許多飛機不可用。英國皇家空軍撤出蘇門答臘後,組成五個中

印尼群島失守告急

隊，僅四十架飛機可用。另有美軍剩餘的約二十架轟炸機和戰鬥機。

保衛爪哇的重任落到了這支力量不強的部隊肩上。爪哇的北部海岸綿延八百英里，擁有無數適合登陸的海灘。來自東、西方向的日本運輸船隊運載了四、五個師。時間已經不允許再拖延。根據3月8日荷蘭方面的決定，上萬名英國和美國人員（包括五千名空軍及其傑出的指揮官莫爾特比，以及八千多名英軍和澳軍官兵）均已投降。

在爪哇，我們曾下定決心與荷蘭人並肩作戰直至最後一刻。儘管勝利無望，但至少延緩了敵人多次對新目標的進攻。日軍自此徹底控制了印尼群島。

緬甸戰局日趨嚴峻

普遍的看法是，日本人至少在馬來亞的戰役尚未勝利結束前，不會對緬甸展開大規模進攻。然而，事實卻並非如此。到12月底，日本就已經開始對仰光進行空襲。當時我方防禦的空軍只有一個英國戰鬥機中隊和一個美國空軍志願隊的戰鬥機中隊。這支志願隊在戰前籌組，目的在援助中國。我請求羅斯福總統讓這支英勇的部隊留駐仰光。

前海軍人員致羅斯福總統

1942年1月31日

我了解到，協助防禦仰光的美國空軍志願隊的幾個戰鬥機中隊，可能在1月31日後被蔣介石撤回中國。顯然，仰光的安全對蔣介石和我們同樣重要，如果在原定2月15日至20日到達的「旋風」式戰鬥機抵達之前撤走這些中隊，後果將不堪設想。我知道馬格魯德將軍已經被指示向蔣介石提出此事，但我認為事態非常嚴重，應該讓你親自知曉。

總統已經同意了我的請求。這些部隊雖然力量有限，卻嚴重損傷了日本空襲的飛機。轟炸在軍事上損失不大，但引發了騷動，並在擁擠的城市中造成了不少傷亡。大量本地工人及軍政兩界的低階職員紛紛放棄職位，雖然尚未妨礙港口的使用，但對其造成了嚴重影響。在1942年1月和2月間，日軍的空襲遭到了阻擊，每次進攻都必須付出代價。

自1942年1月16日起，日本軍隊從泰國入侵緬甸，開始進攻土瓦，並未遭遇太大困難便占領了該地。我方駐紮在南方丹老的少量守軍因此經海道撤退。1月20日，日軍一個師在高加力擊潰了印度旅的抵抗後，自東面向毛淡棉推進，數日後占領了毛淡棉。

緬甸戰局日趨嚴峻

在日軍入侵緬甸後的數週緊張時期內，緬甸總督雷金納德·多爾曼-史密斯爵士展現了冷靜與勇敢的精神。我認為在新加坡淪陷的次日，正是向他致以敬意並提醒他即將面臨危機的良機。

首相致緬甸總督

1942 年 2 月 16 日

我向來沒有透過電報打擾您，不過，我想表達我和同事們對您在日益嚴峻的困境中所展現出堅韌精神的深深敬佩之情。如今新加坡已然失守，日軍勢必會加強對您國土的進攻。強大的援軍，包括一個裝甲旅和兩個「旋風」式戰鬥機中隊，不久即將抵達。今晚我們將召開會議，討論可能採取的進一步措施。我認為，緬甸以及與中國的連繫在整個東方區中至關重要。祝您安好。

第十七師的三個英印旅在與數量占優勢且不斷增援的日軍激戰兩週後，被迫撤退至薩爾溫江防線。在米鄰周圍，他們以少勝多，展開了猛烈的攻防戰。至 2 月 20 日，形勢已經明朗，為避免全軍覆沒，不得不繼續撤退至錫當河。這條五百碼寬的湍急大河上僅有一座橋梁。在第十七師主力尚未抵達前，橋頭堡已遭強大的日軍進攻；同時，撤退至橋梁的縱隊也被敵軍新到增援的一師從側翼襲擊，橋頭堡指揮官判斷我們撤退中的三個旅已經被嚴重削弱，分散受創，幾乎陷入羅網。在此情勢下，他得到師長批准後，下令炸毀橋梁。當第十七師開闢出路抵達河岸時，發現橋梁已經被炸毀，面前只有滾滾江水，儘管如此，這支三千三百人的部隊仍設法渡過天險，但僅攜帶一千四百支步槍和幾挺機槍。其他武器和裝備全失。第十七師的殘部在此地重整旗鼓，來自印度的三個英國營和新從中東調來的英國第七裝甲旅加入了他們的行列。該裝甲旅原本計劃前往爪哇，但被韋維爾將軍調往緬甸，在隨後的所有戰鬥中發揮了卓越的作用。再往北一點的第一緬甸師，在南撣邦由中國第六軍接防後，移至東籲南面，負責守衛

通往曼德勒的北路。

　　我必須記錄我們與澳洲政府關係中那段令人痛心的插曲，以及他們拒絕我們提出的援助請求。儘管我不願承擔敘述這些事實的角色，但為了完整地描述緬甸戰役的過程，這是必要的。在國內和澳洲，許多人只了解了事情的片面。將雙方的情況全面地展現，才能做出公正的判斷，並從中汲取必要的教訓，為未來提供指引。

　　在這個刻不容緩的時刻，倫敦的英國軍政界充滿了悲切的情緒，然而戰時內閣與三軍參謀長之間的意見是統一的。然而，澳洲政府的立場卻截然不同。其政府在前任總理孟席斯先生的領導下，建立了皇家澳洲部隊，並調遣了不少於四個師的兵力，這些軍隊由他們最優秀的壯丁組成，跨越重洋，支援英國進行戰爭。對於這場戰爭的起因和備戰的疏漏，他們不負任何責任。從巴爾迪亞戰役起，澳洲軍隊與紐西蘭師在保衛埃及的沙漠戰鬥中扮演了關鍵角色。他們在勝利的前奏中展露鋒芒，也在多次慘痛的失敗中共渡難關。再過八個月，第九澳洲師將在阿拉曼戰役中發起進攻，而歷史將稱之為決定性的攻擊。他們在希臘面臨所有的危險，經歷了許多苦難。澳洲有一個師在柔佛表現出色，隨後轉進到新加坡，被覆滅或被俘；對於這些情況，從未得到解釋，而英國的作戰指揮對此負有責任。錫當河的失利似乎決定了緬甸的命運，帝國政府的資源與安排，再次顯露出嚴重的不足和不當。凡是了解情況的人，沒有人會懷疑，由於日本人擁有優勢兵力，掌握了制空權和制海權，並能自由選擇進攻地點，他們的猛攻將在數日內征服並控制韋維爾將軍的美、英、荷、澳戰區的整個廣大區域。

　　澳洲的軍事策略始終將新加坡視為防禦體系的前哨和關鍵前進基地，依賴該地以爭取必要的時間，以便美國能重新掌控太平洋的制海權，確保美國軍事支援抵達澳洲，並集結與組織軍隊來保衛本土。日本對澳洲的侵略被視為可能發生且迫在眉睫的災難，可能導致全體澳洲人面臨被日本征

緬甸戰局日趨嚴峻

服的恐怖。對他們而言，緬甸是世界大戰的一部分，而日本的推進對英倫三島的安全無關緊要，但對澳洲卻是致命威脅。在我們面臨無情失敗和毀滅的情況下，澳洲政府對英國的作戰指揮能力及國內判斷失去信心。他們認為必須動用一切可用的力量來應付威脅其國土和人民生死存亡的危機。

另一方面，我們不免聯想到，在1940年，當我們面臨一種更為接近且發生機率更高的同樣危險時，我們並未失去理智，或者因為其他生死攸關的需求而毫不猶豫地增加本身的風險。因此，我們認為有理由要求他們做出類似的決定，正如在1940年8月，為了保有沙漠地區，我們決定派遣我們薄弱裝甲部隊的一半力量去保衛埃及一樣。而這並非徒勞無功。在這個緊急時期，若澳洲採取同樣有決心的行動，或許早已取得良好效果。

至於我個人，我並不認為，日本在印尼群島獲取覬覦已久的豐富戰利品後，還會再派遣一支十五萬人的軍隊──這個數量不能再少，否則無濟於事──跨越赤道向南四千英里，與澳洲人民展開大戰。澳洲士兵在每次戰鬥中都證明了他們的戰鬥力。儘管如此，我是第一個建議從中東將兩師最精銳的澳洲部隊調回澳洲的人；在澳洲所有人尚未向我提出請求之前，我已經在議會中宣布了這個決定。此外，1月間我在華盛頓時，羅斯福總統已經承諾，他將承擔起指派美國艦隊負責澳洲海上防務的責任，並派遣九萬餘名美國士兵前往那裡；這些措施正在陸續迅速的實施中。目前，緬甸正面臨極其緊張的戰爭危機，在戰時內閣和三軍參謀長的全力支持下，我向科廷先生表達了意見。

首相致科廷先生

1942年2月20日

1. 我相信你已經完全明白，你的先遣師是唯一能夠及時抵達仰光的部隊，該部隊足以防止仰光淪陷以及與中國連繫的交通線被切斷；該師的先頭部隊目前正搭乘我方僅有的英、美船隻「芒特弗農」號，從可倫坡以南

運往印尼群島。預計在2月26日或27日左右，該師便可以開始在仰光登陸。沒有其他力量能夠填補這個空白。

2. 我們完全支持所有澳洲軍隊返回本土以保衛家園，我們會竭盡所能協助他們的運輸。然而，生死攸關的緊急局勢不能忽視，正在前往其他地點的部隊必須做好準備，以便改變方向加入戰鬥。我們將盡一切努力，儘早接替該師，送他們回到澳洲。美國要求你另派兩個師前往緬甸，我並沒有同意。他們將盡快返國。不過，這一個師現在是需要的，也唯有這一個師可能挽回局勢。

3. 請再次閱讀你1月23日的電報，其中你提到：撤出新加坡將是「不可原諒的背叛」，我們認同你的觀點，因此決定將第十八師及其他重要援軍派往新加坡，而非緬甸；我們並命令他們戰鬥至最後。他們在新加坡戰敗，未能守住，否則他們原本可以保住仰光。我與國防委員會的同僚對這個決定承擔全部責任；然而，鑑於你的電報，你也需要承擔重大責任。

4. 在這個緊要關頭，你需要仰賴美國的鼎力支持。他們有能力單獨派遣足夠的陸軍和空軍至澳洲，且似乎已經做好準備。你也了解，總統極為關注中國交通線的暢通，否則無法對日本展開轟炸攻勢；若中國的盟國援助被阻斷，亞洲可能會面臨最為悲慘的後果。

5. 我可以肯定地指出，若你拒絕讓部隊前往仰光封堵這個缺口，而導致上述對整體戰局的不利影響，那麼總統及華盛頓方面將會面臨嚴重後果，而你對此非常依賴。請特別留意美國計劃將海軍主力從夏威夷轉移至澳、新地區的規劃。

6. 我們必須立刻獲得回覆，因為船隊的首批船隻即將駛離仰光，時間拖延一天就意味著一天的損失。因此，我堅信，為了整體的利益，尤其是為了你個人的利益，你將會非常認真地思考我對你提出的問題。

我再次致電羅斯福總統，他不僅對滇緬公路表現出特別的關注，還堅決要求澳洲方面進行考慮。

緬甸戰局日趨嚴峻

前海軍人員致羅斯福總統

1942 年 2 月 20 日

部隊中唯一能夠及時趕到仰光以阻止敵人並為其他援軍爭取時間的，只有澳洲的先遣師。他們預計可以在 2 月 26 日或 27 日開始抵達。我們已經請求澳洲政府為了這場戰事需要同意這個調遣，並承諾儘早進行接防。同時，澳洲的其他軍隊應將盡快運回本土，對此安排，澳洲政府竟然斷然拒絕了。鑑於保持滇緬公路暢通無阻以及與蔣介石保持連繫的重要性，我再次向他們發出呼籲。

鑑於你將向澳洲提供美國軍隊以協助其防務，並可能採取海軍行動，我認為你有權敦促盟軍採取該行動。因此，請發給我一份電報，以便我在剛才發出的措辭強硬的電報之外，附上這份電報。我們這裡的三軍參謀長都非常堅定，我毫不懷疑我方在華盛頓的聯合參謀長委員會也持同樣看法。你不妨也與凱西談談。

羅斯福總統迅速發出了兩封電報。2 月 21 日回電內容如下：

我希望你能勸說澳洲政府，同意暫時派遣他們的澳洲先遣師前往緬甸。我認為此事至關重要。請告訴他們，我正派遣更多軍隊和飛機前往澳洲，並且據我預估，當地局勢非常樂觀，絕非悲觀。

他發給科廷先生的電報：

總統致澳洲總理

1942 年 2 月 20 日

在當下嚴峻的局勢中，你承擔了部署從中東歸來的第一澳洲師的重任，這個責任之重大，我深知其中分量。

想必你已經了解，我們決定，除了已經在途中的各部隊外，另外增派一支兩萬七千人的部隊前往澳洲。這支部隊在各方面皆裝備完善。為了我

們兩翼的安全，我們必須全力奮戰——一翼以澳洲為基地，另一翼以緬甸、印度和中國為基地。由於地理位置的緣故，我們美國人能夠更有效地處理澳洲的增援及右翼的指揮事務。

我向你闡明這一點，以便你充分信任我們正在迅速強化你的防禦力量。此外，美國海軍已經展開和計劃中的軍事行動，將在一定程度上保護澳洲和紐西蘭的海岸。同時，務必堅守左翼。如果緬甸失守，我認為整個局勢，包括澳洲，將面臨嚴重威脅。你的澳洲師是唯一能夠立即增援的部隊。他們能夠立刻投入戰鬥，我也相信他們有能力扭轉當前看似危險的局面。

我固然知曉日本人正迅速採取行動，但根據你的地理位置，以及那些正向你處出發或在你周圍作戰的軍隊狀況來看，我不認為你的關鍵地區已經處於危急境地。

我當然了解你的士兵一直在全球各地參戰，而且當前仍在作戰，我也深知澳洲所付出的巨大犧牲。然而，為了我們在遠東的整體戰爭行動，我請求你重新審視你的決定，並下令目前正在返回澳洲的一個師以最快速度前往支援英軍在緬甸作戰。

你可以相信，我們願傾盡全力與你並肩作戰，直至取得勝利。

負責美、英、荷、澳戰區全面防衛任務的韋維爾將軍，其提案已獲科廷政府欣然接受，早在數日前就獨自提出了類似的要求。他確實曾要求整個澳洲軍團做出這樣的調動。

此次的反應令眾人感到驚訝。

陸軍元帥迪爾致首相

1942 年 2 月 22 日

霍普金斯剛剛告訴我，科廷已經拒絕總統要求派遣第一澳洲師赴緬甸的請求。

緬甸戰局日趨嚴峻

澳洲總理致首相

1942 年 2 月 22 日

  1. 在這個為時已晚的階段，我收到了你措辭強烈的請求，不過，我們一直以來希望在太平洋戰區部署皇家澳洲部隊的意願，你是早已知曉的，並且曾在下議院的報告中表示支持。此外，佩奇在 2 月 15 日已經收到關於我方觀點的詳細報告。

  2. 關於向緬甸額外提供軍事援助的提議，是由美、英、荷、澳戰區的最高統帥提出的。馬來亞、新加坡和帝汶島先後失陷，印尼群島也難免在短期內被日本占領。敵軍憑藉其海、空優勢，開始侵擾我們領土的西北部，同時從拉包爾進犯東北部。澳洲政府在對美、英、荷、澳戰區的援助方面已經竭盡所能，作出了最大的貢獻。最初派遣了一個師（缺少一個旅）及輔助部隊前往馬來亞，隨後又增派一個機槍營和強大的增援部隊。政府還派遣軍隊前往安汶島、爪哇、荷屬帝汶島和葡屬帝汶島。此外，六個空軍中隊已經被派遣至該地區，並從皇家澳洲海軍調遣了兩艘巡洋艦。

  3. 你曾提議將兩支澳洲師調往太平洋戰區，隨後又補充說明絕不阻礙皇家澳洲部隊返回本土的程序。我們同意將這兩師駐紮在蘇門答臘和爪哇，並在 2 月 15 日的電報中告訴佩奇：若局勢繼續對日本有利，此部署將為我軍提供撤回澳洲的途徑。

  4. 我們與美、英、荷、澳戰區息息相關，該戰區的局勢已經惡化至如此境地，而日本在澳、新地區繼續向南推進。鑑於三軍參謀長提出的建議，即必須保留足夠力量以擊退敵軍對澳洲的進犯，我政府難以理解為何還要求我們進一步派遣軍隊前往美、英、荷、澳戰區最偏遠的地方。儘管你不同意從皇家澳洲部隊中再派兩個師去緬甸的請求，我們的顧問仍然對韋維爾的請求以及迪爾的報告深表關切。報告中提到，由於緬甸可能極需增援，第六和第九澳洲師的去向尚未確定。一旦一個師投入戰鬥，就無法不予支持，跡象顯示整個軍可能被捲入該地區，或重蹈希臘和馬來亞戰役

的覆轍。考慮到日本在海、空力量上的優勢，該師能否成功在緬甸登陸尚屬疑問；至於是否能如承諾般調出，則更為可疑。新加坡、檳榔嶼和馬達班既然已經失守，而日本在該區的海、空力量被視為占有優勢，孟加拉灣現在容易遭到攻擊。因此，依照以往的情況來看，將我們的軍隊調往這個戰區的行動，不能被視為理由充分的戰爭冒險；如果結果不佳，將對澳洲民眾的精神造成最嚴重的影響。因此，政府必須堅持原有的決定。

5. 你提到第十八師從緬甸調往新加坡是基於我們的電報，然而，必須指出，這封電報的拍發日期是 1 月 23 日，而你在 1 月 14 日的電報中已告訴我，該師的一個旅定於 1 月 13 日到達，其餘旅則定於 1 月 27 日到達。

6. 鑑於上述種種因素以及皇家澳洲部隊在中東取得的成就，我們認為有理由期盼他們儘早返航，並派遣足夠的護航艦艇以確保他們安全抵達。

7. 若我們的部隊能夠調往緬甸和印度，並且根據顧問的評估，不會危害我們的安全，那麼我們將非常樂意同意此調遣；特此保證，並希望你轉告總統，他完全了解，為了支持共同的事業，我們已經付出了巨大努力。

上文第五節即為對我文件的反駁；我當初在撰寫時曾極為謹慎，目的在避免提及我們在判斷中受到科廷先生抗議的影響。事實上，第十八師的一個旅在他的電報之前已經登陸。然而，這個情況可能會改變，而其他兩個旅及其他重要增援部隊的任務尚未明確。我始終堅持，這個決定由我們負責。既然科廷先生熱烈參與了討論，就不應該認為他沒有責任。

與此同時，我預期會有一個正面的回應，我已經將澳洲的運輸船隊部署到仰光。此舉至少為澳洲政府爭取了更多的考慮時間。

首相致澳洲總理

1942 年 2 月 22 日

我們曾向你提出請求，以及美國總統也曾請求，調派澳洲先遣部隊以拯救緬甸局勢，我們未曾預料你會拒絕。我們意識到，如果我們的船隻繼

緬甸戰局日趨嚴峻

續按原定航線駛向澳洲，而我們等待你的正式同意，它們要麼到達仰光時已為時過晚，要麼燃料不足無法抵達。因此，我們決定讓運輸船隊暫時改為向北航行。現在，它們已經向北行駛了很遠，其中一些船隻需要加油才能繼續駛往澳洲。鑑於這些具體情況，有幾天時間可以觀察局勢發展，以便你進行調查，如果你願意這樣做的話。否則，我們將依照你的意願，迅速將澳洲先遣部隊調回澳洲。

首相致韋維爾將軍

1942 年 2 月 22 日

儘管澳洲政府拒絕允許其先遣部隊在仰光參戰，昨日我們已經指示運輸船隊向北航行，堅信澳洲政府不會對緊急情況置之不理。運輸船隊已經遠航至需加油後才能繼續駛向澳洲的地步。為何如此安排？這樣可以給僅以一票之差上臺的澳洲政府三、四天的時間重新考慮總統再三提出的要求；同時也讓我們觀察赫頓將軍所率部隊在緬甸前線的進展。

十分感謝你的祝福。我堅信全國上下團結一致地支持著我，面對我們當前的挑戰，這是件好事。

澳洲政府的回應不盡如人意。

澳洲總理致首相

1942 年 2 月 23 日

1. 在你 2 月 20 日的電報中，顯然暗示運輸船隊不會向北推進。而根據 2 月 22 日的電報，看來你已經將運輸船隊調往仰光，並將我方對此重大調遣的同意視為形式問題。你的做法已導致運輸船隊危險增加的局面，此調遣的後果應完全由你承擔。

2. 我們已經告訴總統我方決策的原因。在考量了他與我方通訊的條件後，他在充滿同情的回覆中表示他完全理解並重視我方決策的理由，對此我們感到非常滿意。

3. 韋維爾的電文經過太平洋戰爭委員會於週六的審議，表明爪哇面臨著即將被進犯的威脅。澳洲的外圍防線如今正快速瓦解，我方的脆弱已經顯露無疑。

4. 我們曾試圖派遣皇家澳洲部隊去拯救馬來亞和新加坡，轉而防禦印尼群島。北方的所有防線已經崩潰或正在瓦解。現在你希望動用皇家澳洲部隊去拯救緬甸。正如在希臘一樣，這一切都在缺乏適當空中支援的情況下進行。

5. 我們意識到首要責任在於拯救澳洲，這不僅關乎其本身，還在於維持其作為抗日戰爭基地的地位。在此情形下，要推翻我們極為謹慎地做出的並反覆確認的決策，是不可能的。

6. 我方總參謀長指出，儘管你在2月20日的電報中僅提及先遣師，然而，鑑於運輸船隻的裝載能力，目前無法將這兩個師分開，且所有運輸船隻的目的地將由首批運輸船隻的目的地決定。這個事實，支持了我們作出這個決定。

以下是我的回覆：

首相致澳洲總理

1942年2月23日

已收到2月23日的來電。

1. 運輸船隊正駛向可倫坡進行加油，然後將依照你的計畫前往澳洲。

2. 在等待你最後答覆的這幾小時裡，我決定將隊伍向北轉向，這實屬必要。否則，即便獲得你的援助，也恐怕不能及時抵達。

3. 運輸船隊一旦轉向北方航行，便立即安排增加護航艦。在駛往可倫坡的過程中，這些新增的護航艦將繼續伴隨；而在離開可倫坡後，只要條件允許，護航仍將繼續。

4. 我自然對我的措施承擔全部責任。

緬甸戰局日趨嚴峻

所有可行之事，現已悉數執行。

羅斯福總統致前海軍人員

1942 年 2 月 23 日

1. 由於科廷的最終答覆是拒絕我們的強烈請求，我向他發送了以下電報，期望我們能夠得到第二支分遣隊，以協助緬甸前線的防禦任務。

2. 「致科廷：感謝 20 日的來電。雖然我無法完全同意關於澳洲急需返航第一個師的意見，但我深知你的處境。我堅信，無論如何，澳洲和緬甸這兩個關鍵基地都必須堅守，而當前的主要威脅位於緬甸，即左翼；至於澳洲，即右翼，我確信我們有能力穩固防守。裝備齊全的美軍增援部隊已經整裝待發，即將前往。基於這些事實，並觀察未來數週的形勢變化，我希望你考慮將第二個返航的師調往印度或緬甸，以協助那條戰線的防禦，使其成為一個穩固的防線。無論情況如何，你將得到我們的全力支持。羅斯福。」

3. 我正制定增援方案，以強化對澳洲和紐西蘭區域島嶼的掌控，並更有效地阻止日軍的推進。

首相致澳洲總理

1942 年 2 月 26 日

1. 緬甸總督於 2 月 24 日十八點三十分從仰光發電報：「局勢無重大變化，但若能調動澳洲人，情況將有根本改觀。雖然調動他們顯然不易，但我認為這次冒險值得一試，否則緬甸的大門將向日本人敞開。」

2. 緬甸總督於 2 月 25 日 23 時 20 分自仰光發來電報：「我們迫切需要知悉澳洲師是否能夠前來。請立刻回覆。」

3. 我已將你的決定通知了總督。

首相致緬甸總督

1942 年 2 月 25 日

　　我們已經發出多次呼籲,並獲得總統的支持,然而,澳洲政府仍然予以堅決拒絕。繼續奮鬥!

首相致函伊斯梅將軍,抄送參謀長委員會

1942 年 2 月 27 日

　　請簡要報告哪些部隊可以調往仰光前線,哪些部隊正在路上。另外,關於印度現有防禦侵襲的部隊情況,也請簡要說明。最後,請告訴錫蘭海、空、陸三軍的防衛現狀,以及空、陸增援的日期。

首相致函霍利斯准將,並抄送給參謀長委員會

1942 年 2 月 28 日

　　1. 考慮到仰光的撤退和隨後新交通線的限制,第七十師第二旅是否應該前往錫蘭,這成為一個問題。該旅究竟需要多長時間才能抵達?

　　2. 請撰寫一份關於雷達設施及任何改進建議的報告,並註明日期。

　　3. 我期望海軍部能在亭可馬利部署足夠數量的重型軍艦,以便在我方增援抵達前的緊張兩、三週內,擊退海上的敵方進攻。

　　4. 我認為,「無畏」號各分艦隊在錫蘭的任務應該被取消。

　　5. 請提供一份關於三月至五月間海軍增援及我方在印度洋上建立艦隊的詳細一覽表和時間表。

　　我們所能調動的部隊皆無法及時抵達仰光進行解圍,然而,即使無法派遣部隊,至少應能派出一個人。這些通訊過程使得這幾頁顯得黯淡,但與此同時,已經決定派亞歷山大將軍飛往這座命運多舛的首都。為節省時間,他計劃直接飛越廣袤的敵占區。在從三軍參謀長和陸軍部獲取全部實際情況後,臨行數小時前,他在首相官邸新樓與我和我的妻子共進晚餐。

緬甸戰局日趨嚴峻

那個晚上的情景我記憶猶新，因為我從未承擔過派遣一位將軍去冒更大風險的責任。亞歷山大如往常般，態度鎮定，情緒高昂。他表示很樂意前往。在第一次大戰中，他以警衛師團級軍官身分參戰，被稱為刀槍不入的人，士兵們在槍林彈雨中都願意緊隨其後。無論是作為尉官，還是最高統帥，他身邊總是充滿信心。他是敦克爾克最後一位英國指揮官。任何事情都未曾讓他感到煩惱或焦慮；對他而言，職責本身就是無盡的慰藉，尤其在任務危險艱鉅時更是如此。此外，他還有一種輕鬆愉快的風度，使得所有與他結交的人都珍視其友誼帶來的樂趣和榮幸，我亦不例外。基於此，我必須承認，當我們共進晚餐時，我試圖學習他的鎮定，但卻感到困難。

1942年5月5日，亞歷山大將軍履新，任務是在盡可能情況下堅守仰光；若失敗，則向北撤退，保衛上緬甸，並與左翼的中國軍隊保持連繫。不久，他意識到仰光的淪陷已經無可避免。日軍正猛烈攻打勃固，並試圖從北翼包抄，企圖切斷仰光至卑謬的公路，進而封鎖該城最後的陸路通道。韋維爾如今擔任印度總司令，全面指揮緬甸戰役。

韋維爾將軍致帝國總參謀長和首相

1942年3月7日

前兩日與緬甸的通訊中斷了很長時間；無線電通訊顯然已經完全停止，我沒有收到亞歷山大的任何消息。根據今晨收到的海軍情報，我推斷昨晚午夜時分已經緊急決定放棄仰光，命令航行中的運輸船隊返航，並展開破壞行動。我立即致電亞歷山大查詢情況，但尚未收到回覆。一旦獲得正式消息，將立即通知。

事實上，亞歷山大已經命令摧毀仰光的大型煉油廠，並實施了其他多項破壞，同時下令全軍沿通往卑謬的公路向北突圍。日本原先計劃從西側進攻仰光，為保護包圍部隊，他們派遣了一支強大部隊橫向布陣。我方最

初幾次突圍受挫，因此必須集結所有可用援軍。激戰持續了二十四小時，但日本指揮官嚴格執行命令；當他認為包圍師團已經到達陣地，可從西面進攻時，他便認定封鎖任務已經完成。因此，他打開通往卑謬的公路，繼續前進，參與對該城的總攻。同時，亞歷山大率領全軍有序的撤離仰光，帶走了運輸車輛和炮隊。由於經過激戰後日本人傷亡慘重，且長途行軍後需要整頓，他們沒有對我方北撤部隊施加壓力。緬甸師從容展開掩護戰，返回東籲，第十七師和裝甲旅則逐步抵達卑謬。

要將陸軍從上緬甸解救出來，必須經歷一場漫長且艱難的鬥爭。韋維爾對此困難並未輕視。

韋維爾將軍致首相

1942 年 3 月 19 日

如果日本堅決進攻，我認為我們無法期望長時間守住上緬甸。許多部隊仍然裝備不足，下緬甸的經驗更使他們動搖，剩下的幾個緬甸步槍營能發揮多大作用，令人懷疑。炮兵數量也不多了。當前，進行有效增援是不切實際的。與中國方面的合作並不容易，他們對我們的戰鬥能力持懷疑態度，並傾向於退縮。他們在對抗日軍的叢林戰中是否能比我們目前做得更好，尚難確定。無論如何，亞歷山大的戰鬥能力是值得信賴的，日軍的困難一定很大。

關於亞歷山大、蔣介石與美國將軍史迪威之間的指揮問題，挑戰重重。史迪威將軍已經返回中國，負責指揮中國第五軍和第六軍，這兩個軍共由六個師組成，現駐緬甸。蔣介石接受了我方要求，亞歷山大應對實際上在緬甸境內的所有部隊擁有最高指揮權。然而，羅斯福總統認為，亞歷山大和史迪威之間最好維持雙重指揮權。在這個艱難時刻，我對此並不爭論。

緬甸戰局日趨嚴峻

羅斯福總統致前海軍人員

1942 年 3 月 20 日

　　關於來電中討論的緬甸指揮問題，最近我已經請求蔣介石，繼續增援緬甸前線，並允許史迪威依照聯合參謀部早已批准的命令所規定的策略來安排合作。史迪威近期的幾封電報顯示他與亞歷山大能夠繼續有效合作，但中國急需增派部隊。蔣介石已經派史迪威指揮中國第五軍和第六軍，但遺憾的是，在指揮權問題尚未解決時，他不允許這些部隊全部調往緬甸。史迪威不僅迫切要求蔣介石改變這個決定，並且實際上已經命令增派部隊向南推進，希望蔣介石能同意。儘管指揮權問題複雜，史迪威已提出了確保完全合作的措施，然而，如果換作另一位中國指揮官，可能會與亞歷山大將軍產生溝通困難。史迪威本人不僅足智多謀、非常幹練，並且對中國人民有深入了解，且能流利使用中文，顯然不是一個自私的人。他在最近的電報中說：「已經與亞歷山大將軍安排合作事項，指揮權問題並不影響作戰指揮。並已經請求大元帥開始增派三個師到緬甸。」在這種情況下，我建議目前暫時擱置指揮權問題。我相信亞歷山大將軍和史迪威將軍會密切合作。有趣的是，他們原本計劃在「超體育家」計畫中於法屬北非會面，現在卻在眉苗相遇。

　　仰光的淪陷象徵著緬甸的全面失守。接下來的戰鬥成為日本人與即將到來的雨季之間的嚴酷競賽。對於亞歷山大而言，增援的希望已經渺茫，因為我方沒有合適的港口供其登陸。我們有限的空軍在掩護撤退並與數量龐大的敵機交戰後，不得不從仰光安裝完善的基地撤退到缺乏警報設施的降落場；在 3 月底前，它們幾乎被完全摧毀，大部分是在地面上遭到擊毀。駐紮在印度的飛機努力空投軍需物資和藥品，並疏散了 8,600 名人員，其中包括 2,600 名傷員。我方其餘的部隊和大量非戰鬥人員別無選擇，只能徒步穿越叢林和山岳，行軍 600 英里。

3月24日，敵軍繼續發起攻勢，向駐守東籲的英國師發動進攻，經過一週的激戰後，成功占領該城。四天後，他們沿伊洛瓦底江兩岸逼近卑謬。到4月底，敵軍已經推進至曼德勒；與中國軍隊保持連繫並守住滇緬公路的希望破滅。部分中國軍隊撤回中國境內，其他則隨史迪威將軍沿伊洛瓦底江逆流而上，翻越山嶺進入印度。亞歷山大率領英軍向西北推進至加里瓦。只有這樣，他們才能保衛印度東部邊界，這些地區已經受到沿欽敦江北上的日本縱隊威脅，同時國內又受到印度國大黨的騷擾。這裡的道路與叢林中的小徑無異。成千上萬的難民擠在路上，傷者、病者皆是，所有人都飢腸轆轆。在亞歷山大將軍的軍隊和緬甸民政當局的組織下，總督和夫人也參與其中，並得到來自印度，尤其是阿薩姆邦北部農場主的支持，這些人被帶到安全地帶。僅在預期的雨季到來後兩天，即5月17日，亞歷山大才能報告他的軍隊已經安全通過，儘管損失了所有運輸車輛和幾輛剩餘的坦克，他們已經在英帕爾集結。這是他首次獨立指揮的經歷，儘管結果完全失敗，但他在指揮中展現出的將才、冷靜和果斷等優良品格，使他後來成為盟軍頂尖軍事領導人之一。

　　通往印度的路徑已被截斷。

緬甸戰局日趨嚴峻

孟加拉灣形勢緊張

依靠其強大的海、空實力，日本發起遠征，迅速攻占了整個印尼群島的要塞，以及泰國和整個英屬馬來亞。他們已經占據緬甸南部和安達曼群島，現在對印度構成了直接威脅。印度和錫蘭的海岸，以及連接中東軍隊的唯一重要航線，正面臨大規模襲擊的風險。在馬達加斯加，維琪法國顯然將作出讓步，就像之前在中南半島逐步退讓一樣，這個局勢令我們極為憂慮。

我們當前最緊迫的任務是派遣一支規模可觀的陸軍增援印度，並確保印度洋，尤其是孟加拉灣的海上統治權。錫蘭，憑藉可倫坡和亭可馬利等港口，成為我們正在籌組的東方艦隊唯一理想的基地。我們付出了巨大甚至是冒險的努力，以在日軍攻擊到來的預期時程之前，為錫蘭配備足夠的戰鬥機。航空母艦「無畏」號在這個關鍵時刻已經不再承擔戰鬥任務，而是以全速來回運輸飛機及其裝備。澳洲政府也同意，讓他們從沙漠返回的兩旅軍隊在途中於錫蘭登陸，協助在這緊急階段防衛錫蘭，直至英軍抵達。這實在是備受歡迎的臨時措施。

為了在印度洋上提供我方艦隊一個隱祕的停泊地以應付與日本的戰鬥，海軍部進行了長時間的研究。阿杜環礁位於馬爾地夫群島的南端，是圍繞深水潟湖的一組環狀珊瑚島，距離錫蘭西南約六百英里，暫時可作為可倫坡的替代地。這個地點遠離主要航線，敵人只有經過長途航行才能抵達，而我方艦隊卻能在可倫坡的攻擊範圍內獲得艦隊隱蔽、燃料補充和物資補給。這個潟湖的大小與斯卡帕灣相當，可以透過四條深水海峽穿過暗礁進入。叢林覆蓋的島嶼周圍設有炮臺和探照燈。補給船和醫護船則停泊在湖內。飛機場和水上飛機基地正在建設中。所有這些設施在相當長的一

孟加拉灣形勢緊張

段時間內未被發現。這個港口,我們稱之為「T 港」,在印度洋的戰略中發揮了重要作用。

自年初起,我們的海軍便致力於在印度洋上籌組一支艦隊,以維護我們在該地區的利益。曾在直布羅陀指揮 H 艦隊並立下赫赫戰功的薩默維爾海軍上將,此次被選中以承接不幸的湯姆·菲利普斯的職位。3 月 24 日,他乘坐航空母艦「可畏」號抵達可倫坡。就任司令後,他指揮的艦隊包括:戰鬥艦「沃斯派特」號,該艦在十個月前的克里特戰役中受重創,修復後剛從美國經澳洲返回;四艘舊式「皇家」級戰鬥艦;三艘航空母艦,包括輕型航空母艦「赫爾米茲」號;七艘巡洋艦,其中包括荷艦「赫莫茲克」號;以及十六艘驅逐艦。

已經無法及時對這支從遠方召集而來的艦隊進行訓練,使其成為一支協調一致的力量。艦隊立刻被分為兩部分,一部分駐紮在可倫坡,另一部分駐紮在「T 港」。一些飛機已經抵達孟加拉灣西海岸,因此我們不斷敦促盡快完成那裡的空軍基地設施。然而,在印度,事態發展極其緩慢。我多次強調,這些措施早已達成協定,並緊急催促他們。

首相致函伊斯梅將軍,轉交參謀長委員會

1942 年 3 月 4 日

1. 請容許我再次提及印度戰場的增援事宜。第七十師的前鋒部隊——一個旅必須盡快抵達錫蘭(何時?)。此外,還有運送反坦克炮和高射炮的船隊。隨後,第六澳洲師的第十六旅和第十七旅也將抵達。這些部隊將停留七、八個星期,船隻的調動必須確保部隊的便捷移動,並準時到達。然後,韋維爾將擁有全權處理的許可權。除了正在途中的增援部隊外,他還可以將第七十師的另外兩個旅運往印度,並用於緬甸前線作戰。這些部隊即將抵達的消息,應該使他在緬甸前線更靈活地使用英國國內保全營部隊。

2.「無畏」號的兩個空軍中隊預定於本月6日抵達錫蘭。這些空軍中隊將與現有空軍協同作戰，確保為兩個澳洲旅（抵達後）以及停泊在港灣的兩艘「皇家」級戰鬥艦提供有效的空中掩護。此部署是基於敵方空襲僅能經由一艘航空母艦進行的事實。預計月底前「無畏」號將完成戰鬥裝備，而「沃斯派特」號亦將在不久後抵達。多艘巡洋艦與一個由二十艘艦艇組成的艦隊將開始集結。隨著「可畏」號的即將到來以及「英勇」號在數週內的抵達，局勢將不斷改善。

3. 請告訴我們是否都認可以上觀點，因為在細節上的異議與誤解將大大增加我們的困難。

我們對日本的實力當然十分關注，但關鍵在於不應過度誇大其影響。

首相致海軍大臣與第一海務大臣

1942年3月10日

1. 日本目前同時建造九艘主力艦與兩艘大型航空母艦的消息可靠嗎？若屬實，前景確實令人擔憂。不知該報告有何依據？在接下來的兩年內完成如此龐大的艦隊，所需的鋼板、鋼材及各種新式設備數量如何？哪些造船廠能夠同時建造如此多的艦隻？這些艦隻是在何時開始建造的？日本的軍械工業達到了什麼水準？或許還有其他問題值得提出。請給我一個詳細的答覆。無論如何，我們絕不可輕視日本，但我們需要的是事實。

2. 儘管尚未完全相信上述推測，我仍然誠摯地批准了以陸地為基礎的魚雷機研發。

首相致海軍大臣

1942年3月19日

我的假設是，若日本的所有這些艦隻均按時完工，那麼，「吳港」號應於1937年開工，至1941年完工。然而，據說它現在才加入艦隊，已經晚了一年。「佐世保」號計劃用五年時間建造，而「舞鶴」號則計劃用四

孟加拉灣形勢緊張

年。這些艦隻與五艘「英王喬治五世」級戰艦或現代美國艦隻相比，情況如何？我想知道，他們能否在四年內建造出二萬七千噸級的航空母艦？他們真的能在下水後一年的時間內完工嗎？請提供同樣級別艦艇的英國和美國建造資料。

人若總是基於最糟糕的假設採取防備措施，將無可避免地阻礙有限資源的最佳配置。海軍部情報處的謹慎態度是合理的；然而，我認為，許多已經被證明錯誤的冒險仍需繼續。實際上，如我們所了解的，日本的海軍發展與我們一樣，遠遠未達到書面計畫的進度。

我方情報報告中所呈現的日本師團部署狀況，讓人感到安心。

首相致參謀長委員會

1942 年 3 月 13 日

1. 觀察日軍的兵力配置，似乎不太像是立即對澳洲展開大規模攻勢的跡象。當前你們正在評估澳洲的局勢，而日軍的這個部署情況，恰好可作為你們思考問題的基礎。

2. 在我看來，倘若日軍在行經阿薩姆邦時遇到阻礙，並且我們在錫蘭的局勢得到進一步穩固，他們就更有可能轉向北方，進攻中國。

首相致澳洲總理

1942 年 3 月 20 日

我們已經充分理解並重視你的看法。然而，按照你的建議解除對我們與中東之間海上交通的保護是不可能的，因為我們在中東作戰的眾多部隊依賴這條生命線。我們也無法忽視錫蘭的安全，將盡力保障其安全；同樣，我們不能放棄增援和防護印度的能力。如果將我們四艘快速裝甲航母中的三艘調往太平洋，你將明白這會使我們在印度洋或駛向該區域的任何戰艦失去空中保護，導致無法作戰。如此，我們每個月運送約五萬人的護航船隊將失去掩護，即便是二、三艘日本快速巡洋艦或戰鬥巡洋艦在一艘

航母的支援下，也能將其摧毀。儘管我們讚賞你在備忘錄中表現出的正面態度，並認同你希望儘早取得主動權的願望，但我們認為，忽視其他風險和任務的做法是不妥當的。

當羅斯福總統提出的新組織提案獲得批准時，這個問題顯然將成為華盛頓討論的一部分。關於這個情況，我已經將聯合王國政府向羅斯福總統表達的立場告訴你了。

只要我們竭盡全力阻止日軍的入侵，或在必要時做好抵抗的準備，我堅信日本不會攻打澳洲。我認為，日軍的最佳策略是結束在中國的戰爭。

首相致函伊斯梅將軍，轉交參謀長委員會

1942 年 3 月 25 日

日本的最佳策略是向北推進至重慶。抵達重慶後，特別是在錫蘭的防務相對穩固的情況下，他們或許會選擇不進入印度。如果我們將自己的命運與中國的命運緊密相連，就必須獲得蔣介石的充分理解，並在可能的情況下，讓他請求我們採取策略上合理的行動。不論如何，這一點至關重要。

首相致函伊斯梅將軍，轉交參謀長委員會

1942 年 3 月 27 日

1. 我們需要明確錫蘭的問題。我們在錫蘭的要求是確保可倫坡的海軍基地防務的完整性。因為我們需要從那裡出動艦隊前往孟加拉灣作戰，而不是從相距六百英里的「T 港」出發。任何可能危及海軍基地或妨礙艦隊使用該基地的調遣，都是不可接受的。

2. 人們曾經期望「沃斯派特」號及另外兩艘裝甲航空母艦在孟加拉灣發揮重大作用。然而，將如此高速的航空母艦派往「T 港」以保衛那些不太有用的「皇家」級戰鬥艦，似乎是個明顯的失策。如果這些戰鬥艦不僅無用，甚至成為負擔，為何不將它們調離？例如，派遣它們前往亞丁灣或

孟加拉灣形勢緊張

在海上巡邏。如此一來，航空母艦便能充分發揮其作用。兩艘航空母艦協同作戰，其力量遠勝於單獨行動的兩艘；同理，三艘聯合的力量更是遠超兩艘分開的組合。

至三月底，可倫坡的局勢確實越加穩固。經過全面努力，我們集結了六十餘架可用戰鬥機及一支小型短程轟炸機隊，由多比亞克空軍中將指揮。如此一來，日本的空襲必將受到強烈反擊。

印度洋和孟加拉灣上空，緊張的氣氛正在醞釀。3月28日，薩默維爾海軍上將獲悉日軍計劃於4月1日左右以包括航空母艦在內的強大兵力進攻錫蘭。3月31日，他將艦隊部署於錫蘭以南，伺機而動；同時，派遣飛機在距離可倫坡一百二十英里處進行巡邏。執行這個廣泛偵察任務的僅有六架「卡塔利娜」式水上飛機。幹練的錫蘭總司令萊頓海軍上將立即下令部隊進入備戰狀態，並疏散了港口的商船。「多塞特郡」號巡洋艦的重新裝備工作突然中止，並與「康沃爾」號一道加入薩默維爾海軍上將集結的艦隊。

自3月31日至4月2日，四處瀰漫著焦慮不安的等待氛圍。艦隊在預定的等待區域不斷巡航，然而，除了發現日本潛艇在錫蘭東南方巡邏外，並無其他動靜。2日傍晚，當「皇家」級戰鬥艦即將缺水時，薩默維爾海軍上將判斷，要麼是敵人在等待他因燃料不足而被迫撤退，要麼是他收到的敵人即將來襲的情報有誤。儘管不太情願，但幸運的是，他決定返回六百英里外的「T港」。「多塞特郡」號和「康沃爾」號則返回可倫坡。

艦隊於4月4日剛到達阿杜環礁時，一架執行巡邏任務的「卡塔利娜」式水上飛機偵察到大量敵艦正向錫蘭出發。然而，它尚未能報告敵方的具體兵力便被擊落。除了日期有誤，最初的警報被證實是正確的，並且毫無疑問，錫蘭將在次日遭受重大攻擊。當晚，海軍上將率領「沃斯派特」號、航空母艦「無畏」號和「可畏」號、兩艘巡洋艦以及六艘驅逐艦離開了

阿杜環礁。他還命令威利斯海軍上將，當「皇家」級戰鬥艦準備就緒時，率領它們和其餘艦隻隨後趕赴目的地。

4月4日夜間，萊頓海軍上將不斷接收到巡邏機關於敵人接近的報告。4月5日復活節早晨，時間尚未到八點，預期中的攻擊已經開始：超過八十架日本轟炸機對可倫坡發起襲擊。我方嚴陣以待。經過激烈的空戰，我方損失了十九架戰鬥機和海軍航空兵部隊的六架「旗魚」式飛機，但成功擊落敵機二十一架。到九時三十分，戰鬥結束。由於船隻及時疏散，港口損失有限，僅有部分設施受到一些破壞。「坦尼多斯」號驅逐艦和「赫克特」號武裝商船被擊沉，除此之外只有一艘商船被擊中。

與此同時，「多塞特郡」號與「康沃爾」號奉命加入薩默維爾海軍上將的艦隊。當天天氣晴朗。艾加海軍准將，作為「多塞特郡」號的艦長，意識到敵人逼近，便下令全速前進。上午十一時，發現一架日本飛機。下午一時四十分左右，兩艦遭遇逐步增強的猛烈攻擊。成群的俯衝轟炸機以三架一組的隊形，每隔幾秒便接踵而至。僅僅十五分鐘，這兩艘巡洋艦就被擊沉。倖存者緊緊抓住漂浮的殘骸，頑強地面對考驗，等待著他們知道要等待許久的援救。這兩艘軍艦上的一千一百二十名官兵，其中許多人受了傷，在鯊魚遊弋的海面上，忍受著熱帶太陽的炙烤，經過三十小時後，才在第二天傍晚被「企業」號和兩艘驅逐艦救起。二十九名軍官和三百九十五名士兵犧牲了。

薩默維爾海軍上將此時才意識到日本艦隊的實力遠超於他的部隊。如今我們了解到，曾率領攻擊珍珠港的南雲海軍大將，掌控著包括五艘航空母艦與四艘快速戰鬥艦在內的強大艦隊，還配有巡洋艦、驅逐艦及支援油船。這正是我方艦隊直到4月2日仍在熱切期盼的對手。我們艱難地避免了一場可能給艦隊帶來災難的交戰。在薩默維爾救起兩艘巡洋艦的倖存者後，他向西撤退，並於4月8日清晨抵達「T港」。

孟加拉灣形勢緊張

次日,我們在錫蘭遭遇了更多的不幸。清晨,一次猛烈的空襲摧毀了亭可馬利。五十四架日本轟炸機在戰鬥機的掩護下,摧毀了造船廠、工廠和機場。它們遭到我方飛機的攔截,十五架被擊落,我方損失十一架。我們為數不多的輕型轟炸機對數量占優的日本航空母艦進行了勇敢而冒險的攻擊。結果,不到一半的飛機成功返航。小型航空母艦「赫爾米茲」號和驅逐艦「吸血鬼」號,前夜為確保安全離開亭可馬利,卻在途中被日本飛機炸沉,三百多人犧牲。

與此同時,由一艘輕型航空母艦和六艘重型巡洋艦組成的日本第二支主攻部隊,在孟加拉灣襲擊我方毫無防禦的船隻。3月31日,在可倫坡採取緊急措施的同一天,加爾各答港口決定不讓船隻停泊。我們在該地區的海軍力量十分有限,因此決定將船舶編成小隊外駛。五天後,當一艘船在加爾各答南面被飛機擊沉時就放棄了這個不切實際的策略。之後,船舶行駛暫停。在接下來的幾天中,日軍毫無阻礙地從空中和海上擊沉了九萬三千噸的船隻。再加上同一時期南雲部隊造成的損失,我們的總損失竟達十一萬六千噸。

日本的海軍力量大規模向我方集結,這迫使我們急切地請求美國艦隊實施一次牽制行動。

前海軍人員致羅斯福總統

1942年4月7日

1. 根據我方獲取的情報顯示,日本可能有五至六艘戰鬥艦活躍於印度洋,其中兩艘可能裝備了十六英寸火炮。此外,五艘航空母艦也在此海域運作。面對如此強大的敵軍陣容,我們顯然無法在正面戰場上與之抗衡,尤其是當這些艦艇集結在一起時。你對我方艦隊的構成已有了解。四艘「皇家」級戰列艦與其他艦艇的協同作戰能力足以應對我們相信已在此處的三艘「金剛」級戰艦。然而,這些艦艇顯然無法與日本的現代化艦隻抗衡。儘管敵機在襲擊可倫坡後遭受了重創,我們仍然無法確定我方的兩

艘航空母艦能否戰勝集結於錫蘭以南的四艘日本航空母艦。因此，這個局勢成為我們極為憂慮的問題之一。

2. 目前尚無法確定敵人在印度洋的行動僅為佯攻，還是這些舉措是大規模入侵錫蘭的前奏。從當前實際情況來看，我方海軍力量不足以應付此威脅。

3. 鑑於目前貴方在太平洋的軍事力量必然優於日軍，眼下的局勢似乎為美國太平洋艦隊提供了一個絕佳的機會，迫使日本將其在印度洋的海軍力量撤回太平洋。如此一來，他們將不得不放棄計劃中的攻擊，或者已經展開的進攻將缺乏支援。我無法更強烈地強調此事的重要性。

近期的事件無疑表明，薩默維爾海軍上將暫時無法展開全面的軍事行動。日本海軍的航空戰術展現了驚人的威力。在泰國灣，我方兩艘頂級主力艦在短短幾分鐘內被魚雷轟炸機擊沉。如今，又有兩艘重要巡洋艦被一種完全不同的空中攻擊方式——俯衝轟炸機擊沉。在地中海，我們與德、義空軍交戰從未遭遇如此情況。對於東方艦隊而言，駐紮在錫蘭附近無異於自取滅亡。日本已經掌控孟加拉灣，因此可以隨時控制錫蘭周邊海域。英國可用於作戰的飛機數量遠不及敵方。作戰艦隊速度緩慢，炮火射程有限，且缺乏航行能力，唯有「沃斯派特」號是例外。此時，這支艦隊本身也成了一種負擔，因為從航空母艦上獲得的空中保護對類似擊沉「多塞特郡」號和「康沃爾」號那樣規模的反覆空中攻擊無濟於事。在大規模的空中或海面攻擊下，錫蘭各基地都不安全；阿杜環礁更是如此。

我們一致認為，「皇家」級戰鬥艦應盡快撤離危險區域。當我向第一海務大臣提出建議時，命令毫無爭議地被執行。海軍部還授權薩默維爾海軍上將將他的艦隊撤至兩千英里之外的東非。在那裡，艦隊至少可以掩護通往中東的重要航線。他本人將攜「沃斯派特」號和兩艘航空母艦繼續在印度洋活動，以保衛我們與印度和波斯灣之間的海上交通線。他計劃以孟買為基點展開行動。海軍部迅速批准了這些計畫。在此前幾天的危機中，

孟加拉灣形勢緊張

　　海軍部與我們保持了相同的立場。這些新部署立刻付諸實施。

　　此時引發了一陣陣恐慌。有時這種情緒甚至從高級指揮部擴散開來。關鍵問題在於錫蘭的防禦。我認為讓「沃斯派特」號與兩艘航空母艦從孟買撤走為時尚早，眼下留在孟買似乎更為安全。

首相致函伊斯梅將軍，轉交參謀長委員會

1942 年 4 月 14 日

　　我們必須竭盡全力，冒最大風險守護錫蘭。薩默維爾海軍上將暫時可在孟買駐紮。為何假定錫蘭與印度南部會迅速淪陷，而孟買也將不再安全？這樣的假設未免過於偏頗。務必告訴他，任何情況下都不可建議從錫蘭撤走參謀人員。

　　三軍參謀長批准將錫蘭發展為主要艦隊基地，並同意東方艦隊的快速艦隻駐紮於英屬東非海岸的基林迪尼。薩默維爾海軍上將兩週後也前往基林迪尼。此時，除了非洲海岸，印度洋的其他地區暫時全部撤出。

　　由於總統尚未回覆我在 4 月 7 日的電報，我再次向他重申了我的觀點。

前海軍人員致羅斯福總統

1942 年 4 月 15 日

　　1. 我必須再次強調印度洋的緊張局勢。這個局面源於以下事實：日軍自認為能夠動用其約三分之一的戰鬥艦隊以及一半的航空母艦，而如此龐大的兵力，我們在數個月內難以匹敵。結果顯然是：

　　（1）錫蘭淪陷。

　　（2）進攻印度東部。

　　這將對我們的整體戰爭計畫造成不可估量的深遠影響，例如加爾各答的淪陷，以及與緬甸和中國所有連繫的中斷。然而，這僅僅是開始。在我們能夠進行艦隊海戰之前，沒有理由不相信日本會在西印度洋占據主導地

位。如此一來，不僅我們通往中東和印度的運輸船隊會遭到阻礙，來自阿巴丹的石油供應也會被切斷——沒有石油，我們無法在印度洋區域內維持海上和陸地據點——這必然導致我方在中東的所有陣地崩潰。同時，通過波斯灣對俄國的供應也將被切斷。日本對我方施加如此大的壓力，我們實在難以承受。

2. 我們曾寄望於4月底時，美國太平洋艦隊能夠集結足夠的力量以收復珍珠港，進而對日本構成某種威脅，迫使他們不得不加以嚴肅考慮。然而，目前對於日本西進的舉動，似乎缺乏適當的遏制手段。不過，由於距離的原因，我們尚無法確定，即使美國作戰艦隊大規模地重新奪回珍珠港，是否必然能夠對日本海軍的最高決策層施加強大的壓力。我們也深刻理解你們在太平洋地區面臨的困境。

3. 若您覺察難以快速行動以迫使日軍在太平洋集結，那麼，似乎唯一能使我們脫離當前無窮災難的方法，就是在印度洋建立一支具備現代化主力艦與航空母艦的強大力量。

我亦請求空中支援。

4. 同時，確保印度擁有若干美國重型轟炸機亦至關重要。目前，當地僅有十四架，另有五十架已獲批准將至。然而，這些飛機上週均未能參與對日本海軍艦隻的攻擊行動。我們在不影響重新發動攻勢的情況下，已從利比亞調動了所有力量。我們正將一切適合東方作戰的飛機轉運至東方，但若無貴方援助，恐仍難以應對。總統先生，我懇請您作出必要的決策。

正如我所料，總統傾向於選擇空軍援助的方式。

總統致首相

1942年4月17日

我們目前正在並將繼續對緊迫需求進行研究。希望你能看到我們已經透過馬歇爾遞交給你審議關於我方空軍的建議。這將是讓飛機迅速抵達印

度的最快方式，儘管它們是以陸地為基地的飛機，但目前你們的艦隊仍需在其保護下行動。另一方面，這個計畫將極大地幫助防止日軍在錫蘭、馬德拉斯和加爾各答的登陸。換句話說，它們一定會改善印度戰區的整體軍事局勢。然而，此計畫涉及使用「突擊者」號作為運輸船，因此「突擊者」號就無法作為航空母艦使用。儘管我們沒有過分強調「突擊者」號的防水設備和結構的堅固性，它無疑是最適合作為渡船的。由於保密要求，太平洋艦隊的各項措施尚未詳細告訴你，但不久將會送達，你一定會認為這些措施是有效的。我充分意識到，我們目前在海軍方面的不足，就像吃麵包沒有奶油一樣，但我希望你能同意我的觀點，由於兩個兵種作戰的區別，是否需要在錫蘭地區集中一支主力艦隊和一支混合部隊，已經成為一個嚴重問題。由於上述原因以及我感到在未來幾週內更重要的是阻止日軍在印度或錫蘭登陸，我們傾向於更多考慮替換你方的本土艦隊，而不是參與印度洋的混合部隊。

　　我個人的看法是，貴方在印度洋的艦隊在近期內將獲得良好保護，不太可能捲入重大戰鬥。同時，可以依靠陸基飛機來阻止日軍運輸艦的行動。希望能獲悉你對空軍相關措施的看法。我們能夠立即執行這些措施。

　　我向韋維爾重申了我所能提供的所有保證。

首相致韋維爾將軍

1942 年 4 月 18 日

　　我們正全力在印度洋籌組一支強大的艦隊，迫使日本從主力艦隊中調出一支比原計畫更大的分遣艦隊。因此，我請求羅斯福總統將「北卡羅來納」號派往斯卡珀灣，與「華盛頓」號會合；這兩艘艦都是美國最新式的戰鬥艦。如此，「約克公爵」號便可替換，與「聲威」號一同駛向印度洋。由於「光輝」號將在五月加入薩默維爾的艦隊，「英勇」號也將在六月準備就緒，我們將在不久後於印度洋上擁有三艘快速主力艦及三艘我方最大的裝甲航空母艦。我們正努力增加航空母艦上的飛機。因此，在八到十週內，

薩默維爾的艦隊將不斷增強，成為一支強大的力量。特別是鑑於此情況，我們更有理由相信，美國的主力艦隊將更為活躍，成為日本人必須優先應付的目標。

然而，倘若在此期間錫蘭，尤其是可倫坡被攻陷，那麼海軍的調動將變得毫無意義。因此，必須將以高射炮和飛機護衛可倫坡視為緊迫任務，其重要性不亞於保衛加爾各答。至於錫蘭與加爾各答之間綿延的印度海岸線，在近期內無法為空軍提供擊退登陸攻擊或掩護海軍行動的支持。不過，你是否真的相信日軍會認為派遣四到五個師團橫掃馬德拉斯省是值得的呢？如此一來，他們所能獲得的利益又怎麼能與占領錫蘭或北上徹底擊敗蔣介石的成果相比呢？日本今年唯有占領中國，才能取得顯著成效。因此，我認為你在處理此問題時必須做出選擇。可倫坡的海軍基地以及透過加爾各答與中國的連繫是最為重要的。

我不得不指出，一旦中國崩潰，至少十五個日軍師團，甚至可能達到二十個師團，將會被解放出來。隨後，大規模入侵印度的可能性就變得真實可行。

事態的進展消除了我們對在孟加拉灣與印度洋上喪失（即便是暫時的）制海權的嚴重憂慮。事實上，我們已經逼近日軍向西擴張的極限。他們的海軍行動已經超出日本擴張政策的既定範圍。他們僅僅是在進行偷襲或佯攻罷了，並未認真計劃越過海洋侵犯印度南部或錫蘭。如果他們發現可倫坡毫無防備且缺乏空中防禦，當然會將試探性偵察轉變為一場大型戰鬥。他們有可能與英國艦隊交鋒，並導致英國艦隊遭遇慘重失敗，這並非不可能。如果這些事情真的發生了，那麼，他們的下一步行動將無可限制。由於好運與及時果斷，才避免了這種實力較量。他們在可倫坡遭遇的頑強抵抗，使他們相信，想進一步獲得的戰利品必須付出高昂代價才能獲取。他們在航空力量上遭受的損失，使他們意識到已經遇到勁敵。美國在太平洋上恢復的海軍力量是關鍵因素。除了一些潛艇的零星行動和偽裝的襲擊船

孟加拉灣形勢緊張

隻，日軍再也沒有在印度洋上出現過。他們如同來時那樣突然消失，留下一個敵對雙方都已經撤退的真空地帶。

我們自然不知，我們在印度洋的所有航線危險已經解除。我們仍認為，擁有制海權的敵軍會派遣大軍攻擊印度大陸。因此，我們的責任、焦慮與準備工作從未停歇。這些情況展現在大量請求東方空中增援上，而這種規模的增援將嚴重擾亂歐洲戰區的主要戰略計畫。

4月12日，韋維爾將軍在致三軍參謀長的電報中提到：

除非藉由認真的努力來滿足我未曾誇大我們不可或缺的需求，我必須提醒你，我們將永遠無法再行控制印度洋和孟加拉灣，並面臨失去印度的風險。我們曾經嘗試用不到二十架輕型轟炸機迎擊敵機，結果損失三艘重要的軍艦和其他一些軍艦，以及近十萬噸商船。此後，我們卻聽聞有二百餘架重型轟炸機攻擊一個德國城市的消息。想到這種情況，不禁令我們感到極度憤怒。

這種觀點自然會得到某些自治領人士的支持。

首相致自治領事務大臣

1942 年 4 月 16 日

目前，這些觀點無疑是廣泛流行的。大家都希望派遣轟炸機隊前往印度與中東。然而，已經無法做出任何決定性的改變。所有可能的措施都已經採取。如果你能去拜訪空軍參謀長，聽取他的意見，我會感到非常高興。這是一個複雜且細緻的問題。派遣幾個中隊的飛機過去，到了之後無所作為，這是毫無意義的。為了轟炸德國，我們已經在這裡建立了一座大型工廠，這是我們能夠援助俄國的唯一方式。然而，人們卻試圖從各方面破壞它。人們必須確信，除非在其他地方獲得適當比例的利益，我們不會在這裡削弱我們的力量。

我們從未偏離主要目標，並且，正如將來會證明的那樣，我們也未被阻止進行新的猛烈攻勢。這曾是一個令人不安的插曲，但已經成過去。從此刻起，我們變得更加堅強。

　　錫蘭的空戰帶來了重大戰略影響，這是我們當時未能預料到的。南雲海軍大將所率領的那支著名航母艦隊，曾在四個多月內毫髮無損地取得巨大破壞性成果，但在此次空戰中遭受了如此嚴重的損失，以至於三艘艦隻不得不返回日本進行重新裝備與補充。因此，一個月後，當日本對新幾內亞的摩斯比港發起攻擊時，只有兩艘航空母艦能夠參戰。後來在珊瑚海戰鬥中，如果這支艦隊得以全員出動，很可能在這場關鍵的遭遇戰中，改變戰局，令美國陷入不利境地。

孟加拉灣形勢緊張

艦船短缺的戰略危機

潛艇戰引發的緊張局勢常讓我們膽顫心驚,其他重大事件也無法轉移我們的注意力。1942年3月初,我致函羅斯福總統,討論策略性調配我們的船舶運輸能力與進口預算的關係。我強烈希望他能提供足夠的美國船隻,用以運送額外的兩師英國軍隊前往東方。由於東方戰場多且局勢多變,無法預見在這個廣大地區會發生何種情況,因此,我渴望獲得一些可以隨時調動的武裝力量。如果在5月或6月有兩個師通過好望角,這將為我提供一支極具策略優勢的機動後備隊,一旦埃及、波斯、印度或澳洲發生戰事,便可立刻支援。

前海軍人員致羅斯福總統

1942年3月4日

自從回國後,我一直密切關注船隻的狀況。這種狀況可能會嚴重限制我們1942年的整體努力。此問題涉及兩個主要方面。首先是軍事調動。你已知曉,我們正在調動大規模的部隊,包括一個由三個師組成的澳洲軍和英國第七十師正在從中東橫渡印度洋。為了填補中東的空缺,並對印度、錫蘭進行大量的陸、空增援,我們計劃在2月至5月間從聯合王國運送二十九萬五千人。一支載有四萬五千人的運輸船隊已經於2月啟程。另一支載有五萬人的船隊,包括第五師與七個中隊的飛機,將在3月啟航。還有兩支船隊,共載八萬五千人,也將在4月和5月先後出發。為了完成這項任務,我們動用了所有可用的載人船隻,並採取一切措施加速回航,以提升船隻的運載能力。即便如此,我們仍距離目標少了十一萬五千人。

鑑於此情形,我必須請求你的協助。

艦船短缺的戰略危機

　　我認為我們必須一致承認,「體育家」作戰計畫(英國由東方以及美國橫渡大西洋向法屬北非進行各種不同形式干預行動的計畫)在數個月內是絕對不可能實現的。鑑於這個原因,你是否能借給我們一些船舶,以便在未來緊急的四個月內將另外兩個師(約四萬人)以及必要的運輸車輛、大炮和裝備運往印度洋?這意味著我們希望能在4月與5月的前半月在聯合王國開始裝船。目前分配給「磁鐵」作戰計畫(把美國軍隊運到北愛爾蘭)的作戰裝載船大約可以為這個總數分載一萬人。這些船隻以及其他你能夠找到的任何船隻,已經可以把「磁鐵」作戰計畫中相當多的人員運到聯合王國了,其餘部分人員的調動,我們可以延後。

　　其次,我方掌控的貨運船舶,不僅需維持聯合王國持續不斷的重要進口物資,還必須向俄國輸送物資,並滿足東方軍隊日益增長的補給需求。不僅在英國,甚至在美國,也需從進口業務中調出部分船隻前往東方運送物資,因為美國協助運送物資的船隻中有不少已經轉而執行其他緊急任務。這些情況,以及遠東戰爭的其他影響,都會對我方的進口量產生極大影響。今年的前四個月中,我們預計進口量僅為七百二十五萬噸,而近期商船被擊沉的數字卻大幅增加。

　　也就是說,今年上半年我們的物資儲備將會減少,這種情況不能繼續下去,必須在接下來的幾個月中確實提高輸入率以彌補。我們曾對1942年期間所需的進口物資進行詳盡分析,以確保我方力量維持完整,並確保年底儲備的物資不會低於危險線;我們堅信,除油船運載噸位外,低於兩千六百萬噸是不合理的。如果我們的船隻沒有實質增加,這個目標肯定無法實現。若能告訴根據你們每月的造船計畫,在船隻逐漸增多的情況下,我們能在多大程度上期待對進口物資及從美國運往中東裝備的運輸提供援助,這將極大有助於我們的所有計畫。

翌日：

前海軍人員致羅斯福總統

1942 年 3 月 5 日

1. 回顧我曾經如何渴望並祈求美國參戰，自從去年 12 月 7 日以來發生的事情竟使英國的局勢如此惡化，實在難以置信。新加坡的失守成為歷史上最大的災難之一，其他的災禍也接連不斷地降臨。由於距離遙遠且船隻不足，你們強大的力量只能緩慢地發揮作用。日本的侵略範圍難以確定。儘管 1943 年和 1944 年可能會完全翻轉，但目前必須付出艱鉅的代價。整個地中海東岸至裏海前線，現在完全依賴俄國軍隊的成敗。今年春季德國對俄國的攻勢，我擔心將會非常強大。馬爾他的危險正在不斷增加，大量增援隆美爾的軍隊已經抵達的黎波里，並正在前往昔蘭尼加。

2. 自從我們上次會談以來，我仍未能全面掌握美國陸、海、空軍對日本作戰的計畫。我期望太平洋的海軍優勢能在 5 月分恢復，以持續分散敵方注意力。我們計劃在 3 月中旬於印度洋部署兩艘最新式航空母艦與「沃斯派特」號共同作戰，除去四艘已經更新的「拉米伊」級戰鬥艦外，並在 4 月由三艘航空母艦增援，5 月則有「英勇」號加入。這支艦隊將擁有四艘新型及若干舊式巡洋艦，以及約二十艘驅逐艦，錫蘭將為其基地。在新加坡失陷後，錫蘭目前被視為至關重要的據點。除非大部分日本艦隊從你方戰區調來，否則我方在錫蘭的艦隊應能阻止從海上對印度的進攻；因此，我再次希望日益壯大的美國海軍能採取行動，避免此種情況發生。

3. 我們預計相當數量的荷蘭潛艇將成功抵達錫蘭，與我們從地中海調動過來僅有的兩艘潛艇一起，應該能夠有效監控馬六甲海峽。根據我們掌握的消息，你方來自美、英、荷、澳戰區的潛艇將以弗里曼特爾為基地，任務是巡邏巽他海峽以及荷屬群島的其他出口。任何日本艦隻進入印度洋，我們不僅要密切關注，還應給予重創。接下來的兩週將是錫蘭最危險的時期，但到三月底，雖然不能完全保證安全，但局勢應該能夠穩定下來。

艦船短缺的戰略危機

4. 由於「提爾皮茨」號與「舍爾」號停泊在特隆赫姆，我們的北方艦隊不僅需要監控北方航道，還必須保護俄國的運輸船隊。然而，由於「沙恩霍斯特」號、「格奈森諾」號和「歐根親王」號已經失去戰鬥能力，並且我們認為「歐根親王」號受損嚴重，緊張局勢暫時得以緩和；我們因此抓住這個機會為「羅德尼」號進行重新裝配。「羅德尼」號與「納爾遜」號將在5月能夠投入戰鬥，但「安森」號則要等到8月才能參戰。

5. 如果能從你那裡獲得一份關於美國空軍部署與計畫的簡要報告，我將感到非常高興。在爪哇，我們遭受了重大傷亡，我對「蘭利」號不幸沉沒深感惋惜。尤其是，我很想了解你從中國或阿留申群島出擊的計畫進展如何？同時，我們也希望駐紮在印度東北部的美國轟炸機能夠對泰國和越南的敵人基地發起大規模襲擊。

6. 你將會了解到我們期望為地中海東岸至裏海前線集結的軍隊所發生的情況，以及他們幾乎全部撤至印度和澳洲的過程，並且你會立即明白，若俄國在高加索地區的防禦失敗，我們的處境將會多麼艱難。如果你能向紐西蘭提供一個美國師的支援，而無需將駐紮在巴勒斯坦的紐西蘭師調回，這將無疑是一項重大的支持。同樣的策略也適用於駐紮在中東的最後一個澳洲師。當澳洲和紐西蘭因最精銳的部隊遠在國外，而由美國增援澳洲與紐西蘭，不將這些部隊從中東調回，這樣將節省船隻，並確保安全時，人們會同意這種自然的迫切要求。我已經準備允許「磁鐵」作戰計畫的延遲執行，以便於你對大洋洲增加援助。最後，美國主要海軍力量應增加對澳、紐地區的保護，這似乎極其重要，因為只有這樣才能滿足那邊政府的正當急迫要求，並確保我們反攻的重要基地。

7. 所有事務皆圍繞船舶展開。我曾另發電報給你，詳述1942年大不列顛的進口計畫。該計畫明確指出在第三、第四季度中將需要大量分配美國新建造的船舶噸位。然而，當前至關重要的是為運送軍隊準備的噸位。據悉，我們目前運送的總人數為二十八萬，但其中至少有一半的噸位在長途跋涉後返航時為空船。你方可運送九萬人，但據稱，到1943年夏季，

美國只能再增加九萬人的運力，這讓我極為震驚。若此狀況未能改善，我們在1944年前將無力扭轉局勢，戰爭拖延將帶來無窮無盡的危險。若立即下令，美國的運力到1943年夏季定能增至兩倍或三倍。我們在二十八萬人的基礎上已經無能為力，特別是近期此類船舶損失慘重。若你能在此事上為我解憂，我將不勝感激。關於「體育家」作戰計畫的需求，我完全同意你的看法，但由於奧金萊克遭遇的挫折及船舶極度短缺，計畫勢必長期延後。

8. 我們的船隊每月向東方運送四萬至五萬人。鑑於印度戰區對陸軍維持和空軍及高射炮部隊加強的需求，目前三月至五月的運輸船隊無法運載超過三個師的軍隊，並且這些船隊的到達將各自延遲兩個月。在我看來，所有這些軍隊用於保衛印度可能是必要的，除了我在第五節中提到的關於橫越裏海前線的建議外，我無法做出其他任何準備，而這一切都是既定的。

9. 我想重提我們會面時我向你提到的議題。日本正在將其力量分散至多個脆弱的據點，並試圖透過海、空軍的保護來連結這些據點。我們了解到，這種分散的策略在不斷擴大，已經引起了東京方面的擔憂。若未經過技術和戰術上的長期準備，任何行動都無法大規模展開。你告訴我計劃在加州海岸組織大規模突擊隊時，我意識到你抓住了關鍵。一旦幾支精銳部隊準備就緒，任何一支都可以對日本控制的某個基地或島嶼發動襲擊，給予守軍毀滅性的打擊，這會使他們所有的島嶼變得岌岌可危。甚至在今年1942年，可以製造一些強而有力的例子，引發日本的混亂，迫使其抽調更多人力和資源來加強其他據點。

10. 然而，從實際角度來看，如果現在就已經規劃在加州沿海地區為1943年向日本發起嚴肅攻擊而準備船隻、登陸艇、飛機、遠征師等，這才是我們應遵循的正確策略。另外，美國的力量已經達到了這樣的水準，這支西方作戰部隊可以完全部署在你方的太平洋沿岸，而不會影響我們曾討論過橫渡大西洋打擊希特勒的計畫。在未來的較長時間內，你的難題似乎

艦船短缺的戰略危機

在於將軍隊投入作戰，缺乏船舶是進行戰鬥的致命障礙。

在3月8日，我收到總統的全面回覆，這是參謀長聯席會議經過長時間研究後的結果。他表示：「自從收到你3月4日的電報後，我們持續召開會議進行研究。我們充分意識到你們在印度洋面臨問題的重要性，對此我們同樣關切，就如同我們在太平洋面臨的問題，尤其是在承擔起澳洲與紐西蘭防衛責任之後。」他指出，美國在澳、紐地區及美、英、荷、澳戰區已經部署了太平洋艦隊的大部分力量。日本正巧妙地調整其兵力，擴展其影響力。日本的攻擊能力依然強大，目前的太平洋局勢極為嚴峻。將運輸船隻借給英國以便進一步向印度調遣軍隊，這將大幅減少美國在其他地區發動攻勢的可能性。不過，如果澳洲與紐西蘭的兩師軍隊被其政府留在中東，並隨時可調往印度，美國準備在已經命令前往澳洲和新喀里多尼亞的兩個師之外，再增派兩個師，一個前往澳洲，另一個前往紐西蘭，這樣，美國在大洋洲的駐軍將達到九萬人。然而，這將暫時減少通過紅海向英國運送租借法案物資的船隻數量。一切將取決於澳、紐軍團的兩個師是否留在中東。除此之外，再無有效利用船隻的方法。

此外，總統已經批准了我提出的關鍵請求。他將提供船隻，將我們兩支師的部隊和裝備從英國運往好望角。首批運輸隊預計在4月26日啟程，其餘的將在5月6日左右出發。這項請求附帶一些重要條件，日後我們可以了解，提前準備是多麼有益啊！總統表示：提供這些船隻的前提是，在使用期間必須接受以下條件：

（1）禁止實施「體育家」作戰計畫（干涉法屬北非）。

（2）派遣至英倫三島的美國軍隊，其運輸將僅限於從美國起航的船隻。

（3）無法執行對冰島的直接調動。

（4）在四月和五月期間，必須從緬甸到紅海的航線上抽調出十一艘貨船。這些船舶的任務是運送租借法案提供的物資至英國和中東地區。

（5）1942年，美國對德國的空中攻擊任務應略微減少；對歐洲大陸的地面作戰任務則需大幅削減。最關鍵的是，運送這兩個英國師的船隻在完成任務後須立刻歸還。

我對此感到非常滿意。我的首要理念之一始終是，為了實現主要目標，必須盡可能留有餘地，尤其是在戰爭時期。總統借給我額外的運輸船，使我能再次經由好望角運送幾個師團，正是這個原則的展現。

總統及其顧問就我們聯合運載軍隊的能力提供了一些資料。隨著我們對此事的進一步討論，這些資料應被銘記。據總統所述，現行的造船計畫似乎已經達到了可能實現的極限，直到1944年6月前無法再增加。

我們目前正在建造的運兵船將能夠運輸225,250人。據悉，英國無意增加其運兵船的總數。懸掛美國國旗的船舶現可運輸的軍隊總數約為130,000人。1942年因改造增加的運力，預計至少可多運35,000人。至1943年6月，新建船隻將使載運人數增加40,000；到1943年12月，將再增100,000；至1944年6月，額外增加95,000。因此，不考慮損失，到1944年6月，美國船隻的軍隊運輸總量將達到400,000人。

上述情勢確立了英、美的策略方針。

隨後，他詳細闡述了1942年底美國空軍的暫定部署情況。

總統進一步指出，若在1942年計劃對德國的軍事力量與資源發起進攻，那麼這支部隊盡量駐紮在聯合王國是必要的。此部隊包含先前為「體育家」和「磁鐵」戰役計畫準備的兵力。

他於結尾處寫道：

親自向你披露我方所有軍事部署的詳細情況，我並非質疑你親信顧問的可信度。然而，我請你務必嚴格限制資料的進一步傳播。

星期日，我會提供一份關於戰區責任簡化的個人建議。

艦船短缺的戰略危機

　　此刻或許是個緊要關頭，但務必銘記，這段時期並不比你曾經平安度過的那些日子更糟。

　　我完全同意這些觀點，並回覆如下：

前海軍人員致羅斯福總統

1942 年 3 月 9 日

　　感激您對我建議的迅速和慷慨回應。我方參謀部正在評估新局勢，不久將透過電報通知。

　　此時，總統再次發送了一份私人電報，涉及指揮權和責任範圍等複雜問題；這些問題最終得到了圓滿解決。他表示：「我在週六晚上發給你的電報，與參謀長聯合委員會的整體意見一致，你應能從電報中領會到這一點。我之所以發送這份純屬個人觀點的電報，是希望你能理解我的思維過程。」隨即他繼續寫道：

　　自從我們在 1 月的會談以來，當時針對西南太平洋地區所實施的卓越部署，如今已大多陳舊過時。

　　因此，我希望您能審慎評估以下軍事行動的簡化策略：

　　1. 美國承接太平洋地區所有軍事行動的責任。該地區的海、陸、空軍作戰決策由美國三軍參謀長在華盛頓制定，並將在華盛頓設立一個作戰問題顧問委員會，成員包括澳洲、紐西蘭、印尼群島（荷蘭）和中國，由一位美國人擔任主席。加拿大也可以參與。目前在倫敦的太平洋作戰委員會應遷至此地；儘管在政治問題上，你可能認為太平洋作戰委員會最好留在倫敦，但其軍事行動部分的職責，包括補給，應該在這裡執行。太平洋地區的最高指揮官應由美國人擔任。澳洲大陸的作戰指揮由澳洲人負責。紐西蘭的作戰指揮將由紐西蘭人負責。中國的軍事行動由蔣介石指揮。如果未來的攻勢能夠從日本人手中奪回印尼群島，該地區的作戰指揮應交由荷蘭人。

根據此安排，直接的戰略軍事行動應由華盛頓及在美軍參謀長監控下的美國太平洋地區最高指揮官決定。重新進行攻勢的策略也將透過類似方式確定。這包括從南方主要基地向西北推進，以及從中國、阿留申群島或西伯利亞等基地對日本本土發起進攻。我方將承擔明確責任，這樣英國在此區域內，除了盡可能在物質方面補充我們的力量外，便無其他任務。

2. 中部地區，從新加坡起延伸至包括印度、印度洋、波斯灣、紅海、利比亞及地中海地區，將由英國直接負責。此區域內的所有軍事行動問題由你方決策；但需理解，由於澳洲和紐西蘭將大力支援印度和近東，所有事務應盡量與這兩國政府協商。我們將繼續調撥一切可能的軍火和船隻支持此方行動。毋庸置疑，這是以暫時擱置「體育家」作戰計畫為前提的。

此外，還有一個至關重要的第 3 個方面。

3. 我對於今夏在歐洲大陸展開新戰線的興趣越發濃厚；當然，這裡所指的是空襲和突擊。根據船舶和補給的狀況來看，由於最大的距離約為三千英里，我們的參與是相當容易的。儘管損失必然會很大，但至少這些損失會讓德國遭受同等的損失，並迫使德國從俄國前線調出大量部隊以作補防。

此外，依據該計畫，冰島與「磁鐵」作戰計畫（運輸美軍至北愛爾蘭），由於對敵方的攻勢集中於歐洲大陸，因此將退居次要地位。

這無疑是嘗試將所有可行的援助運送至俄國。

船舶問題迅速成為我們戰略中的關鍵障礙與唯一支柱。由於日本的參戰，英、美軍事力量幾乎完全依賴於新造船舶來彌補我們損失的艦隻。1942 年前六個月內，英國和盟國的船隻被擊沉的數量相當於 1941 年全年的總和，並且超過盟國全部造船計畫約三百萬噸。同時，美國陸、海軍的需求也大幅增加。然而，到 3 月時，美國下一年度的造船計畫已經增至一千二百萬噸。1942 年 5 月，美國藉由新船的建造補償了本國當前的損

艦船短缺的戰略危機

失。對於盟國整體而言，直到 8 月底才達到這個目標。再過一年，我們才能完全彌補早期的損失。儘管美國的負擔日益加重，我們仍保留近三百萬噸的美國貨船與油船在我們的隊伍中。即便美國做出了如此慷慨的決定，仍無法彌補英國海軍商船隊不斷增加的損失。

隨著形勢的演變，人們將目睹新機遇如何呈現；新增的職責如何施加於英語世界這兩個強大的海軍國家，以及這些職責將以何種難以預測的方式被執行。整體局勢因美國在太平洋上首次對日海戰的勝利而趨於光明，而所有的海運難題最終經由美國驚人的商船建造數量得以解決。在這些焦慮的日子裡，我與總統之間的通訊展現了我們之間的密切合作。

親愛的溫斯頓

1942 年 3 月 18 日

我相信你很清楚，在過去一個月中，我對你的困境思考了許久。我們還是需要承認軍事方面的艱難挑戰；然而，你那令人愉悅的不成文憲法帶來了額外的困難，使得你的政府形式在戰爭與和平時期沒有變化。坦白說，美國的成文憲法，因為設置了四年一任的制度，反而使身處高位的官員免去了諸多煩惱。

其次，便是我們共同尊崇的偶像——「新聞自由」。我們當中沒有人因為那些新聞故事而感到困擾，而這些新聞故事總體來說並不算差。然而，實際上，我們都被少數幾位先生所謂解釋性的評論所威脅。在如此危急的時刻，他們的腦海中仍未能擺脫所謂的政治，他們既缺乏背景材料，又無相對該具備知識，卻試圖在此基礎上引導輿論。

我們自己的報紙——所有報紙中最糟糕的——總是對國內一些無關緊要的問題誇大其辭，並巧妙地暗示美國的使命僅限於保衛夏威夷；我們的東、西海岸如同烏龜般行動遲緩，只等著敵人打到我們本土的海岸上來。這些孤立主義者的殘餘分子實在是離奇，他們並未對我個人進行攻

擊，只是一味地說我的負擔太重，或者說我是自己的策略家，沒有聽取海軍或陸軍的建議就展開軍事行動。這些都是你早已熟悉的陳詞濫調。

以下是我這位非專業戰略家的見解。再去考慮新加坡和印尼群島的問題，已經沒有意義了，它們已經淪陷。澳洲必須堅守，正如我在電報中所表達的，我們雙方都願意承擔這項責任。印度必須堅守，你們必須做到；然而，坦率地說，我對這個問題並不像其他一些人那樣憂慮。日本人可能在緬甸西部海岸登陸，他們或許會轟炸加爾各答。但我難以想像，他們能集結的軍隊，除了在邊界上少數幾個地方取得些許進展以外，還能有更大動作——不過，我認為你們能夠守住錫蘭。我希望你們能派遣更多潛艇到那裡——它們比一支次等的水面艦隊更為有用。我希望你們對近東的增援確實要比現在更多。你們必須守住埃及、運河、敘利亞、伊朗以及通往高加索的道路。

最終，我預期將在幾天內提供給你一份更為詳細的歐洲大陸聯合攻擊計畫。

當你收到這封信時，你將會收到我與李維諾夫會談的通知；我期望不久後能得到史達林的回應。當我非常直接地告訴你，我個人比你的外交部和我的國務院更能有效地應付史達林時，我相信你不會介意。史達林對你的所有高級官員都極為反感。他似乎對我更為青睞，我也希望這種情況能持續下去。

美國海軍在這次沿海潛艇戰的準備上確實表現遲緩。我無需提醒你，過去許多海軍軍官對小於兩千噸的艦艇毫無興趣。兩年前，你已經接受了教訓，而我們現在仍需領悟。預計到 5 月 1 日，我們將擁有一支出色的海岸巡邏隊，負責從紐芬蘭到佛羅里達以及通往西印度群島的海域巡邏。我透過各種方式如請求、借用、甚至獲取，收集了超過八十英尺長的各類船隻，並成立了一個獨立指揮部，由安德魯斯海軍上將統領。

我確信你會維持你的樂觀和充沛的精力，並且我也明白，即便我建議

艦船短缺的戰略危機

你向我學習,你也不會介意;每個月,我有四天會去海德公園,這讓我彷彿鑽入一個洞中,並將其封閉,除非有重大事件發生,否則我不接電話。希望你也可以嘗試,並且希望你能砌幾塊磚或再畫一幅畫。

請代我向邱吉爾夫人致以誠摯的問候。我與內人都期盼能與她再次相見。

你的好友

富蘭克林・羅斯福

附:懷南特在此。我深信他確實是個極通事理的人。

我以相同的語氣回應。

前海軍人員致羅斯福總統

1942 年 4 月 1 日

1. 我十分欣然收到了你 3 月 18 日的來信。你對我的事務和個人狀況的關心,令我深感謝意。我們這邊的局勢一直相當穩定,然而,對於議會和媒體中那些好事之徒而言,除了對每個人的工作挑剔和製造麻煩外,自然無事可做。我很難忘懷新加坡,希望不久我們就能奪回它。

2. 迪基・蒙巴頓在聖納澤爾的表現,雖然規模不大,卻激動人心。數週前,我已經任命他為海軍中將、陸軍中將和空軍中將,並指派他擔任參謀長委員會的聯合作戰部司令官,作為你個人的親信。他享有同等的地位,參與討論與他相關的事務或戰爭的全面指揮任務。在你提到的聯合攻擊歐洲行動中,他也將扮演核心角色。我正期待你的計畫送達。我們這邊對計畫和準備都在認真進行中。

3. 作為一名業餘戰略家對另一位業餘戰略家的建議來說,我認為日本在緬甸向北推進是最明智的策略。他們可能會嘗試通過緬甸北部進入中國並摧毀它。日本可能對印度進行騷擾,但我不認為會有大規模的入侵。我們每月向東方派遣四萬到五萬人。當他們繞過好望角後,可以分別前往蘇

伊士、巴斯拉、孟買、錫蘭或澳洲。我已經告訴科廷，如果他遭遇嚴重攻擊——比如六到八個師的敵軍——英國一定會提供援助。當然，這種援助將以犧牲其他戰場的緊迫需求為代價。我希望你繼續給予澳洲一切可能的支持，以便我能夠成功防衛埃及、地中海東岸和印度。這些防禦任務將極為艱鉅。

4. 我們無法再從地中海派遣任何潛艇前往印度洋，雖然那裡僅有兩艘英國潛艇和四艘荷蘭潛艇。然而，我們在錫蘭的軍事力量較為強大，駐有裝備精良的守軍、「旋風」式戰鬥機、魚雷轟炸機和雷達，並且高射炮火力強勁。薩默維爾海軍上將的艦隊實力顯著增強，當戰事爆發時，他可能有勝利的機會。此時「鐵甲艦」作戰計畫（防衛馬達加斯加）正在進行，該計畫與迪基密切相關。總之，我期望印度洋的形勢能很快好轉，使得日本人在此地失去取勝的機會。

5. 顯然，關鍵在於讓日本人對其廣泛的征服感到不安，並阻止他們集結軍隊進行更大規模的遠征。對於你所計劃加州突擊隊的進展，我將非常樂見其成。我聽聞多諾萬正在訓練他們。

6. 目前，一切取決於俄、德間的大規模戰爭。德國的大規模攻勢似乎要等到5月中旬或6月初才會展開。我們將竭盡全力援助俄國，並努力減輕他們的壓力。必須確保每支運輸船隊都能順利抵達莫曼斯克，史達林對我們交付的物資表示滿意。6月之後，應交付的物資將達到50%，但由於船隻短缺和即將展開的新戰役，這個任務將極具挑戰性。只有惡劣的天氣才能阻止我們持續對德國進行猛烈轟炸。我們新的轟炸策略取得了極大成功。埃森、科隆，尤其是呂貝克，遭受了與考文垂相同規模的轟炸。當希特勒與熊搏鬥時，我們對其後方的轟炸至關重要，我深信整個夏季必須堅持不懈地進行。任何能增強我們攻擊力量的支援物資都極其寶貴。在馬爾他，我們經過激烈戰鬥，牽制了六、七百架德國和義大利的飛機。我尚未確定這些飛機何時會被調往俄國南部前線。然而，謠言四起，普遍傳言本

月內馬爾他可能遭到空降部隊的攻擊。

7. 史達林表示，他預見德國會對他使用毒氣，我已經向他保證，我們會將這種暴行視作對我們的攻擊，並給予無限制的報復。此事對我們來說易如反掌。根據他的要求，我建議在本月底前公布此事，並利用這段時間完成我們的預防措施。請勿將上述內容告訴他人。

8. 雖然歸來後，我感受到戰爭的壓力有所增加，但就個人而言，我的健康狀況依然良好。我和妻子一起向你和羅斯福夫人致以最誠摯的祝福。等到氣候好轉，也許我會前來與你共度週末。我們有許多問題需要解決，面對面交談更為妥當。

印度局勢與克里普斯

在這場全球衝突中，沒有哪個國家像印度那樣，其民眾得到了如此周全的保護，免受戰爭的摧殘。這一切都在我們這個小島的肩負下得以實現。駐印度的英國官員在遇到分歧時，總是將印度的利益置於他們本身利益之上。他們一直認為，這關乎英國的聲譽。當戰爭預計將在歐洲全面展開時，我們與印度達成了一項協定。協定規定，維護印度所需的一切物資與資金費用都記在我們的帳上。在印度的合約是按照極高的匯率簽訂的，而我們的債務又被以貶值的盧比按戰前匯率折算成所謂的「英鎊餘額」。因此，這種「英鎊餘額」，即英國欠印度的債務，持續增加。為了確保印度不遭受其他國家所經歷的侵略之苦，我們既未細查，也未細算，每日承擔的印度防衛費用高達約一百萬鎊。在這場戰爭中，我們忍受了所有的艱難困苦，但印度人卻得以倖免，而在戰爭結束後，我們欠下的債務竟與第一次世界大戰後我們對美國的債務相當。因此，我提出這些問題急待解決，並宣告對於因承擔印度防衛費用而產生的所謂債務，我們保留提出反要求的權利。我也已經將這個觀點告訴總督。

上述內容僅為背景說明。在此背景下，印度軍隊展現出的卓越英勇和戰鬥力，在中東的戰役中、保衛埃及、解放衣索比亞以及義大利的戰鬥中均發揮了重要作用。他們與英軍攜手合作，成功將日軍驅逐出緬甸，戰果顯赫。印度陸軍對英王陛下的忠誠，印度王公對條約的堅定信守，以及印度教徒和穆斯林官兵的無畏英勇，將被歷史銘記。英國政府在印度竭盡全力建立龐大的印度陸軍，但印度的國大黨和穆斯林聯盟要麼全力反對，要麼袖手旁觀。儘管如此，仍有約二百五十萬印度人自願參軍；到 1942 年

印度局勢與克里普斯

時,印度陸軍已經擴充至一百萬人,每月有五萬人自願參軍。雖然當時的龐大印度陸軍計畫在全球戰爭背景下被視為不當,但印度人民的響應和士兵的表現,成為印度帝國歷史上輝煌的重要篇章。

當日本在亞洲向西擴張時,印度的局勢也隨之惡化到令人不安的地步。珍珠港事件的消息讓我們措手不及,香港的淪陷削弱了我們的威信。印度次大陸的安全如今直接面臨威脅。日本海軍似乎能無阻礙地進入孟加拉灣。在英國統治下的印度,首次面臨來自亞洲強國的大規模入侵威脅。於是,印度政界潛在的緊張局勢開始顯露。然而,一小部分由蘇巴斯‧鮑斯領導的極端分子竟直接參與顛覆政府的活動,並期望軸心國獲勝。然而,堅定支持甘地的那一批立場明確的有力人士,認為印度在這場世界大戰中應保持消極和中立。隨著日軍的推進,這些悲觀論調開始傳播。有人提議,若印度擺脫與英國的連繫,日本可能就沒有侵略動機。印度的危險可能僅是因為與英國的關係。如果這種關係能斷絕,印度便可獲得如愛爾蘭般的地位。因此,這些具有說服力的論點開始傳播。

由於日本的威脅,國大黨的態度越來越惡劣。1942年2月,蔣介石夫婦訪問印度,這個情形表現得尤為明顯。他們此行的目的在喚起印度人的抗日意識,並強調擊敗日本對整個亞洲,尤其是對中國與印度的意義。印度政黨領袖藉此機會,透過蔣介石向英國施壓,試圖迫使英國屈從於國大黨的要求。

戰時內閣無法接受一位外國領導人以公正調解者的身分,在英國皇室代表與印度的甘地和尼赫魯先生之間進行干涉。為此,我致函蔣介石:

1942年2月12日

我們內閣成員認為,您提議前往瓦爾達訪問甘地先生一事,可能會對我們在全印度推動團結抗日的目標造成阻礙。這或許將會導致意想不到的後果,在團結至關重要的時刻,反而突顯了部族之間的分歧。因此,我斗

膽請求您，不要推動與總督和英王意願相悖的事宜。我充滿期待地希望，英國、印度及大英帝國其他軍隊能與英勇抵禦日本侵略的中國軍隊進一步加強合作。

蔣介石最終聽從了我們的安排，而在總督的聰明協助下，這次不合時宜的訪問得以平安度過，未帶來不利影響。

1942年2月15日，新加坡淪陷，印度的政界和媒體反映出印度教徒與穆斯林之間日益加劇的衝突。為了建立某種聯合陣線，部分國大黨領袖提出承認印度主權地位和成立全印國民政府的建議。內閣對這些問題進行了詳細審議，因此，印度事務部與總督之間按慣例有大量文件往來。我向總督發出一份私人電文，闡述我對印度自治政府的看法。對於這件事情，我自然有一定的關聯。幾乎我所有的同事都認為，戰後必須以極其莊重的方式賦予印度人民自治領地位。

首相致印度總督

1942年2月16日

我個人認為，印度的各個群體──包括印度教徒、穆斯林、錫克教徒和賤民等──應當推選出他們最傑出的領導者參與議會等相關機構。然而，當地人士可能提出的最佳選舉原則，最終卻可能將整個議會的控制權交給國大黨的決策者。這與我的初衷相去甚遠。

藉由讓各大公眾團體與種族自行推出頂尖領袖加入議會，這種策略，無論在當時或未來，都是我應當遵循的，因為可以避免僅與黨派政客交涉。

2月25日，我召集了一些部長研究印度的日常情況，並向戰時內閣提供建議。每位出席的部長都對印度有直接的了解，會議由艾德禮先生和大法官西蒙勛爵主持，他們都是1930年西蒙調查團的成員。斯塔福德‧克里普斯勛爵對印度政治瞭如指掌，並與甘地和尼赫魯關係密切。樞密院

院長約翰・安德森勳爵曾在孟加拉省擔任省長五年。國防大臣詹姆士・葛利格爵士曾任總督府執行委員會經濟委員。印度事務大臣艾默里先生是委員會中唯一的保守黨成員，其他人均為工黨、自由黨或無黨派人士。我保留在必要時參與的權利。委員會的觀點通常與我的一致，因此，我未必要親自出席他們的會議。戰時內閣對委員會給予充分信任，並大多採納其建議。在如此順利的情況下，我們制定了解決困難的方案。儘管如此，我還是與戰時內閣以外的非內閣大臣進行磋商。

首相致愛德華・布里奇斯爵士

1942 年 2 月 28 日

戰時內閣定於星期二中午討論印度問題。隨後的決定由於其重要性，需與全體非內閣大臣及可能的部次長們協商。此外，因帝國權益受到明顯影響，必須盡快獲得國王的同意。你應立即通知印度委員會此事。

我對草案印象良好，但必須避免分裂的風險。我需要了解多數人的反應，而非僅限於當前少數人的意見。

隨著日本在亞洲的軍事行動向西擴張，美國對印度事務的直接興趣日益增加。美國對全球戰爭策略的關注讓他們接觸到一些政治問題，在這些問題上，他們雖然立場強硬，但缺乏經驗。在珍珠港事件之前，印度被視為大英帝國一個令人遺憾的「模範」，但同時也被認為是英國獨有的負擔。如今，隨著日本逼近印度邊境，美國政府開始對印度事務發表意見，並提供建議。對於一個單一民族的國家來說，他們在種族問題上通常持有寬容和高尚的看法。同樣，作為一個沒有海外殖民地的國家，他們對擁有殖民地國家的事務持有一種極其高尚而超然的態度。

1941 年 11 月，我在華盛頓訪問期間，總統首次依照美國的既定政策與我探討印度問題。我的反應非常激烈，以致他再也未曾在言語上提及此事。隨後，到了 1942 年 2 月底，他指示艾夫里爾・哈里曼試探我對英國

政府與印度政治領袖達成和解的可能性。我告訴哈里曼，我正準備致電總統。該電於 3 月 4 日發出。

前海軍人員致羅斯福總統

1942 年 3 月 4 日

我們正嚴肅地評估，是否在這個危急時刻宣布在戰後給予自治領地位，如果有請求的話，應該包含退出英聯邦的權利。無論如何，我們絕對不能與穆斯林分裂，因為他們代表著一億人口，並且是當前戰鬥中我們必須依賴的陸軍主要來源。同時，我們還必須考慮對三、四千萬賤民的責任，以及我們與各王公土邦的條約，他們的人數約有八千萬。當然，我們不希望在日本可能入侵的前夕將印度推向混亂的深淵。

美國對印度教徒的態度極為熟悉。我認為應該讓他們了解穆斯林方面的一些情況。因此，當天我將所有來自關於印度形勢的報告交給了總統。以下摘錄展示了要點。第一件是來自穆斯林聯盟主席真納先生的報告。

薩普魯會議由少數人召集，卻毫無追隨者，充當了國大黨的偵察員與警戒角色。會議提出了一些不切實際、巧妙而具誤導性的建議，若英國被此誘惑，將犧牲穆斯林印度，特別對戰爭的付出將帶來極為不利的後果。薩普魯的建議實質上是將所有權力移交給印度教徒主導的全印度政府，這等於是立即對具有深遠影響的憲法問題做出決定，違背了英國政府在 1940 年 8 月 8 日宣言中給予穆斯林及其他少數派的承諾。該宣言保證未經穆斯林同意，不會對憲法進行臨時或決定性修改，也不會強迫穆斯林接受不認可的政府。薩普魯的建議以印度成為統一國家為基礎，提出重大修改，損害了穆斯林對巴基斯坦的堅定要求。穆斯林的情緒極度不安，局勢緊張。他們請求英國政府若計劃對憲法進行任何重大變動，應宣布接受巴基斯坦計畫，以贏得自由平等的穆斯林夥伴。

「巴基斯坦」象徵著穆斯林擁有獨立的領土和政府，其後果便是印度

的分裂，這個重大變革的挑戰如今終於來臨，其代價是近五十萬人的生命和上千萬人的遷徙。在戰爭威脅迫在眉睫的情況下，這種變化絕不可能實現。

第二份報告由菲羅茲汗・努恩爵士呈上。他是總督府執行委員會中的一位穆斯林成員。他多次以有力的言辭反對真納先生所力推的印度教徒解決方案。他總結說：

我感到有義務提醒英王陛下的政府，若他們因屈服於印度境內反英勢力的威脅而違背此前的承諾，印度將面臨巨大的風險。大英帝國一貫聲稱，它信任的是全體印度人民，而不僅僅是印度國大黨；這樣的行為無異於自我否定。我希望陛下的政府堅持履行保護全體印度人民利益的責任，不因外界對大英聯邦持不同意見的壓力而動搖。

第三份報告由印度事務大臣的軍事顧問提供，包含以下關於印度陸軍的情報：

印度陸軍的招募並非按照省界進行地理上的劃分。大量穆斯林來自西北邊省和旁遮普，但拉傑普塔納、中央省、聯合省、比哈爾及馬德拉斯等地也有貢獻。除錫克人外，許多尚武的印度人（如多格拉人、查特人）主要來自旁遮普。來自尼泊爾的廓爾喀人則構成一個重要的獨立組成部分。每一階層的特有反映，只有在宣言公布後了解受歡迎的程度才能預估，不過，目前對陸軍的整體影響是可以預見的。

印度士兵全為自願的僱傭兵（他們也被稱為志願兵）。他們為薪水與養家而戰，並期望獲得獎勵、感激、撫卹金以及可能的土地授予。更重要的是，其中一些人具有尚武傳統，對他們的職業感到自豪，領導層對英國軍官個人忠誠，並普遍效忠於英王。任何關於服役條件或權威的根本性改變跡象，不論影響他們的物質利益，還是作為大英帝國士兵的信念，都會立即引發不安。

3月7日，我再度撥通羅斯福總統的電話：

前海軍人員致羅斯福總統

1942年3月7日

依照慣例我提供你關於我們近期對印度政策的承諾，現在寄上旁遮普省長的來電。此觀點並非該問題的唯一看法。然而，當敵人逼近國境，而旁遮普人又在印度的戰鬥部隊中貢獻了一半兵力時，這顯得尤為關鍵。我們繼續尋求折中且振奮人心的解決方案。然而，我需要極大的謹慎，以免在此緊張時刻引發英國政界的混亂。

省長撰文：

若立刻宣布印度將來某日可脫離大英帝國，就旁遮普的影響，我的觀點如下：占多數的穆斯林領導人堅決認為，英國在未制定出穆斯林印度的憲法前，必須繼續維持局勢。他們已經對印度教徒的親日立場感到疑慮，按現行計畫制定的憲法將權力交予印度教徒，這無疑會引起他們的不安。因此，他們可能對整體印度的防衛漠不關心，而尋求其他盟友。穆斯林與錫克人的關係已然緊張，上述原因會使這種敵對關係達至前所未有的嚴重程度。各族可能傾向保留自己的年輕人以維護本身利益，這將嚴重影響新兵的招募。動盪將難以避免，當前已經減少的保全部隊可能更加不足。

此時，總統也將其對印度的個人見解傳達給我。

羅斯福總統致前海軍人員

1942年3月11日

我對印度問題抱有極大的關注。感謝你常常讓我了解其概況。正如你所理解的，我對提出任何建議並無信心，因為在這個問題上，你們這些聰明的人比我了解得多。我曾嘗試從歷史的角度分析這個問題，並希望我所提出的、可以在印度應用的新想法能對你有所幫助。這就是我為何回顧美國政府初始階段的情形。在1775年至1783年的革命期間，英國殖民地有

十三個州，各有獨立的主權，且政府形式各異。在戰爭進行期間，各主權州之間出現極大的混亂，只有兩種因素將它們連繫在一起：其一是大陸會議（一個效力低且權利義務不明的機構）；其二是由十三州勉力維持的大陸軍隊。戰爭於1783年結束時，由於新制度仍在實驗中，任何對最終體制的努力都難以奏效，因此，儘管這十三個主權州各自有新的職責，顯然還無法聯合成為一個聯邦。因此，這十三個主權州依據《邦聯條例》聯合在一起，這種顯然臨時性的政府繼續行使權力，直到透過經驗、試驗和錯誤形成一個永久性的聯邦。從1783年至1789年，各州的經驗顯示，缺乏聯邦中央權力，它們將各自為政，成為分裂的國家。1787年召開了一次立憲會議，僅有二、三十人出席，代表全部的十三個州。與國會不同，這些集會是由少數真誠的愛國者專心致志地為了建立一個聯邦政府。討論的事件都被記錄下來，但會議期間沒有旁觀者。現今的美國憲法即由此產生，不久便獲得三分之二州的通過。

這不過是我的一種構想，建議在印度設立一個所謂的「臨時政府」，由少數代表領導，這些代表應包括不同的階級、職業、宗教和地區——這個領導團體將被承認為臨時自治領政府。它自然要代表現存的英國各省政府以及王公會議，而我主要的意圖是讓這個團體負責建立一個更為持久的全國性政府——考慮的時間可以延長到五年或六年，或者至少在戰爭結束後的一年。我認為這個作為新自治領的中央臨時統治團體，應該在公共機構中擁有行政和管理的權力，例如金融、鐵路、電報等以及我們所稱的其他公用事業。

或許1783至1789年美國的挑戰與努力能為印度提供一種新視角，使其民眾拋卻怨恨，更加忠於英帝國，並在強調和平變革優於混亂革命的同時，關注日本統治的潛在威脅。

這種動議完全符合過去五十年來世界的變化以及所有與納粹主義作戰國家的民主程序。我希望無論你計畫如何，動議應由倫敦方面提出，並確

保在印度不會產生不滿或被迫的怨言。雖然我非常願意協助，但請千萬不要牽涉到我。嚴格來說，這件事與我無關，只是因為它是你我當前所進行的成功戰鬥中的一個關鍵部分。

這份文件極具趣味，因為它揭示了在背景幾乎完全不同的時代和情境中進行比較的挑戰，以及試圖將任何表面相似之處用於戰爭指導的風險。

3月8日，日本陸軍進入仰光。大多數同事認為，為了有效保衛印度，打破政治僵局至關重要。戰時內閣頻繁討論印度問題。英國政府對英印政府建議的回應已在一項宣言草案中展現，並決定帕克里普斯爵士赴印度，與各派領袖直接對話。

首相致印度總督

1942年3月10日

1. 我贊同你的觀點，在未弄清我們與印度政黨的異同之前，貿然公布我們的宣言，如你所言，注定失敗，並會在這個關鍵時刻引發一場廣泛的爭論。在收到你的電報前，我們已經決定暫時不公布任何宣言，而是派遣一位戰時內閣大臣前往評估其可接受性，否則不必徒勞。斯塔福德·克里普斯以其無私精神，自願承擔這個艱鉅且危險的任務，他將立即啟程。儘管我們在處理問題的方法上有所不同，但我完全信任他無論如何也要擊敗希特勒集團的決心。宣布他的派遣將有助於平息當地的激動情緒，並提供充足的時間以冷靜的解決問題，否則也可證明當前問題無解。

2. 獲得批准的文件將象徵我們一致的政策。它是依照印度的利益所制定的，若印度各黨派拒絕接納，我們的誠意將被公開，必要時我們將在此問題上為了團結的目標而繼續奮鬥。

3. 因此，我希望您在掌璽大臣抵達後再與他討論所有問題。毫無疑問，他將受到宣言草案的約束，該草案是我們的最高準則。此外，他將非常關注當前印度的軍事和行政狀況。

印度局勢與克里普斯

4. 由於不幸的謠言、宣傳以及美國普遍的觀點，完全採取否定立場顯然不切實際。克里普斯的訪問對於向世人展示我們的誠意，並爭取時間以達成所需要的協定，都是不可或缺的。

5. 我認為，印度防務作為全面勝利的關鍵部分，必須取得成功且不容有失，其他一切皆可忽略不計。斯塔福德‧克里普斯爵士也持相同的看法。

翌日，我將這些決議公之於眾。

3月22日，斯塔福德‧克里普斯爵士抵達德里。他主持了一場基於英國內閣批准的宣言草案的冗長討論。英國提議的核心在於，若戰後立憲會議提出要求，英國政府將鄭重承諾賦予印度完全獨立。由於篇幅限制，無法在此刊載完整的談判過程。斯塔福德‧克里普斯爵士的一些電報將能很好地闡明談判結果。

掌璽大臣（在德里）致首相

1942年4月11日

今晚，我收到了一封來自國大黨主席的長信，信中表示國大黨無法接受我們的提議。拒絕的理由相當廣泛，不僅僅局限於防衛方針。儘管信中提到國大黨同意總司令應享有指揮戰爭的自由權力，以及作為總司令與軍事委員相關活動的自由處理權，但所提出的方案卻過多地限制了國防委員的職能。然而，拒絕的主要原因在於，按照國大黨的觀點，必須立即成立國民政府，並且不改變憲法原則，「在協定中明確保證並指出新政府將像一個自由政府那樣行使職權，其成員將作為立憲政府中的內閣成員。」信中還指出，目前提出的協定前景與舊有局面無甚差別。「當他們看到這種舊局面重現時，我們所希望的目標——即在人民心中產生一種新的影響，使他們感受到民族自由的到來，並且他們正在保衛新贏得的自由——將完全化為泡影，這樣的事情，國大黨是無法參與的。」

顯然無望達成協定，我計劃星期天啟程返國。

同日接收到的電文如下：

你將會聽到國大黨幾乎全新的拒絕理由，但電文中無法解釋困難情況。

1. 儘管此地情勢如是，我們已竭盡所能。我相信，你無須從士氣或民意角度憂慮，認為我的訪問使局勢惡化。我覺得近幾日公眾情緒有所好轉。在我看來，儘管遭遇失敗，周圍的情況確實有所改善。

2. 尼赫魯終於發表了一篇措辭優雅的宣告，表示支持對抗日本的全面戰爭。真納向我保證穆斯林的堅定支持；通常情況下，錫克教徒和其他少數民族也將逐漸緩和，我希望能在某種程度上獲得更進一步的承諾。實際困難在於國大黨內部的情緒波動；因此，他們展現了冗長的討論及在決策上的猶豫不決。

3. 如若我們能以明智的態度應對局勢，而非互相指責，那麼4月21日的全印國大黨委員會或許會有所變化。該委員會的代表性遠勝於工作委員會。

4. 儘管結局令人感到痛心，但我們並不氣餒。當前我們必須開始印度的防禦任務。關於此事，我歸來後會與你詳談。祝一切順利。再會。

在日日夜夜緊張的生存鬥爭中，還有四億無依無靠的人民需要保護，免受日本征服的災難，我能夠承受這個消息；實際上，從一開始，我就透過哲學推理預見到可能會發生這樣的事情。我了解斯塔福德·克里普斯因任務失敗而感到非常痛苦，所以我盡力安慰他。

首相致掌璽大臣

1942年4月11日

你已經竭盡所能。你所展現的堅韌和智慧，充分顯示了英國對達成協定的強烈渴望！請不要因結果而感到沮喪和失望。在全英國和美國引發的影響，極其有利。實際上，分歧發生在廣泛的問題上，而非模糊的防衛政策上，這也是有益的。我很高興你即將回國，一個盛大的歡迎儀式正等待

印度局勢與克里普斯

著你。雖然你未能完全實現你的期望，但你已經為共同事業做出重要貢獻，為印度人民未來的發展奠定了基礎。

我立刻將4月11日克里普斯的首封電報及我的回覆轉交給羅斯福總統。談判的失敗令他感到失望。他要求我延後克里普斯的離程，希望能再作最後的嘗試。

羅斯福總統致函哈里·霍普金斯（位於倫敦）

1942年4月12日

請立即將此電文傳達給前海軍人員。我們必須竭盡全力防止分裂。

我真誠地希望克里普斯在印度的離開日期能夠延後，直至我們再次嘗試避免談判破裂。

遺憾的是，你在電報中表達的觀點，即美國輿論認為談判在最廣泛的問題上遭遇破裂，我無法認同。美國的普遍看法恰恰與你的描述相反。這裡幾乎一致地認為，儘管印度人願意將陸、海軍防衛的控制權交給現任的英國當局，然而，英國政府卻不願將自治權賦予印度人，這才導致了僵局。美國輿論難以理解，如果英國政府願意在戰後允許印度的某些部分脫離大英帝國，為什麼不能在戰爭期間給予印度人同等的自治權呢。

我感到有必要直言不諱地向你提出這個問題，相信你能夠理解我這樣做的原因。如果因為類似美國人所面臨的問題而導致當前談判破裂，而日本隨後成功入侵印度，並且引發我方陸、海軍的重大失敗，那麼，美國輿論的強烈反應將難以預料。是否可以由你出面要求克里普斯延遲啟程，並親自給他指示，做出最後的努力以尋求達成共同諒解的基礎？根據我的判斷，上週四晚上協定就可能達成。如果你能批准他聲稱是你親自授權給他在那個問題上重新展開談判，並且雙方能夠做出一些小的讓步，我認為協定仍然有可能達成。

正如我在之前的通訊中提及，我仍然堅信，若能給予印度各組成部分

一個建立國民政府的機會,而此政府實質上與我們依據《邦聯條例》設立的政府無異,並且在試行期限結束時,允許印度自行決定其憲政形式,且如你之前承諾的那樣,決定其與大英帝國的未來關係,那麼,或許可以找到一個解決方案。如果你已經盡力而為,而克里普斯仍未能達成協定,那麼至少在此問題上,你會獲得美國輿論的同情,認為英國政府已經向印度人民提供了公正而真誠的建議,這樣一來,失敗的責任顯然不在英國政府,而在印度人。

我感激事態的發展使這種極端的做法未能實現。沒有理想主義,人類就無法進步;然而,若以他人的利益為代價,且無視可能給數百萬無辜家庭帶來的毀滅和殺戮,這種理想主義便不再是最崇高的。總統的思維回到了美國獨立戰爭時期,將印度的事件視作十八世紀末十三個殖民地與喬治三世的對抗。然而,我對印度次大陸負有維護和平與安全的責任,保護著幾乎五分之一的世界人口。我們的資源有限且極為緊張。我們的陸軍在日軍的猛烈攻勢下潰敗或投降。我們的海軍已經被逐出孟加拉灣,實際上已經被逐出大部分印度洋。在空中,我們也明顯處於劣勢。然而,扭轉局勢的機會與希望依然存在,因此,我們不能不負責任地讓我們統治將近兩百年的這片廣袤而古老的土地遭受恐怖的野蠻毀滅。缺乏完整的軍政權力和戰區管制權,任何希望與機會都將化為泡影。沒有時間進行一次憲法實驗,來決定英印「未來關係」的「試行時期」。滿足美國輿論的那個問題並非主要決定因素。我們不能放棄責任,背叛印度人民,任由他們走向無政府狀態或被征服的道路。儘管這也是一種政策,但卻是可恥的政策。如果那樣,我們不僅是背棄印度人民,也是背棄我們自己士兵的行為,讓他們的作戰基地以及共同作戰的英勇印度陸軍,在喋喋不休的政治和血腥的混亂中瓦解崩潰。對印度防務給予所有可能的援助,才是我們應盡的職責。

經過對印度問題的深入研究後,我的主要同事們全都與我達成共識。

印度局勢與克里普斯

若非如此,我將毫不猶豫地辭去這項個人重任,這種重任有時是一個人難以承受的。在這種情況下,最大的安慰就是沒有猶豫。正如後文將展示的,我的信念與戰時內閣的信念是不言自明的。

我向總統發送了以下回覆電報:

前海軍人員致羅斯福總統

1942 年 4 月 12 日

今天凌晨三時許,儘管不利於霍普金斯的健康,我和哈里依然在討論你關於印度問題解決方案的來電。對於這樣的問題,我無法在未召開內閣會議的情況下做出決定,而內閣會議要到下週一才會舉行。目前,克里普斯已經離開印度,雙方的解釋均已公布。在此背景下,哈里原本打算透過電話向你解釋形勢,但因大氣原因未能如願。他會在今天下午再次撥打電話,並將透過電報向你遞交一份報告。

你知道,我一向重視你對我所說的一切。然而,若在此危急關頭一切再次被重新審視,我感到無法承擔保衛印度的責任。我確信內閣和議會也持相同觀點。你的來電稱呼是給前海軍人員的,因此我將其視為私人信件保存,同時我不打算在內閣中公開,除非你願意如此。像我們之間存在嚴重分歧的那些事,將令我心碎,並在這場可怕的戰爭高潮中,深深傷害我們兩國。

4 月 12 日,斯塔福德・克里普斯爵士搭乘飛機離開德里返回英國。兩週後,全印國大黨委員會召開會議,堅持工作委員會與掌璽大臣商談時所持的立場。他們堅稱國大黨無法接受「英國保留對印度控制權的任何計畫或建議,即便只是部分控制……英國必須放棄其在印度的權力」。

如同斯塔福德・克里普斯所預見的那般,博聞強識的尼赫魯堅決主張抵抗日本。克里普斯使團離開的次日,他表達道:「我們不會向侵略者屈服。無論先前發生了什麼,我們不會阻礙英國在印度的戰爭努力……我們

的問題在於如何組織自己。」他幾乎完全孤立無援。國大黨大多數領袖都屬於甘地的絕對和平主義陣營。甘地在 5 月 10 日於他的報紙上撰文：「英國在印度的存在是日本進攻印度的邀請函。他們的離開將使這誘餌消失。即便誘餌未能消除，自由的印度將更有能力應付侵略。真正的不合作主義將得到充分發揮。」

印度局勢與克里普斯

馬達加斯加戰略布局

儘管廣袤的印度洋將馬達加斯加與錫蘭分隔開來，但對於日本襲擊與維琪背叛的恐懼常常盤旋在人們心頭。我們已然應接不暇，又因資源匱乏，故難以迅速下定決策。

1942年2月7日，當我得知美國與維琪政府之間未決的會談可能導致承認維琪繼續掌控馬達加斯加的消息時，我立即致電羅斯福總統。

我不想做出關於不占領馬達加斯加和留尼旺島的任何保證。日本人可能會在某天突然出現在馬達加斯加，而維琪政權對他們的抵抗可能不會比在越南更強。如果日本在迪亞哥蘇亞雷斯建立一個空軍、潛艇或巡洋艦基地，哪怕只有一個，我們的中東和遠東航運線將被嚴重威脅。我們曾計劃從尼羅河或南非出發，占領迪亞哥蘇亞雷斯，並在該港口建立基地。然而，由於事務繁忙，該行動已經被無限期延後，但我不希望情況一直如此。在任何行動決定執行前，我一定會通知你。

在我收到的回電中，包含以下的承諾：

你可以放心，我不會承諾不攻占馬達加斯加或留尼旺島。

史末資和我同樣對美國與維琪就馬達加斯加問題的磋商感到震驚。在2月12日的電報中，他極為憂慮地表示，「以放棄行動自由換取微不足道的回報。」他繼續說道：「我認為馬達加斯加是印度洋安全的關鍵所在。正如中南半島在維琪與日本交易中所發揮的作用一樣，馬達加斯加也能發揮同樣重要的作用，威脅我們在印度洋的安全。我們的各個戰場和大英帝國在東方的所有交通線路都可能受到影響。」

馬達加斯加戰略布局

為了使他安心，我將我與總統之間的往來電報轉交給他。

自 1941 年 12 月 16 日，正值日本剛剛參戰之際，戴高樂將軍便極力倡議自由法國發起占領馬達加斯加的軍事行動。至 1942 年 2 月 19 日，他再次致函給我，敦促盡快決策，並向我們的三軍參謀長提交了一項在英國海、空軍支持下自由法國的遠征計畫。

我始終支持派遣戴高樂的部隊駐紮在馬達加斯加。

首相致外交大臣及參謀長委員會

1942 年 2 月 21 日

若自由法國有機會掌控馬達加斯加，我將全力支持。然而，怎樣才能實現這個目標呢？

三軍參謀長在給我的建議中強調，如果我方單獨占領該島嶼，將需要大量英國部隊，這樣的調動勢必會危及印度、錫蘭和印度洋中各個基地的增援。

起初，我並未強烈倡導發起攻勢。以下是我的備忘錄：

首相致參謀長委員會

1942 年 3 月 1 日

我贊成繼續暫緩對馬達加斯加的行動。

無論在何種情形下，我們絕不允許籌組一支混合的遠征部隊。要麼是自由法國軍隊登陸後獨立作戰；要麼由大英帝國單獨執行。

我不願馬上對戴高樂的方案說不。請記住，法屬喀麥隆是由十六個人占領的。

首相致史末資將軍

1942 年 3 月 5 日

　　我們已經詳細審議了戴高樂將軍提出自由法國軍隊進駐馬達加斯加的建議。該計畫依賴於英國的海、空軍支持，而我們也擔憂自由法國是否能召集所需的部隊。我們希望不要立即否決戴高樂的提議，尤其考慮到維琪政府當前的立場，我們更不能輕易冒失敗的風險。

　　最終，由於孟加拉灣的潛在威脅不斷增加，錫蘭面臨的危險也日益迫近，因此我們決心奪取迪亞哥蘇亞雷斯的優良港口。該島的其他大部分區域在戰略上並不占據重要位置，但日本若在馬達加斯加建立潛艇基地將對我方是個嚴重的威脅。經過好望角前往印度的增援部隊，似乎可以順便執行這個任務，而不會浪費太多時間。我們對達卡的經歷仍歷歷在目，因此不能讓自由法國參與，以免使行動複雜化，故決定由英國單獨承擔攻擊任務。

首相致函伊斯梅將軍，抄送參謀長委員會

1942 年 3 月 12 日

　　必須特別關注馬達加斯加的局勢。為此，應採取以下措施：

　　（1）將「H」艦隊（地中海西部的英國強力分艦隊）從直布羅陀調動；

　　（2）如有必要，我將於明日請求總統派遣一支美國機動艦隊進行防衛；

　　（3）蒙巴頓勳爵提到的四千名士兵和船隻也應同時部署；

　　（4）攻擊應在 4 月 30 日左右展開；

　　（5）若進攻成功，突擊隊應迅速由防守部隊接替。

　　外交大臣建議由剛果的比利時部隊接替防務，據稱這些部隊精銳且人數眾多，並可隨時到達。毫無疑問的，英國或南非的零散部隊也可被調

動。為緩解法國的輿論，在戰鬥結束後，應考慮在嚴格條件下允許自由法國軍隊進入。美國艦隊暫駐直布羅陀具有極大優勢，如第一海務大臣所言，這可能避免因「獎金」作戰計畫導致的港口報復性轟炸。

上述各項似乎能夠相互協調。請提供一份作戰方案，或一份反對該方案的理由。不論如何，在東方，我們確實需要這樣的1支突擊隊。

關注這個方向的人並不僅僅是我們。同一天傍晚，希特勒總部也召開了一場會議，海軍總司令向元首彙報如下：

日本已經意識到馬達加斯加在海戰中的戰略重要性。據報導，他們計劃除了錫蘭之外，還將在馬達加斯加建立基地，以切斷印度洋和阿拉伯海之間的海上通道。從這些基地出發，他們也能夠任意攻擊繞過好望角的船隻。日本在建立這些基地之前需要獲得德國的同意。從軍事角度來看，應該予以同意。需要注意的是，這個行動具有重大政治意義，因為它涉及法國與德、義、日三國以及與英國關係的基本問題。日本這樣的行動，將會遭到來自法國本土和非洲殖民地，以及葡屬東非的反對。

希特勒表示，他認為法國不會同意讓日本占領馬達加斯加。

海軍行動的範圍極其廣泛，而「提爾皮茨」號進入內海所造成的威脅極為嚴重，因此，我不得不請求羅斯福總統提供援助，為我們在大西洋上臨時增援。我無法評估這項行動如何與他本身的問題協調，但我確信他會盡最大努力協助我們。

前海軍人員致羅斯福總統

1942年3月14日

我們已經決定實施「獎金」作戰計畫。此計畫不會削弱我們的東方艦隊，因此我們將全力動員現駐守直布羅陀的「H」艦隊。然而，這會導致地中海西部入口失去保護，這是我們不願看到的。是否可以從大西洋調遣兩艘戰鬥艦、一艘航空母艦以及若干巡洋艦和驅逐艦來暫時承擔「H」艦

隊的防務？「H」艦隊將於 3 月 30 日之前駛離直布羅陀，在 6 月底之前不太可能返回。4 月 1 日至 6 月底之間，我們尚未計劃「H」艦隊在地中海進行任何作戰行動。即便法國對「獎金」計畫進行報復，也絕不會攻擊美國艦隻。美國艦隻駐紮在直布羅陀，對海峽兩岸士氣的提升是顯著的。若無法完成此事，「獎金」作戰計畫將無法推進。反之，若計畫未能執行，而日本獲得該基地，將帶來極大威脅。我們尚未與任何人透露此計畫。攻擊部隊規劃將與 3 月分的護航隊混合，駛向東方……

儘管總統與海軍部要求我提供建議的方式不同，他依然給出了令人滿意的回應。他更傾向於派遣最新型戰鬥艦以及其他幾艘重要艦隻加入我們的本土艦隊，而不願將美國分艦隊駐紮在直布羅陀。

「鐵甲艦」作戰計畫，作為我們在遠東陣地普遍增援的一個步驟，現已著手擬定詳細方案。部隊包括第二十五獨立旅和一個突擊隊，兩者均接受過特殊的兩棲作戰訓練；此外，還有第五師的兩個旅，已經接到命令隨中東的運輸船隊出發。這些部隊將由皇家海軍陸戰隊斯特奇斯少將指揮，計劃於 3 月 23 日從英國啟程。

即便我們的計畫未曾洩漏，我心中仍存隱憂。根據事態的普遍進展，維琪政府可能會從達卡向馬達加斯加派遣增援。在達卡，一群特別敵視我們的領袖和部隊聚集在那裡。因此，我要求所有通過達卡前往馬達加斯加的運輸船隊和船隻提高警惕，因為我方部隊即將啟程前往該島。好望角的海軍已經在準備狙擊維琪艦隻，這自然引起了史末資將軍的關注。他實際上不知如何應對。於是我向他發送了一封電報：

首相致史末資將軍

1942 年 3 月 24 日

1. 鑑於日本對馬達加斯加的入侵不太可能遭到維琪政府的有效抵抗，並且會對我們的中東運輸船隊安全構成嚴重威脅，同時也會對南非造成巨

大威脅，因此我們決定突襲並占領迪亞哥蘇亞雷斯。攻擊部隊將在今晚出發，與他們一起向東方航行的還有一支五萬人的運輸船隊。我們認為此次軍事行動規模宏大，成功的可能性很高。

2. 未來，這次戰鬥行動的代號將在不久後以密碼形式通知你。特殊需求的海軍護航艦隊將調遣直布羅陀分艦隊、多艘航空母艦及坦克登陸艇。這些安排已經就緒。為了推動這項行動，羅斯福總統派遣了他最新式的戰鬥艦及其他幾艘重要艦隻來增強我們的本土艦隊，而部分本土艦隊將前往直布羅陀接防。

3. 我們必須阻止法國軍隊從達卡增援該島。儘管我們的計畫沒有被洩漏，但鑑於該島港口的戰略重要性，德國與維琪的企圖或英國報界的揣測是無法避免的。儘管如此，只要我們能阻止達卡的法軍，我們便能搶占先機；若此任務順利達成，將對我方極為有利。

4. 雖然我們對這項計畫的研究已經進行了數週，但仍需要等待羅斯福總統為我們提供必要的海軍增援後，方能做出決定。此事在上週末才得到解決，我希望能找到合適的時機向你說明一切情況。目前當然還未涉及技術細節，但據我所知，相關參謀已經耗費了大量心力。此外，三軍參謀長深信，所部署的部隊力量只要足夠強大，可以迫使當地守軍屈服。我們已經詳細分析了維琪方面可能的反應。在我看來，他們不會比巴黎工廠遭受轟炸時更為憤怒，畢竟，他們最終還是忍受了下來。

5. 務必支持此項計畫。還需要於必要時協助在好望角扣留法國船艦。應盡量斟酌處理，但絕對禁止駛向馬達加斯加。

6. 目前我的生活依然艱難，但相比一年前我們孤立無援的時候已經好很多了。尤其在這種烏雲密布的時期，我們更不應該失去敢作敢為的精神。

史末資立刻回應：

史末資將軍致首相

1942 年 3 月 24 日

　　你的來電徹底扭轉了局勢。根據之前的信件，我推測馬達加斯加的作戰計畫會被延後，直到錫蘭的局勢得到控制。在當時的情況下，攔截維琪的護航船隊可能會加劇與維琪之間尚未成熟的危機，並且將導致與美國之間的誤解。如今這些擔憂都已經不復存在，我將全力支持攔截護航船隊所需的一切行動。

　　我對你的堅定不移深感敬佩。我相信你一定能夠戰勝所有的挑戰。

　　史末資對該計畫表現出極大的熱情。他立即著手準備占領整個島嶼，並調動南非軍隊以協助這個無限期拖延的計畫。需牢記，占領馬達加斯加島上的海軍基地或整個島嶼，雖然必要，但僅是我們主要政策的附屬產物，而該主要政策是支援印度，以防禦日本可能的進攻。

首相致函伊斯梅將軍，轉交參謀長聯席會議

1942 年 4 月 2 日

　　1.「鐵甲艦」作戰計畫。我方對維琪守軍的宣傳和傳單工作，有何具體計畫？報告指出，法國海軍對英國懷有敵意，而陸軍部隊則反對維琪政權。對此，我們絕不能忽視。我已經致電羅斯福總統，詢問是否可以宣告這是一次英、美聯合行動。無論如何，必須讓那裡的守軍明白，我方進攻的目的在於防止該島嶼被日本控制，並在擊敗軸心國後，確保歸還法國。若傳單已經完成，我希望可以先行查看；若尚未完成，仍有時間由史末資將軍在開普敦起草印製。除非總統堅決反對，我準備宣告在法國解放前，該島由英、美共同保護。此事需與外交部協商。

　　2. 在實際執行登陸作戰時，是否可以派遣 1 艘懸掛白旗的小艇，先行駛入港口，並在優勢兵力的壓力下，向防守部隊提出極具吸引力的投降條件？所有這些都需經過細緻的研究。

馬達加斯加戰略布局

前海軍人員致羅斯福總統

1942 年 3 月 27 日

我方尊重貴方與維琪之間的關係，並認為給予他們某種回報是合理的。然而，請考慮以下幾點：

1. 我們當前實行的「鐵甲艦」作戰計畫，絕不能遭遇任何干擾。美國不應答應法國的請求，承諾如同防衛越南時那樣保護其殖民地，以免讓他們有藉口指責失信。

2. 我們的作戰計畫經過精心策畫。包括兩個訓練有素、戰鬥力強的旅，以及一個用於牽制的旅。另有坦克登陸艇、兩艘航空母艦、一艘戰鬥艦和若干巡洋艦協同作戰。這些部隊都是不斷壯大的東方艦隊之附加力量。如果在進攻時，我們能散發傳單，說明這是一支英、美聯合遠征隊，將會為我們帶來極大的便利。不知你是否同意這樣的策略。

由於總統需要為了更大的計畫與維琪保持連繫，因此他無意採納我散發傳單的建議。

羅斯福總統致前海軍人員

1942 年 4 月 3 日

在你的來電中，提及採用聯合攻擊的策略，我對此表示擔憂。因為美國是唯一有可能成功與維琪進行外交調解的國家。我認為至關重要的是，我們能夠進行調解，而不因散發傳單或其他與戰爭相關的非正式手段使局勢複雜。我真誠地希望你能認可這個觀點。

我對總統的言論深信不疑。

截至 4 月 22 日，所有攻擊部隊已經在德班集結，包括從薩默維爾海軍上將艦隊中派出的戰鬥艦「拉米伊」號、航空母艦「光輝」號、兩艘巡洋艦、十一艘驅逐艦，以及大量掃雷艇和反潛快艇，還有十五艘運輸陸軍的攻擊艦和運輸艦。此外，航空母艦「無畏」號將加入，以替代被擊沉的

「赫爾米茲」號。緊張的時刻隨之而來。許多船上的物資需要重新分配以適應攻擊需求；計畫的最後細節必須精確無誤；命令發布後，經過長時間海上航行的部隊開始訓練，練習他們特殊且大多不熟悉的任務。這是自達達尼爾戰役之後二十七年來，我們首次進行大規模的兩棲進攻，而當時的戰術如今已經徹底革新。海、陸軍的指揮官、參謀人員以及士兵對這種極具挑戰性的作戰方式缺乏經驗。

占領了主要的海軍港口後，我尤為擔心的狀況是部隊會不會被深深地捲入馬達加斯加的叢林之中。

首相致函伊斯梅將軍，轉交參謀長聯席會議

1942 年 4 月 30 日

無需過度關注「掌控整個島嶼」。這個島嶼長達九百英里，關鍵之處僅在於兩、三處核心地區，尤其是迪亞哥蘇亞雷斯。我們的目標不是征服馬達加斯加，而是透過控制若干重要區域，防止該島遭受日本的廣泛攻擊。主要目的是儘早將精銳部隊轉移至印度和錫蘭，並由來自東非或西非的幾營駐防軍接替。獲得此地對我們有利，而非增加負擔。駐紮在可倫坡與阿杜環礁（T港）的東方艦隊，將在適當的空軍配合下承擔馬達加斯加的實際防務。如果這些觀點得到認可，我將會感到高興……即便凱思內斯郡有敵軍，樸茨茅斯仍可堅守；因此，即便安塔那那利佛和塔馬塔夫被敵軍占據，迪亞哥蘇亞雷斯仍能守住。

由於韋維爾將軍面臨日本入侵印度的威脅，他要求更加詳細的整體局勢情報，我不得不再次向他提供保證。

首相致韋維爾將軍

1942 年 5 月 5 日

馬達加斯加對印度具有重要戰略意義。如果日本通過錫蘭，並獲得類似法國在越南的默許，在該島上建立據點，那麼，我們的交通線，連結你

們和中東，即使不被完全切斷，也會面臨威脅。自然地，我們也可能被牽制在那裡，使得這個島成為負擔而非助力。我們計劃動用強大的部隊和激烈的行動，將這種風險降到最低。迪亞哥蘇亞雷斯一旦被占領，所有支援將迅速送達你處。我們計劃用兩個非洲旅駐守馬達加斯加，其中一個旅來自比屬剛果或西海岸。對這兩個非洲旅的命令已經下達，其中一個旅將於6月1日出發。他們在非洲或馬達加斯加的作用是相同的。第五師將立即單獨行動……

我認同你的觀點：五月和六月是東方最令人擔憂的時期。然而，我堅信：第五師將在五月，第二師將在六月抵達你那裡。除非戰爭帶來意外狀況，否則在任何情形下，這都是我們的決心。

我再次向奧金萊克將軍闡明了局勢。

首相致奧金萊克將軍

1942年5月5日

在接下來的兩個月中，太平洋和印度洋都面臨著巨大的危險，因為沒有人能夠準確預測日本的下一個攻擊目標。澳洲人自然擔心他們會遭遇大規模攻擊。日本似乎有可能威脅甚至攻擊莫爾茲比港和達爾文港。他們的策略無疑是盡可能地將我們的部隊困在澳洲。日本從國內十個師團中調出三個師團，增援原本在蘇聯和滿洲前線的二十個師團，這個行動意義重大。顯然，打擊中國對日本有利，他們向北推進的努力似乎證實了這一點。

可以肯定的是，日本不可能同時在多個地方發起進攻。對於在可倫坡和亭可馬利港遭受的重大打擊，他們顯然不悅，他們的所有航空母艦已經返回日本或臺灣，以便補充嚴重損失的飛機。如果他們對錫蘭和（或）印度發動大規模攻擊，那麼人們會感到疑惑：為何他們沒有在爪哇失陷時，或在4月初，當其強大的海、空力量進入印度洋時就採取行動呢？目前，我們沒有充分理由證明對印度的大規模入侵已經迫在眉睫……

我們期望今日能夠占領迪亞哥蘇亞雷斯，為此已經集結了強大的兵力……英國第八裝甲師在7月初繞過好望角，若印度、中東或澳洲遭遇大規模入侵，該部隊即可用於支援。

1942年4月28日，快速運輸船隊載著攻擊部隊從德班出發，而航速較慢的船隻已經先一步運送陸軍裝備與物資。西弗萊特海軍司令與斯特奇斯將軍同乘「拉米伊」號，5月4日，全體遠征隊抵達攻擊範圍。迪亞哥蘇亞雷斯灣深入馬達加斯加東北海岸，幾乎將島的北端與其他部分隔開。安西朗港設防，控制入口，據報告東面防禦堅固。然而，地峽西面有數個海灣，雖難以接近，但可容納較大船隻，此區防禦薄弱；如從夜間接近可採奇襲戰術，登陸後，距安西朗僅十八英里。科雷爾灣位於西海岸，被選為攻擊起點。運輸艦需在夜間引導下，穿越可能布雷的曲折淺峽，前往未知的敵對海岸。第一批部隊於5月5日清晨四時半登陸，未受損失，迅速占領唯一一座能面向海洋發射的炮臺。半小時後，艦隊機群攻擊迪亞哥蘇亞雷斯機場及港內船隻。巡洋艦「赫米昂」號從東面佯攻。維琪法國雖然意外，仍進行抵抗。下午，第二十九旅及幾乎所有裝備已經登陸並推進，突擊隊抵達安德拉卡半島東端，第十七旅也展開登岸。

第二十九旅的先鋒部隊在十二輛坦克和大炮的支援下攻克了敵軍的兩處阻滯陣地後，行進至安西朗以南兩英里處時，被敵軍橫跨公路的主要陣地阻擋住。此地防禦堅固，還有水泥碉堡。6日黎明，第二南蘭開夏團突破敵軍左翼，在敵後建立陣地，一整日下來，對敵軍造成了嚴重打擊。在這個勝利的消息傳來之前，斯特奇斯將軍請求海軍司令西弗萊特派遣部分海軍陸戰隊在安西朗登陸。這是一個勇敢的決定。五十名皇家海軍陸戰隊員從「拉米伊」號由驅逐艦「安東尼」號載運，傍晚機智地進入港內，成功在港內碼頭登陸。這艘驅逐艦巧妙地避開了猛烈的炮火。普賴斯上尉帶領五十名隊員在黑暗中摸索進入城市。他們很快發現並占領了海軍彈藥庫，

在庫內發現了大量步槍、機關槍以及約五十名英國戰俘。這是一場出色的箝制攻擊。此時，第二十九旅已經得到第十七旅的支援，取得了全面勝利。在5月7日拂曉之前，敵軍指揮官放棄了安西朗。這座城市及大部分防禦工事都落入我軍之手。掩護港口入口的要塞仍需解決，但在「拉米伊」號早晨短暫炮轟後，也向我軍投降。上午十一時戰鬥全部結束，下午英國艦隊進入港內。陸軍傷亡總人數不到四百人。

首相致函西弗萊特海軍司令與斯特奇斯將軍

1942年5月9日

我衷心地向你們致以祝賀，你們以迅速果斷的行動圓滿完成了艱鉅的作戰任務。請將我的祝福傳達給全體官兵，並告訴他們，他們的成就是對英國及聯合國真摯的支持。

另致第二十九旅：九個月前，我在因弗雷里見到你們時，便確信二十九旅將取得非凡的成就。

西弗萊特海軍上將，曾任我在海軍部時的海軍祕書，同時也是我的好友。我向他提供了關於我們政策的完整說明。

首相致西弗萊特海軍上將

1942年5月15日

我希望你能透澈地意識到我們在馬達加斯加的軍事狀況。這個島嶼必須轉化為一種助益，而非阻礙；必須為我們提供安全，而非成為負擔。我們無法將強大的野戰部隊長期駐紮在那裡。第十三旅和第十七旅應立即前往印度。如果你能在幾天內攻占塔馬塔夫和馬任加，他們可以在此過程中支援你，但他們終究會離開。

自從「鐵甲艦」作戰計畫實施以來，印度洋的局勢已經逐漸對我方有利。時光流逝，日本方面卻未曾嘗試推進對錫蘭或印度的攻勢。相反，這些威脅看起來並未比以往更為迫近或可能……人們難以想像日本會試圖進

攻迪亞哥蘇亞雷斯，因為這將需要動用近萬人的兵力，運輸這些部隊的船隻，加上戰鬥艦與航空母艦的護航，這將牽制他們大部分有限的艦隊。每當日本動用艦隻時，比我們更為謹慎。因此，你的問題在於如何以最低資源消耗的方式守住這個要地。

或許你會覺得更有效的策略是等到局勢穩定，然後與法國當局達成某種過渡性協定。同時，金錢和貿易的優惠條件也應該加以利用。

對戰爭的最佳支持，是盡快將第十三旅和第十七旅派往印度，而第二十九旅也應該在接下來的兩個月內前往。顯然，除了必須堅決保住迪亞哥蘇亞雷斯之外，其他事務都應該服從於這個任務。

海軍上將西弗萊特迅速回覆電報：

1942 年 5 月 15 日

你所提及的整體情勢，對我們極為有利……就我方占領迪亞哥蘇亞雷斯而言，我認為法國將採取一種共存共榮的政策。然而，除非塔馬塔夫與馬任加被我方掌控，否則我們永遠無法獲得更緊密的關係或擴展我方的影響力……我認為，除了動用武力之外，沒有其他方法能夠達成這個目標。

我告訴他，目前應該放棄奪取塔馬塔夫和馬任加的計畫，並僅用少量兵力來確保迪亞哥蘇亞雷斯的安全。然而，史末資將軍仍然主張繼續進行軍事行動，並提出了有力的理由。

史末資將軍致首相

1942 年 5 月 28 日

塔馬塔夫、馬任加及其他港口常為法國潛艇所用，同樣可能被日本人利用。當地居民雖不敵視我們，但馬達加斯加當局卻極為反感。迪亞哥蘇亞雷斯淪陷後，實質抵抗暫不可行，但若給予時間組織抵抗，我們的任務將變得困難。掌控馬達加斯加對我方在印度洋的交通線至關重要，不能等閒視之。

外交部亦表明其急於採取行動。然而,我必須時刻顧及韋維爾的需求和日本對印度進犯的威脅。

迄今為止,一切皆按計畫進行,然而如今卻出現了一起極為棘手的意外。5月29日,一架身分不明的飛機在港口上空短暫出現後迅速離去。這或許是空軍與潛艇襲擊的前兆,因此,發布了特別警戒命令。翌日傍晚,「拉米伊」號與1艘鄰近的油船遭遇魚雷襲擊。它們來自何方?意味著什麼?

史末資將軍致首相

1942年6月1日

對迪亞哥蘇亞雷斯的不幸表示誠摯慰問。這次襲擊肯定是在維琪的情報與指示下,由日本或維琪的潛艇實施的。這些跡象表明,必須及早徹底解除維琪對該島嶼的一切控制。在當前形勢下,姑息的政策如同在其他所有情況下已被證明是危險的。我相信不久我方將展開行動以澄清局勢。我的南非旅團已經準備就緒,只等待運輸船隻。祝好。

首相致外交大臣

1942年6月2日

海軍部對迪亞哥蘇亞雷斯事件的看法是,一艘較大的日本潛艇搭載一艘小型潛艇,以及一架偵察機,抵達攻擊港口的距離範圍內。任務完成後,由於形勢危急,小型潛艇的全部船員——兩名日本人將潛艇鑿沉並上岸,隨即被我方巡邏部隊擊斃。他們的文件是日文的,因此一名譯員立刻被召來閱讀這些文件。若此說法屬實,則馬達加斯加的維琪法國當局不一定捲入其中。

令我們感到寬慰的是,這個觀點很快得到了證實是正確的。那兩名日本軍官忠於他們的祖國。「拉米伊」號在6月9日安全抵達德班,但有好幾個月無法參戰。

現在，必須畫上馬達加斯加故事的句號。在占領迪亞哥蘇亞雷斯之後，法國總督曾被給予短暫的時間來調整其親維琪的立場。然而，我們需要西岸港口以控制莫三比克海峽，因為我們的東方護航隊在此常遭到潛艇的襲擾。但法國總督仍然固執己見，因此必須繼續進行軍事行動，由東非司令普拉特將軍指揮。9月10日，英國第二十九步兵旅在輕微抵抗後占領了馬任加。隨後，第二十二東非旅登陸並穿過第二十九旅，沿公路向安塔那那利佛推進，這座城市是首府和總督府所在地。同時，其他小股南非軍隊也沿海岸公路向南進軍。第二十九旅再次登船前往東岸塔馬塔夫，9月18日未遇抵抗便占領了該城，隨後向安塔那那利佛挺進。首府於9月23日被攻克。

我們的軍隊受到居民的歡迎，而總督和一些參謀人員則隨著軍隊向南撤退。我方展開對他的追擊，在10月19日的一次成功戰鬥中，俘虜了敵軍750人，而我方無一人傷亡。這是場決定性的勝利。11月5日，總督接受了我方提出的投降條件。這個島上的政府仍由法國人主持。由於這些戰鬥的結果，以及付出一百餘人的傷亡代價，我們完全控制了這個島嶼的軍事力量。這個島嶼對我們與近東及遠東的交通線具有極高的策略重要性。馬達加斯加這一段戰史，由於計畫的祕密和戰術執行的精準，成為兩棲突擊的典範。消息傳來正是我們極需好戰績的時刻。實際上，在漫長的歲月中，這是英國公眾意識到唯一有效作戰指揮的代表事蹟。

馬達加斯加戰略布局

美國於海戰中得勝

珊瑚海和中途島

　　太平洋上，當前正爆發著震撼整個戰局的事件。至 1942 年三月底，日本極為成功地實現了第一階段的作戰計畫，國際上對此也感到震驚不已。日本成為香港、泰國、馬來亞以及廣闊的印尼群島的主宰。日軍在緬甸正深入內地。在菲律賓，美國仍然在科雷希多奮戰，但眼見無望解圍。

　　日本民眾欣喜若狂。他們相信西方國家無意堅持戰鬥，這種信念進一步增強了他們對領導層的信任和對軍事勝利的自豪感。如今，皇軍已經抵達戰前計畫中精心選擇的進軍邊界。在這片廣闊的區域內，蘊藏著無盡的資源與財富，他們可以利用這些資源來穩固征服的領土，並發展最近獲得的疆域。在他們的長期計畫中，這個階段被設為一個喘息的時機，用於抵禦美國的反擊或組織進一步的攻勢。然而，因為勝利的喜悅，日本領導人認為命運賦予他們的目標已經實現。他們不能辜負這個命運。這些想法不僅源於勝利帶來的自然誘惑，還基於嚴肅的軍事推理。究竟是徹底鞏固新獲得的外圍地區，還是為了防禦這些地區而繼續大舉向縱深推進，對他們來說，似乎是一個需要在策略上權衡利弊的問題。

　　東京在經過深思熟慮後，決定實施更具雄心的策略，計劃擴展占領範圍，目標包括阿留申群島西部、中途島、薩摩亞、斐濟、新喀里多尼亞以及新幾內亞南部的摩斯比港。這一系列的擴張舉動對美國位於珍珠港的主要基地將構成威脅，若持續下去，還將切斷美國與澳洲之間的直接航線，並為日本提供未來進攻澳洲的理想基地。

美國於海戰中得勝

　　日本最高指揮部在計畫的制定與執行上展現了非凡的智慧與勇氣。然而，他們的策略從未基於對全球力量的正確評估。他們始終未能理解美國蘊藏的潛力。在這個階段，他們仍然相信希特勒將在歐洲取得勝利。他們充滿激情，無限制地征服亞洲，企圖引領亞洲發展，建立功勳。這樣一來，他們便陷入了一場賭注：即便勝利，也只能延續現有優勢一年；若失敗，則將在同樣的時間內面臨毀滅。實際結果是，他們用相對強大的、已經穩固的利益，換取了廣闊而難以控制的領土；而後來在外圍失利時，他們才意識到已經無力在內線和核心地區建立堅固的防線。

　　儘管如此，在這場世界大戰的嚴峻時刻，任何人當時都無法斷言德國不會擊敗俄國，或將其逼退至烏拉爾山脈之後，進而回師攻打英國；亦或是另闢蹊徑，穿越高加索與波斯，與日本的先頭部隊在印度會合。為了確保大同盟的順利作戰，美國必須在海戰中取得決定性的勝利，進而掌控太平洋的優勢，即便暫時無法完全控制整個太平洋的制海權。我們對這一場勝利的期待依然存在。事實證明，我始終相信，到 1942 年 5 月，在我們從大西洋提供的幫助下，美國將在太平洋重獲制海權。這個希望基於對美、英最近建造的戰鬥艦、航空母艦及其他艦艇的評估。現在，讓我們以必要的簡潔方式描述這場輝煌而扣人心弦的海戰。正是這場海戰無可爭辯地確立了上述輝煌的成就。

　　1942 年 4 月底，日本最高指揮部著手實施新的擴張策略。這策略包括占領摩斯比港和圖拉吉島，該島位於索羅門群島南部，與更大的瓜達康納爾島相對。占領摩斯比港象徵新幾內亞征服的第一階段完成，並進一步鞏固了他們在新不列顛島拉包爾的前線海軍基地。從新幾內亞或索羅門群島，他們可以開始包圍澳洲。

　　美國情報機關迅速掌握了日本在這些海域集結的動態。經過偵察，發現來自加羅林群島主要海軍基地特魯克的艦隊正向拉包爾集結，顯然準備

向南方推進。甚至有可能推測出他們計劃在 5 月 3 日發動攻勢。此時，美國航空母艦因各種不同的任務而分散各地。這些任務包括杜利特爾將軍於 4 月 18 日對東京發起勇敢且令人震驚的空襲。這個事件或許實際上成為日本新政策決策的因素之一。

察覺到南方的威脅，尼米茲海軍上將迅速在珊瑚海集結可用的最強艦隊。弗萊徹海軍少將已經率航空母艦「約克鎮」號和三艘重巡洋艦在該區域巡邏。5 月 1 日，菲奇海軍少將帶領航空母艦「萊克辛頓」號及兩艘巡洋艦從珍珠港趕來與他會合；三天後，英國海軍少將克雷斯率領一個分艦隊前來加入。該分艦隊包括澳洲巡洋艦「澳洲」號、「霍巴特」號及美國巡洋艦「芝加哥」號。立刻可參戰的其他航母，僅有參與東京轟炸的「企業」號和「大黃蜂」號；它們迅速南下，但要到 5 月中旬才能加入弗萊徹的艦隊。尚未抵達時，戰鬥已然爆發。

5 月 3 日，弗萊徹司令在瓜達康納爾南方四百英里的海域進行加油時，獲悉敵軍已經在圖拉吉島登陸，顯然計劃立即建立水上航空基地，以監控珊瑚海的東入口。鑑於這個前哨基地面臨顯著威脅，少量澳洲守軍已於兩日前撤離。弗萊徹迅速指揮他的分隊攻擊該島；而菲奇的分艦隊則繼續加油。次日拂曉，「約克鎮」號的機群猛烈轟炸圖拉吉島。然而，敵方護航艦隻已經撤退，僅餘少數驅逐艦和小型艦隻，因而戰果不甚理想。

未來兩天雖無重大事件發生，但顯然一場大戰即將上演。弗萊徹的三個分艦隊在新幾內亞西北海域整裝待發，準備迎接即將到來的戰鬥。他得知日軍已經從拉包爾出發，可能在 5 月 7 日或 8 日穿越路易西亞德群島的約馬德峽，準備攻擊摩斯比港。同時，他收到的情報顯示有三艘敵方航空母艦已經進入附近海域，但具體位置不明。日本的主力艦隊，包括「瑞鶴」號和「翔鶴」號航空母艦，在兩艘重巡洋艦護航下，自特魯克島沿索羅門群島東端南下，於 5 月 5 日傍晚從東面進入珊瑚海，正好在空中偵察

範圍之外。5月6日，這些艦隻已經緊密集結，靠近弗萊徹的艦隊。黃昏時，兩支艦隊相距僅七十英里，但彼此都未察覺對方的存在。當天夜晚，雙方艦隊逐漸拉開了距離。5月7日拂曉，弗萊徹抵達路易西亞德群島以南的預定位置，準備迎擊來犯的敵軍。他派遣克雷斯的分隊繼續前進，以控制約馬德峽的南方出口，敵人可能於當日在該處現身。克雷斯的位置很快被敵人偵察到，下午遭遇大批從陸地起飛的魚雷轟炸機猛烈攻擊，其猛烈程度與「威爾士親王」號和「卻敵」號被擊沉時相當。然而，由於指揮得當和運氣良好，沒有艦隻被魚雷擊中，他繼續向摩斯比港推進，直到確認敵人已經撤退才向南轉進。

此刻，關於敵方航母的確切位置仍無消息，令弗萊徹感到焦慮不安。拂曉時分，他發起了一次大規模的搜索行動。上午八點十五分，終於有報告指在路易西亞德群島北部發現了兩艘航母和四艘巡洋艦。然而，發現的敵艦並非航母主力艦隊，而只是較弱的護航艦隻，負責掩護運輸艦隊，其中包括輕型航母「翔鳳」號。儘管如此，弗萊徹依然傾盡全力，在三小時後成功擊沉了「翔鳳」號。此舉使敵人的進攻部隊失去了空中支援，迫使其撤退。原計劃駛往摩斯比港的運輸船因此無法進入約馬德峽，並在撤退命令下達之前，一直停留在路易西亞德群島北部。

弗萊徹的所在位置已被敵方偵知，他目前正面臨極為艱難的處境。敵人的攻擊隨時可能展開，而他的主力部隊要到下午才具備重新裝備並投入進一步戰鬥的能力。然而，他的運氣不錯，天氣逐漸惡化，而敵方又沒有雷達。實際上，日本的航母艦隊就在東面，處於可攻擊範圍內。日方曾在下午發起空襲，但在濃霧和狂風中未能發現目標。儘管如此，在返航途中，他們飛越弗萊徹艦隊附近，被雷達發現。戰鬥機迅速升空攔截，在夜幕即將降臨的混戰中，許多敵機被擊落。日軍出動的二十七架轟炸機中，只有少數返回航母，準備參與次日的戰鬥。

由於了解到彼此的距離非常接近，雙方原本均計劃用水面艦艇進行夜間襲擊，但在評估後都認為風險太大。於是夜間，他們再次選擇分道而行。5月8日清晨，天氣條件發生了逆轉。此時，日本艦隊得到了低雲層的掩護，而弗萊徹的艦隊則暴露在晴朗的海面上。捉迷藏的遊戲再度展開。八時三十八分，從「萊克辛頓」號起飛的偵察機終於發現了敵人的行蹤，幾乎與此同時，一個截獲的訊號清楚地顯示敵方也發現了美國的航空母艦。一場勢均力敵的大戰隨即展開。

在上午九點前，美國出動了一支由82架飛機構成的攻擊編隊，並於九點二十五分全部起飛，朝目標出發。與此同時，日本也派出了一支69架飛機組成的攻擊編隊。美國的攻勢大約在十一點展開，而日本的攻勢則在約二十分鐘後開始。到十一點四十分，戰鬥已經全部結束。目標附近的低雲層給美國機群帶來了挑戰。當他們找到目標時，敵方一艘航空母艦迅速駛入濃霧和陣雨中以求掩護，因此所有飛機將攻擊目標轉向另一艘航空母艦；「翔鶴」號被三枚炸彈命中，引發大火，但其損害並非如表面看起來那般嚴重。儘管暫時失去了戰鬥能力，「翔鶴」號仍能返回國內進行修復。「瑞鶴」號則毫髮無損。

與此同時，日本的飛機群在晴空萬里下對「約克鎮」號和「萊克辛頓」號發起攻擊。得益於高超的操控技巧，「約克鎮」號幾乎躲過了所有攻擊，但卻受到未命中而在附近爆炸的炸彈損害。一枚炸彈造成了嚴重的傷亡並引發火災。不久，火勢被撲滅，該艦的作戰能力幾乎未受影響。較為笨重的「萊克辛頓」號則沒有麼幸運，被兩、三枚炸彈和兩枚魚雷擊中。戰鬥結束後，艦上發生大火，左舷傾斜，三個鍋爐室被海水淹沒。在英勇的行動下，火勢被控制，傾斜也得以糾正，不久，該艦已經能以二十五海里的速度航行。這是歷史上首次航空母艦之間的激烈對抗戰，據戰後統計，雙方損失的飛機數量為：美國三十三架；日本四十三架。

美國於海戰中得勝

倘若珊瑚海事件至此畫上句號，那麼顯然美國占據了上風。他們成功擊沉了輕型航空母艦「翔鳳」號，重創了「翔鶴」號，並迫使企圖進攻摩斯比港的日本軍隊撤回。而美國的兩艘航空母艦似乎完好無損，目前唯一的損失是前一天被日軍航空母艦擊沉的一艘艦隊油船及其護航的驅逐艦。然而，不幸之事突如其來。在戰鬥結束一小時後，「萊克辛頓」號因內部爆炸劇烈震動，下層艙室起火，火勢蔓延至無法控制。儘管全力搶救，但終究無效。當日傍晚，在未造成進一步傷亡的情況下，船員開始棄船，隨後由一枚美國魚雷將其擊沉。此時雙方皆撤出珊瑚海，且都宣稱取得勝利。日本方面用刺耳的詞句聲稱，不僅弗萊徹海軍上將的兩艘航空母艦被擊沉，還有一艘戰鬥艦和一艘巡洋艦也被摧毀。然而，戰役後的行動顯示出他們並不確信這個說法。儘管通往摩斯比港的路線已為他們敞開，他們卻延後至7月才行動。屆時，整體局勢已經發生變化，他們放棄了原計畫，轉而從新幾內亞的基地陸路推進。這些事件象徵日本已經達到向澳洲推進的極限。

在美國方面，保持其航空母艦的實力至關重要。尼米茲海軍上將已經預見北方將發生更大規模的事件，這需要他的全部力量。他對於當前成功阻止日本人進入珊瑚海感到十分滿意，隨即將所有航空母艦召回珍珠港，包括「企業」號和「大黃蜂」號，並迅速趕往與弗萊徹的艦隊會合。同時，他巧妙地在中途島戰役結束前隱瞞了「列剋星敦」號的損失，因為日本人顯然對真實情況不甚了解，正暗中確認相關情報。

這場交鋒的影響遠超其戰術意義。戰略層面上，這是美、日戰爭以來首度令人振奮的勝利。此類海戰前所未見──首次出現水面艦艇並未互相炮擊的情形。它將戰爭的可能性與危機提升至新高度。消息傳遍全球，產生了激勵人心的效果，極大地安慰並鼓舞了澳洲、紐西蘭與美國。透過高昂代價獲得的戰術經驗，很快在中途島戰役中得以應用，取得了卓越的

成果。中途島戰役的序章已經揭開。

　　向珊瑚海的推進僅僅是日本更具野心政策的開端。即便在這個階段進行時，日本海軍總司令山本已經在籌劃攻占中途島及其機場，以在中太平洋與美國展開勢力較量。此島可以威脅或征服東面距離一千英里的珍珠港。同時，一支引誘部隊計劃占領阿留申群島西部的戰略據點。行動經過精心的時間安排，山本希望先將美國艦隊引向北方面對阿留申群島的威脅，而讓他的主力艦隊得以輕鬆的投入中途島的戰鬥。在美國能夠對該島進行大規模反應之前，他期望已經成功占領中途島，並準備迎接美軍後續的強烈反擊。中途島對美國至關重要，是珍珠港的前哨，這些動向將引發一場不可避免的大會戰。山本確信能迫使對方參與一場決定性的戰鬥，憑藉他在高速戰鬥艦方面的壓倒性優勢，他有極大機會殲滅敵軍。這是他向南雲海軍大將傳達的概要計畫。然而，整個計畫的成敗關鍵在於尼米茲海軍上將是否會步入圈套，以及他本身能否避免遭遇突襲。

　　然而，美國指揮官展現了認真及機警的態度。他的情報部門使他掌握了詳盡的消息，甚至知曉了預定的襲擊日期。儘管日方進攻中途島的計畫或許是為了掩護對阿留申群島的攻擊，並可能轉向美洲大陸，但中途島始終是面臨更大危險的地點，因此，尼米茲海軍上將毫不猶豫地在此集中力量。他的主要擔憂在於，他的航母數量難以與南雲的四艘經驗豐富的航母匹敵，它們在珍珠港及錫蘭的戰役中均表現卓越。南雲艦隊中的另外兩艘航母已經轉向珊瑚海，並有一艘受損；另一方面，尼米茲失去了「列剋星敦」號，「約克鎮」號失去戰鬥力，「薩拉托加」號修復後尚未重返艦隊，「黃蜂」號在地中海附近支援馬爾他島。僅有「企業」號與「大黃蜂」號從南太平洋趕回，「約克鎮」號若能及時修復，也可參與即將到來的戰鬥。尼米茲海軍上將手上沒有比舊金山更近的戰鬥艦可以調派，且其速度過慢，無法與航母協同作戰；山本則擁有十一艘戰鬥艦，其中三艘為世界上最強最快

美國於海戰中得勝

者。儘管美國處於劣勢，尼米茲仍能獲得從中途島起飛的強大空中支援。

在五月的最後一週，日本海軍的主力艦隊開始撤離其基地。首先出動的是阿留申的牽制艦隊，計劃於六月三日攻擊荷蘭港，並誘使美國艦隊向該方向航行。隨後，登陸部隊將前往攻占群島西端的阿圖島、基斯卡島和阿達克島。南雲率領四艘航空母艦於次日進攻中途島，預計六月五日登陸部隊將抵達並占領該島，他們預期不會遭遇強烈抵抗。山本的作戰艦隊此時將停留在後方西面，處於空中偵察範圍之外，準備迎擊預期中的美國反擊。

這次事件是僅次於珍珠港戰役的高峰。美軍航空母艦「企業」號和「大黃蜂」號於5月26日從南方抵達，而「約克鎮」號則在次日出現，原本預計需要三個月的修理時間，但為了應付緊急需求，決定在四十八小時內完成修復以適應戰鬥，並重新調配了一個新的航空大隊。5月30日，它再次啟航，加入斯普魯恩斯海軍上將的艦隊，斯普魯恩斯兩天前已經率兩艘航空母艦先行出發。弗萊徹海軍上將仍然負責混合艦隊的戰術指揮。在中途島機場，停滿了轟炸機，地面部隊也處於高度的「戒備」狀態。及時獲取敵人接近的情報至關重要，因此從5月30日開始進行了連續的空中偵察。美國潛艇在中途島西面和北面執行監視任務。在焦慮狀態中平安的度過了四天。6月3日上午九時，一架「卡塔利娜」式水上飛機在中途島西面七百多英里處巡邏時，發現了十一艘敵艦。轟炸與魚雷攻擊隨即展開，但未成功，只有一枚魚雷擊中了油船，戰役由此拉開帷幕，所有關於敵人意圖的疑團也隨之破解。弗萊徹海軍上將根據情報，確信敵方航空母艦將從西北方向逼近中途島，首次發現敵人的報告並未促使他立即行動，他正確地判斷出所發現的敵艦只是一批運輸船。6月4日黎明，他率領的航空母艦抵達中途島北面二百英里處的預定位置，以便在南雲出現時，可以迅速攻擊其側翼。

6月4日黎明時分，天色明朗，清晨五點三十四分，一架從中途島起飛的偵察機終於發出了期待已久的訊號：發現了逼近的日本航母。報告接二連三地傳來。大量飛機正朝中途島飛去，且有大批戰鬥艦在支援航母。早晨六點三十分，日本發動了一次猛烈的攻勢。此番襲擊遇到了頑強的抵抗，約有三分之一的攻擊者再也未能返回。儘管空襲造成了不少損失和傷亡，但機場仍可使用，並有時間對南雲的艦隊發起反擊。他的戰鬥機群遭受了嚴重的打擊。然而，這次被寄予厚望的勇敢攻擊，其結果卻不盡如人意。美軍的猛烈攻擊似乎擾亂了日本指揮官的判斷。他的飛行員建議再次攻擊中途島。他的航空母艦尚有足夠數量的飛機，以應付可能出現的美國航母，但他的偵察能力有限，且第一波的攻擊戰果有限，因此他認為美軍飛機不一定會來。於是他決定分散為迎擊美機而保持的隊形，將重新裝備以再次進攻中途島。無論如何，都需要清理飛行甲板，以便讓第一波攻擊的飛機降落。這個決定使他陷入致命的危險。儘管南雲後來得知一支包括航母在內的美國艦隊出現在東面，但為時已晚。他的飛行甲板上擠滿了正在加油和裝彈而無法立即升空的轟炸機；他無可避免地面臨挨打式的美國飛機攻擊災難。

　　弗萊徹與斯普魯恩斯海軍上將，憑藉他們豐富經驗的冷靜判斷，已經為參與這場關鍵戰鬥做好了部署。在早晨，他們截獲了不斷傳來的情報。上午七時，「企業」號與「大黃蜂」號除了自衛所需的飛機，全部出動以進行攻擊。「約克鎮」號的飛機因執行晨間偵察任務而耽擱，但其攻擊機群在九點過後陸續升空。此時，另外兩艘航空母艦的首批機群已經接近目標。敵方周圍多雲，俯衝轟炸機群起初未能找到目標。「大黃蜂」號的機群因未察覺敵人已經轉向，沒能發現敵艦，錯失了戰機。由於這些情況，首次攻擊由三艘航空母艦的魚雷轟炸機群單獨進行；儘管它們英勇接近目標，但在猛烈抵抗下未能成功。參與攻擊的四十一架魚雷轟炸機僅有六

架返航。他們的犧牲帶來了回報。當所有日本人的注意力與戰鬥機集中於他們的甲板上時,「企業」號與「約克鎮」號的三十七架俯衝轟炸機飛臨上空。它們的炸彈幾乎毫無阻礙地投向南雲的旗艦「赤城」號及其姐妹艦「加賀」號;幾乎同時,「約克鎮」號的另一批十七架俯衝轟炸機向「蒼龍」號發起攻擊。數分鐘內,這三艘航空母艦的甲板變成了屠場,滿是燃燒和爆炸的飛機。艦體下艙起火,不久,這三艘航空母艦顯然注定覆滅。南雲海軍大將不得不將他的司令旗移至一艘巡洋艦,眼睜睜看著他指揮的艦隊四分之三被摧毀。

午後,美國的戰機才返回並降落。儘管損失了六十多架飛機,但他們取得了極為重大的勝利。敵方的航空母艦中只有「飛龍」號尚存,它立即下定決心,為了太陽旗的榮耀,發起猛烈攻擊。當美國飛行員們返回「約克鎮」號,正敘述他們的經歷時,傳來敵機來襲的警報。報導稱,約有四十架敵機猛烈襲來。儘管遭遇戰鬥機和炮火的重創,「約克鎮」號仍被三枚炸彈擊中。雖然受到了嚴重損害,但火勢很快被撲滅,這艘航母仍能繼續航行,直到兩小時後「飛龍」號再次襲來,用魚雷發動攻擊,導致了致命的後果。該艦漂浮在海上兩天後,終被一艘日本潛艇擊沉。

當「約克鎮」號仍在海面漂浮之際,它已經開始實施報復。下午2點45分,「飛龍」號被發現;不到一小時內,「企業」號上起飛了24架俯衝轟炸機,齊頭並進直撲目標。下午5點整,攻擊展開,數分鐘後「飛龍」號已被烈焰吞噬,直至次日凌晨才沉沒。南雲的四艘航空母艦中最後一艘也遭擊沉,隨之覆滅的是所有訓練有素的航空人員。這些損失無法彌補。這場戰役於6月4日結束,戰後被正確地視為太平洋戰爭的轉捩點。

獲勝的美國指揮官們面臨著新的威脅。日本海軍總司令可能仍在指揮他的無敵艦隊向中途島挺進。美國空軍已經遭受重創,若山本選擇繼續進攻,美國將缺乏足夠的重型艦隻來對抗他。斯普魯恩斯海軍上將,此時擔

任航母艦隊的指揮，由於不清楚敵方力量，並且己方缺乏重型艦隻的支援，決定不向西追擊。這個決定無疑是正確的，不過，山本海軍總司令未採取挽回局勢的措施，卻令人費解。最初他決定前進，並下令四艘強大的巡洋艦在6月5日清晨炮擊中途島。同時，另一支強大的日本艦隊朝東北推進。如果斯普魯恩斯決定追擊南雲的殘餘艦隊，他可能會在一場夜戰中遭遇災難。然而，在夜間，日本指揮官突然改變了計畫，並在6月5日凌晨二點五十五分下達了總退卻命令。他的理由不明，但顯然，航空母艦的意外毀滅性失敗對他影響深遠。厄運再次降臨。兩艘派去轟擊中途島的重巡洋艦在航行中，為躲避美國潛艇的攻擊而相撞。兩艘巡洋艦皆嚴重受損，並在總退卻開始時掉隊。6月6日，這兩艘失去戰鬥能力的船艦遭到斯普魯恩斯飛行員的攻擊，結果一艘被擊沉，另一艘也瀕臨沉沒。這艘歷經戰鬥的「最上」號軍艦，最終返回了本土。

日本人在占領阿留申群島西部的阿圖島和基斯卡島後，又如同最初悄然到來時那樣無聲無息地撤離了。

回顧日本領導層的指揮策略，確實富有啟示。在一個月內，他們兩次以果敢的態度與策略性的行動將海、空軍投入戰鬥。然而，每當空軍遭受重創時，即便目標近在咫尺，他們也選擇放棄。中途島戰役中，海軍名將如山本、南雲和近藤等都參與並實施了這些大膽且大規模的作戰計畫。這些戰鬥在四個月內摧毀了盟軍在遠東的艦隊，並迫使英國東方艦隊退出印度洋。山本在中途島撤退是因為整體戰況表明：沒有空中掩護的艦隊，遠離基地數千英里，無法在擁有大量完好無損空軍的航母活動範圍內冒險停留。他命令運輸艦隊撤退是由於缺乏空中支援，加之該島有空軍防衛，面積又小，因此不可能實現奇襲，前去攻擊無疑是自取滅亡。

日本的計畫往往顯得僵化，每當無法按計畫執行時，便容易放棄目標，這種現象被認為主要源於其語言的繁瑣與不精確，這使得即時的訊號

溝通變得困難。

還有一個重要的教訓是，美國情報部門在事前成功破解了敵人的機密。因而，儘管尼米茲海軍上將的力量較弱，但他仍能在關鍵時刻和地點集中足夠的兵力，這在戰鬥中證明了其決定性的意義。戰爭中保密的重要性和洩密的嚴重後果在此得到了清晰的證明。

美國這一場具有紀念意義的勝利，不僅對美國本身，而且對整個盟軍的事業都具有深遠的影響。士氣因此得到了廣泛而迅速的提升。這個勝利扭轉了日本在太平洋地區的主導地位。曾經使我們在遠東的努力受挫長達六個月之久敵人所炫耀的優勢，如今已經不復存在。從這一刻起，我們的所有思緒轉向了採取攻勢的堅定信念。我們不再考慮日本人下一步會攻擊何處，而是思考我們能在何處對敵人發起反擊，收復他們迅速占領的廣大領土。然而，這條道路依然漫長而艱難，仍需要大量準備才能在東方取得勝利，不過我們對於最終的結果毫不懷疑；同時，太平洋方面的各種需求也不會過分影響美國為應付歐洲戰場所做的巨大準備工作。

在海洋戰爭的歷史卷冊中，鮮有比這兩場戰役更令人激動的了；在這兩場戰役中，美國海軍、空軍以及整個民族的卓越品格都熠熠生輝。空戰所帶來的新穎且難以估計的局面，使得行動的節奏和命運的變化達到了前所未有的激烈程度。然而，美國的航空人員和海軍戰士們的勇敢與無畏，他們指揮官的冷靜與高超的指揮能力，構成了這種局面的基石。當日本艦隊撤回至遙遠的本土港口時，他們的指揮官們已經明白，不僅他們的航母力量遭受了無法彌補的損失，而且他們還面對著一個在毅力和激情上足以匹敵他們武士道祖先高尚傳統的敵人，而且這個敵人還有著無窮發展的力量、數量和科學作為支撐。

北極護航行動關鍵

1942 年

當希特勒進攻蘇聯時，美國和我們唯一能夠援助蘇聯的方法就是提供武器和補給。這些物資主要來自美國和英國的產品，還有一些是美國原本要提供給英國的軍需品。因此，我們急需補充的部隊裝備受到了嚴重影響，同時，為了應付日本即將發起的攻擊所預計進行的所有準備工作實際上已經變得不可能。1941 年 10 月，訪莫斯科的比弗布魯克－哈里曼英、美代表團商定向蘇聯提供大量物資，他們的建議基本上得到了本國政府的認可。向蘇聯軍隊輸送這些物資的直接途徑是經由海運，繞過北角，沿北極海航線抵達莫曼斯克，然後轉至阿爾漢格爾斯克。根據協定，蘇聯政府負責用他們自己的船隻在英國或美國港口接收物資，然後運回蘇聯。然而，他們並沒有足夠的船隻來運載我們願意提供的大量物資，英、美的船隻因此承接了四分之三的運輸量。在最初的四、五個月內，一切進展順利，僅損失了一艘船；到 1942 年 3 月，來自挪威北部的德國飛機和德國潛艇開始對運輸船隊構成嚴重干擾。

我們已知希特勒如何指揮德國海軍在冬季將力量集中於挪威，這不僅是為了防範英國的攻擊，還期望阻止物資和軍需品流入俄國。他還從攻擊大西洋及橫跨大西洋航運的潛艇中保留一部分以守衛挪威。我早已指出，對希特勒而言，這些決策是錯誤的。我們和美國盟友都感到欣慰，德國快速戰艦的巨大攻擊力在這個危急時刻沒有被用來加劇潛艇戰的緊張局勢。儘管如此，隨著我們北極運輸船隊遭受的襲擊不斷增加，英國海軍部承受的壓力也日益沉重。

1942年一月，「提爾皮茨」號航向特隆赫姆。不久後，「舍爾」號也前來會合，三月時，巡洋艦「希佩爾」號加入了他們的行列。此艦隊還包括從布雷斯特早已抵達的戰鬥巡洋艦「沙恩霍斯特」號和「格奈森諾」號，以及與其一同脫險的「歐根親王」號。然而，「沙恩霍斯特」號和「格奈森諾」號曾遭我方魚雷襲擊，數個月無法參戰。修理期間，這兩艦遭遇猛烈空襲。2月27日夜，「格奈森諾」號在基爾船塢中被炸，儘管當時情況不明，但顯然損毀嚴重，以致再也未曾在海戰中現身。只有「歐根親王」號狀況尚可，與「舍爾」號一同被派往「提爾皮茨」號的艦隊中。這艘戰艦被英國潛艇「三叉戟」號的魚雷擊中，勉強駛至特隆赫姆。經過臨時修理後，最終返回德國，直至1942年十月才能重新參戰。儘管特隆赫姆的海軍實力僅為希特勒原計畫部署的一半，卻仍吸引了我們的關注。

1942年3月1日，P.Q.第十二號運輸船隊自冰島啟程，「提爾皮茨」號奉命前去攔截。英軍潛艇發現其行蹤。托維海軍元帥率「英王喬治五世」號與「勝利」號航空母艦護航，迅速前往攔截。然而，德國偵察機未能發現運輸船隊，「提爾皮茨」號遂撤退。托維未能在其返航途中截獲。3月9日，「勝利」號的飛機偵測到其蹤跡，隨即發射魚雷機攻擊。「提爾皮茨」號成功規避魚雷，返回西弗爾特港隱蔽。P.Q.第十二號運輸船隊遂安全抵達目的地。4月，P.Q.第十三號運輸船隊遭德軍空中與驅逐艦猛烈襲擊，十九艘船中損失五艘。德驅逐艦被擊沉，巡洋艦「特立尼達」號被魚雷擊中後沉沒。同樣在4月，美國特種艦隊抵達斯卡帕灣，帶來新戰鬥艦「華盛頓」號、航空母艦「黃蜂」號、兩艘重巡洋艦及六艘驅逐艦，增強了我方力量，並使攻打馬達加斯加成為可能。然而，運輸船隊面臨越加嚴峻的挑戰。1942年4月與5月間，另有三支船隊駛向俄國北部。第一隊進入冰島北部巨大冰群海域，二十三艘中有十四艘折返，有一艘沉沒，另有八艘抵達目的地。第二、第三隊遭遇更嚴重襲擊，共損失十艘船。儘管共

五十艘船安全通過，但巡洋艦「愛丁堡」號被潛艇擊沉，損失慘重。

截至 1942 年 3 月底，美、英兩國提供的物資供應量已經遠遠超過我們海運能力的承載運量。因此，貨運與物資供應嚴重阻塞；華盛頓與莫斯科都緊急要求我們承擔更多工作。霍普金斯因此發電報給我。

首相致哈里·霍普金斯先生

1942 年 4 月 26 日

感謝您發送詢問有關運往俄國貨物積壓情況的電報。

我們曾對運輸船隊的嚴峻狀況進行了詳細的分析。哈里曼今天收到了關於北方航線可能派遣的運輸船隊數量、每個船隊貨輪數量，以及我們關於解決貨運積壓的建議等全面資料。希望你能表示贊同。我們正在要求俄國人採取更多措施來協助保護運輸船隊。

羅斯福總統致前海軍人員

1942 年 4 月 27 日

關於俄羅斯的貨運難題。你發給哈里的電報讓我極為不安，因為我擔心的不僅僅是對俄羅斯的政治影響，更為重要的是，我們的物資無法及時送達。我認為，我們在運輸供應物資方面已經做出了巨大的努力，除非萬不得已，否則讓這些物資積壓將是嚴重的失策。今晨我與龐德及我個人的海軍顧問交談後了解到，當前形勢極為嚴峻。我特別希望你能重新評估，立即派遣的運輸船隊究竟應有多大規模，以便將目前堆積在冰島的物資運出。我可以並願意為此做出及時調整。然而，考慮到俄羅斯軍隊即將面臨攻擊，我更希望我們此時不與俄羅斯就供應物資數量問題達成新協定。在我看來，此時以任何理由告訴史達林我們的物資將停止運送，都將導致極為不幸的後果。

北極護航行動關鍵

羅斯福總統致前海軍人員

1942 年 4 月 30 日

　　海軍上將金就 5 月期間再次派遣運輸船隊的問題，與龐德進行了磋商，以解決那些已經裝貨或正在裝貨前往俄國的航運延誤這個緊急情況。我強烈希望這些船隻不要在英國卸貨或重新裝貨，因為我相信這會在俄國留下一個無法忍受且令人不安的印象。我們的任務是確保目前在英國和美國已經裝貨及正在裝貨的一百零七艘船隻能在 6 月 1 日前啟航。我希望你能同意金的建議。經過權衡，我認為這是我們對運輸船隊的最重要一次部署。

　　我們將密切關注從此地出發的運輸量，以確保 6 月 1 日後離開冰島的批准數量不會超過運輸系統的承載能力。我明白這是一項艱鉅的任務，但我認為這極為重要。因此，我希望你能與龐德仔細研究金的提議。

　　雖然我們非常願意這樣做，但要達到這些要求是不可能的。

前海軍人員致羅斯福總統

1942 年 5 月 2 日

　　1. 謹致最崇高的敬意。您所提出的建議超出了我的能力範圍。海軍上將金已經發表看法，實際上，我們的大西洋護航隊力量已經非常薄弱。計畫中的削減措施將在八週內導致運輸船隊系統陷入混亂。在此期間，若敵人從東岸向大洋中心進攻，我們的主要生命線將面臨慘痛後果。

　　2. 此外，俄國運輸船隊所面臨的挑戰，並非僅憑反潛艦艇就能解決。敵方的重型艦艇和驅逐艦隨時可能發動攻擊。即便是我們現有的運輸船隊，也遭遇了敵方驅逐艦的襲擊。在擊退敵艦過程中，我方一艘艦艇受損。我方裝備六英寸炮的最佳巡洋艦「愛丁堡」號遭到潛艇襲擊，嚴重受創，正被拖往莫曼斯克；而先前護航運輸船隊而被擊毀的「特立尼達」號仍停泊在那裡。剛剛我收到報告，「英王喬治五世」號與我們的驅逐艦「旁

遮普」號發生了碰撞。「旁遮普」號正在下沉，船上的深水炸彈爆炸，損壞了「英王喬治五世」號。因此，俄國運輸船隊因缺乏反潛艦艇而遇到的困難，至少與缺乏強大戰鬥力的水面艦艇相同。我們曾在特隆赫姆對「提爾皮茨」號進行孤注一擲的攻擊，但遺憾的是，儘管接近目標，卻未能造成任何破壞。

3. 我懇求您，不要在這項行動中強迫我們做出超越我們執行力的決定。我們已經非常仔細地研究過了。然而，對於這項工作，我們仍無法評估其全部的壓力消化程度。總統先生，我可以向您保證，我們已經盡了最大努力，我再也無法催促海軍部了。

4. 六艘來自冰島的船隻已經抵達克萊德港，需立即重新裝貨。根據經驗，我們能夠排程船隻的最大限度上是，每兩個月派遣三個運輸船隊，每隊由三十五艘或二十五艘船隻組成。龐德另有電報給金海軍上將。

羅斯福總統致前海軍人員

1942 年 5 月 3 日

在俄國運輸船隊的問題上，我們暫且勉強同意你的立場，但我仍期望你能將船隊規模維持在三十五艘。我建議堅決要求俄國人將必需品削減到最低限度，理由是，為了籌備「波利樂」作戰計畫，必須調動所有現有的軍需品和船隻。

史達林總理致首相

1942 年 5 月 6 日

我有一個請求。大約九十艘滿載重要戰爭物資的船隻正前往蘇聯，但目前被困在冰島或從美國到冰島的航線上。鑑於英國海軍在組織護航船隊上遇到困難，據我所知，這些船隻的航行可能會長時間延誤。

我深知此事的艱難處境，亦理解英國所付出的犧牲。然而，我認為有必要向您提出請求，務必採取一切可行措施，確保上述物資於五月間送抵

蘇聯，因為這對我們的前線至關重要。

請收下我誠摯的問候，並祝願一切順利。

首相致史達林總理

1942 年 5 月 9 日

5 月 6 日的來電已經收到，感謝你的通知和問候。我們決議開通航道，將戰爭物資盡可能多地運送給你。鑑於「提爾皮茨」號及其他在特隆赫姆的敵方艦艇活動，每支運輸船隊的航行都已經成為重大艦隊行動。我們將繼續竭盡全力。

毫無疑問，你的海軍顧問們已經向你指出，敵方從各個基地派出的水面艦艇、潛艇和飛機，對運輸船隊航線兩側的襲擊帶來了諸多風險。我們已經投入全部可用力量來應付這個問題。為此，我們大西洋運輸船隊的護航力量已經嚴重削弱，而且，你當然知道，我們損失慘重。

我直言不諱地強調了加強蘇聯海、空軍援助的重要性，以確保這些運輸船隊的安全航行，我相信對此你不會反對。

史達林總理致首相

1942 年 5 月 13 日

來電已經收悉。你同意盡力將戰爭物資運送至蘇聯，特致此函表達謝意。我們深知英國正竭力克服這些困難，也理解你們在執行這個龐大任務時面臨重大的海上損失。

關於您建議蘇聯空軍和海軍在所述地區加強對運輸艦隻的保護措施，請放心，我們會立即盡一切可能加以實施。然而，請理解我們的海軍力量相當有限，而空軍的絕大部分資源已經投入前線戰鬥。

請允許我表達我最誠摯的問候。

首相致函伊斯梅將軍，轉交參謀長委員會

1942 年 5 月 17 日

　　不僅是史達林總理，連同羅斯福總統也堅決反對我們在此刻停止派遣運輸船隊。俄國人正在激烈交戰中，他們希望我們能共擔風險，履行我們的責任。美國的船隻已經整裝待發。我的心情既焦急又複雜，認為運輸船隊必須在 18 日啟程。即使只有一半能夠抵達，此次行動便算達成目的。若我們在這方面的努力告吹，將削弱我們在兩個主要盟國中的影響力。天氣和運氣難以預測，或許會對我們有利。我和你一樣憂心，但我認為這是責任所在。

　　當我們的努力達到極限時，終於有了關於 P.Q. 第十七號運輸船隊命運的消息。這個船隊由三十四艘商船組成，於 1942 年 6 月 27 日從冰島啟程前往阿爾漢格爾斯克。護航編隊包括六艘驅逐艦，兩艘防空艦，兩艘潛艇和十一艘較小艦艇。作為緊急支援，海軍少將漢密爾頓指揮兩艘英國巡洋艦、兩艘美國巡洋艦和三艘驅逐艦。沿著挪威北部海岸部署了九艘英國潛艇和兩艘俄國潛艇，以便在必要時打擊「提爾皮茨」號和德國巡洋艦，或者至少警告它們不得靠近。最後，海軍總司令托維率領的主要掩護力量在西面巡邏，包括戰鬥艦「約克公爵」號、「華盛頓」號，航空母艦「勝利」號，三艘巡洋艦和一小隊驅逐艦。

　　護衛商船隊行經熊島北部，在距德國空軍基地約三百英里處，被流冰群擋住。海軍部指示漢密爾頓將軍，「除非護航運輸船隊面臨他可以迎戰的敵方水面艦隊威脅」，他的巡洋艦隊無需駛向熊島東面。這顯然表示不派他攻擊「提爾皮茨」號。同時，海軍司令率領重型艦隻停留在熊島西北約一百五十英里的區域，準備在「提爾皮茨」號出現時進行攻擊，優先派遣「勝利」號航母上的飛機襲擊。運輸船隊於 7 月 1 日被敵軍發現，隨後一直被敵軍空軍追蹤並頻繁襲擊。7 月 4 日清晨，首艘船隻被擊沉；當晚，

北極護航行動關鍵

又有三艘船隻被敵機發射的魚雷擊中,當時運輸船隊距熊島僅剩一百五十英里。漢密爾頓海軍少將動用自由裁量權,繼續與運輸船隊同行。據報告,「提爾皮茨」號在7月3日下午前離開特隆赫姆,但無法獲得其與其他德國重型艦隻的具體行動情報。

海軍部懷著極度焦慮密切關注著運輸船隊的進展。由於敵方的追蹤,必需根據海軍部當時掌握的情報進行詳細分析。7月4日,已有確切的理由相信,「提爾皮茨」號及其護航艦在阿爾塔完成加油後,可能正前往攔截運輸船隊。這次無可抵禦的巨大攻擊威脅超過了以往任何空中或潛艇襲擊。漢密爾頓將軍的巡洋艦對抵抗德國人的力量無濟於事,而保住運輸船隊部分船隻的唯一希望,似乎應是搶在敵艦抵達前盡量將船隻分散。敵艦離港後可能在十小時內到達,而商船的航速僅為每小時七至八海里。即便分散策略有效,時間仍然極為緊迫。當天晚上,第一海務大臣認為襲擊即將發生,直接以個人名義向漢密爾頓將軍發出「緊急」通知如下:

下午九時十一分

巡洋艦應以最高航速向西撤離。

下午九時二十三分

面對敵方水面艦艇的威脅,運輸船隊應分散駛向俄國港口。

下午九時三十六分

應將運輸船隊分散配置。

此決定一經發布,巡洋艦司令便無從選擇。他的命令清晰且絕對。縱然因為必須捨棄不幸的運輸船而感到苦惱,他亦無能為力。我們的艦隊無法及時抵達事發地點。護航的驅逐艦也奉命撤退了,而儘管這個決定在當時是正確的,它們的任務在於隨後協助將分散的船隻重新集結成幾個小隊,並在餘下漫長且危險的航程中,提供一定的防空與反潛保護。

若問題僅限於英國艦艇，龐德海軍上將或許不會下達如此堅定的命令。然而，鑑於這次英、美聯合行動在英國的指揮下首次大規模進行，且涉及到兩艘美國巡洋艦以及我們的戰艦同樣面臨毀滅風險，這讓他感到不安，因而做出這些驚人的決定。這僅是基於我對他的了解而做出的推測，因為我從未與他討論過這些問題。事實上，這些命令由第一海務大臣發布並由海軍部批准，保密程度極高，直至戰爭結束後我才得知內情。

盟軍的巡洋艦隊已經越過指定區域。若無海軍部新指令，這些巡洋艦將在任何情況下遵循原命令於一小時左右撤退。最初的行動實際上未改變戰術局勢。事後分析，分散船隻的決策顯得輕率。若漢密爾頓將軍能在運輸船隊分散完成後再撤離，或許就能避免因巡洋艦匆忙撤退而引發的恐慌。然而，基於他所接收到的訊號，他只能假設「提爾皮茨」號可能隨時會在海上出現。

現在，我們來探討一下德國的局勢。敵方艦隊由「提爾皮茨」號、「舍爾」號、「希佩爾」號和隨行驅逐艦組成，駐紮在阿爾塔，直到7月5日中午才離開港口。此時，他們透過空中偵察得知，運輸船隊已經分散，且英國巡洋艦也已經撤退。不久，德國艦艇首先被一艘俄國潛艇發現，並對「提爾皮茨」號進行攻擊，錯誤地聲稱命中兩處。隨後，一艘英國潛艇也發現了「提爾皮茨」號，並回報該艦正高速向東北方向航行。儘管德國海軍上將意識到已經被發現，並擔心英國空軍的襲擊，仍計劃繼續執行任務。然而，德國最高統帥部持不同意見，因想起一年前「俾斯麥」號的命運，決定撤回艦隊。他們正確地預估到，以飛機和潛艇對付分散的運輸船隊可能更為有效。德國的重型艦隻當晚接到命令返回港口。其潛在威脅導致護航運輸船隊分散。這樣，德國人僅僅在這些航線上短暫出現，就為自己取得了一次重大的成功。

留給我們的後果是苦澀的。此時，分散且無防護的運輸船隊已經成為

飛機和潛艇的獵物。每艘船，或每小隊商船，其中有的伴隨一艘或多艘較小護航艦，其悲慘遭遇本身就是一段傳奇。有些在新地島冰封海岸附近避難。從冰島出發的三十四艘船中，二十三艘沉沒，船員不是在冰凍海上喪生，就是因凍傷而遭受難以忍受的痛苦和傷害。兩艘英國商船、六艘美國商船、一艘巴拿馬商船和兩艘俄國商船抵達阿爾漢格爾斯克港，卸下二十萬噸貨物中的七萬噸。共有十四艘美國商船沉沒。這是整個戰爭期間最為悽慘的海軍事件之一。

7月15日，我經由備忘錄向海軍大臣和第一海務大臣說明：「今天早晨我才得知，是巡洋艦隊司令官漢密爾頓下令驅逐艦離開運輸船隊。對此決定，你當時有何看法？現在又如何看待？」我在等待對相關人員行為的調查結果。這需要相當時間，最終沒有人受到處分。所有電報都是依據第一海務大臣的命令發出的，又如何能進行處分呢？

在諸多與我相關的事件中，包括未來章節將要描述我在開羅和莫斯科的行程，我暫時擱置了一些事件不談。然而，唯有此刻，我必須加以描述。若「提爾皮茨」號及其護衛艦接近護航的巡洋艦和運輸船隊，命令巡洋艦撤退是正確的選擇；否則，將招致不必要的犧牲，而商船的最佳生存希望在於分散。驅逐艦的撤離引發了另一個問題。漢密爾頓將軍在報告中提到燃料問題，指出運輸船隊的分散使它們無法找到油船以補充有限的供給。他還詳細分析了船隊行動中的突發事件，在那種情況下，驅逐艦是船隊所急需的。然而，運輸船隊的分散，使得驅逐艦在抵抗強敵海上攻擊時無法發揮作用。驅逐艦的撤退顯然是一個錯誤。為了保護商船，應該承擔一切風險。

自大戰爆發以來，美國作家對這個悲劇事件進行了批判，隨即引發了蘇聯政府的一系列指責與謾罵。然而，我們從這場不幸中汲取了教訓。

基於P.Q.第十七號運輸船隊的慘劇，海軍部建議至少等到北方流冰

群消融和極區白晝結束後再啟動北極運輸船隊。我認為這是一個至關重要的決定，並且，依據「敗不餒」的原則，我認為不應減少這項賭注，反而應增加。

首相致海軍大臣和第一海務大臣

1942 年 7 月 15 日

請對以下各點進行深入研究：

從本月 18 日起，根據現有建議暫停 P. Q. 第十八號運輸船隊的航行。調查我們在馬爾他軍事行動的進展。如果一切順利，將「無畏」號、「勝利」號、「阿爾戈斯」號和「鷹」號調動到斯卡帕灣北部，並至少調集五艘輔助航空母艦，連同所有可用的「狄多」級艦隻以及至少二十五艘驅逐艦。讓這兩艘裝備十六英寸炮的戰鬥艦在空中保護傘和驅逐艦的掩護下向南航行，避免接近浮冰，選擇最晴朗的天氣對敵發起攻擊。如果我們的運輸船隊能夠在至少一百架戰鬥機的保護下行動，我們必定能重新開闢航道，並且，如果能完成一次艦隊的航行，那就更理想了。

然而，我無法勸服海軍部的同僚們接受此策略。此策略必然會牽制我們部分急需的艦隻，而這些艦隻在實際軍事重要性上超過北極運輸船隊。因此，我向史達林發出了以下電報。對於這份電報，我事先得到了總統的批准。

首相致史達林總理

1942 年 7 月 17 日

自 1941 年 8 月起，我方向俄羅斯北部派遣的小型運輸船隊在德國人沒有進行干擾的情況下運作至 12 月。自 1942 年 2 月後，隨著運輸船隊規模的擴大，德國人調了一支龐大的潛艇部隊及大量飛機至挪威北部，對運輸船隊展開猛烈攻擊。儘管在可能的情況下為運輸船隊提供了最強而有力的驅逐艦和反潛艦護航，損失雖未完全避免，但已經顯著降低。顯然，

德國人並不滿足於飛機和潛艇的戰果，因為他們開始動用水面艦隻來攻擊運輸船隊。然而，起初他們在熊島以西部署重型艦隻，在東面則放置潛艇，這使得我方本土艦隊能夠阻擋敵人水面艦隻的進攻。在5月運輸船隊啟航前，海軍部曾警告我們，若德國人如預期般在熊島東面使用水面艦隊，損失將非常慘重。儘管如此，我們仍決定啟航。敵方水面艦隻的襲擊未能實現，我方運輸船隊主要因空襲損失了六分之一的船隻。至於P. Q. 第十七號運輸船隊的情形，德國人終於以我們一直擔憂的方式動用了他們的力量。他們在熊島西面集結潛艇，並準備在東面進攻。P. Q. 第十七號運輸船隊的最終結局尚不明朗。截至目前，僅有四艘船隻抵達阿爾漢格爾斯克，另有六艘停泊在新地島的港口中，但隨時可能遭受空襲。因此，至多僅能完成三分之一的運輸任務。

當敵方戰鬥艦隊的航向轉至極北區域時，我必須明確指出這些運輸船隊行動所面臨的風險和挑戰。我們認為，將我們的本土艦隊冒險派往熊島東側，或前往足以遭受強大德國空軍從陸地基地起飛襲擊的區域，並非明智之舉。如果我們那極為有限的幾艘強力戰鬥艦損失一、兩艘，或遭到嚴重損壞，而與此同時，「提爾皮茨」號及其僚艦，隨後還有「沙恩霍斯特」號，仍在繼續活躍，那麼，我方在大西洋的整體控制權將會暫時喪失。此外，這還將影響我們生活所需糧食的供應，進而削弱我們的戰鬥能力；尤其重要的是，目前每個月已有八萬美軍橫渡大西洋的龐大運輸船隊將遭受干擾，使得在1943年開闢真正有力的第二戰場計畫變得不可能。

根據我海軍顧問的評估，如果德國的水面艦艇、潛艇和空軍力量維持現狀，他們確信任何駛向俄國北部的運輸船隊都會全軍覆沒。目前，他們仍無法樂觀地認為，運輸船隊在極地白晝期間完成航行的成功率會優於P. Q. 第十七號運輸船隊。因此，很遺憾，我們已經得出結論：派遣下一批P. Q. 第十八號運輸船隊的嘗試對你們無益，只會對我們的共同事業造成徹底的損失。同時，我向你保證，如果我們能夠安排適當的條件，以確

保至少一部分運輸船隊能夠順利抵達，我們將立即恢復運輸任務。關鍵在於，我們需要使巴倫支海成為德國戰艦的高風險區域，正如他們對我們所做的那樣。這是我們在協同運用力量時必須明確的。我非常願意派遣一名皇家空軍的高級軍官到俄國北部，與貴方軍官商討計畫。

與此同時，我們正計劃將原本隸屬於 P. Q. 運輸船隊的幾艘船隻立即調往波斯灣……

你提到北方的聯合行動。目前，運送運輸船隊的障礙同樣阻礙了我們向挪威北部運送作戰所需的陸、空部隊。然而，我們的軍官仍應立即共同商討聯合行動可能的時機，無論是在十月之內還是在十月之後，儘管具體時間尚不明確。如果你們能派軍官過來當然更好；如果不行，就讓我們的軍官去你們那邊。

除了北方的協同行動外，我們正在研究如何支援你們的南線。如果我們能驅逐隆美爾，秋季可能派遣強大的空軍去支援你們的左翼戰線。要在波斯航線上供應這些部隊而不影響對你們的供應，顯然極具挑戰；不過，我希望不久能向你提出詳細的建議。總之，我們必須先擊退隆美爾。目前的戰鬥是激烈的……

史達林總理，鑑於您已經批准三支波蘭師與他們在巴勒斯坦的同胞並肩作戰，我深信此舉完全符合我們共同的利益。我們將在巴勒斯坦為他們提供全副武裝。這些部隊將在未來的戰鬥中發揮至關重要的作用，並使土耳其人感受到南方兵力的增強，而不至於失去信心。我希望這個對我們極其重要的計畫不會因波蘭士兵帶來大量依賴其口糧的家屬而遭受挫折。對這些家屬的糧食供應，對我們而言將是一個沉重的負擔。然而，我們認為，為了籌組這支忠誠且對我們共同利益有利的波蘭軍隊，承擔這種負擔是值得的。在地中海東岸的國家地區，我們的糧食供應也相當緊張，不過，在印度的供應是充足的，如果我們能從那裡運來就好了。

若無法獲得這些波蘭部隊，我們將不得不從當前英、美為歐洲大陸大

規模進攻所做的廣泛準備中抽調部分力量來填補其空缺。這些準備已經促使德國人將兩支重型轟炸機隊從俄國南部調往法國。請相信我，指責我們和美國人在你們的偉大鬥爭中不予援助，是不合情理的無稽之談。總統與我一直在尋找方法，以克服地理條件、海洋困境以及敵人空軍帶來的極大困難。這份電報已由總統審閱。

我實在不願意承認我收到了一封充滿怒火和粗魯的回覆。

史達林總理致首相

1942 年 7 月 23 日

1. 7 月 17 日的來電已經收到。從中可以推斷出兩方面。首先，英國政府拒絕繼續經由北方航線向蘇聯運輸戰爭物資。其次，儘管有關於 1942 年開闢第二戰場的緊急任務協定公報，英國政府將此問題拖延至 1943 年。

2. 我們的海軍專家們研究了英國同行所提出的理由，認為停止通往蘇聯北方港口的運輸船隊是毫無說服力的。在他們看來，只要保持誠意並全力履行承諾，這些船隊是能夠正常執行的，並且能對敵人造成沉重打擊。此外，我們的專家們對海軍部命令 P. Q. 第十七號運輸船隊返航的意圖感到困惑，由於這個命令，貨船被迫分散，在缺乏任何保護的情況下，各自設法駛入蘇聯港口。當然，我並不認為前往蘇聯北方港口的定期運輸船隊可以在無危險或損失的情況下完成任務。然而，在戰時，沒有任何重大任務的完成是可以免於風險或損失的。無論如何，我絕不希望在蘇聯因蘇、德前線的緊張局勢而比以往更需要軍事物資的時刻，英國政府會中止這些物資的輸送。顯然，透過波斯灣的運輸路線無法彌補停止北方口岸運輸船隊所帶來的損失。

3. 關於第二個問題，即在歐洲開闢第二戰場的問題，我擔心它未獲得應有的重視。經過對蘇、德前線當前形勢的充分考量，我必須強調，蘇聯政府不同意將歐洲第二戰場的開闢延遲至 1943 年。

4. 我期望，我以如此直率且誠懇的方式表達我的看法，以及電報中提到我同事們對此事的看法，不會令你感到不悅。

這些論點並不具備充分的依據。絕非違反將戰爭物資運送至蘇聯港口的「約定義務」，這個責任在協定訂立時已經明確規定應由俄國人承擔。我們之所以額外承擔運輸工作，純粹是出於善意。關於破壞1942年開闢第二戰場的指責，我們的備忘錄是最有力的反駁。然而，我不認為與蘇聯政府爭論這些問題會有任何益處。在他們本身未遭受攻擊前，他們寧願看著我們全軍覆沒，並與希特勒分享勝利果實。即便在共同戰鬥中，他們也鮮少對英國和美國因運輸援助物資給他們而遭受的損失表示同情。

總統認同此觀點。

羅斯福總統致前海軍人員

1942年7月29日

我贊同你的觀點，但你對史達林的回應必須特別謹慎。我們應時常銘記我們同盟國的品格以及他們所面臨的困難與危險。當任何一個國家遭受侵略時，我們不能指望他以全球視角來看待戰爭。我認為我們應該設身處地為他考慮。我認為，我們首先應詳細告訴他，我們已經決定在1942年採取行動。即便不透露作戰計畫的細節，也應該無條件地告訴他實際的執行情況。

同時我認為，在北方運輸船隊的問題上，你不應該讓史達林抱有任何不切實際的幻想。當然，我贊同你的看法，即使風險再大，只要有一絲成功的可能，我們都應該持續派遣船隊。

我仍然心存希望，認為我們能夠直接派遣空軍至俄國前線，我正在此研究此事。我認為，僅在埃及戰事進展順利的情況下才動用空軍的策略並不明智。俄國的需求十分緊迫。我感到，如果俄國軍隊和人民了解到我們的一部分空軍以非常直接的方式與他們並肩作戰，這將極大地激勵他們。

此外，我們有理由相信，無論是現有的還是計畫中的聯合空軍部隊，均具有重要的戰略優勢。儘管如此，我認為史達林對此並不認同。我猜測，史達林並不打算參與戰略理論的討論，而且我確信，他更傾向於為其南部戰線提供直接的空軍支持，而非參與我們的主要戰爭行動。

因此，我選擇將史達林的抱怨電報擱置一旁，不予回應。畢竟，俄國軍隊損失慘重，戰役正值成敗的關鍵時刻。

1942 年 8 月 26 日，德國海軍司令部與元首召開了一次會議，會上海軍上將雷德爾進行了以下的陳述：

很明顯，同盟國的運輸船隊尚未啟航。因此，我們可以推測，我方潛艇和飛機對敵方最近一次運輸船隊的全面打擊，迫使敵人暫時放棄這條航線，甚至可能已經徹底改變了他們整個供應系統。向俄國北部港口的物資運輸，依賴於英國指揮下的整體戰局安排。他們必然會支持俄國的力量，以分散德國的兵力。敵人極有可能繼續向俄國北部透過航運提供物資，因此，海軍部必須在原有航線上保持潛艇部署。德國艦隊的大部分也將駐紮在挪威北部。這樣做的理由，除了可以對可能出現的運輸船隊進行襲擊外，還因為敵人入侵的威脅持續存在。只有讓艦隊駐留在挪威海域，我們才有希望成功規避這個危險。而且，從整個軸心國的策略來看，這也具有特殊的重要性，因為德國的「現有艦隊」牽制了英國的本土艦隊，尤其是在英、美海軍在地中海和大西洋上遭受重大損失以後。日本人也意識到這個策略的重要性。此外，近海敵方水雷的威脅日益增加，因此海軍艦艇應僅在需要維修或訓練時才移動。

直到九月，另一支船隊才啟程前往俄國北部。這時護航計畫已經作出調整，船隊由十六艘驅逐艦組成的護航隊嚴密保護，並首次由搭載十二架戰鬥機的新型航空母艦「復仇者」號參與護航。英國艦隊依舊做好了強而有力的支援準備。德國的水面艦艇這次選擇不干預，襲擊任務交給了

飛機和潛艇。結果是一場極為慘烈的空戰，我們擊落了約一百架敵機中的二十四架。在戰鬥中，十艘商船失蹤，另有兩艘被潛艇擊沉，但仍有二十七艘船隻成功穿越航道。

不僅這些運輸船隊的全部重擔幾乎都落在我們身上，而且，我們還在1941和1942兩年中從我們緊張的資源中極力為俄國提供了大量的飛機和更多的坦克。這些數字，是對那些諷刺我們在俄國困難時對它所需要的幫助不夠熱心的人們做出的結論性答覆。我們堅定地把我們的心血交付給我們英勇而受著苦難的盟國。

1942年，皇家海軍在毫無勝算的情況下所作的努力，終究未能掩飾其事倍功半。希望只能寄託於未來。1942年9月，P.Q.第十八號運輸船隊到達後，前往俄國北部的運輸船隊暫時停頓。隨著不久後北非大戰的爆發，皇家海軍的全部力量被吸引至內海。然而，關於向俄國輸送物資及未來運輸船隊的防護措施，仍在詳細研究中。直至12月底，下一次運輸船隊才又一次開始了危險的航程。此船隊分為兩批航行，在海軍艦隊的掩護下，每批由六、七艘驅逐艦護航。第一批順利抵達，但第二批航行並不順利。12月31日清晨，船隊位於距北角約一百五十英里的海域，指揮護航艦隊的海軍上校R. 舍布魯克在驅逐艦「奧斯羅」號上發現三艘敵方驅逐艦，立即迎戰。戰鬥伊始，德國重型巡洋艦「希佩爾」號現身。英國驅逐艦與這艘強大的軍艦纏鬥近一小時。戰鬥的炮火閃光吸引了二十五英里外海軍上將伯內特率領的英國巡洋艦「謝菲爾德」號和「牙買加」號趕來。艦隊直奔南面迎擊德國袖珍戰艦「盧佐夫」號，短暫交鋒後，「盧佐夫」號在晨曦中向西撤離。德國艦隊司令誤以為這兩艘英國巡洋艦是主力艦隊的前導，遂倉促撤退。在短暫的戰鬥中，「謝菲爾德」號近距離擊沉一艘德國驅逐艦，繼而展開追擊戰。兩艘德國重型軍艦及其護航的六艘驅逐艦襲擊了舍布魯克保護下的運輸船隊，但未能得逞。

北極護航行動關鍵

　　運輸船隊順利進入俄國領海，損失了一艘驅逐艦，此外只有一艘商船輕微受損。海軍上校舍布魯克在戰鬥初期受重傷，儘管一隻眼睛失明，仍堅持迎戰，親自指揮。他因出色的領導能力被授予維多利亞十字勳章。

　　在德國最高統帥部內，這場戰鬥引發了巨大的震動。由於電訊延遲，最高統帥部最初是透過英國廣播獲悉此事。希特勒勃然大怒。在他焦躁地等待戰鬥結果時，戈林則火上澆油，猛烈批評不該浪費德國空軍中隊去保護他建議報廢的海軍主力艦。海軍上將雷德爾被命令立即提交報告。1月6日召開了海軍會議。希特勒對德國海軍過去的成績進行了冗長且激烈的批評。「如果元首決定放棄較大的艦隻，這不應被視為貶低。除非他解散一支具有充分戰鬥力的艦隊，才是真正的貶低。在陸軍方面相對的措施是撤銷所有騎兵師。」雷德爾被要求就為何違規使用退役主力艦提交書面報告。當希特勒收到這份備忘錄時，予以嘲諷，並命令鄧尼茨作為雷德爾的繼任者制定符合他要求的計畫。在希特勒的周圍，戈林與雷德爾之間爆發了一場關於德國海軍與空軍未來的激烈衝突。然而，雷德爾頑固地為1928年以來他主持的貢獻辯護。他多次請求建立獨立的海軍航空兵部隊，但由於戈林堅持認為空軍在海上任務中更有效，因此未能實現。戈林勝出。雷德爾於1月30日辭職。繼任者是野心勃勃的潛艇司令鄧尼茨。從此，所有的新艦建造計畫被潛艇所壟斷。

　　正因如此，英國皇家空軍在年末為護航一支駛往俄國的盟軍運輸船隊而進行的英勇戰鬥，直接導致敵方海軍政策出現重大危機，同時終結了德國建立新公海艦隊的幻想。

制空力量逐步增強

在 1941 年冬季，我方情報機關懷疑德軍正在使用一種新型雷達設備，用以測定我方飛機的航向與距離。傳聞此設備形似巨大的缽形電熱器。我方的諜報人員透過空中監聽與航空攝影等手段不久後探明，沿著歐洲北部海岸分布著一系列電臺，其中一個可能安裝了新設備，位於勒阿弗爾附近的昂蒂布角。1941 年 12 月 3 日，我方空中攝影偵察部隊的一位中隊長偶然造訪情報中心，了解到這個懷疑。次日，他自願駕機前往，確定了該電臺的位置。12 月 5 日，他再次出動，拍攝了一張極為成功的照片。我們的科學家認為這正是他們想要的。儘管電臺位於四百英尺高的懸崖上，但附近有一片沙灘，可作為飛機降落場。因此，我們制定了一項突襲計畫。

1942 年 2 月 27 日晚間，漫天飛雪的夜裡，午夜時分，一支傘兵部隊降落在懸崖頂端的德國電臺後方，包圍了駐守的士兵。與傘兵同行的還有一隊受過詳細指令的工兵以及一名皇家空軍的無線電技師。他們的任務是盡可能拆卸並攜走設備，繪製剩餘設備的草圖或進行拍攝，如有可能，還要俘獲一名德國報務員。儘管任務執行上的誤差使他們的工作時間從半小時縮短至僅十分鐘，他們仍然完成了所有任務。大部分設備被找到，並在火光中拆卸，運送至海灘。海軍在此等待，將這支隊伍撤離。我們因此掌握了德國雷達防禦中關鍵設備的主要部分，並獲得了有利於我們空中攻勢的重要情報。

依託於專門蒐集雷達情報的間諜網路迅速擴展，以及中立國友好人士從被占領地區帶來的情報，在 1942 年期間，我們對德國防禦系統的了解逐漸加深。提到「間諜」或「中立國友好人士」時，必須特別提及比利時

制空力量逐步增強

人。在1942年，他們提供了與雷達相關的情報之中百分之八十的份額，其中包括一張極其重要的地圖。這張地圖是從比利時境內德國夜間戰鬥機北部兩個戰區航線內的德國探照燈和雷達部隊指揮官處竊取的。憑藉這份地圖以及其他情報，我們的專家終於能夠破解德國防空系統的謎團。到年底，我們不僅了解敵方系統的運作方式，也知道如何應付它了。

然而，有一個細節我們在當時並未察覺，直至數個月之後才發現。到這一年年底，林德曼教授——當時已經獲封徹韋爾勳爵——告訴我，德軍已經在其夜間戰鬥機當中安裝了一種新型雷達設備。關於該雷達，除知悉其名為「火石」並專為追蹤我方轟炸機而設計之外，其餘一無所知。在我們展開空中攻勢前，有必要深入了解此設備的細節。1942年12月2日晚間，我們派遣第一百九十二中隊的一架飛機作為誘餌。該機多次遭遇配備「火石」雷達的敵軍夜間戰鬥機攻擊。機組人員幾乎全員受傷。負責監聽輻射電波的技術員頭部重傷，但依然精準地進行觀測。無線電報務員雖然傷勢嚴重，仍在拉姆斯格特上空成功跳傘，保全了性命及珍貴的觀測資料。其餘機組人員則將無法在機場降落的受損飛機駛向海上，最終降落於水面，並被來自迪爾的小船營救。從此，我們彌補了先前對德軍夜間防禦系統了解的不足。

早在1940年，林德曼教授的研究報告已經開始令我對我方轟炸的精確性產生懷疑，因此在1941年，我下令他領導的統計處在轟炸機司令部展開調查。調查結果，證實了我們所擔憂的情形。我們發現，即便轟炸機司令部確信目標已經鎖定，實際上超過三分之二的機組人員無法在目標周圍五英里以內投彈命中。空中攝影也揭示了我們對敵方造成的損害是多麼微不足道。機組人員似乎也意識到這一點，並因高危險性與低戰果而感到士氣低落。若不在此方面進行改善，繼續夜間轟炸似乎意義不大。1941年9月3日，我發出了下述備忘錄：

首相致空軍參謀長

　　附上的文件（徹韋爾勛爵關於6月和7月對德國轟炸成果的報告）至關重要，應當引起你的高度重視。我期待你提出採取措施的建議。

　　過去曾經提出多種依靠無線電引導轟炸機抵達目標的方案，但在我們意識到轟炸精準度的問題之前，似乎沒有理由深入研究這些複雜的問題。如今，我們已經將注意力集中於此。我們曾研究一種名為「前進」的方法，透過從英國境內三個相距甚遠的電臺同時發出電波，精確測量電波到達飛機的時間，進而定位飛機，誤差不超過一英里。這個方法在襲擊布倫埃瓦後約十天被大規模應用。憑此技術，我們襲擊了魯爾地區的大多數目標，但仍無法深入德國。呂貝克與羅斯托克在這個時期也遭轟炸，但未使用「前進」方法。另一種名為「歐波」的類似技術更為精確，但需轟炸機長時間直線飛行，增加了被高射炮襲擊的風險。此外，與「前進」一樣，設計的無線電波過短，無法沿地球表面弧線傳遞，限制了使用範圍，僅適用於高出地平線約二萬五千英尺、長達二百英里的距離。這極大限制了攻擊區域，需要更有效的方法。

　　自1941年起，林德曼教授便證明了這個構想的實際可行性：將雷達設備安裝在飛機上，可以將地面地圖投射到駕駛艙的螢光幕上。當轟炸機透過「前進」或其他導航方法接近目標約五十英里時，可以啟動這種雷達，在雲霧中準確投彈，不受干擾。距離不再是問題，因為飛機無論飛到何處都攜帶著雷達，而雷達在黑暗中能夠「看見」地面。

　　這一種方法，即後來以密碼代號——「硫化氫」而著稱的方法，經歷了諸多波折，期間有人不斷告訴我成功無望。然而，正如下文備忘錄中所示，我堅持推動這個研究項目，最終取得了成功。此方法採用了一種特別的超短波。電波越短，飛機上的螢光幕影像越加清晰。這種電波被稱為微波，而發送這些微波的設備完全是英國的創新，這是海上與陸地無線電戰

制空力量逐步增強

當中的一大突破。直到它被德國人掌握後,他們才得以仿製。然而,這都是後來的事。在這危急時刻,除了進行科學研究外,無暇顧及其他。首要任務是製作可實際操作的原型。如果它能正常運作,我們還需要大規模生產,將其安裝在飛機上,並教授機組人員使用方法。若試驗耗時過多,製造勢必延誤,這樣就無法儘早進行精確的轟炸。

首相致空軍大臣

1942 年 4 月 14 日

我們計劃在明年冬季對德國展開大規模轟炸行動,並對此寄予厚望。我們必須全力以赴,以不辜負全國為此目標所投入的大量人力。空軍部的責任是有效利用他們掌控的飛機,確保將最優質的炸彈以最大數量投擲在德國城市。除非我們能確保大多數炸彈確實對敵人造成損失,否則很難證明這種攻擊方式的效果。以下幾點似乎是成功的必要條件:

(1)務必要讓機組人員熟練操作盲目轟炸設備;到秋季,我們的大多數夜間轟炸機將配備此設備。

(2)辨識領航員在使用六分儀座進行星辰導航時遇到的困難,解決這些問題,並確保他們能以此方法將飛機導航至目標十二至十五英里以內,然後盲目轟炸設備即可生效。

(3)務必確保我們所安排預定的大量轟炸機不因惡劣天氣而無法起飛。這需要在機場配備合適的跑道、引導返航飛機著陸的設備以及可能需要的驅霧設備;在飛機上,安裝除冰設備和盲轟設備等。

(4)務必確保手中儲備足夠數量的燃燒彈和高裝藥比的炸彈,即便穿透力較弱也無妨。去年 7 月,我曾提到這個問題,並獲得了不缺乏的保證。然而,我認為,我們大量儲備的千磅和五百磅炸彈仍然屬於無用的舊型號。

我們應當預見,敵人將會在陸地和空中增強其防禦能力。

依我所知，許多用於對抗敵人的設備已經準備就緒，我們在此期間全力提供支持。毫無疑問，你會明白，各種事務都是協同進行的。如此一來，在需要時，我們便能迅速安裝並啟用這些設備。

三週後，我召集了一次會議，並核准了一項緊急計畫。

首相致空軍大臣

1942 年 5 月 6 日

據悉，我在 4 月 14 日備忘錄中所提及的許多事項已經得到處理，這讓我感到欣慰。

我期望，已經安排妥當一份「硫化氫」的重大訂單，且絕不容許任何因素阻礙該設備按時交付的時程。若能如願，來年冬季的戰局將顯著改變。

你的報告中提到，飛機生產部無法在今年年底前如期供應中等爆炸力炸彈，這實在令人驚訝。去年 7 月，我曾就此問題致函於你，而你的回覆是，他們已經承諾儘早供應。現在看來，他們仍在等待錘擊試驗等程序。當然，大量投擲以薄彈壁裝載的高爆炸力炸彈，比起浪費我們如此多的轟炸力要好得多。

儘管所有主要事項都在推進中，仍有許多工作需要在適當時機完成，因此，最好指派專人負責，在合適的日期採取必要措施，並每月提交報告。我聽說，羅伯特·倫威克爵士是一位既有魄力又有事業經驗的人，曾在「前進」設備方面做出重大貢獻。或許你也認為他是合適的人選。如果後來我們發現某項工作未能如期完成，進而影響了轟炸計畫，那將是極大的不幸。

工廠製造端略顯焦慮，但到了 6 月 7 日，我便能起草以下信件：

首相致空軍大臣

1942 年 6 月 7 日

聽聞「硫化氫」的初步試驗取得了顯著成功，我感到十分欣慰。然而，生產進度的規劃如此緩慢，令我倍感焦慮。8 月僅生產三套，12 月生

制空力量逐步增強

　　產十二套，這甚至無法進一步解決問題。雖然我們無法為所有轟炸機安裝這種設備，但無論如何，我們必須竭盡全力達到足夠的數量，以便在秋季讓我們的轟炸機能夠辨識目標，因此，任何事情都不得阻礙這種設備的生產。

　　我建議於下週舉行會議，詳細探討此問題，並尋找其他可行的解決方案。我們對第二次大規模空襲的結果頗為失望，因此，這種設備的生產變得更加緊迫。

　　你已經與飛機生產大臣商定，邀請羅伯特・倫威克爵士親自參與加速生產所需無線電設備的工作，我對此感到欣慰。然而，我希望你不要讓他因過多瑣碎事項而分心。關鍵在於擊中目標，而我們藉由使用「硫化氫」可以實現這個目標。當然，其他項目也有其價值，但沒有比這種設備更來得急需。

　　當務之急是讓訓練、機場、跑道和炸彈等各項工作同步進行，正因如此，我建議由羅伯特・倫威克爵士統籌全部生產流程。協調這些工作的難度顯而易見，但需求的迫切性更是不容置疑的。若你另有考量，不願讓羅伯特・倫威克爵士擔此重任，我委託你盡快另擇他人，確保所有相關事項並行推進，以免最終發現有未盡之處。我認為，僅憑空軍部按常規程序處理此事是遠遠不夠的。

　　關於炸彈，在 1941 年 7 月 19 日的備忘錄中你告訴我，你已經提交了一份五百磅特製炸彈的生產訂單，並且正在設計一種更大的炸彈。在幾次會議中你都提到，你完全承認這種炸彈比普通炸彈更具優勢。然而，我感到失望的是，我們目前仍需投入如此大的精力去裝載那些只有預期爆炸力效能一半的炸彈。

　　「硫化氫」對我軍轟炸機的行動至關重要，因此，空軍大臣親自負責此事。

首相致空軍大臣

1942 年 6 月 15 日

由你親自主持這項工作，實在令人欣慰。務必與徹韋爾勛爵保持溝通，以便他能隨時傳達我的看法。

我希望於星期三上午十一時召開一場關於「硫化氫」問題的會議。

早在 1943 年，這類設備便能用於軍事行動。因此，分配給了一個幾個月前仿效德國第 100 戰鬥小組而籌組的導航團隊，效果立竿見影。這類設備的用途不止限於地面轟炸。我們的飛機早已配備空中雷達，可以辨識海上艦艇，稱為空中對海面搜 j 我雷達。然而，到 1942 年秋季，德國人開始在潛艇上安裝專用接收器，以探測該設備發出的訊號，進而潛入水下，躲避攻擊。結果，我軍海防隊擊沉敵方潛艇的數量減少，而商船損失增加。以「硫化氫」替代空中對海面搜索雷達，極為有效。1943 年，「硫化氫」為最終擊敗敵方潛艇做出了貢獻。然而，在其製造完成之前，我不得不向羅斯福總統尋求幫助，他慷慨解囊。

前海軍人員致羅斯福總統

1942 年 11 月 20 日

1. 追捕敵方潛艇並護衛我方運輸艦隊的利器之一，是配備空對海搜索雷達的長程飛機。

2. 德國潛艇近期配備了一種新儀器，使其能夠接收到我方波長為一米半的空中對海面搜索雷達的訊號，因此在我方飛機抵達之前便能安全潛入水下。由此導致在惡劣天氣下，我們白天在比斯開灣的巡邏大多無效，而夜間使用探照燈巡邏的飛機幾乎完全失效。因此，敵方潛艇的發現數量急遽減少，從 9 月分的一百二十艘下降到 10 月分的五十七艘。在飛機上配備一種敵人尚無法截獲訊號的空中對海面搜索雷達——「公分波空中對海面搜索雷達」——之前，這種情況難以得到改善。

制空力量逐步增強

3. 在比斯開灣巡邏的首要任務之一是對在美國大西洋海域附近活動的潛艇實施打擊。目前，由於大量美國運輸船隊經過比斯開灣周邊區域，該水域的重要性越加突出。

4. 對我們的「韋林頓」式飛機進行改造，並安裝一種專為我方重型轟炸機設計的「公分波空中對海搜索雷達」作為目標定位設備，我們便能夠掌控比斯開灣的中央海域。

5. 在比斯開灣的外圍海域，情勢更加艱難。需要動用配備「公分波空對海搜索雷達」的遠端飛機。

6. 由於大西洋中部船隻沉沒頻繁，我們被迫將「解放者」飛機改裝，以便在該水域使用。這導致我們在比斯開灣外圍海域缺乏合適航程的飛機，除非從專門用於空襲德國的有限轟炸機隊中調撥飛機。即便可以調撥，也需要相當長的時間進行改裝和安裝必要設備。

7. 我極不願削減我們能夠投擲在德國炸彈的重量，因為我認為，在冬季的數個月內，盡我們所能地維持並加強對德國的攻勢至關重要。因此，總統先生，我請求您考慮立即從供應物資中撥出約三十架裝備有「公分式空中對海面探索雷達」的「解放者」式飛機。據我所知，這些物資在美國是現成的。這些飛機將立即用於對美國作戰行動有直接貢獻的地區。

在這個地區，我們面臨的挑戰不僅限於偵察潛艇。德國人曾建立了兩座長距離定向電臺，以便他們的飛機和潛艇能深入比斯開灣及其西部入口。其中一座位於布雷斯特，另一座位於西班牙西北部。我們駐馬德里的大使獲悉西班牙電臺的存在，但並未要求西班牙關閉電臺——這將導致無休止的法律和外交爭端——而是遵循 R.V. 瓊斯博士的建議，由我們加以利用。透過對該設備的拍攝，我們了解了其使用方法。從此，我們的飛機和戰艦巧妙地安裝了與敵人共享的一流定向設備。實際上，我方空軍海防總隊比德國人更廣泛地使用這種設備，而且它非常有效，我們在澳洲和太平洋設立了多個類似的定向電臺。

請簡要概述這個故事吧！1943年，空中攻勢進展順利，「歐波」襲擊的精準性讓德國人感到恐慌。希特勒在蘇聯境內的司令部得知我方在多雲夜晚成功轟炸魯爾區多家工廠的消息。他立即召集戈林和德國空軍訊號總監馬蒂尼將軍前來，嚴厲斥責他們，並表示英國人擁有這種能力，而德國人卻無計可施，這是一種恥辱。馬蒂尼回應稱，德國人不僅能做到，而且在閃電戰中已經利用「X」和「Y」發射系統實現過。元首表示不相信空話，要看到實際成果。之後德國軍方經過大量努力，才制定出應對措施。同時，我方轟炸機司令部在「歐波」的引導下，持續給魯爾區造成了巨大損失。

然而，我們依然必須應付敵軍的夜間戰鬥機。在我方轟炸機的所有損失中，大約四分之三是由這些敵機造成的。每架德國戰鬥機的活動範圍都被限制在一個狹小的空域，並受到各自地面電臺的控制。這些地面電臺原本沿著歐洲臨海邊境形成了一條長線，為紀念電臺長線的建立者，稱之為卡姆胡貝爾線。由於我們試圖越過或從側翼包圍這條線，敵人便將其延長並加深。從柏林向西至奧斯坦德，北至斯卡格拉克，南至馬賽，大約有七百五十座這樣的電臺，像常春藤一般遍布歐洲。我們僅僅發現了六座，但實際的數量過多，難以一一摧毀。如果讓它們繼續運作，我們的轟炸機就需要穿越從北海到空襲目標地區延伸數百英里的夜間戰鬥機「崗哨」線。雖然每個「崗哨」上空的損失未必嚴重，但也絕不會全然無損；而且，遲早會影響我方轟炸機的攻勢。我們迫切需要一種簡便且徹底干擾敵人整個系統的方法。

早在1937年，林德曼教授曾要求我向空防研究委員會提交一項簡單的建議。建議的核心是在空中遍撒錫箔片或其他導電材料，並剪裁成特定尺寸，以便在敵方雷達螢幕上製造轟炸機的虛假影像。如果我們的飛機能在空中撒布這些如雲霧般的箔片，敵方戰鬥機將難以區分哪些是我們的轟

制空力量逐步增強

炸機，哪些是箔片。這種策略後來被稱為「窗戶」。儘管專家們持懷疑態度，這種方法直到四年後才進行試驗；1942 年，在林德曼教授的推動下，進行了高度保密的測試。這些測試行動由傑克森博士主持。他是我們頂尖的分光學家之一，戰爭初期加入空軍，以其傑出的夜間戰鬥機飛行員身分而聞名。試驗取得了成功，隨後，「窗戶」策略迅速得到發展。乍看之下，這些假目標似乎需要與飛機同等大小，以便生成清晰的反射。但實際上，只需將箔片剪裁成與敵方雷達反應相匹配的尺寸，就不必與飛機一樣大。而且，由於尺寸適中，其產生的反應比一架複雜的金屬物體——如飛機——更為強烈。

在上級的鼓勵下，1942 年終於開發出一種簡便而巧妙的技術，能製造出技術專家稱之為「和諧的兩極」的箔片。研究發現，只需在一面塗上金屬的紙條，類似於包裹巧克力的糖紙，若切割得當，便能有效反射無線電波。從飛機上撒下幾磅這樣的紙條，如同雲絮般飄落，覆蓋大量空間，足以在雷達上產生與普通轟炸機相近的反應。如果多架轟炸機在空中撒下這些紙條，便能製造出逼真的無線電反應，使敵人難以辨別真正的飛機目標。我們希望這樣的策略能夠干擾德國的雷達。理論上，這些紙條隨風漂移，速度遠遜於飛機，但在短時間內難以區分。因此，我們希望即使無法完全阻止，也能妨礙高射炮的瞄準，並讓德國的地面雷達操作員難以引導防禦戰鬥機找到襲擊的轟炸機。我方轟炸機司令部獲悉此消息後，希望立即實施以保護飛機。然而，他們顯然有所顧慮。由於方法如此簡單有效，敵人也可能仿效，用來對付我方。如果敵人重啟 1940 年的轟炸行動，我方戰鬥機將同樣無能為力，而我方的防禦系統也將失效。因此，戰鬥機司令部建議，在找到防禦措施前，務必保密。隨後，引發了激烈的爭論。

1943 年 6 月 22 日，我召集了轟炸機司令部與戰鬥機司令部的高層，召開了一次參謀聯席會議，討論在轟炸行動中使用「窗戶」策略的問題。

雖然我們推測德國人可能也會考慮這種方法，即使他們也使用同樣的手段，但由於他們的轟炸機力量減弱，而我們對德國的空襲能力增強，優勢仍在我方。我們的專家堅信，大規模應用此策略將使我方轟炸機的損失減少逾三分之一。因此，我們在會議中決定，只要「窗戶」未被德國仿效到足以對我方在西西里島的戰局產生負面影響時，便可立即啟用。因此，對於在國內需要採取的防禦措施的研究、製造和安裝等，皆被賦予最高優先權。

傑克森博士在全力推展和執行這項工作方面，發揮了主導作用。1943年7月24日對漢堡的空襲中首次使用「窗戶」，效果超出預期。從我們截獲的德軍地面控制人員與戰鬥機飛行員之間的激烈爭論中，清晰地顯現出這種方法引發的混亂。在相當長的一段時間內，我方轟炸機的損失幾乎減少了一半。即便到戰爭結束，儘管德國戰鬥機數量增加了四倍，我方轟炸機的損失仍未超過使用「窗戶」之前的水準。透過「窗戶」帶來的優勢，在一系列其他無線電防禦措施和戰術的支持下，得到了進一步的鞏固。

關於是否應儘早採用「窗戶」這個策略，歷史上和當今都有一些爭議。由於需要考慮眾多因素，難以簡單地作出決定。無人能確切說明，1943年夏季德國的轟炸機力量究竟有多強大。如果敵人再次空襲，而我們的防禦能力不如三年前，這將對英國人民造成重大災難。總之，從結果論來看可以說我們選擇這種方法是適時的。戰後我們才得知，一位德國技術人員也曾提出類似建議。戈林立即意識到這種方法對防禦的威脅，因此立即封存了所有相關文件，並嚴禁談論此事。在我們開始使用該方法之前，他們因為同樣讓我們猶豫不決的原因而不敢採用。德國人最終在1943的冬季到1944年春季間採用了這種辦法，但那時，他們的轟炸能力已經衰弱，並轉而將希望寄託在火箭和無人機上。

所有這些事件將在恰當時機詳細敘述。而我們這段論述已經大大的擾亂了時間順序。

制空力量逐步增强

馬爾他與北非戰事

在 1942 年 2 月期間，我們觀察到奧金萊克將軍主張在接下來的四個月內保持靜止，以便對隆美爾進行第二次大會戰的準備。然而，無論是三軍參謀長，還是我與我的同事，都認為這種額外的漫長間歇是不必要的。我們一致認為，正當俄國人在遼闊的戰線奮勇搏鬥時，英國和帝國軍隊 —— 補給人數已經超過六十三萬人，並且不斷有增援抵達 —— 卻在如此長的時間內無所作為，這實在是令人無法接受的。此外，我們也擔心隆美爾的軍力增加可能比我們的增長更快。特別是，德國恢復對馬爾他島的空襲使得我阻止德、義運輸船隊前往的黎波里的策略失效，這更證明了我們的擔憂。最後，馬爾他島本身也面臨著飢餓的威脅，除非能夠確保按月提供補給。此時，為確保馬爾他島的補給而進行的激烈戰鬥拉開了序幕，整個春季和夏季的戰鬥逐漸加劇。

然而，奧金萊克將軍並不認同。本章將展示我們逐步加大的壓力，最終促使他接受明確的正式命令，要求他進攻敵軍，寧可發動主力戰鬥，也不讓馬爾他島淪陷。這位總司令曾依照命令列事，準備在 6 月分月色昏暗時發動全面攻勢；我們計劃利用這個時機將一支極其重要的運輸船隊送往該要塞島嶼。然而，他的遲疑使他失去了主動權，而隆美爾搶先發動了攻擊。

首相致奧金萊克將軍

1942 年 2 月 26 日

在此艱難時刻，我未曾過多打擾你，但如今我必須詢問你的計畫。根據我們的統計，你在空軍、裝甲部隊及其他部隊的實力遠超敵人。危險在

於，他們可能以與你相同或更快的速度得到增援。對馬爾他島的補給使我們越發憂慮，且眾所周知，我們在遠東的災難有多麼嚴重。

請回覆電報。願你萬事如意。

其間，奧金萊克將軍在一篇長達一千五百字的報告中詳細列舉了他為何不急於行動的理由，以及他如何在按照自己計劃的時間內確保勝利的原因。

2月27日，他報告說，他在加柴拉－托布魯克－比爾哈凱姆一線構築了堅固的防禦陣地，並確信敵人對該陣地的進攻將遭遇挫折且蒙受損失。該陣地的真正價值在於保障托布魯克的安全，進而為未來的攻勢行動奠定理想的基礎。他的目標是確保這條防線的穩固。他評估了本身的人力、物力及其可能的成長率，並將其與預估的敵方能力進行比較，然後表示，他完全了解馬爾他島防衛緊張的局勢，以及在昔蘭尼加收復更靠近前線降落場的必要性。然而，他認為在6月之前無法在數量上獲得可靠的優勢是顯而易見的。此外，若在此之前發起大規模進攻，可能會面臨被各個擊破的風險，並可能危及埃及的安全。

他總結指出：

總而言之，我在西部戰線的規劃如下：

1. 繼續在第八集團軍的前線區域迅速籌組裝甲主力部隊。

2. 與此同時，應盡力穩固加柴拉－托布魯克與塞盧姆－馬達累納的陣地，並將鐵路延伸至阿德姆。

3. 在前線區域建立軍需物資儲備，以便重啟攻勢。

4. 把握首次出現的時機，進行有限攻勢，目的在奪回德爾納－梅基利地區的降落場。條件是：此攻勢不應導致收復昔蘭尼加的主攻失去時機，或危及托布魯克地區的安全。

該文件引起了我方三軍參謀長的高度關注。我們一致認為，簡而言之，該文件表明，直至 6 月，甚至可能到 7 月，部隊都將按兵不動，不顧及馬爾他島的命運及其他需考慮的諸多事項。在全面研究所有問題後，我發現我們已經達成共識，遂發出了以下電報：

首相致奧金萊克將軍

1942 年 3 月 8 日

依你所描述的情形極為嚴峻，恐難以藉由通訊手段進行糾正。因此，如能方便儘早歸來面談，我將感激不盡。請指派任何必要的軍官同行，尤其是一位了解坦克狀況和坦克戰術的軍官。

奧金萊克將軍以急需赴開羅為由婉拒了回國的邀請。我認為，他已經預料到我們將給他下達何種指令，並認為在抵制司令部命令時，他的立場更具說服力。

我們再次面對這個棘手的問題。

首相致奧金萊克將軍

1942 年 3 月 15 日

1. 2 月 27 日信中的預估仍然讓三軍參謀長和國防委員會憂心忡忡。因此，你無法回國討論，這令我深感遺憾。你的拖延策略將危及馬爾他島的安全。此外，很難確保敵人的增援不會比你更快，如此將導致的結果是，你的等待可能使你與敵人處於同等或更糟的境地。你擁有六十三萬五千的兵力（馬爾他島守軍除外）卻不投入戰鬥，反而計劃在 7 月進行大會戰，這實在難以接受。

2. 你對德爾納的局部攻勢寄予厚望，認為可以獲得與敵人交手的機會，迫使他們消耗人力、軍火、坦克和飛機。在這種情況下，若敵人擊敗你的裝甲部隊，你可以將其撤回防區。然而無人能理解，若你成功擊敗敵人的裝甲部隊，為何不乘勝追擊……

3. 為了支持你，我曾不惜讓整個戰爭遭受重大損失。讓我深感痛苦的是，我覺得我們之間的相互理解已經不存在了。為避免這種情況，我已經安排斯塔福德·克里普斯爵士在前往印度途中於 3 月 19 日或 20 日在開羅停留一天，向你傳達戰時內閣的意見。奈將軍將單獨前往開羅，與他會合。他完全理解三軍參謀長的意圖。目前，大英帝國參謀總長無法離開倫敦。

首相致奧金萊克將軍

1942 年 3 月 16 日

我需要對我於 3 月 15 日發給你的電報作以下補充。根據商討的結果，你須在 7 月前採取防禦態勢，那麼你應立即計劃，從利比亞至少派遣十五個空軍中隊前往高加索，以支援俄國防線的左翼。

此刻，斯塔福德·克里普斯爵士正途經開羅前往印度。他對我們在國內所採取的策略深表認同。因此，我期望他能憑藉本身影響力在當地尋求解決方案。然而，他抵達開羅時僅能觸及問題的表面。他心中充滿對印度事務的關注，既抱有希望，也具備獨特的見解。

斯塔福德·克里普斯爵士致首相

1942 年 3 月 21 日

經過會晤後，我對開羅的氛圍感到非常滿意。昨夜，我與奧金萊克、奈、特德、坎寧安的代表以及蒙克頓在非常友好的環境中進行了長時間的會談，在談話中，我詳細闡述了戰時內閣的意見。他們都表示了解，並願意竭力互助合作。當我剛到時，曾感受到一些不和諧的氣氛，這種情況在奈將軍到來時尤為明顯。現在，這種氛圍已經消散，所有人，包括奈將軍在內，今天凌晨個別離開時都顯得歡欣鼓舞。我認為，無需你親自到場，而且，你將發現，旅程是漫長而艱辛的。我希望，在奈將軍歸國之前，你可以從他那裡獲取所有你需要了解的詳細消息。我對奧金萊克的進取精神

毫無懷疑，但我認為，他那種蘇格蘭人特有的謹慎以及不願被樂觀主義誤導的態度，使他在報告中過於強調局勢的各種困難和不穩定。我確信，他決心要面對這些困難，並且，我敢肯定，如果讓他感到所有誤解已經消除，並且對於他採取攻勢的意圖不再有疑慮，這將對他有很大幫助。如果你同意我在那封長電中所詳述的情況——我衷心希望你能同意——那麼，我敢斷言，如果你發給奧金萊克一份簡短而友好的電報，表達你的滿意之情，並告訴他，在計劃好的時間進行攻擊時，將獲得你一切可能的支持，這將會非常有幫助。

我對這一切以及涉及技術細節的那封冗長電報感到極其不滿。克里普斯已經啟程前往印度；因此，我給奈將軍發了電報，他在出國時態度堅定。

首相致奈將軍（在開羅）

1942 年 3 月 22 日

1. 我已經從掌璽大臣那裡了解到各種情況。既然你全然贊同他們的所有言論，因此對於這種大多數人認同的共識，我並無任何困惑之處，而我們不得不面對的是馬爾他島可能的失守危機及陸軍閒置的現實，而與此同時，俄國人正全力以赴抵禦德國的反攻，敵軍則比我們更迅速地向利比亞增派援軍。

2. 你不需要倉促返回，應該全面調查關於坦克的可用狀況、軍火供應及中東地區人力運用等事宜。

3. 在你動身之前，務必請以電報形式告訴我你所提二十個問題的詳細解答，以便我們在此期間對其進行評議。

4. 最後，請表達你對敵人可能發起進攻的看法，無論是從西部還是跨海向希臘發動攻勢，後者可能透過（1）空運或（2）船艦進行。顯然，這將改變整個局勢。

馬爾他與北非戰事

1942年無疑是馬爾他島與沙漠戰爭之間相互依存關係的顯著展現。在此期間，這座島嶼的頑強防守成為了我們在埃及和中東維持戰略地位的關鍵。在西部沙漠的艱苦地面戰鬥中，每一階段的成敗都懸於一線，而這往往取決於對交戰部隊補給運輸的速度。對我們而言，意味著一段繞行好望角長達兩到三個月的航程，隨時面臨潛艇襲擊的風險，並需要動用大量船隻。對敵人來說，僅需從義大利跨越地中海兩、三天，使用數量有限的小型船隻即可。然而，馬爾他島的要塞正好阻擋在通往的黎波里的航線上。我們在之前的爭奪戰役之中見證了該島如何成為真正的「馬蜂窩」，以及德國人在1941年末如何傾盡全力遏制我們在該島的活動，並取得了一定的成效。

1942年，敵軍對馬爾他島的空襲越發猛烈，島上的局勢已經到達危急關頭。1月，隨著隆美爾的反攻有所突破，凱塞林集中力量襲擊馬爾他島的機場。在德國的施壓下，義大利海軍派遣軍艦支援德國前往的黎波里的運輸船隊。由於先前提到的挫折，我方地中海艦隊只能對這些行動進行有限的抗衡。然而，我們從馬爾他島出發的潛艇和空軍仍持續給敵軍造成重大損失。

在1942年二月，威望正隆的雷德爾海軍上將盡力想讓希特勒理解在地中海實現決定性勝利的關鍵性。2月13日，即德國戰鬥巡洋艦成功穿越馬爾他海峽後的次日，他察覺到元首表現出接受其建議的傾向，表明他的遊說已經取得一定成效。德國對北非和地中海的參與，起初僅作為支持其無能盟友免於失敗的防禦性措施；而現在則轉變為一種攻勢手段，目的是要摧毀英國在中東的勢力。雷德爾詳述亞洲局勢的變化及日本勢力在印度洋的擴張。在交談中，他指出：「蘇伊士和巴斯拉是支撐英國在東方地位的兩大支柱。如果這些據點在軸心國協力一致的壓力下崩潰，將對英帝國造成災難性影響……」希特勒對此深受觸動。此前，他對支援義大利人的

無用功鮮有興趣，如今，他同意雷德爾推動其征服中東的宏偉計畫。雷德爾海軍上將堅定認為，馬爾他島是中東的咽喉，強烈主張立即準備運輸船隻，發動對該島的強攻。

眼下，地中海的有利局勢難得如此明顯，未來恐難重現。各項報告顯示，敵人正竭盡全力將增援部隊不斷輸送至埃及……因此，迅速攻占馬爾他島勢在必行，此外，對蘇伊士運河的進攻最遲不得晚於 1942 年。

他提議作為一個稍顯遜色的替代方案：

若軸心國未能順利占領馬爾他島，德國空軍則需維持現有規模持續對該島發動空襲。僅憑這類空襲便足以阻止敵人在島上重建攻防力量。

希特勒及其軍事顧問對海上運送部隊襲擊該島的計畫持反對態度。直至最近，元首才正式下令取消對英國的長期進攻計畫，這個計畫自 1940 年以來一直被延後。此前一年，他所重視的空降部隊在克里特島遭到毀滅，這是一個打擊士氣的因素。然而，此次會議一致同意攻占馬爾他島，並認為德國軍隊應該參與戰鬥。希特勒仍心存疑慮，期望德國空軍的空襲能迫使馬爾他島投降，或至少癱瘓其防禦和相關軍事活動。

我們成功地從東方運送物資至馬爾他島。1942 年 1 月時，四艘船安全抵達；然而，2 月，一個由三艘船組成的運輸船隊因敵方空襲而遭遇損失。3 月，懸掛維安海軍上將旗幟的「水上女神」號巡洋艦被敵方潛艇擊沉。到 5 月，馬爾他島面臨饑荒的威脅。

我海軍部毅然決定冒險運送補給。3 月 20 日，四艘商船自亞歷山大港啟航，由四艘輕巡洋艦和一支小艦隊組成的強大護航編隊護送。海軍上將維安在「克利奧帕特拉」號上指揮。3 月 22 日清晨，敵方開始空襲，同時義大利的重型軍艦逼近。「尤里路斯」號隨即發現北方有四艘軍艦，英國海軍上將遂調轉艦首迎擊，而運輸船隊則在煙幕的掩護下向西南航行。

敵軍巡洋艦撤退，但兩小時後，在「利特里奧」號戰鬥艦及另外兩艘巡洋艦的支援下捲土重來。在接下來的兩個小時內，英國艦隊——維安分艦隊——在以少敵多的情況下，同時遭受德軍轟炸機猛烈攻擊，展開了一場英勇而精采的戰鬥。由於煙幕的有效掩護，以及護航隊和商船的頑強防禦，我方艦隻無一受損。傍晚時分，敵艦撤退。我方四艘輕巡洋艦和十一艘驅逐艦的編隊，在風暴中重創了敵方最強大的戰鬥艦隊，該艦隊還包括兩艘重巡洋艦、一艘輕巡洋艦和十艘驅逐艦的支援。儘管「克利奧帕特拉」號和三艘驅逐艦均被擊中，但都堅持到最後。

我發送了以下的電報：

首相致地中海戰區總司令

1942 年 3 月 25 日

如果能夠立刻將我對維安海軍上將及其與之並肩作戰的官兵在這場勇敢而傑出的戰鬥中的表現給予褒獎，我將感到無比欣慰……在白晝之下，英國的輕巡洋艦和驅逐艦竟以魚雷和炮火重創並擊潰了海洋中最強大的現代化戰鬥艦隊之一，連同兩艘重巡洋艦、一艘輕巡洋艦及一支艇隊的支援。這個事件成為英國海軍史上最輝煌的篇章，值得不列顛民族向所有參與此戰的官兵，尤其是司令官，致以崇高的敬意。

這支運輸船隊只能獨自航向馬爾他島。維安海軍上將的艦艇無法在那裡補充燃料，因此難以繼續護航。所載的寶貴物資僅有少部分送達馬爾他島守軍手中。船隻接近該島時，敵人再次發起猛烈空襲。「克蘭坎貝爾」號和「布雷肯郡」號在距離目的地僅八英里時相繼被敵方炸沉。剩餘的兩艘進入港口，但在卸貨時也遭到轟炸而沉沒。四艘船攜帶的二萬六千噸物資中，只有約五千噸成功運上岸。馬爾他島在接下來的三個月裡未得到補給。

這促使我們決定，在能夠用戰鬥機支援馬爾他島之前，不再派遣任何運輸船隊。3月時，曾有三十四架戰鬥機從「鷹」號起飛，但這遠遠不夠。維安海軍上將的行動讓德國人確信，義大利海軍已經失去鬥志，必須依靠本身力量。從4月初起，凱塞林對馬爾他島的空襲給該島的碼頭和港內艦隻帶來了巨大損失。海軍艦隻無法再將該島作為基地，所有可航行的船隻在4月底前均已撤離。

英國皇家空軍駐守該島，以求自存並保全全島。在那段緊張的數週之中，我軍可參戰的飛機寥寥無幾。我方守軍竭盡全力避免本身毀滅，並確保使用馬爾他島作為中途停留的飛機能持續飛往埃及。當飛行員投入戰鬥時，地勤人員則忙於地面服務和加油，而士兵們修復被炸毀的機場。馬爾他島在極度危險的情況下挺過難關，而我們國內的人們也心急如焚。

此時，我向羅斯福總統提出請求。他深知馬爾他島是我們在地中海所有期望的核心所在。

前海軍人員致羅斯福總統

1942年4月1日

1. 敵軍對馬爾他島的空襲異常猛烈。駐紮在西西里島的敵軍戰鬥機和轟炸機估計有德國的四百架和義大利的二百架。此刻，馬爾他島上可升空作戰的飛機僅剩二、三十架戰鬥機。我們持續透過「噴火」式戰鬥機支援馬爾他島，這些飛機從距離馬爾他島西面約六百英里的「鷹」號航空母艦起飛，每批次有十六架。我們曾多次成功地以此方式增援馬爾他島。然而，目前「鷹」號航空母艦由於轉向器故障，已經停航一個多月。埃及的「噴火」式飛機已經用盡。「阿爾戈斯」號過小且速度緩慢，並且，該艦還需為「噴火」式飛機起飛的航母提供戰鬥機掩護和護航。我們仍可動用「勝利」號，但遺憾的是，其起重機過小，無法吊升「噴火」式飛機。因此，在整整一個月內無法向馬爾他島增援「噴火」式飛機。

2. 敵人異常集中力量進行空襲馬爾他島，看來他們可能意圖儘早摧毀我們在該島的空中防禦，以便增援利比亞或加強他們在俄國的進攻。這意味著馬爾他島無法干預對隆美爾裝甲部隊的增援，而我方提早對其發動攻勢的希望也隨之破滅。

　　3. 如果雙方參謀部就「黃蜂」號航空母艦的租借細節達成協定，你是否願意讓該艦執行一次支援馬爾他島的任務？考慮到「黃蜂」號航空母艦的寬大起重機、裝載能力和長度，我們預估該艦可運載五十架或更多的「噴火」式飛機。除非「黃蜂」號需要加油，它可以在夜間通過直布羅陀海峽，無需在直布羅陀停留即可返航，因為「噴火」式飛機可在克萊德裝船。

　　4. 如此一來，不僅能夠改變無法在4個月內向馬爾他增援「噴火」式飛機的狀況，還可以一舉派遣一支強大的戰鬥機隊至馬爾他，這將為我們製造一個給予敵人嚴重且可能是決定性打擊的機會。此行動可在4月的第三週開始。

　　回應十分大方。

羅斯福總統致前海軍人員

1942年4月3日

　　你的建議未提及是否能使用「狂暴」號航母；此艦定於4月3日從美國啟程，途經百慕達前往克萊德，並且，根據設計圖顯示，起重機的尺寸足以吊升「噴火」式飛機。

　　金海軍上將近期透過戈姆利告訴龐德海軍上將，若我們對「狂暴」號的情況評估有誤，則可依照您的請求使用「黃蜂」號。

　　「黃蜂」號已被派遣。然而，駐守馬爾他島的士兵們除了要進行戰鬥，還必須維持日常生計。

首相致函伊斯梅將軍，轉交參謀長聯席會議

1942 年 4 月 3 日

1. 應立即對這份由馬爾他總督發來的報告進行評估，因為它表明局勢的嚴峻性，以便採取相應措施。既然沒有發生步槍或機槍戰鬥，聲稱小型武器彈藥不足，似乎難以理解。

根據該報告第一段的第三項內容，我們是否應推斷出該島的駐軍已經完全缺乏肉類供應？或者，他們是否仍有可以宰殺的牛隻存在，若有，數量是多少？

2. 我們確實缺乏「大量的運輸機」，然而，如增加大型潛艇和「A」型快船，能夠達到什麼效果？我們未能奪取「蘇爾古夫」號，留作增援馬爾他島之用，實在令人遺憾！一艘潛艇能夠運輸多少？運送一些維他命的濃縮食品又如何？

首相致第一海務大臣

1942 年 4 月 12 日

能否告知關於使用潛艇供應馬爾他島物資的方法？據我所知，移除潛艇上的某些炮位能夠顯著提高裝載能力，我願意將這些細節告訴美國當局，以便在增援科里幾多爾時加以利用。

在 4 月和 5 月期間，從「黃蜂」號及「鷹」號航空母艦上成功運送了一百二十六架飛機至馬爾他駐軍，結果令人滿意。4 月的空襲達到高峰，至今已經開始減弱，這主要歸功於 5 月 9 日和 10 日兩日間的空中大戰；當時，新到的六十架「噴火」式戰鬥機對敵機進行了毀滅性的打擊，白日空襲驟然停止。6 月，進入了另一階段的大規模解救行動，計劃從東西兩面同時開進運輸船隊。6 月 11 日晚，六艘船在裝備防空設施的巡洋艦「開羅」號及九艘驅逐艦護航下自西面進入地中海。海軍上將柯蒂率領戰鬥艦「馬來亞」號、航空母艦「鷹」號和「阿爾戈斯」號，以及八艘驅逐艦前去

支援。6月14日，在撒丁島附近海域，敵人開始猛烈空襲，一艘商船被炸沉，巡洋艦「利物浦」號受損，無法航行。當晚，當運輸船隊接近突尼西亞海峽時，大量護航艦撤退。然而，翌日早晨，當船隊接近班泰雷利亞島南部時，兩艘義大利巡洋艦在多艘驅逐艦和飛機的支援下對我方發動攻擊。英國艦艇的炮火射程不及敵方，隨後的戰鬥中，「貝多英」號驅逐艦被擊沉，另一艘驅逐艦受重創，敵艦最終被驅逐，而我方卻非毫無損失的一日，空襲不斷，又損失了三艘商船。損失慘重的運輸船隊，僅有兩艘船於當晚抵達馬爾他島。

東部的運輸船隊由十一艘船組成，但運勢不佳。維安海軍上將再次擔任指揮，這次他比三月驅逐敵艦時有更強的巡洋艦和驅逐艦護航。然而，他缺乏戰鬥艦和航空母艦的支援，並預計義大利艦隊將以主力艦與他對抗。運輸船隊於6月11日啟航，14日抵達克里特島南部時，遭遇猛烈而持續的空襲。當晚，維安得知敵方艦隊，包括兩艘「利特里奧」級戰鬥艦，已從塔蘭托出發，顯然是來截擊他。維安曾希望英國潛艇以及駐紮在昔蘭尼加和馬爾他的空軍能在敵艦逼近時摧毀它們。一艘義大利巡洋艦被擊中並沉沒，但這還不足以改變局勢。敵艦隊繼續向東南航行，看來我們將在6月15日早晨面對數量及規模占有壓倒性優勢敵軍艦隊的截擊。由於敵潛艇的攻擊而失去「赫米昂」號巡洋艦，加上敵軍空襲導致三艘驅逐艦和兩艘商船的損失，運輸船隊及護航隊被迫返回埃及。英國皇家空軍的損失也相當嚴重。義大利方面，一艘重巡洋艦被擊沉，另一艘戰鬥艦受損，但通往馬爾他島的東部航道仍被敵人封鎖，直到11月，沒有任何運輸船隊嘗試通過該航道。

因此，儘管我們已經竭盡全力，但十七艘補給船中只有兩艘成功抵達馬爾他島，該地依然面臨危機。

戰後從德國的文件顯示，馬爾他島與非洲沙漠戰鬥之間的相互關係在敵人心中是多麼緊密。只要馬爾他島的空軍和小型艦隊能夠襲擊敵方交通線，就足以嚴重威脅他們在沙漠中的軍事行動。他們的主要目標是使馬爾他島失去作用，或者更理想的情況是攻占該島。為此，德國空軍不斷在西西里島的機場集結。另一方面，當隆美爾全力展開作戰時，他需要駐紮在的黎波里的所有空軍來支援。然而，一旦放鬆對馬爾他島的攻擊，該要塞便能迅速恢復攻擊能力，並立即對敵方運輸船隊造成重大打擊。敵人除了占領馬爾他島，別無長久之計。隆美爾迫切需要汽油和援軍，尤其是汽油。在1942年3月和4月期間，敵人將所有力量集中在馬爾他島上，日以繼夜地進行殘酷轟炸，令該島守軍筋疲力盡，奄奄一息。

　　1942年4月初，德陸軍元帥凱塞林視察非洲前線後，前往與墨索里尼和卡瓦勒羅將軍會晤。凱塞林認為，對馬爾他島的空襲已經使該島在未來相當時間內失去海軍基地的功能，其空中威脅也顯著削弱。他報告稱，隆美爾計畫於6月發起進攻，目標是摧毀英軍力量並占領托布魯克。一旦馬爾他島失去實際作用，且額外補給可持續運達，他就可能實現這個目標。

　　墨索里尼決定加速所有攻占馬爾他島的準備工作。他請求德國的支援，並建議在5月底發動攻擊。這個作戰計畫被稱為「赫爾克里士」作戰計劃，在4月末的電報中占據顯著位置。卡瓦勒羅承諾提供義大利傘兵師中的兩個團、一個工兵營和五個炮兵連。希特勒下令，德國應參與兩個傘兵營、一個工兵營，提供運送一個營兵力的運輸機，並由德國海軍準備若干駁船。

　　當斯塔福德·克里普斯爵士從印度返程途經開羅時，我再次感到有必要向他強調，奧金萊克必須採取行動，這件事是多麼緊迫和重要！同時，我們對他在出國途中商談的結果感到多麼不滿。

馬爾他與北非戰事

首相致掌璽大臣（在開羅）

1942 年 4 月 14 日

我希望，你不要讓人誤以為我們對利比亞集團軍的長期停滯不前毫不關心。在我看來，隆美爾可能會比我們的人更迅速地增強實力。目前，一個潛艇隊必須從地中海駛向印度洋，而且由於敵人對馬爾他島的空襲，使得該島無法駐紮轟炸機隊，因此從義大利到的黎波里的航線幾乎不受影響。此外，為了應對印度的緊張局勢，中東的空軍力量將被大量地抽調。強迫一位將軍接受他不認為可行的建議是徒勞的。但是，我很想讓你知道，我和此地各參謀長的意見未有改變。

我們對科廷先生允許其師部隊留守參加沙漠戰役深表感激。

首相致科廷先生（在澳洲）

1942 年 4 月 15 日

你決定讓第九澳洲師繼續駐留中東，我們對此深表感激。我們曾充分溝通及理解，肯定也是我的願望，美國軍隊將無條件地前往澳洲；而你對於所有軍隊動向的決策，過去一直享有完全的自由，未來也將如此。

馬爾他島的呼救聲越發迫切，多個據點的壓力已經超出承受範圍。多比將軍心急如焚。早在 1942 年 3 月，他便稱局勢危殆；到了 4 月 20 日，他再次發出警告：「目前的情況已經超出可承受的極限，若無法及時補充急需物資，尤其是麵粉和軍火，那麼即將到來的後果將難以想像，而且速度會非常快……這已是生死攸關的問題。」數日後，他進一步指出，他已經將麵包的消耗量削減了四分之一，現有的物資僅能支撐到 6 月中旬。

我計劃讓海軍承擔重大風險去支援馬爾他島。海軍部對此完全贊同。我們準備了一項方案，其中一個選擇是由薩默維爾海軍上將率領所有航空母艦和「沃斯派特」號，通過運河進入地中海，護送一支運輸船隊前往馬爾他島，並期望在途中與義大利艦隊展開一場大戰。我請求羅斯福總統

允許「黃蜂」號再次運送「噴火」式飛機前往馬爾他島。「如果沒有這種支援，我擔心馬爾他島將被摧毀。同時，馬爾他島的防禦正在有效削弱敵方空軍力量，並有力地支援俄羅斯。」總統的回覆正如我所願。他在4月25日答覆道：「我很高興地批准『黃蜂』號再次運送『噴火』式飛機前往馬爾他島。」

首相致空軍參謀長

1942年4月25日

　　總統現已批准「黃蜂」號出航，希將未來八週內每週增援馬爾他島「噴火」式飛機的計畫告知。

前海軍人員致羅斯福總統

1942年4月29日

　　對於有關馬達加斯加島的來電，我已經收到並深表感謝，目前正在全力籌備相關事宜。你允許「黃蜂」號再次對敵人發起猛烈攻擊，我對此也非常感激……

　　最好在此詳細講述一下「黃蜂」號的整個故事吧。1942年5月9日，該艦成功地為奮戰中的馬爾他島運送了另一批至關重要的「噴火」式飛機。我向該艦發去一封電報：「誰說黃蜂不能蜇人兩次？」「黃蜂」號對我「好意的」電文表示感謝。

　　唉，不幸的「黃蜂」號呀！在從危險的地中海駛往太平洋的途中，於同年9月15日被日本的魚雷擊沉。所幸艦上全部英勇的海員遇救了。在一連串互為因果的事件中，他們是其中重要的一環。

　　四月間，多比將軍的消息讓人揪心。截至目前，他仍巍然不動，大英帝國的每個角落都關注著這位堅守要地的克倫威爾式英雄。然而，長時間的緊繃狀態終於讓他疲憊不堪導致身體崩潰。當我得知此事時，心中充滿

遺憾，乍聞之下，實在難以置信。然而，繼任者的選擇已經迫在眉睫。我發現，現任直布羅陀總督戈特勳爵是一位真正的戰鬥英雄。凱西先生將途經直布羅陀前往開羅擔任國務大臣一職，因此我委託他向戈特詳細說明情況。

邱吉爾先生致戈特勳爵

1942 年 4 月 25 日

我借國務大臣途經直布羅陀和馬爾他島之機，特意為你寫下這封簡短的信。正如他將向你說明的，眼下的危急時刻，馬爾他島的統帥可能需要重新部署。如果真有此必要，我們一致認為在所有候選人中，你是最適合承擔這個重大責任的人。你可以放心，我將在 6 月下半月盡我所能派遣一支龐大的運輸船隊為馬爾他島運送補給，同時繼續從西方供應「噴火」式飛機。

藉由審視報告，我們了解到你在組織直布羅陀防務方面表現卓越，並成功地保持了駐軍的高昂士氣，這一切都令我感到非常欣慰。如果你需要承擔這個新職務，將會被賦予更大的權力，而陛下政府和你忠誠的朋友們也將給予你無限的信任。

與此同時，隆美爾正在籌劃一場攻勢。他提及時間安排時表示：「在占領馬爾他島後，裝甲集團軍將盡快發動進攻。如果攻占馬爾他島的日期被延後到 6 月 1 日之後，那麼裝甲集團軍就不再等待攻占該島而將直接發起進攻。」在他 4 月 30 日的計畫中，他準備在次日夜間摧毀英軍，然後發動突襲占領托布魯克。然而，這一切依賴於增援、石油、軍火、車輛及食物的供應。他還詢問能從空軍和海軍獲得多少額外支援，並期望義大利重型艦隻和突擊舟能「壓制駐紮在亞歷山大港的英國艦隊」。

卡瓦勒羅於 5 月 6 日啟程前往非洲，商議即將展開的攻勢。他的觀點與我們在倫敦的看法一致，即奪取托布魯克是軸心國向前推進的關鍵一步。如果無法攻下托布魯克，那麼他的前進極限將是加柴拉及其以西地

區。所有軍事行動必須在 6 月 20 日之前完成，因為在那之後，駐紮在昔蘭尼加的部分空軍將因「其他地區的戰鬥任務」而撤出。雖然班加西的每日進口量達到兩千噸，隆美爾的需求或許能得到滿足，但從德國或義大利獲取更多補給的希望渺茫。

可以將隆美爾的意圖與奧金萊克將軍的計畫進行對比。奧金萊克將軍此時發來一封電報，他表示願意在沙漠地區採取防禦立場，並派遣相當數量的援軍前往印度。這與我們的策略完全相悖。我回複道：

首相致奧金萊克將軍

1942 年 5 月 5 日

……雖然我們感謝你願意為解決印度的危機而進一步減少中東的軍事力量，但我們認為，在當前階段，你對整體戰局的最大貢獻是在西線與敵軍交戰並取得勝利。我們關於此事的所有指示在意圖和效力上都沒有改變，而且我們相信你能夠在向掌璽大臣提到的日期內徹底執行這些指示。

不久，奧金萊克將軍再次發來電報，要求延後他軍隊與敵軍交戰的時間。我將此事告訴了我所有的軍事和政治同事。

首相致奧金萊克將軍

1942 年 5 月 8 日

1. 三軍參謀長、國防委員會與戰時內閣已經嚴肅審視你的電報，尤其重視馬爾他島的狀況。若該島失守，將對大英帝國是極大不幸，並且尼羅河區域的防務最終會面臨致命威脅。

2. 我們一致同意，即使有你提到的風險，你也應當對敵人發起進攻，並且在可能的情況下，最好在五月分進行一場主力戰，當然越早越好。我們願意對這些命令承擔全部責任，並給予你執行所需的自由。在這一點上，你無疑會注意到，敵人可能計劃在六月初對你發動攻擊。

經過此類激烈的討論，最終決定向奧金萊克將軍發出明確的命令，要求他必須服從，否則將面臨免職的後果。對待一位高級軍事指揮官而言，這種方式極為罕見。

首相致奧金萊克將軍

1942 年 5 月 10 日

1. 三軍參謀長、國防委員會和戰時內閣再次審視整體局勢。我們已經堅定決心，你的全軍應竭盡全力保衛馬爾他島，我們絕不允許該島失陷。此要塞若被圍攻失守，將迫使我方三萬餘名陸、空軍部隊投降，並損失數百門大炮。敵人若占領該島，將如同獲得一條通往非洲的穩固橋梁，並由此形成有利條件。該島失陷將切斷你和印度所依賴的大量增援飛機的空運路線。此外，還將危及對義大利的攻勢，以及如「雜技家」和「體育家」等未來的作戰計畫。相比這些災難的必然性，我們認為，你為顧及埃及安全所列舉的各種危險顯然是次要的，我們願意承擔此風險。

2. 因此，我們再次表達我們曾經提過的觀點，並附加以下條件——我們能夠批准與敵人交戰的最遲日期是，在 6 月的月色昏暗時期有效牽制敵人以協助運輸船隊通航的日期。

我們已經等待了許多天，卻未收到任何回音。在此期間，我們無從得知他是會遵從命令還是選擇辭職。

首相致奧金萊克將軍

1942 年 5 月 17 日

我想了解您依據我們近期通訊做出的決定。

他終於回覆了電報。

奧金萊克將軍致首相

1942 年 5 月 19 日

1. 我計劃依據你在 5 月 10 日來電中提出的指示進行操作。

2. 依我之見，你的來電並非僅僅表明我們所需的是發動一場為協助駛往馬爾他島的運輸船隊而牽制敵人的戰鬥，而是在利比亞發起攻勢的主要目標仍是摧毀敵方部隊並占領昔蘭尼加，作為最終將敵人逐出利比亞的步驟之一。若我的推測有誤，請立即告訴，因為主力攻勢的計畫與單純牽制敵人的計畫截然不同。我暫且以假定我的推測是正確的方向進行部署。

3. 假如主力攻勢的發動日期是以分散敵方力量、協助駛往馬爾他的運輸船隊為目的來確定，那麼，實際行動的時間將由三大因素決定。首先是運輸船隊的起航時間；其次是從現在到行動開始期間敵方可能採取的行動；最後是敵我空軍力量的對比分析。所有這些因素將在此地進行密切和持續的調查研究。

4. 目前已有明確跡象顯示，敵方計劃在不久後對我們發起攻擊。若敵人確實發起攻勢，我們今後的行動將由戰鬥結果決定，而非現階段所能預見。

5. 假如敵軍不率先展開攻勢，我計劃命令里奇將軍在利比亞發起進攻。日期的安排將盡量滿足以下目的：分散敵軍兵力以協助前往馬爾他島的運輸船隊，同時確保參戰部隊達到最佳的準備狀態。正如你會注意到的，這些因素相互矛盾，必然需要一定程度的妥協，這將由我與其他總司令官磋商後再行決定。避免進攻失敗的重要性已被充分說明，我在此無需重複……

我立即回應：

首相致奧金萊克將軍

1942 年 5 月 20 日

1. 你對我 5 月 10 日電報中各項指令的理解是完全正確的。我們認為，

现在正是與敵人在昔蘭尼加較量實力的時機，而馬爾他島的存亡與此役息息相關……

2. 誠然，我們明白，成功無法保證。勝敗乃兵家常事。然而，無論這場戰役是因敵方進攻而起，還是因你採用截擊戰或運動戰進行反攻，亦或由你發起，我們對你及英勇部隊寄予極大的信任，並且，無論發生何種情況，我們都將竭盡所能地支持你。

3. 若能親自指揮，如同在西迪雷澤格時的必要情形，我個人認為成功的可能性更大。然而，在這方面，我絕不會對你施加任何壓力。

4. 紐西蘭師的防線是否更接近前線？如需協助與紐西蘭政府溝通，請隨時告訴。

最後兩項建議未被奧金萊克將軍採納。他也曾解釋過原因。我們將會看到，這位將軍後來如何在局勢的逼迫下採取了這些措施。然而，遺憾的是，已為時過晚！

奧金萊克將軍致首相

1942 年 5 月 22 日

此刻我已經完全領悟我所承擔的責任，並將竭盡全力去實現它，以令你滿意。

我對您給予我所指揮的軍隊和我個人的充分信任與支持深表感激。我們對此已經多次深切感受到。

即便我渴望親自指揮利比亞的戰鬥，我認為這並非正確的策略。經過深思熟慮，我了解到若我捲入利比亞的戰術細節，將難以保持全面且準確的視角。我留意到，隨時可能出現一種狀況，迫使我在以下兩者間做出選擇：是否能繼續補給並支持第八集團軍而不遭遇重大障礙，或是應當撤退並嘗試建立北部防線；而現在，我正在削弱這條防線，以便給予里奇將軍盡可能的支援。綜合考慮，我認為應堅守當前立場。然而，請放心，我會

根據局勢做出調整，如有必要，我將親自指揮。我與里奇將軍保持密切連繫，時刻掛念著他。希望一切順利。

我曾全面考慮將紐西蘭師從敘利亞轉移至埃及的必要性。關於政治問題，你既然已經勇敢承擔責任，應能找到解決方案。此外，還有其他需要考量的事項。目前，我極不願削減敘利亞的駐軍，一方面因該地區政治局勢不穩定，另一方面是因為對土耳其可能產生的影響，而我對土耳其的態度尚未完全確定。我已經開始準備在必要時將訓練有素的第十印度師從伊拉克調往埃及增援，同時指定第四印度師的一個旅作為臨時增援部隊。有了這些增援，第八集團軍的糧食和供水能力幾乎已達極限。

再次感謝您給予的支持電文。我們將一如既往地全力奮戰。我對我們的部隊及其部署充滿信心。我堅信我們必將取得勝利，並希望這將帶來更大的成功。

大約在此時，我重新擬定了一封給奧金萊克將軍的電報，表述我對軍事的信念。然而，經過深思熟慮，我選擇不發送，因為我不想過度插手。

以下內容純屬個人觀點，完全非正式。

1. 看來敵人確實即將對你發起進攻。你認為這對第八集團軍是個極好的機會，我對此有不同看法。儘管許多著名戰役是在成功擊退敵人後進行反攻而取得勝利，但這次我不禁想起拿破崙在奧斯特利茨一役中粉碎敵人預期反撲的歷史事實。我們經常想到，當德國人精心策劃的某些計畫因意外打擊而被擾亂時，他們會特別惱怒。目前，先發制人對裝甲部隊而言具有特殊價值，因此這種情況被更廣泛採用。總之，他們和我們各有各的作戰計畫，相互較量，這種局面引起我們的高度關注。我們可能有很好的機會在敵人最脆弱的時刻選擇時間進行打擊。

2. 對於即將發生的事件，你進行了長期的研究，而我的想法則較為淺顯，請你諒解。我對你的事務非常關心，因此不得不表達出來。

馬爾他與北非戰事

　　我常想透過簡短的軼事來闡釋我所感悟到的策略真理，而這些軼事在我心中猶如以下所述。其中一則是關於人讓熊吞下一包炸藥的著名故事。他小心翼翼地調配炸藥，確保成分絕對準確，配合量分毫不差。他將炸藥卷在一個大紙卷中，正要點燃並擲入熊的咽喉，然而，熊卻先撲了上來。

　　若我此時敢將這個軼事插入我正在敘述的戰事之中，那是因為蘇格拉底的一句話給予了我勇氣。他曾言：「喜劇與悲劇的本質上是相似的，應由同一作家創作。」

聲援第二戰場壓力

1942 年 4 月

　　當時，美國總統亦在憂慮俄國事務。他與其參謀團共同制定方案，目的在減輕俄國的壓力。

羅斯福總統致前海軍人員

1942 年 4 月 2 日

　　鑑於我已經對聯合國所面臨的軍事局勢中若干緊急和長期問題進行了全面分析，我得以形成了一些結論。我認為這些結論至關重要，因此希望你能全面了解這些問題，並希望你能夠贊同。由於問題的核心在於聯合王國與美國之間的緊密合作，哈里和馬歇爾將在近日啟程前往倫敦，首先向你陳述問題的要點。我希望俄國人會對這項計畫表示熱烈歡迎；在你會見哈里和馬歇爾並給予回饋後，我計劃邀請史達林立即派遣兩位特使前來與我會面。我相信，該計畫將完全符合此地與英國的輿論趨勢。最後，我希望這項計畫能夠被稱為聯合國家的計畫。

　　不久之後，我又收到了一封來自美國總統的信件：

4 月 3 日，午後十一時
華盛頓 白宮

親愛的溫斯頓

　　哈里和喬治·馬歇爾想傳達給你的內容，都是我發自內心的話。我們兩國的人民希望開闢新的戰場，以減輕俄國人的負擔。兩國人民都很有智慧，完全理解俄國人如今消滅的德軍和摧毀的裝備數量超過了我們兩國共

聲援第二戰場壓力

同的貢獻。即便尚未實現全面勝利,這已經是一個巨大的成就。

這個計畫必須付諸實施!唯有如此,敘利亞與埃及的安全才得以保障。即便德國人識破了我們的策略,也無所畏懼。

願你一切順遂。請讓哈里早些休息,並遵循美國海軍醫官富爾頓的指導,我已經委派他為全權特級護理。

永遠忠於你的

羅斯福

4月8日,霍普金斯和馬歇爾將軍抵達倫敦。他們攜帶了一份詳細的備忘錄,該備忘錄由美國參謀長聯席會議起草並獲得總統批准。

西歐作戰計畫

1942年4月

美國和英國將西歐選作首次主要攻勢的戰場。在此,唯有英、美的陸、空聯合力量能夠得到充分展現,並對俄國提供最大程度的支援。

立即做出發動攻勢的決定是至關重要的,因為在多個方面需要進行大量準備。在攻勢展開之前,必須牽制住西歐的敵軍,並採取策略和組織突襲,使敵人難以預料;這種策略將為我們提供有用的情報,同時也帶來寶貴的訓練機會。

進攻的聯合部隊應由四十八個師組成(包括九個裝甲師),其中英國需提供十八個師(包括三個裝甲師)。支援進攻的空軍需要五千八百架戰鬥機,其中英國應供給二千五百五十架。

問題的核心在於速度。實施這個計畫的主要限制因素是缺乏用於攻擊的登陸艇和從美國將必要部隊運送到聯合王國的船隻。如果不影響其他戰場的主要行動,這些部隊可在1943年4月1日前完成運輸;然而,只有在運輸工具的百分之六十不由美國承擔的情況下,這個任務才能實現。如

果完全依賴美國船隻進行調動，進攻日期必然會延後到 1943 年夏末。

鑑於需要約七千艘登陸艇，現有的建造計畫必須顯著提速以實現這個目標。同時，必須加快迎接和調動大量美軍陸、空分遣隊的準備工作。

攻擊的區域應選在勒阿弗爾與布洛涅之間的海岸線，初次攻勢至少投入六個師，並需空降部隊配合協同。在攻勢展開後，每週平均至少增援十萬人。在灘頭陣地穩固後，裝甲部隊應迅速推進，占領瓦茲－聖康坦線。隨之，下一個目標是安特衛普。

鑑於如此大規模的攻勢最早無法在 1943 年 1 月前實施，必須制定一項計畫，並不斷根據形勢變化進行調整，以便利用可隨時調動的部隊執行上述的軍事行動。這個行動應作為緊急措施實施，其目的在於（1）利用德國可能的突然崩潰，或（2）「作出犧牲」，以扭轉俄國抵抗力量可能即將崩潰的局勢。在任何情況下，區域性空中優勢都是至關重要的。另一方面，1942 年秋季可能無法部署和維持超過五個師的兵力。在這個時期，主要的壓力將由聯合王國承擔。例如，到 9 月 15 日，在所需的五個師中，美國只能提供兩個半師，而戰鬥機只能提供七百架；因此，聯合王國需要提供多達五千架的飛機。

這次旅程令霍普金斯疲憊不堪，他因此病倒了兩、三天，而馬歇爾則迅速地與我們的三軍參謀長展開了會談。但在 4 月 14 日（星期二）之前，無法安排與國防委員會的正式會議。在此期間，我與三軍參謀長及同事們就整體局勢進行了討論。美國顯然有強烈的意願介入歐洲，並將打敗希特勒視為首要任務，這令我們所有人感到欣慰。這一直是我們策略思維的基礎。然而，無論是我們還是我們的軍事顧問，都無法在 1943 年夏末之前為英、美大軍跨越海峽在法國登陸制定出任何確實可行的計畫。在 1941 年 12 月我前往華盛頓的行程中所撰寫並遞交給美國總統的文件中，這一直是我的目標和時間表。面前還有美國的一個新構想，即在 1942 年秋季進行一次規模較小但實力相當的預備性突襲式登陸。為了俄國以及全局

的戰鬥,我們非常願意研究這個新計畫,也願意研究任何其他戰略牽制計畫。

在詳盡審視了總統備忘錄及三軍參謀長建議後,我向美國總統發送了以下的電報:

1942 年 4 月 12 日

我全神貫注地審閱了你關於戰爭前景及擬定宏大作戰計畫的完整文件。在原則上,我對你提出的所有建議完全贊同,英國的三軍參謀長亦持相同看法。在準備發動主要攻勢的同時,我們當然必須應付東方和遠東逐日出現的緊急事態。我們已經迅速研究了所有細節,凡是行動目標明確的,其準備工作已經展開。國防委員會將在 4 月 14 日(星期二)晚間討論整個事件,哈里和馬歇爾也將參與此次會議。我確信不久後我肯定能夠向你發出我們完全同意的文件。

我可以說,我認為今年提議發動臨時攻勢以應對某些突發事件所面臨的種種困難和不確定因素,都已經以絕對完美的方式解決了。如果我們的專家判斷無誤,我們能夠成功實施整個計畫,這將成為戰爭史上的重大事件。

4 月 14 日晚,國防委員會在唐寧街十號與我們的美國夥伴舉行會晤。鑑於此次討論的重要性,我事先邀請了伊斯梅將軍進行記錄。記錄的要點如下:

邱吉爾先生在開幕詞中表示,國防委員會已經召集會議,審議霍普金斯和馬歇爾將軍提出的重大計畫,而此計畫也經過三軍參謀長的詳盡探討與分析。他毫不猶豫地熱情接受了這個計畫。該計畫的核心理念完全符合戰爭的基本原則——即集中力量打擊首要敵人。然而,我們必須提出一個明確的保留意見,即保衛印度和中東也至關重要。我們絕不能放棄擁有六十萬軍隊和印度全部人力的資源。此外,澳洲以及連接該國與美國的島

嶼基地也絕不能丟失。這意味著，在執行馬歇爾將軍所提的主要計畫時，不能將其他重要因素棄之不顧。

馬歇爾將軍表示，針對 1943 年的行動計畫以及對德國實施最強空中打擊的策略，已經達成了全面共識。軍隊的提供不是問題，主要的挑戰在於滿足所需的噸位數量、登陸艇、飛機和海上護航隊的供應及補給。

在與英國三軍參謀長會談中，出現了兩個疑問。首先，美國是否能夠為中東和印度提供足夠物資以給予支持。其次，除了大規模突襲之外，1942 年在歐洲大陸登陸的實際可行性如何。我們可能被迫採取行動，但無論如何都必須做好準備。他認為困難並非不可克服，尤其是我們能夠在相當程度上掌握制空權。共同的空軍計畫規模表明這一點是可行的，尤其是因為德國對俄國的攻擊會分散其大量兵力，進而降低我們的作戰風險。因此，德國人也將體驗到缺乏空軍支援的戰鬥。在他離開美國之前，他沒有充足時間研究 1942 年新戰役的問題，而根據現有消息，他的結論是，作戰計畫無法在 9 月前實施。如果必須在 9 月前執行這些計畫，美國的貢獻將相對有限。然而，屆時，美國的全部武裝部隊將可以得到充分利用。總統特別強調，他希望他的武裝部隊在任何任務中都盡量承擔責任。

艾倫・布魯克爵士表示，英國三軍參謀長完全認可馬歇爾將軍對 1943 年作戰計畫的看法。1942 年在歐洲大陸的軍事行動將根據德國對蘇聯進攻的成功程度而定。我們認為，到 9 月之前，情況應該會有個眉目。

三軍參謀長完全認同德國是首要敵人。同時，必須阻止日本人的進攻，並確保他們無法與德國會合，這一點至關重要。若日本掌控印度洋，不僅中東將面臨重大威脅，我們也將失去波斯灣的石油供應。其後果是，德國將獲得所需的全部石油，通往俄國的南線將被切斷，土耳其將變得孤立無援，德國將獲得通往黑海的暢通路徑，而德國與日本將能夠交換他們急需的資源。

邱吉爾先生進一步指出，在接下來的兩、三個月內，若無援助，我們

聲援第二戰場壓力

難以應對日本在印度洋的海軍力量。目前，我們尚未完全掌握美國海軍在太平洋的策略意圖和動態。在該地區，首要任務是藉由航空母艦上的飛機取得對日本的壓倒性優勢。不久後，我們將派遣三艘航空母艦前往印度洋，這些航母將在適當時機與「狂暴」號匯合。

霍普金斯先生表示，若美國的公眾意見占據主導地位，則美國的大部分力量將用於對抗日本。儘管如此，經過激烈討論後，總統與美國軍事領導人已經確定，將美國武裝力量用於對抗德國依然是正確的。然而，不應認為在中東及其他主要戰場——如俄國、澳洲和太平洋——的局勢上，美國政府存在任何誤解。美國的決策基於兩個主要因素。其一，美國希望不僅在海上，還要在陸地和空中作戰。其二，他們希望在最能產生影響且能占據優勢的地方作戰，並特別希望與英國合作。如果這種戰鬥能在今年發起，那麼無論何時發生，美國都願意盡可能地做出最大貢獻。他們提出9月是最早行動日期，主要是因為擔心發起一次自己無法充分參與的戰鬥。

他已經對美國和英國的輿論有所了解，並且發覺在美國海軍的行動上，輿論感到不安。對此不應該有任何疑問。美國海軍必定會與英國海軍密切合作，迫使敵人採取行動。他們只希望能夠在有利條件下進行戰鬥。

提及澳洲及其他戰場，美國自會履行其義務。然而，他們將全心投入當前提出的重大計畫。美國急切希望與英國共同作戰。

空軍參謀長查爾斯·波特爾爵士指出，橫跨海峽進行空中攻勢與派遣遠征軍登陸歐洲之間存在顯著差異。前者可以根據本身需求進行調整或終止。然而，後一種情況則不允許我們完全按本身意願行事。一旦部隊駐紮在大陸，我們便需持續維持空中力量。因此，若遠征軍出動，我們必須確保有足夠的空軍支持，以確保戰鬥的持續進行。

最終，邱吉爾先生表示，儘管（1943年橫渡海峽進攻大陸）的方案細節尚需敲定，但在總體方向上，我們已經完全達成共識。這兩個國家必將

以深厚的兄弟情誼共同前行。他會準備一封電報給美國總統，傳達已經達成的結論，並提出一項關於印度洋緊迫需求的請求，如果不無法滿足，該計畫將遭受嚴重影響。全面的準備工作現在可以啟動，我們將以最大的決心推進。英語民族為了解放歐洲，已經決定發起一場偉大的戰役，這個事實將逐漸為公眾所知；我們應當考慮是否在適當時機發表宣告。

此計畫現已命名為「圍殲」作戰計畫，然而，這個名稱並非我所創。所有參與者基於對該計畫報以最大的信心及善良的意圖開展工作。我已經向美國總統進行了彙報。

前海軍人員致羅斯福總統

1942 年 4 月 17 日

1. 你的特使將帶回一份上星期二我們聯席會議的完整紀錄，以及三軍參謀長向你建議的詳細意見。然而，我相信你希望立即獲得一個簡要說明，概述我們達成的結論。

2. 我們真誠贊同你集中力量打擊主要敵人的理念，並以熱烈的態度接受你的方案，然而，這需要附加一個重要的條件。正如你從我 4 月 15 日的電報中所知，防止日本與德國會合極為關鍵。因此，當前我們必須保留部分力量來阻止日軍的推進。這一點在會議上已經充分討論，馬歇爾確信我們能夠為印度洋及其他戰場提供所需的人力和物資，同時立刻展開你所提及主要計畫的準備。

3. 1943 年的作戰計畫清晰簡潔，我們已經立即開始著手聯合計畫的準備。然而，我們可能會覺得有必要在今年採取行動。你的計畫反映了這一點，只是將最早行動的日期訂在 9 月中旬。到 9 月中旬之前，各方面的事情可能已經順利地有了頭緒。馬歇爾曾解釋，你不願在沒有空軍強大支援的情況下發起危險且後果嚴重的戰役。然而，他也讓我們清楚了解，如果有提前採取行動的需求，總統先生，你會全心投入現有人力和物力。我們

是在這個基礎上進行計劃和準備工作的。總體而言，我們一致同意的計畫是在大陸上逐步增強行動，初期是逐步加強日夜空中攻勢，越來越頻繁地進行大規模空襲，美國部隊也將參與其中。

4. 我同意你在 4 月 2 日電報中所提出的建議，建議你邀請史達林派遣兩位特使前來會晤。隱瞞大規模且必要的準備工作在任何情況下都是不可能的，但既然我們面對的是從北角到巴榮納的整個歐洲海岸線，那麼我們應在進攻計畫的力量、時間和方向方面設法欺騙敵人。我們確實應該詳細考慮是否發表宣告，表明我們兩國決心為解放受苦受難的各國人民，攜手以崇高的兄弟般情誼，共同派出偉大的十字軍進軍歐洲。我將就此最後一點另行發電報給你。

總統羅斯福回應道：

羅斯福總統致前海軍人員

1942 年 4 月 22 日

我對你與軍事顧問以及馬歇爾和霍普金斯達成的協定感到非常高興。馬歇爾和霍普金斯已經向我報告，他們帶到倫敦的建議獲得了一致支持，而你的親自來電也證實了這一點，我深表感謝。

我堅信這項行動必然令希特勒極為挫敗，並且我認為，這可能成為導致希特勒倒臺的關鍵因素。對此前景，我倍感振奮，你可以完全相信，我們的部隊將以極大的熱情和活力投入這項任務。

關於發表公開宣告的部分，我需要稍加考慮。我會盡快告訴你我的想法。

我深信，日本人與德國人若是想要會合將需要付出巨大的代價，然而我也意識到，這個事件的未來前景值得密切關注。

與此同時，正如你在報紙上所見，我們的空軍已經對日本產生了重創，我亦期望能令日本在印度洋難以維持大量大型艦艇。龐德正在來華盛

頓的路上，我將在一、兩天內與他就此問題進行會談。

我已經接收到史達林發來的誠摯電報，告訴我他已經派遣莫洛托夫和一位將軍前來拜訪。我建議他們先到華盛頓，然後再前往英國。如果你對此有不同意見，請告訴我。史達林的電報讓我感到欣慰。

儘管我們面臨的共同挑戰仍然眾多，但我願坦率地表示，與過去兩年中的任何階段相比，目前我對戰爭的看法是最為樂觀的。

我想再次感謝您熱情地接待馬歇爾和霍普金斯。

現在讓我分享一下我的觀點，對於那些已經做出的決定以及我認為應採取的行動，我持有堅定不移的立場。

在制定1943年的宏偉計畫時，我們無法將其他責任置諸腦後。大英帝國的首要義務是防止印度遭受日本的入侵，而這種入侵的威脅已經顯得頗為迫切。此外，保衛印度這個任務對整個戰爭形勢具有決定性影響。讓英王陛下的四億印度臣民像中國人一樣遭受日本的踐踏是令人難以容忍的，而我們對印度臣民負有崇高的責任。更何況，若讓德國和日本在印度或中東聯手，必將對盟軍的事業造成無法估計的災難。在我看來，德、日的聯合，與蘇聯退至烏拉爾山脈後方，甚至與德國單獨媾和，幾乎同樣重要。目前，我並不認為這兩種意外事件有發生的可能。我對俄國軍隊和人民為保衛國土而戰的能力充滿信心。然而，我們的印度帝國，儘管擁有輝煌的歷史，卻可能成為敵人輕而易舉的目標。我不得不在美國特使面前表達這個觀點。沒有英國的全力援助，印度可能在幾個月內被征服，而希特勒征服蘇聯則需更長時間且代價高昂。在這些情形發生之前，英、美必須建立制空權，並使其強大到無可匹敵。即便其他一切都失敗，這一點最終仍將具有決定性作用。

我完全認同霍普金斯的觀點：「在1943年對法國北部敵人展開正面攻勢。」然而，在策劃攻勢的過程中，究竟該採取何種行動呢？負責主要攻

聲援第二戰場壓力

勢的軍隊不可能單純為此任務而準備。在此問題上，出現了顯著的意見分歧。馬歇爾將軍建議，我們應在1942年初秋嘗試占領布雷斯特或瑟堡，最好是後者，或同時占領兩地。這次軍事行動將完全由英國負責。海軍、空軍、三分之二的陸軍以及所有可用的登陸艇必須由我們提供。美國只能派出兩到三個師。我們必須牢記，這些軍隊都是近期新徵召的。要成為一流的軍隊，至少需要兩年的時間和一位專業素養極高的指揮官來訓練。因此，這項計畫顯然需要聽取英國參謀部的建議。顯然，這個問題需要進行詳細的技術研究。

儘管從一開始我並不反對這個設想，但在我心中還有其他可替代的方案。首先是在法屬西北非，即摩洛哥、阿爾及利亞和突尼西亞實施登陸，這個方案當時被稱為「體育家」作戰計畫，最終發展為宏大的「火炬」作戰計畫。其次，我常常憧憬另一種方案，並認為就像攻入法屬北非一樣，該方案是可行的。這就是「朱比特」作戰計畫，即解放挪威北部。這是對俄國的直接支援，是唯一能與俄國的海、陸、空軍直接合作的方式。這也是占領歐洲北端，開闢向俄國持續運送物資通道的方法。由於戰鬥必須在北極區域進行，這個軍事方案既不需要大量兵力，也無需大規模的供應和軍火消耗。德國人經由北角占領這些關鍵地區，幾乎沒有付出代價。與戰爭的當前規模相比，我們也能以較小的代價重新奪回這些地區。我個人支持「火炬」作戰計畫；但若能完全按我的意願行事，我會在1942年嘗試「朱比特」作戰計畫。

在我看來，在瑟堡建立橋頭堡是個艱鉅且不太受歡迎的任務，時間上也無法立即見效，最終可能也難以取得實質性成果。最明智的選擇是將我們的右手放在法屬北非，而左手放在北角，等待一年，不要冒險強攻德國在英倫海峽對岸的防禦工事。

以上是我當時的觀點，對於這些看法我從未感到後悔。然而，我非

常樂意讓計劃委員會審議「痛擊」這個軍事行動計畫，即對瑟堡的攻擊名稱，以及其他的替代方案。我幾乎可以肯定，討論越深入，這個計畫就越不被認可。如果我有下達命令的權力，我會毫不猶豫地選擇「火炬」和「朱比特」這兩項作戰計畫，並在秋季適時地同時執行，而將「痛擊」作為透過謠傳和虛張聲勢準備的牽制行動。然而，為了與我們珍貴的盟國保持和諧一致的行動，我不得不在政治影響和外交努力方面多加考量。沒有盟國的支持，世界只會走向毀滅。因此，我在 4 月 14 日的會議上並未提出任何替代方案。

在最為關鍵的問題上，我們心懷信任與愉悅地接納了美國具有決定性影響的提議，計劃以英國為跳板，迅速對德國發起大規模攻勢。以下內容將展示，我們很可能與優先幫助中國並打敗日本的美國計畫發生衝突。然而，自從發生珍珠港事件後，我們締結同盟，羅斯福總統和馬歇爾將軍順應強大的輿論潮流，意識到希特勒是首要敵人。個人而言，我渴望見證英國與美國軍隊在歐洲並肩作戰。然而，我幾乎不懷疑，對細節──如登陸艇等的研究以及戰爭主要策略的考量，必將推翻「痛擊」作戰計畫。最終，跨大西洋的軍事當局──海、陸、空三軍的軍事當局──都將發現無力準備此計畫，或者──據我所知──雙方軍事當局都不願承擔執行此項計畫的責任。共同的願望與良好的意圖無法克服無情的現實。

總而言之，我始終堅持我在 1941 年 12 月提交給羅斯福總統備忘錄中所闡述的觀點，即：

（1）1943 年，英、美的反攻軍隊應在歐洲登陸。除了確定從英國南部出發，他們如何將全部力量投送至歐洲？任何阻礙此行動的事都不可為，而任何促進此行動的事都必須執行。

（2）與此同時，當俄國人在大規模地與德軍主力作戰時，我們不能無動於衷。我們必須與敵人交鋒。這個決心與羅斯福總統的理念完全一致。

然而,在發起跨越英吉利海峽重大攻勢前的一年或十五個月內,我們應採取何種行動呢?顯而易見,奪取法屬北非的計畫不僅可行且正確,並且符合整體策略構想。

我希望上述的作戰計畫能夠與挪威登陸戰鬥相協調,我仍堅信同時進行這兩項計畫是可行的。然而,在緊張地討論這些無法衡量的事務時,常常面臨失去目標簡單性和明確性的巨大風險。儘管我希望「火炬」和「朱比特」兩項作戰計畫能夠同步執行,但絕不意味著讓「朱比特」影響「火炬」的實施。要將兩個強大國家的全部力量集中並協調在一個激烈的攻勢中,確實存在諸多困難,我們絕不能讓模糊不清的表述使情況更加複雜。

(3) 所以,在 1943 年英、美軍隊能在歐洲與德國交戰之前,唯一的補救方法是強行占領法屬北非,並與從西方穿越沙漠向的黎波里和突尼西亞推進的英國部隊協同作戰。

最終,當所有其他方案和論點都被排除時,以上計畫將成為了西方盟國的一致決議。

莫洛托夫的訪問

1941年12月，艾登先生訪問莫斯科時，俄國政府向他提出了承認蘇聯當時西部邊界現狀的要求。俄方特別希望在一項廣泛的同盟條約中，明確認可俄國對波羅的海沿岸國家的占領以及新的俄、芬邊界。艾登先生拒絕對此承擔任何義務，他強調，我們已經向美國政府承諾，在大戰期間，不會就領土變動問題簽訂任何祕密協定。

會談結束時，雙方一致同意艾登先生應將蘇聯的要求告訴英國內閣和美國，並在未來的英、蘇條約談判中進行考量。美國政府已經被告訴此事。他們對俄國的提議持明確的否定態度。在美國人看來，接受此類要求直接違背了大西洋憲章的原則。

在美國參戰後的第二天我正好抵達華盛頓，同時聽到艾登先生的報告，蘇聯政府有意吞併波羅的海國家，我明確表示不支持。然而，經過三個月的形勢發展，我意識到這種道德立場實際上難以維持。在這場生死攸關的戰爭中，不應讓那些為偉大事業而戰的人承受無法承受的負擔。我對波羅的海沿岸國家的態度始終如一，但我認為現在已經不能再繼續觀望。

前海軍人員致羅斯福總統

1942年3月7日

如果懷南特在你那邊，他應該已經向你解釋了英國外交部對俄國的立場。隨著戰爭越演越烈，我感到有必要重新審視我們對大西洋憲章原則的理解，不應該因而否認俄國在德國進攻之際所擁有的邊界。俄國正是在此基礎上加入大西洋憲章的，我預料，俄國人在戰爭初期占領波羅的海沿岸國家後，必然採取了嚴厲措施清除當地的敵對勢力。因此，我希望你能允

莫洛托夫的訪問

許我自主行動,儘早與史達林簽署他所期待的條約。一切跡象都表明,德國將在春季對俄國發動大規模進攻,而我們對唯一與德軍激戰的國家無力提供幫助。

然而,總統及國務院依然堅守其立場,不過,正如下文所示,我們最終達成了更為理想的結論。

在英、俄關係中,此時迎來了一個相對友好的階段。

首相致史達林總理

1942 年 3 月 9 日

1. 我已經向羅斯福總統發出電報,敦促他在戰爭結束後同意我們與您簽署關於俄國邊界的條約。

2. 我已經明確指示,確保我們承諾的供應不應中斷或延遲。

3. 隨著氣候的改善,我們重新展開了對德國的晝夜空中強力攻勢。同時,我們也在持續探討其他方案,以減輕貴方的部分負擔。

4. 俄軍的步步推進以及敵軍眾所周知的重大損失,顯然成為我們在這個艱難時期獲得極大激勵的來源。

史達林總理致首相

1942 年 3 月 15 日

我非常感激你在 3 月 12 日發往古比雪夫的電報。

我謹代表蘇聯政府向你致謝,感謝你來信提議採取措施以確保對蘇聯的物資供應,並增強對德國空襲的行動。

我堅信,儘管遭遇暫時挫折,我們的軍隊協同作戰最終必將戰勝共同的敵人。在對抗希特勒納粹主義的戰場上,1942 年將是形勢逆轉的關鍵一年。

關於您來電中提及的首要問題，即蘇聯的邊界事宜，我認為即使締約雙方願意接受並簽署協定，仍需就適合各方的協定條款進行意見交換。

　　鑑於普遍希望在德國即將發動的攻勢中協助蘇軍，並且由於擔心德國可能使用毒氣，例如芥子氣，我已經獲得內閣同意，準備發表宣告：若德國對俄國使用毒氣，我們將以毒氣攻擊德國作為報復。

首相致史達林總理

1942 年 3 月 20 日

　　1. 我十分感激您在 15 日對我近期電報的回覆。比弗布魯克已經啟程前往華盛頓，他將依據我們雙方及政府間的通訊，推動與總統解決條約相關的問題。

　　2. 上週，麥斯基大使與我共進午餐，他提及一些證據，顯示德國人計劃在他們的春季攻勢中對你們使用毒氣。經過與我的同事和三軍參謀長討論後，我保證，英王陛下政府將視對俄國使用毒氣武器如同對我們本身的攻擊。我已經儲備大量毒氣炸彈，準備由飛機投放；因此，一旦貴國軍隊和人民遭受此種攻擊，我們將毫不猶豫地對德國西部的所有適當目標使用這些毒氣彈。

　　3. 至於是否應在合適的時機發出公開警告，表明這是我們的決定。請對此問題進行思考，因為此類警告可能阻止德國人在已實施的恐怖行為之外，增添新的恐怖行徑。請告訴我你的看法，同時，根據德國的準備情況，你是否認為這種警告是合理的。

　　4. 當前並無緊迫感。在我採取可能導致英國城市面臨這種新型攻擊的行動前，我自然需要充裕的時間來完善英國防毒氣的各項預防措施。

　　5. 我相信，你將會給英國新任大使親自遞交此信的機會，並且，獲得與你面對面商談的便利。在他前往貴國之前，正如你所知，他在過去四年與蔣介石保持著密切的私人聯繫。我認為，他得到了這位將軍極大的尊敬

莫洛托夫的訪問

與信任；我希望，並相信，他同樣會獲得你的器重與信任。他和我是多年的好友。

史達林總理致首相

1942 年 3 月 30 日

1. 對於克拉克·克爾爵士近期轉交的信件，我表示由衷的感激。與克拉克·克爾爵士的入交談讓我堅信，我們的合作將基於彼此完全信任的氛圍中展開。

2. 我想向你表達感謝，蘇聯政府對於英國政府承諾將德國對蘇聯使用毒氣視作對英國使用同樣武器一事，並且英國空軍將立即對德國的適當目標使用其儲備的大量毒氣彈，深表感激。

此刻，總統與蘇聯人維持著良好的關係，如跟我們在上一章中所見，他曾提及莫洛托夫訪問華盛頓的事情。雖然他希望這位特使先赴美國，但史達林卻有不同的安排。

史達林總理致首相

1942 年 4 月 23 日

近日，蘇聯當局從艾登先生處收到了兩份蘇、英協定草案，這些草案在某些具體細節上與艾登先生在莫斯科討論的協定條款有所不同。由於這些草案反映出新出現的意見分歧，而這種分歧無法透過通訊解決，蘇聯政府決定克服一切障礙，派遣莫洛托夫先生前往倫敦，以便經由面對面的磋商，解決所有阻礙協定簽署的問題。鑑於歐洲開闢第二戰場的問題（這是由美國總統在最後一封信中向我提出的，他在信中邀請莫洛托夫先生赴華盛頓討論此事）需要我們兩國政府代表進行初步意見交換，這個行動顯得尤為必要。

請允許我向您致以祝賀，並祝願您在與英國敵人作戰中取得勝利。

前海軍人員致羅斯福總統

1942 年 4 月 24 日

關於您來電中提到莫洛托夫行程的問題,我已經收到史達林的來信,他表示計劃派莫洛托夫前來倫敦,以討論我們協定條款中的一些分歧,因為他希望盡快解決這些問題。他甚至可能已經在路上。您必須理解,我現在無法建議他更改訪問行程。因此,若莫洛托夫突然到訪,我打算同意討論我們的草案,並希望立即消除主要障礙。不過,我將建議他在最終簽署前,先前往華盛頓與您會面。

首相致史達林總理

1942 年 4 月 24 日

感謝您在 4 月 23 日的來電。我們當然期待莫洛托夫先生的到來,我堅信我們能夠與他開展富有成效的合作。我為您批准這次訪問感到欣慰,因為我確信這次訪問將極具意義。

莫洛托夫直到 5 月 20 日才抵達,次日上午便展開了正式討論。在這一天及隨後的兩次會議中,俄方堅持其原有立場,甚至特別要求同意俄國占領波蘭東部的提議。然而,此要求遭到了拒絕,因為這與 1939 年 8 月簽署的英、波協定相悖。莫洛托夫又要求在一項祕密協定中承認俄國對羅馬尼亞的主權要求。這也違背了我們與美國的共識。因此,由艾登先生在外交部主持的會談,儘管氣氛友好,卻陷入了僵局。

除了條約問題,莫洛托夫前往倫敦的目的還包括試探我們對開闢第二戰場的立場,因此在 5 月 22 日上午,我與他進行了正式的會談。

莫洛托夫一開始便表示,他代表蘇聯政府來到倫敦,目的是商討建立第二戰場的問題。這並非新議題。大約在十個月之前這個問題就曾被提出,而如今,尤其是最近,在羅斯福總統的推動下再次成為焦點;羅斯福曾建議史達林派遣莫洛托夫到美國討論此事。儘管此次討論由美國發起,

莫洛托夫的訪問

但蘇聯政府認為莫洛托夫應先經倫敦再前往美國,因為組織第二戰場的主要責任首先將落在英國身上。在接下來的數週和數個月內,俄國戰場的局勢如何將對蘇聯及其盟國產生重大影響。對於英、美兩國提供的物質援助,蘇聯政府表示高度的重視和感激。然而,當前最緊迫的問題是開闢第二戰場。他此行的目的在於想了解英國政府對1942年將至少四十個德國師從蘇聯戰場撤走的可能性有何看法,因為目前在蘇聯戰場上的武裝力量對比中,德國似乎占據上風。上述事項,盟國能否實現?

在回覆中,我向莫洛托夫簡明扼要地闡述了我們對於未來在大陸作戰的共同觀點。在以往的戰爭中,掌握制海權的國家享有巨大優勢,能夠隨意在敵人沿海登陸,因為敵人無法在每一個據點做好迎擊海上進攻的準備。然而,自從空軍出現後,情況發生了變化。例如,在法國和低地國家,敵人可以在數小時內將空軍調動到沿海任何受到威脅的據點。此外,痛苦的教訓表明,不顧敵人空軍的抵抗進行強行登陸是一種不智的軍事策略。因此,歐洲大陸大部分海岸將無法成為我們登陸的地點。我們只能在我們占優勢並能取得制空權的海岸區域考慮行動。事實上,我們的選擇已經被限制在加萊海峽、瑟堡的頂端和布雷斯特的部分地區。關於今年在這些地區的一處或多處登陸的問題,已經進行研究並作好了準備。我們的計畫基於這樣的假設:連續不斷的進攻部隊登陸將引發空戰,這種空戰若持續一週或十天,將導致敵人在歐洲大陸上的空軍崩潰。一旦實現這一點,空軍的抵抗一旦消除,我們便能在我們占優勢的海軍掩護下,從其他地點登陸。計畫制定和準備的關鍵問題在於是否擁有在敵人重兵防守海岸上先行登陸所需的特殊登陸艇。不幸的是,我們在這種特殊艇方面的力量非常有限。我早在去年8月的大西洋會議上就提出了這一點,並讓羅斯福總統意識到美國需要盡量建造坦克登陸艇及其他進攻艦艇的緊迫性。今年1月,總統也同意美國必須為建造這種艦艇做出更大努力。在我們這方面,過去一年多時間裡,雖然海軍和商船損失嚴重,我們仍盡量生產了大量進攻艦艇。

然而，有兩點必須牢記。首先，即便懷著良好的願望並付出最大努力，我們在1942年採取的任何行動，即便成功，也無法迫使敵人大量撤離東線的地面部隊。然而，空中局勢則有所不同。在各個戰區，我們的戰鬥機數量已經達到德國實力的一半，轟炸機則達到三分之一。如果我們在歐洲大陸上促使空戰發生的計畫成功，那麼，德國人將面臨兩個選擇：要麼任由其戰鬥機實力在西線的戰鬥中被摧毀，要麼從東線撤出他們的空軍力量。

第二點關於莫洛托夫的提議。我們的目標是讓德國從俄國撤出至少四十個師的兵力，包括那些已經在西線的部隊。目前，我們在利比亞正面對著軸心國的十一個師，其中有三個是德國師；在挪威，則面對相當於八個德國師的兵力；在法國和低地國家，則對抗著二十五個德國師。如此，總計為四十四個德國師。

然而，我們對此尚不滿足。為了在年度內減輕俄國的壓力，若能進一步採取任何正確而明智的努力和計畫，我們將毫不遲疑地執行。顯然，若為了行動不惜一切代價，某些舉措可能導致災難性的後果，並讓敵人利用我們的挫敗進行大肆宣揚，這不僅對俄國的事業無益，也對盟國的整體事業不利。

莫洛托夫先生表示，他相信英國真心希望蘇軍在今夏的對德作戰中取得勝利。究竟在英國政府看來，蘇聯勝利的前景如何呢？無論英國政府的看法如何，他都願意聽到坦率的意見──無論是好的還是壞的。

我必須指出，在未能全面了解雙方資源和後備力量之前，我們很難對這個問題作出確切的判斷。去年，包括德國專家在內的軍事分析家普遍認為蘇聯軍隊將遭受挫折，但他們的預判顯然大錯特錯。最終，蘇聯軍隊不僅成功擊敗了希特勒，還使得其軍隊瀕臨崩潰。因此，蘇聯的盟國對於蘇軍的實力和戰鬥能力充滿信心。英國政府得到的情報並未顯示德軍在東線有任何特殊地點的大規模集結。而且，原本聲稱將在五月發動的大規模進

莫洛托夫的訪問

攻,現在看來可能要延後到六月才能開始。不管怎樣,希特勒今年的進攻似乎無法像1941年那樣勢如破竹或具備相同的威脅性。

隨後,莫洛托夫先生詢問,若蘇聯軍隊在1942年無法堅持,英國政府將採取何種立場與態度?

我說,倘若德國的猛烈進攻大大削弱了蘇聯的軍事力量,希特勒很可能會將地面部隊和空軍撤回西線,進而侵犯英國。他也可能經過巴庫直下高加索和波斯。而後一種推進將使我們面臨嚴重的危險,我們絕不會因為擁有足夠的兵力來抵擋而感到滿足。因此,我們的命運與蘇軍的抵抗息息相關。然而,假如事與願違,他們一旦失敗,在情況無可再壞時,我們仍將繼續戰鬥,希望在美國的幫助下,能夠在空軍方面建立壓倒性優勢,這樣,在未來十八個月或兩年內,我們便有能力對德國的城市和工業進行毀滅性的空襲。此外,我們還要繼續對歐洲大陸上日益減弱的敵對力量進行封鎖,並發動登陸戰。英國和美國最終必然獲勝。不應忽略的是,在法國淪陷後,英國曾以少量裝備不良的軍隊與希特勒眾多而常勝的軍隊單獨作戰整整一年。然而,這種戰爭的延長,對人類而言是多麼巨大的悲劇;對俄國勝利的希望又是多麼殷切;我們想竭盡所能來打敗萬惡敵人的願望又是多麼強烈啊!

會談結束時,我提醒莫洛托夫先生不要忽視跨海攻擊的挑戰。法國戰敗後,英國幾乎沒有防禦能力 —— 僅有幾支裝備簡陋的部隊,不足百輛的坦克和不到兩百門的火炮。然而,希特勒並未嘗試入侵,因為他無法掌握制空權。如今我們面臨相似的困境。

5月23日,艾登先生提議用為期二十年的廣泛公開同盟條約來取代領土協定,完全不涉及邊界問題。當天晚上,俄國人顯露出妥協的跡象。他們對英、美政府一致的立場印象深刻。次日上午,莫洛托夫先生獲得史達林的批准,以艾登先生的草案為基礎展開談判。莫斯科方面提出了一些次要的修改,主要強調了擬議聯盟的長期性質。這份沒有涉及領土的條約在

5月26日簽署。這讓我感到極大的慰藉，遠超我所預期的結果。艾登適時提出這個新建議，表現得非常高明。

在這個重大問題解決後，莫洛托夫啟程前往華盛頓，與總統及其顧問們就開闢第二戰場問題展開一般性軍事談判。根據協定，莫洛托夫在聽取美國意見後，須在返回莫斯科之前，重返倫敦進行最終商討。

我們的俄國客人表示，他們在逗留期間希望居住在倫敦的郊區，因此，我便將契克斯提供給他們使用。在這段時間裡，我選擇留在斯托里門的新樓。不過，有兩個晚上，我曾前往契克斯。在那裡，我有機會與莫洛托夫和麥斯基大使進行私人長談。麥斯基是一位出色的翻譯，他不僅能迅速且從容地進行翻譯，而且學識淵博。藉助詳盡的地圖，我試圖闡述我們正在進行的工作，並解釋一個島國在戰爭能力上的限制和特性。我還詳細說明了兩棲作戰的技術，並描述了在遭受潛艇襲擊時，維持橫跨大西洋的生命線所面臨的危險與挑戰。我認為莫洛托夫被這些話打動，並意識到我們的困難與一個幅員遼闊的大陸國家截然不同。無論如何，我們之間的關係比以往任何時候都更加緊密。

俄羅斯人對外國人的那種深層疑慮，從莫洛托夫在契克斯逗留期間發生的一些驚人事件中可見一斑。他們一抵達，就立刻索取所有房間的鑰匙。經過一番周折，滿足他們的要求後，我們的客人總是把房門鎖上。當契克斯的管理人員進去整理床鋪時，他們驚訝地發現，枕頭下藏著手槍。使團的三位主要成員不僅有自己的警衛人員，還有兩位婦女負責衣物和房間整理。當蘇聯使節前往倫敦時，這些婦女經常守護著主人的房間，只有在用餐時才輪流下樓。不過，我們可以說，她們不久便變得和藹起來，甚至用拙劣的法語和手勢與官邸管理人員交談。

為了確保莫洛托夫的安全，住所附近更採取了嚴格的安保措施。他入住的房間經過警衛人員的徹底搜查，每個櫃子、家具、牆壁和地板都在訓

莫洛托夫的訪問

練有素的目光下被仔細檢查。床鋪是特別關注的重點；褥墊經過探測，以防定時炸彈；床單和毛毯由俄國人重新整理，床的中央留出空隙，以便臥者能迅速跳出而不被纏住。夜間，在他的睡衣和公事包旁邊放置1支左輪手槍。防範危險，尤其是在戰時，向來是謹慎之舉，但所有準備必須與實際情況相符。最簡單的檢驗方法是問自己，對方是否有意圖傷害。就我而言，在訪問莫斯科時，我完全信任俄國人的接待。

首相致史達林總理

1942年5月23日

我們很高興能在倫敦接待莫洛托夫先生。我們與他在軍事和政治事務上進行了富有成效的討論。我們向他全面、真實地展示了我們的計畫和資源。關於該條約，他會向你解釋其中的困難，主要在於我們不能對波蘭違約，還必須顧及我方與美國的看法。

我深信，若莫洛托夫先生能從美國返此，將極大地促進共同事業。屆時我們可繼續洽談，並且我期望，經由此類洽談，我們三國間將建立緊密的合作關係。此外，我還可以在那時向他闡述我方軍事計畫的最新進展。

史達林立即表示同意。

史達林總理致首相

1942年5月24日

莫洛托夫和我都相信，他在從美國返回時應在倫敦停留，以便與英國政府的代表就兩國關注的事項完成這次談判。

首相致史達林總理

1942年5月27日

1. 我們對你在條約簽署時的所有努力，充分考慮到我們的困難，深表感激。我相信，美國方面給予的回報必然是巨大的，我們三個大國，無

論未來的局勢如何，都會攜手共進。能夠見到莫洛托夫先生，感到非常榮幸；我們已經竭力消除兩國間的障礙。我特別高興他將返回此地，因為我們還有許多有意義的工作需要共同完成。

2. 到目前為止，船隊的航行一直順利，但現在正進入最危險的階段。我對你為支援船隊所採取的措施深表感謝。

3. 鑑於我們將在未來二十年內成為盟友與摯友，藉此機會，我向你致以誠摯的祝福，並請你相信，我堅信勝利終將屬於我們。

我已即刻向總統提交了報告。

前海軍人員致羅斯福總統

1942 年 5 月 27 日

在本週與上週期間，我們與莫洛托夫進行了極為有成效的討論，我們全面修訂了最初的條約提案，懷南特應該已經向你通報。如今的各項建議，在我看來，已經消除了我們共同反對的諸多問題，並完全契合大西洋憲章。該條約於昨日下午在雙方極為友好的氛圍中簽署。莫洛托夫是一位政治家，他展現出一種截然不同於我們在李維諾夫身上所見的行動自由。我相信你能夠與他達成良好的理解。請分享你的看法。

迄今為止，北方運輸船隊運作良好，但未來兩日的風險將越加嚴峻……

蒙巴頓和利特爾頓計劃共同前往美國，但由於蒙巴頓正在負責我們的聯合事務，他的訪美時間勢必會非常有限。

我完全理解你當前正密切關注太平洋的局勢，如果你認為必須立刻召回「華盛頓」號戰鬥艦，我們可以理解。然而，到 7 月中旬，我們必須在印度洋完成集結「沃斯派特」號、「英勇」號、「納爾遜」號和「羅德尼」號的任務，這是至關重要的。如果在「英王喬治五世」號於 6 月底重新修復完畢之前，我們能夠保留「華盛頓」號，那麼這項任務應該可以完成。

在基韋斯特與漢普頓之間護航船隊的行動，顯然已經達到了預期效

莫洛托夫的訪問

果。然而,加勒比海和墨西哥灣依舊是棘手的問題。金和龐德海軍上將已對此事進行溝通,我希望他們認為,即便在其他區域冒險,也能調配足夠的護航艦隻,以滿足這些區域的需求。

我必須向您提供七十艘油船以供英國儲備石油,表示由衷的感謝。若無此支援,英國的石油儲備到年底將降至危險水準。考慮到近期美國油船的嚴重損失,以及調出這些船隻所付出的犧牲,這樣的行動顯得更加慷慨。

此刻,蘇聯的外交使節正搭乘飛機前往華盛頓。

羅斯福總統致前海軍人員

1942 年 5 月 27 日

客人預計今晚抵達,但在週四之前不會談論「波利樂」計畫。希望能盡快收到你與莫洛托夫討論「波利樂」的簡要概述。這將有助於我更容易理解。

總統提及的「波利樂」計畫正是指 1942 年的「痛擊」作戰計畫。這是我們的默契。

前海軍人員致羅斯福總統

1942 年 5 月 28 日

1. 在接下來的報告中,我將附上關於「波利樂」、「痛擊」以及「超圍殲」各個作戰計畫的正式談話內容。其他的私人對話也有助於緩解氣圍,但未改變實質。我們在友好和誠意上取得了重大進展。

2. 我們與貴方官員緊密合作,所有準備工作正在大規模推進。迪基(蒙巴頓)抵達後,將向你詳述 1942 年的困難。我已經指示參謀長們研究在挪威北部登陸的計畫,因為要確保明年對俄國的供應,控制該地區似乎勢在必行。我告訴莫洛托夫,待其返回時,我們將為他準備一些討論材料,儘管我們尚未深入探討此事。如能制定合適的計畫,我對此極為關切。

3. 截至目前,我們的北方運輸船隊正在開闢航道。在三十五艘船中,

已有五艘損失,其中一些沉沒,另一些折返。明日,我們應抵達俄國空軍的保護傘之下,期待防護措施已經準備好。否則,危險將再持續兩天。

4. 今晚從奧金萊克傳來的消息顯示,利比亞的戰爭已經開打。這或許將成為我們前所未見的一次大規模戰役。

5. 我們絕不能忽視「體育家」作戰計畫(在法屬北非登陸)。若有需要,所有其他準備工作都將支持此計畫。

史達林幾乎興奮得難以自已。

史達林總理致首相

1942 年 5 月 28 日

我願表達最深的謝意對於您在簽署這份新條約時所表達的友好情誼和善意。我堅信,該條約對於未來加強蘇聯與英國之間,以及兩國與美國之間的友好關係,具有極其重要的意義。此外,在戰爭勝利結束後,也將促進我們幾國之間的緊密合作。同時,我期待您在莫洛托夫從美國歸來時,與他進行的會談能夠為解決尚未完成的事項提供契機。

在運輸船隊的保護方面,無論是現在還是未來,你都可以完全放心,我們會竭盡所能。

請接受我誠摯的祝福,並相信我們攜手取得全面勝利的信念。

當莫洛托夫從美國返回倫敦時,他自然對 1942 年經由跨海峽作戰來開闢第二戰場有諸多計畫。我們繼續與美國參謀長共同深入研究這個問題,然而困難重重。雖然公開宣告並無大礙,但可能會讓德國人感到威脅,迫使他們盡量把軍隊留在西線。因此,我們與莫洛托夫達成協定,決定發布一份宣告。該宣告於 6 月 11 日發布,其中包含以下內容:「在會談過程中,關於 1942 年在歐洲開闢第二戰場的緊迫任務,已經達成充分理解。」

在我看來,最關鍵的是,這項目的在誤導敵人的策略,不應誤導我們的盟友。因此,在起草宣告時,我在內閣會議室,當著幾位同事的面,把

莫洛托夫的訪問

一份備忘錄交給莫洛托夫，闡明我們雖然盡力制定計畫，但並未承擔行動的義務，也無法做出任何承諾。當蘇聯政府後來對我們提出指責時，當史達林親自向我質詢此事時，我們總是出示這份備忘錄，並強調「我們因此無法做出任何承諾」這句話。

備忘錄

我們正在籌備1942年8月或9月在大陸的登陸行動。如前所述，登陸部隊的規模主要依賴於是否具備專用登陸艇。顯然，若不惜代價地發動行動，可能導致災難性的結果，並讓敵人藉機大肆宣傳他們的勝利，這對俄國和整個盟軍的事業都無益。因為事先難以預料屆時是否具備實施這種行動的條件。因此，我們無法做出任何承諾，但在條件完善且合理的情況下，我們將毫不猶豫地執行計畫。

莫洛托夫冒著巨大風險返回祖國時，似乎對他此次出訪的成果頗為滿意。我們之間無疑已經建立了一種友好的氛圍。他對華盛頓之行似乎表現出濃厚的興趣。為期二十年的英、俄條約已經簽署，當時人們對此寄予厚望。

在這些會談進行期間，東線戰火已然燃起。在這一年初期數個月中，俄國人以無情的攻勢迫使敵軍從多處戰線據點撤退。德國人對這場冬季戰役的猛烈攻勢毫無準備，因此遭受了巨大的挫折和損失。

春天到來之際，希特勒於4月5日發布了一項指令。該指令的前言部分如下：

俄國的冬季戰役即將結束。我軍在東線表現出的非凡勇氣與自我犧牲，已經在防禦上取得顯著成效。敵人在人力與物資方面遭受嚴重損失。俄國仍試圖利用最初的局部勝利，在冬季期間擴充後備兵力，為未來作戰做好準備。

一旦天氣和地形對我們有利，傑出的德國指揮官和軍隊將再次掌握主動權，迫使敵人按照我們的意志行事。

目的是徹底摧毀蘇聯所有剩餘的防禦能力，並盡可能切斷其主要補給來源。

「為了實現這個目標」，他繼續說道，

我們的策略是固守中線，同時在北線攻取列寧格勒……而在陸軍南翼則實施強力突破，直逼高加索……在行動之初，需整合現有所有部隊，以支援南部地區的主要軍事行動，目標是在頓河前殲滅敵軍，進而奪取高加索的產油區，並跨越高加索山脈……我們必須努力攻占列寧格勒，至少要讓這座城市在我們重型武器的轟擊下，無法再作為軍需和交通樞紐。

為了準備這些主要的作戰行動，第十一集團軍在曼施泰因的指揮下，負責占領塞瓦斯托波爾並驅逐克里米亞的俄國人。由陸軍元帥博克指揮的南方集團軍群，已經為了要完成這項任務獲得大量部隊支持。總共有一百個師，分為五個集團軍，其中近六十個是德國師，包括八個裝甲師，其餘則由羅馬尼亞、義大利或匈牙利部隊組成。在東線的二千七百五十架德國飛機中，有一千五百架已被派去支援南方的作戰行動。

這場大戰役原先計畫在五月底左右展開，然而，俄軍卻搶先發起了攻擊。5月12日，提莫申科在哈爾科夫以南發動了一次猛烈襲擊，深入切進德軍防線。然而，他的南翼防禦薄弱，德軍的一系列反擊迫使他放棄已經占領的所有陣地。儘管這次「破壞性」的進攻導致俄軍傷亡慘重，卻使德軍的計畫延後了整整一個月；若果真如此，這爭取到的時間對後來的局勢至關重要。

於戰鬥仍在激烈進行之際，德意志第十一集團軍已經對塞瓦斯托波爾展開攻勢。歷經一個月的圍攻與艱苦戰鬥，該要塞最終淪陷。

莫洛托夫的訪問

制定整體戰略方向

　　莫洛托夫離開後的幾個星期，專家們紛紛發表了他們的看法。我全神貫注於「痛擊」作戰計畫，並要求參謀持續不斷的提供報告。不久，這個問題的複雜性就顯現出來了。海上登陸部隊對瑟堡的強襲，面對可能在兵力和防禦工事上占有優勢的德軍，將是一次危險的行動。即便成功，同盟國軍隊也可能被困在瑟堡和科湯坦半島的尖端，面臨持續的轟炸和攻擊，需要在這片狹小的區域中至少自力支撐近一年。他們的補給只能經由瑟堡港口，而這個港口在整個冬季和春季必須堅守，以抵禦潛在的空中襲擊。這個任務將大量消耗我方的海、空力量，進而影響其他戰事。如果我們成功突破德軍的防線，就必須在夏季從科湯坦半島沿其狹窄的地帶推進。即便如此，那裡僅有一條鐵路可供使用，而這條鐵路也可能已被破壞。此外，這個不確定的行動看不出能對俄國有何幫助。德國在法國境內保留了二十五個機動師，而到八月參與「痛擊」計畫的我方部隊不會超過九個師，其中七個是英國部隊。因此，德國無需從俄國前線調動部隊。

　　由於這些情況以及其他因素以一種不利的形式展現於軍事參謀人員面前，不僅在英國軍中，在我們美國盟友中亦顯露出一定程度的信心質疑和熱情不足。我無需反對「痛擊」作戰計畫，該計畫即因本身的缺陷而被擱置。

　　因此，制定了一項替代計畫，即對敵人進行大規模突襲後迅速撤離。這被命名為「大將軍」作戰計畫。我對該計畫的描述是：

制定整體戰略方向

首相致函伊斯梅將軍，轉交參謀長委員會

1942 年 6 月 8 日

　　1. 我只曾見過「大將軍」作戰計畫的綱要；計畫設想在大陸登陸一個師和若干裝甲部隊，力求在兩、三日內發動有效攻擊，隨後盡可能撤出剩餘部隊。這將是我方對俄國遭遇不幸事件之後發自內心的呼喊與回應。如果我們發動此類攻擊，毫無疑問無法幫助俄國，只會在數日後遭遇重大損失並撤退，這也無助於全球的宣傳。我們將損失寶貴的人力和裝備，使我們的決策及作戰能力成為全球的笑柄。俄國人不會對這種加劇局勢惡化的行為表示感激。而協助我們的法國愛國者，其家屬將遭到德國士兵的報復；這將廣泛傳播，作為在大規模作戰行動時類似魯莽行為的警示。現在鼓勵我們採取此行動的人中，許多人將首先指出這種風險。這種做法是以情感取代政策，而非由專業顧問冷靜決策和常識引導行動的又一例證。

　　2. 為實現這個結果，我們需完成兩項最艱難的軍事行動：其一，在敵人嚴陣以待的情況下，於狹小區域從海上進行登陸；其二，在兩至三日後，將登陸部隊的殘餘透過海路撤離。此前或許已經提及，這支部隊在預定地點附近必將遭遇德國強大的裝甲部隊和精銳步兵的頑強抵抗，並可能被深深吸引至內陸。由我們在利比亞的僵持戰況可知，若我們與德國裝甲部隊的交鋒不分勝負，必須考慮留在岸上的登陸部隊將面臨極大危險，且代價慘重。傷員撤離的安排將引發一系列難題，除非將他們棄置於無人照料之地。

　　3. 然而，這一切都會被視作「誘餌」，目的在引誘德國戰鬥機與實力強大的英國戰鬥機交鋒。這個策略假設德國戰鬥機部隊寧可面臨毀滅，也不願讓英國的裝甲部隊推進到利爾或亞眠。他們的犧牲是否明智？與我們所建議動用的軍隊相比，德國擁有絕對優勢的裝甲和地面部隊，他們的目標是將入侵部隊引誘深入法國境內，進而更緊密地牽制這支登陸部隊。如此一來，他們將能夠有節制地使用空軍，避免交戰，進而使他們認為我們的主要目標未能實現。

4. 然而，若此行動是同時進行的十餘個相似性質的軍事行動之一，情況便大不相同。這種情況下，大規模部隊的集結將不可避免地在法國引發動盪，進而使敵人面臨巨大的威脅，迫使其動用全部空中力量，甚至可能從東方調回許多空軍中隊。然而，單獨進行此類襲擊不會引起德國最高統帥部的注意。即便引起注意，由於我們在當地僅停留數日，敵方根本沒有時間進行任何部署。事實上，到第四日，當我們的殘餘部隊如敦克爾克般回到不列顛，無論敵友，都會誇大描述在敵方海岸登陸的艱難。這將為我方在 1943 年的真實作戰中設置諸多障礙。

5. 我將指示三軍參謀長審議以下兩項原則：

（1）除非我們有意駐留，否則不會大規模登陸法國；此外，

（2）除非德國在對俄戰爭中再次遭遇失敗，導致士氣低落，否則我們不會在法國大舉登陸。

基於上述原因，我們不應因「大將軍」作戰計畫而延遲或妨礙「痛擊」作戰計畫的準備；其次，除非德國因對俄國作戰失利而士氣低落，我方不應嘗試實施「痛擊」作戰計畫；第三，我們必須意識到，如果俄國陷入嚴重困境，我方的獨斷行動導致的嚴重失敗將無法幫助他們。

6. 為「痛擊」作戰計畫做準備，應盡可能大規模地按計畫日期進行，這才顯得明智。然而，實施該計畫的條件並非基於俄國的失敗，而是在於俄國的勝利及隨之導致的德國在西線士氣低落。

自那時起，我們再未聽聞任何有關「大將軍」的作戰計畫。

此刻，我將再次闡述我的建設性方案。

首相致函伊斯梅將軍，抄送參謀長委員會

1942 年 5 月 1 日

「朱比特」作戰計畫

1. 這應被視為今年中型「痛擊」作戰計畫的替代方案。

制定整體戰略方向

2. 此計畫須被視為具有極高的策略和政治重要性。或許這就是我們必須向俄國提供的完整方案。在進行研究時，計畫人員不必考慮以下問題，

（1）俄國人是否更傾向於使用船舶運輸更多軍火？

（2）他們是否不願意讓我們執行「痛擊」作戰計畫？

現在，讓我們審視其優勢。

3. 大約有七十架德國轟炸機和一百架戰鬥機，在約一萬至一萬二千名精銳部隊的保護下，駐紮於挪威北部僅有的兩個機場，阻止我方進入挪威的所有入口，並嚴重打擊我方的運輸船隊。假如我們能夠奪取這兩個機場，並部署相等的軍事力量，那麼不僅能確保通往俄國的北部航道暢通無阻，還能建立一個小規模的第二戰場，他們要將我們從此地驅逐將極其困難。如果事態發展順利，我們還能逐步向南推進，從北至南攻擊納粹控制的歐洲大陸。我們必須做的僅僅是將敵人從機場驅逐，並殲滅其駐守部隊。

4. 奇襲行動容易得手。因為敵人在最後關頭之前無法確定這支海上力量到底是普通護航隊，還是遠征隊。

5. 雖然在俄國人得知任何形式的「痛擊」作戰計畫已經被廢除之前，肯定不會提供支援；然而，必須假設俄國會支持這個行動。對瑞典和芬蘭造成的影響同樣重要。

6. 在這項策略計畫中，需謹慎避免過度依賴艦隊或反潛艦艇。為此，遠征隊必須具備獨立自主的能力。我們必須考慮敵人可能試圖摧毀他們搭建的臨時營房。所以部隊應以載運他們前行的船隻為基地，從中獲取補給；在冬季，絕大多數人仍將居住在這些船上。此外，海軍在護送遠征隊完成登陸後，可以預期德國的潛艇將會出動以切斷交通路線。若遠征隊攜帶三至四個月的補給，德國潛艇將因等待過久而感到厭煩，如此一來，運送下一批補給的運輸船隊便能安全通過。當然，我們應先行確定它們是否在那裡等候。

7. 首先是在莫曼斯克部署六個戰鬥機中隊和兩到三個轟炸機中隊。

此舉不過是擴大我們對俄國前線北翼尖端的援助規模，敵人對此不會特別關注。

8. 第二步是在彼得薩莫地區登陸相當於一個師的突擊隊。此舉雖屬冒險行動且可預期戰鬥將會相對激烈，但與我們討論的「痛擊」作戰計畫相比，顯得不足掛齒。同時，蓋朗厄爾峽灣南端的機場需由相當於一個旅的部隊掌控。

9. 從莫曼斯克起飛的英國飛機將駐紮在這些機場，需解決的問題是如何將德軍驅逐。我們毫無疑問會要求俄國在芬蘭北部施加巨大壓力，同時我們的軍事行動也將與之協調。

10. 計畫的執行需分為兩階段：首先是戰鬥部隊，其次是一個星期後的補給。之後，遠征隊必須獨立運作至少三個月。冬季的到來會如何影響我方形勢？冬季將使敵人更容易攻擊我們，還是會增加其進攻難度？這些問題需要耐心地思考以獲得答案。在冬季，應該將新式雪地坦克投入戰場。至於是否向南進攻特羅姆瑟，除非為了配合重要戰局，否則無需立即決定。

在接下來的六週裡，我為這項北方計畫付出了巨大的努力。

首相致函伊斯梅將軍，轉交參謀長委員會

1942 年 6 月 13 日

1. 有關「朱比特」的以下筆記應與我先前關於此計畫的文件一同提交計劃委員會審閱。計劃人員應克服重重困難制定明確計畫。他們無需擔憂計畫的可行性等問題，此類決定應由更高層級的當局來做出。

2. 俄國的軍隊或許會緊隨英國一流登陸部隊之後進駐。

我需要在下週二之前收到一份初步報告。

日後無論發生何種事件，我將對這個計畫撰寫最終意見，我對其依然充滿信心。

制定整體戰略方向

「朱比特」作戰計畫

　　1. 在「大將軍」與「朱比特」作戰計畫之間存在兩大顯著差異。首先，「朱比特」計畫中，我方能夠以優勢兵力對攻擊地點及整個目標區域施壓；其次，一旦成功，我方將在歐洲大陸奠定永久立足點，這對運輸船隊的持續航行極為寶貴，並且允許我們無限制地向南擴展。實際上，這將逐步縮小希特勒的歐洲版圖。隨著我們日益強大的空軍力量進駐這兩個主要機場，在空軍掩護下，利用傘兵部隊及其他手段，我們能夠攻擊南方機場，進而主宰北方地區。如此一來，到1943年春季，我們即可在海岸基地飛機的掩護下，完成其他登陸行動，占領特羅姆瑟與納爾維克，繼而占領博多及摩城。除非對惡劣的交通付出非凡努力，否則敵軍無法迅速調集大量部隊抵抗。當地居民也只有在我們推進時才會起而響應。一切將成為「圍殲」作戰計畫的順利前奏及隨之而來的行動。這對敵軍調動時所造成的混亂程度將遠超我們與其正面作戰所能引發的效果。對瑞典和芬蘭的影響亦將極為有利。如果我們判斷法國境內德軍士氣尚未低落到足以進行攻擊，這個方案將是今年秋季替代「痛擊」作戰計畫的最佳選擇。

　　2. 在沒有空中優勢的情況下，任何敵前登陸都是不可行的，即便敵軍空中力量有限，這條鐵律已經被我們視為公理。在這個不容置疑的原則之下，意味著我們的海軍力量只能用於法國海岸上那些有我方戰鬥機掩護的極小範圍內，並且限於敵方精銳部隊嚴陣以待的據點。然而，儘管空軍優勢和戰鬥機掩護的重要性毋庸置疑，我們仍需思考：若目標價值足夠大且無其他手段可行，是否必須具備這種優勢和掩護呢？1940年挪威戰役的教訓不應被過度強調；當時我們幾乎沒有高射炮部隊，防空力量全無，使得眾多艦隻暴露在敵方的空襲之下長達一個月。當時，我們僅有十二門高射炮可供岸上使用。我方在納姆索斯和翁達爾斯內斯登陸兩萬餘人，撤退時未遭受重大損失。由於敵軍不僅地面力量強大，空中力量也不容小覷，我們無法長期駐守。我並不打算對此問題展開進一步討論，但毋庸置疑，

若商船裝備強力「歐力根」式自動高射炮或其他類型高射炮，亦能在必要時承擔戰鬥任務，而不至全軍覆沒。上次俄國運輸船隊遭遇連續攻擊長達四、五天，損失約百分之二十。因此，問題在於：在沒有戰鬥機掩護下，對敵方裝甲兵及步兵薄弱的據點登陸，或在有戰鬥機掩護下，對駐有強力裝甲兵及地面部隊的據點進行登陸，哪種策略更為可取？這涉及進攻重點和力量對比的問題。

3. 近期，中東司令部向我們提供了一份關於該戰區內可能發生突襲次數的詳細預估。這個預估可能準確，也可能不準確；然而，無論如何，這始終是一種分析這些問題的方法。這些問題需要從具體細節入手，而不應簡單地遵循普遍的規律。以9月和10月為例，我們可以研究德國空軍在莫曼斯克和彼得薩莫可能襲擊一支遠征隊的次數。這支遠征隊包括護航艦隻在內，總共有約四十艘船隻正接近海岸。艦隊可能在攻擊前一天的黎明被偵察到，因此最後的靠岸行動必須在當天夜間並於拂曉前開始。白天航行時，艦隊由四、五艘輔助航空母艦護衛，每艘艦配備六、七門「歐力根」式自動高射炮或其他類型的高射炮。在登陸及艦隻拋錨或擱淺時，保護任務將由六、七艘海灘防衛艦的浮動高射炮承擔，它們也在運輸艦隊逼近海岸時參與防禦。同樣，運輸艦上的高射炮將在抵達時用於自衛。基於上述情況，運輸船隻和護航軍艦的損失預計不會超過五分之一或六分之一。一次軍事行動不能僅因五分之一的士兵在途中陣亡而被視為失敗，只要其餘部隊抵達並完成任務，就不算失敗。

4. 毫無疑問，當接近岸口時，位於莫曼斯克的英、俄空軍將聯合或單獨對航程內的任何敵方機場實施重大打擊，以進一步減少艦隊的損失。

5. 關於登陸、攻擊、占領機場及其他關鍵據點的行動，皆屬聯合作戰部的職責，此處無需贅述。

6. 目前我們期望運輸艦在裝載部隊時，也應同時裝載大部分補給品。在岸上未能找到合適地點之前，這些艦隻應充當部隊的臨時營房和基地。

制定整體戰略方向

關鍵在於，遠征隊需要能自給自足三個月，以免海軍承擔過多的護航任務。請告訴預計資料：所需軍隊的人數，例如，兩萬五千精銳部隊；運輸這些軍隊所需的船隻數量；這些船隻的最適宜噸位；需攜帶足夠三個月之用的補給品數量。此外，是集中由一支艦隊運送更佳，還是待第一批登陸後，再派遣第二批。

7. 一旦我方掌控機場，來自莫曼斯克的飛機應迅速占領這些場地。即使高射炮尚未就位，此行動也應該即刻展開。無論是在空中還是岸上，我們必須開闢一條通道。然而，需要做出特別安排，以便盡快將輕便高射炮運至機場。每個機場至少應該配備三個機動或輕便的「博福斯」式雙筒自動高射炮中隊，並在占領後兩天內部署完畢。較重型的高射炮也應盡快運送。由於初期只有兩個機場可用，須在其周圍密集布置火炮。

8. 當這些機場完成高射炮和戰鬥機的防護部署後，重型轟炸機將從蘇格蘭起飛，利用這些機場當成中繼站，襲擊南邊敵方空軍基地。

目前，我正致力於策畫 1943 年夏季從美國和英國對法國進行大規模攻勢。自從美國加入戰爭後，這始終是我的目標。在 1941 年 12 月 18 日提交給總統的第三份報告中，我已經簡要提到此事。我尤其擔心的是，如此龐大的軍事行動需要從一開始就熟悉並制定適當的計畫。我全神貫注於此，希望能明確這次冒險的性質和規模，以及行動中所需的資源。無論計畫細節如何，必須全力以赴。

首相致伊斯梅將軍

1942 年 6 月 15 日

1. 附件需由三軍參謀長審議。我期待盡快了解他們對此文件的意見。同時，該文件也可提交計劃委員會進行審閱。

2. 「痛擊」與「圍殲」作戰計畫的籌備應獨立於本土艦隊總司令的任務，因為他在其他領域還有許多事務需要處理。請指示我如何實現這一點。

「圍殲」作戰計畫

　　1. 在此類軍事行動中，廣泛性、同時性與猛烈性是不可或缺的。敵人無法在所有地點保持警戒。首波攻擊必須嘗試在至少六個地點展開大規模登陸。同時，還需在至少另外六個地點進行佯攻，以增加敵人的混亂程度。若進展順利，佯攻可以繼續擴大。如此一來，敵人有限且數量上處於劣勢的空軍將被迫分散力量，甚至可能全線出動。當戰鬥在一、兩處激烈進行時，其他地點可能輕易取得勝利。

　　2. 第二批部隊將增強已經登陸部隊的力量，並在順利占領的區域繼續前進。海上機動攻擊使得第二批能夠在攻擊點的選擇上具備更大的靈活性。

　　3. 到那時，希望「朱比特」作戰計畫已在實施。登陸或佯攻應計劃在丹麥、荷蘭、比利時、加萊海峽——主要空戰將發生的地區、科湯坦半島、布雷斯特、聖納澤爾和紀龍德河口。

　　4. 首要任務是大規模部隊登陸。至少十個裝甲旅應與首波部隊一同上岸。這些旅必須冒著極大的風險向內陸挺進，激勵民眾，截斷敵方交通線，並盡可能擴大戰區。

　　5. 這些進攻引發了混亂和不穩定局勢後，第二波將緊隨其後。其目標是讓裝甲部隊和機械化部隊在經過精心挑選的策略位置集結。若事先選定四、五個合適地點，可能有三處能成功集結並建立連繫，戰鬥計畫便可具體實施。

　　6. 若按上述所提的軍隊數量進行部署，敵軍將陷入極大的混亂狀態，除了區域性反擊，他們至少需要一週的時間來組織反擊。在這一週內，必須有一支強大的空軍戰鬥機隊伍進駐被占領的機場，因此，迄今為止一直在爭奪的加萊海峽上空的制空權，勢必會產生轉化。作為勝利的關鍵因素，皇家空軍必須研究如何迅速占領這些機場，並加以充分利用。這些機

制定整體戰略方向

場起初只能用作加油站,主要目的是儘早升空參戰,總體而言,在第一階段,難免會有些不正常的消耗。盡快將高射炮運至並安裝是極其重要的,每個機場應對此自行研究。

7. 當戰爭在被襲國家境內展開時,至少需要攻占四個關鍵港口。要實現此目標,至少需要派遣部分配備腳踏車的步兵,且所有步兵都需接受過城市戰特訓,至少十個旅。此外,人員和裝備的重大損失也需納入考量。

8. 為確保上述軍事行動的成功,在登陸開始後的一個星期內,應同時或連續部署不少於四十萬名士兵,並確保他們盡快投入戰鬥。

9. 一旦任何港口被攻占並開放使用,第三波攻擊應立刻展開。此行動將由從我們西部港口出發的大型艦船執行。這些艦船將運送至少三十萬名步兵、他們的大炮以及一部分早前登陸部隊的裝備。第一批和第二批都是主要的攻擊力量;在第三波到達前,他們不應按軍、師編制進行指揮。如果在登陸後兩週內能夠有七十萬人上岸,並能獲得制空權,再加上敵人已經顯得極為混亂,若我們至少已經獲得四個可用的港口,那麼,我們將掌握必勝之機。

10. 無論損失情況如何,在突襲階段過後,戰役的進一步進展可以按照常規的編制和補給方式進行。屆時,增援和協同作戰將成為關鍵問題。前線將得到擴展,有序推進也將成為可能。除非我們事先做好準備,否則在幾次對敵方海岸的大規模兵力使用中,必定會有多次攻擊失敗的風險,而一旦失敗,結果將是徹底的失敗,因此不應在現在的條件下嘗試如此罕見的作戰行動。

11. 上述意見目的在概述能夠確保極大成功可能性的規模和精神。

參謀長們的討論持續至夏季,他們一致同意放棄「痛擊」作戰計畫,而「大將軍」作戰計畫也未再被提及。同時,我的「朱比特」作戰計畫也未獲得太多正面支持。然而,我們都同意在1943年進行主要的跨海峽攻勢。問題在於,在此期間我們該採取何種行動?除了沙漠戰鬥,美國和英

國不可能在整個時期內袖手旁觀。總統決心在 1942 年盡可能大規模地與德國交戰。那麼，這個計畫應在何處實現呢？顯然，只有法屬北非最為合適。總統談到這個地區時總是面帶微笑。在眾多計畫中，唯有最合適的才能存留。

　　我靜心等待回覆。

制定整體戰略方向

隆美爾發動反擊戰

儘管奧金萊克將軍自認尚未具備足夠的力量來奪取主動權，他卻自信滿滿地等待敵軍的攻擊。里奇將軍在其上司的密切監控下，精心策劃了一條防禦陣線，從南非師駐守的加柴拉海岸延伸至沙漠南方四十五英里的比爾哈凱姆，由柯尼希將軍指揮的自由法國第一旅駐守。防線的防禦策略依賴於一系列稱為「哨所」的設防據點，每個據點由一個或多個旅的兵力堅守，整個戰線則由大面積雷區保護。在這之後，我們的全部裝甲部隊和第三十軍則作為後備力量。

除了阿拉曼戰役之外，沙漠中的所有戰役都以沙漠側翼的裝甲部隊迅速包抄為開端。隆美爾利用 1942 年 5 月 26 日至 27 日夜間的月光發動攻勢，率領全部裝甲兵力繞過比爾哈凱姆，意圖與英國裝甲部隊交戰並將其殲滅；接著在 5 月 28 日傍晚占領阿德姆至西迪雷澤格的陣地，從背後襲擊英國長期布防的陣地。他擊潰一個印度摩托旅，迅速推進。然而，他遭遇英國裝甲部隊和其他為應付他的攻擊而列陣待命部隊的頑強抵抗。經過幾天激烈戰鬥後，他發現進展受阻，並且由於需要繞過比爾哈凱姆，以致運輸補給和彈藥的後勤作業困難重重。因此，他尋求更短的補給線，其工兵在英國布雷區中開闢出兩條捷徑。在這些不斷擴展的道路兩側，我方第五十（諾森伯蘭）師的第一百五十旅忠誠地堅守著「哨所」。到了 5 月 31 日，隆美爾終於能夠將大量裝甲部隊和運輸車輛撤入這兩條狹窄的通道，並在我們防線的前方建立一個所謂的「橋頭堡」，將第一百五十旅的「哨所」包圍在內。這個被不恰當地稱為「小耳朵」的包圍圈成為我們空軍的主要攻擊目標。

隆美爾發動反擊戰

隆美爾起初的大膽計畫顯然已經失敗；然而，他一旦撤入我們的布雷區，這些區域反而成為他防禦體系中的有效組成部分。他在此重整隊伍，伺機進行新的攻擊。

關於這場激戰的初期情況，奧金萊克將軍在6月1日的通告中進行了詳盡描述，因此，我在次日的下議院幾乎逐字逐句地進行了宣讀。

奧金萊克將軍與特德空軍中將致函首相

1942年6月1日

5月26日晚，隆美爾將軍指揮德國非洲軍團發起攻勢。他當天向其麾下所有德、義軍隊發布命令，詳細解釋此次大規模戰鬥行動目的是對我方在利比亞的部隊進行決定性打擊。為此，他準備部署一支在數量上占有優勢、裝備精良並有強大空軍支援的部隊。命令結尾，他為義大利國王兼衣索比亞皇帝陛下、羅馬帝國領袖及大德意志帝國元首歡呼。我方早已預料到此次攻勢，並作好充分準備。從繳獲的文件來看，隆美爾顯然意圖擊潰我方裝甲部隊並奪取托布魯克。

5月27日，我方在加柴拉以南主要陣地北線的防禦幾乎未受任何威脅。敵軍試圖經由加柴拉入口突破我方在海岸公路附近的防線，但這個企圖被迅速壓制。在5月28日至30日期間，我方裝甲師和步兵旅與在義大利機動軍團支援下的德軍非洲軍團展開了極為激烈且持續的戰鬥。戰事在從北部的阿克魯馬到以南四十英里的比爾哈凱姆，以及從阿德姆至以西三十英里的我方布雷區之間的廣大區域內反覆進行。敵人發現其補給和水源即將耗盡，必須在我方布雷區中開闢通道，一條沿卡普措小道的戰線，另一條則在十英里以南的區域……對於在這些攻擊中，我方所擊毀和擊傷的車輛與坦克數量尚難準確預估，但已有充分證據表明戰果頗豐。同時，我方夜間轟炸機隊每夜持續打擊敵人的前線機場和交通線。

5月31日，敵軍成功地將大量坦克和運輸車輛撤回，並部署了裝備精

良的反坦克炮以防止我軍從東方的襲擊。然而，仍有相當數量的坦克和車輛滯留在屏障之外，因此，我方空軍的轟炸機和戰鬥機，持續對這些敵方坦克和車輛進行轟炸和摧毀。

在比爾哈凱姆以東的區域，我軍展開了清剿行動，摧毀了該地區的多輛坦克和車輛，並成功占領了兩座大型工廠。激烈的戰鬥仍在繼續，戰局尚未結束。預計將有更加激烈的戰鬥，無論結果如何，隆美爾的初步攻勢計畫已被完全擾亂，他的失敗已使其在人力和物資上付出巨大代價。里奇將軍及其指揮官諾里中將和戈特中將在這場艱苦戰鬥的一週中展現的才幹、決心和頑強精神，已經達到極高的水準。

我對以下評論感到滿意：「從這些情況可以明顯看出，我們對迄今為止戰爭的進展有理由感到滿意，甚至非常滿意；此外，我們也應該認真關注戰爭的進一步發展。」

接著，我提到5月30日至31日對科隆的大規模空襲，英國的飛機超過一千一百三十架跨越大海。我繼續報告：「昨夜，一千零三十六架英國皇家空軍的飛機再次飛越大陸的上空，大部分活動集中在埃森地區。在這場第二次大規模空襲中，我方損失了三十五架轟炸機。這兩次大規模夜間空襲象徵英國空軍對德國的攻勢進入了一個新的階段；隨著美國空軍不久後將與我們聯手，空襲的規模將明顯擴大。」

當我對戰事的進展感到滿意之際，我卻對馬爾他島深感憂慮。

首相致函奧金萊克將軍與特德空軍中將

1942年6月2日

無須我再三強調我們的運輸船隊安全抵達馬爾他的重大意義；而我確信你們雙方將採取措施，確保我們的空中護航飛機，尤其是「勇士」式戰鬥機，盡可能從西邊的降落場起飛。我希望你們已經擬定計畫，以便在占領馬爾圖巴後立即將其作為前進加油基地，並包括警衛安排、防空炮防

隆美爾發動反擊戰

禦,以及在可能情況下為我們的戰鬥機提供航空汽油、機油和彈藥的空運問題。其他各點,你們二位無疑均已考慮。安排妥善後,請儘早通知我。

目前我們了解到,隆美爾計劃在進攻後的第二天攻占托布魯克,而奧金萊克將軍的確有理由相信,隆美爾在這一點期望的原定計畫已經落空。為了重整旗鼓並再次發起進攻,隆美爾必須穿越我方的雷區,穩固並擴展他的橋頭堡。

在6月的首週,戰鬥的重心鎖定在比爾哈凱姆與橋頭堡兩個地點。我方在橋頭堡駐紮著堅定的第一百五十諾森伯蘭旅。隆美爾急需補給物資和水源。為了避免戰局全盤崩潰,他必須殲滅該旅,以便車隊能夠順利通行。這個目標已經確立,並在6月1日成功達成。以下是隆美爾的自述片段:

在英國人所能展現的頑強抵抗下,德、義軍隊艱難地逐步推進。英軍指揮這場防禦戰鬥非常巧妙。他們一如既往地戰鬥到耗盡最後一顆子彈。

對我們而言,當前的重點在於攻破這個橋頭堡;因為,儘管對敵方交通線進行了猛烈空襲,但敵人經過充分恢復後從那裡發動突擊只是遲早的事。當我們權衡其他可行的計畫時,數日的時間已在不知不覺間過去,直至6月4日才進行了一次嘗試性進攻。這是一場代價慘重的失敗,印度步兵旅和四個野戰炮團因缺乏支援和錯誤處置而敗北。奧金萊克將軍稱其為「整個戰役的轉捩點」,此言不虛。我們失去了良機,隆美爾重新掌握了主動權,順利地打擊了里奇的部隊。

不久之後,敵軍的裝甲部隊從橋頭堡突圍,再次發起進攻。自由法國軍隊在進行了一段傑出的防守後,撤離了比爾哈凱姆。局勢再次惡化,戰役的第二階段開始,情況比第一階段更加嚴峻;即便有皇家空軍的全力支援,也未能阻止後來的崩潰。

我們必須保持一支具備海上機動性的策略後備隊，這個策略如同跟我們之前已經見證過的所有戰役一樣，是我極為看重的措施之一。在 1941 年夏季，儘管美國尚未參戰，我已經成功說服羅斯福總統，將美國的運輸艦借給我們，以便將兩個師運往好望角。這些運輸艦能在日本參戰後為我們增援印度。1942 年 3 月 4 日，我再次請求總統，在當前危機四伏的時刻，利用美國船隻將另外兩個師運往好望角，而目的地尚未確定。這支可觀的兵力現今正在海上，賦予我們自由選擇目的地的權利。顯然，他們應前往埃及以支援沙漠戰役。當然，如果俄國在裏海－高加索地區的防線被突破，進而使我們面臨更大的危險，或印度或澳洲果真遭遇日本侵犯——這種情況目前是極不可能的——我們仍有一個月的時間做出調整。

　　我立刻將這個喜訊傳達給奧金萊克將軍。

首相致奧金萊克將軍

1942 年 6 月 9 日

　　我始終牽掛著你們的重大戰役，也思考著我們該如何最有效地支援你的部隊，以達成勝利的結局。有一些好消息要告訴你。

　　第八裝甲師目前駐紮在好望角，而第四十四師也即將抵達弗里敦。至於這些師的最終目的地，我刻意保留選擇權，直到我們能夠更清楚地了解我們的需求。不久之前，我曾向澳洲政府承諾，如果澳洲遭遇重大入侵，我們會立即派遣這兩個師進行支援。到目前為止，澳洲並未遭受重大入侵，同時考慮到日本海軍在珊瑚海和中途島的戰役中已經遭受損失，我們認為近期大規模入侵的可能性極低。儘管我們從未向韋維爾承諾，但若日本有意侵犯印度，我們也可以將這兩個師調往印度。現階段看來，這種情況也不大可能發生，此外印度已經擁有英國第二、第五及第七十師。第八裝甲師預計在六月底，第四十四師預計在七月中旬到達蘇伊士，據此制定你的戰鬥計畫。

隆美爾發動反擊戰

因此，除非澳洲在近日面臨嚴重入侵威脅，否則我們決定將第八裝甲師和第四十四師撥給你。此後，你可以考慮將一個印度師和第二百五十二印度裝甲旅調往印度，當然，這需要根據整體局勢而定。請告訴你的建議，以便通知韋維爾將軍。

關於第八裝甲師的詳細情況、坦克技術準備狀態、各船的具體裝載量及到達日期將另函告知。如此一來，您便能就登陸、編組及以最小延誤和最高效方式投入戰鬥等做出最佳規劃。我們相信，既然有後備軍即將抵達，您在運用現有力量方面將更為自由。順致良好祝願。

奧金萊克將軍致首相

1942 年 6 月 10 日

你的美好祝願極大地激勵了我。我期望你能從過去兩週的激烈戰鬥中看到一些成果。得知我們可以在此戰區獲得第四十四裝甲師和第八裝甲師，我感到非常高興；儘管我預計此決定可能會改變，但我仍立即開始制定計畫，以最有效地利用他們。第八裝甲師的司令官目前在開羅。

我了解到，未來可能會有指令要求我將一個印度步兵師和一個印度裝甲旅部署到印度。你知道，我的兵力不足以應對德國從安納托利亞發起的進攻，也無力保衛波斯；然而，即便這些威脅可能不會成真，我仍需制定應對計畫。我明白，對印度的威脅將比對我北線和東北線的威脅更迅速且更為嚴重；鑑於此，最重要的策略問題關乎成敗，唯有你能調動軍隊，以應付這種可能的突發狀況。我提及在敘利亞、伊拉克和波斯的任務，僅僅是為了提醒你，若無法在德國深入侵略之前獲得充足的增援，以我們現有的兵力在該戰區取得防禦成功的希望渺茫。

如你所述，了解這兩支精銳師的增援將使我在指揮現有部隊時，享有更大的靈活性。你可能已經知悉，為了增強第八集團軍，我已經從伊拉克調遣大量部隊至利比亞。

我們全體對你懷有深深的感激之情。

6月10日，奧金萊克將軍送來一份截至6月7日的雙方傷亡人數估算表。「在戰鬥仍在激烈進行時，無論過去還是現在，要準確統計軍隊在人員和裝備方面的損失都是極為困難的。我們的損失預估約為一萬人，其中約八千人可能被俘，但第五印度師的傷亡數字尚不明確。」我們俘虜了四千人，其中一千六百六十人為德國人。敵方損失坦克四百輛，其中有二百一十一輛「保證確實」。我方損失，包括可能修復的，共三百五十輛。如此，在6月9日的戰鬥中，我方可作戰的裝甲力量剩下巡邏坦克二百五十四輛，步兵坦克六十七輛。我們已經摧毀敵人大炮一百二十門，而我方損失中型大炮十門，野戰炮一百四十門，六磅彈炮四十二門，兩磅彈炮一百五十三門。

因各種因素，我方損失了176架飛機，飛行員陣亡、失蹤或受傷共計70人。預計敵方在飛機方面的損失為擊毀及擊傷約165架，其中四分之三為德國飛機。

與此同時，第三印度摩托旅（不幸已潰敗）、第十印度師、一個裝甲旅及其他若干部隊已來援助第八集團軍，此外，第五印度步兵旅也在整裝待命。自戰鬥開打以來，第八集團軍已經增援了二萬五千名士兵，七十八門野戰炮，二百二十門反坦克炮及三百五十三輛坦克。

關於坦克、大炮和飛機的數量是令人滿意且準確的。然而，讀到以下宣告時，我不禁感到震驚：「我方在人員方面的損失，預估在一萬人左右，其中八千名可能被俘，但第五印度師的傷亡數字尚未確切得知。」這種以傷亡為一方、以俘虜為另一方的懸殊比例表明，某種令人不快的事情必然已經發生；同時也表明，開羅司令部在某些重要方面沒有對這件事進行評估。在我的回信中，我並未提及這一點。

隆美爾發動反擊戰

首相致奧金萊克將軍

1942 年 6 月 11 日

感謝您提供的情況和數字，對我而言，這些消息非常有價值。儘管人們常常渴望藉由戰略或反攻來贏得勝利，但我們沒有理由對持久消耗戰的出現感到恐懼。由於我們在交通運輸方面占據優勢，這必然會使隆美爾的消耗大於里奇。從那批以最快速度運送給您的增援來看，這一點更加可靠。修復工作的進展極為鼓舞人心，從中我們也能看到所有相關人員的功勞。請代我向里奇致意，並告訴他，他那種頑強而堅定的戰鬥精神，已經贏得了廣大群眾的讚賞。他們每天都在關注著你們的每一個行動。

奧金萊克將軍在回信中提到：

奧金萊克將軍致首相

1942 年 6 月 11 日

我十分感激你在 6 月 11 日的那通電報，充滿了激勵人心的力量和體貼入微的理解。

我們的損失相當慘重，我擔憂在下一場戰爭中能否避免重蹈覆轍。然而，正如你所言，我們的資源較他豐沛，而他的境況並不令人羨慕。

你的問候我已經轉達給里奇將軍。我相信他會對此深表感激。

由於獲得了充足的增援，並因占領比爾哈凱姆而獲得新的機動空間，隆美爾現正以裝甲部隊從南翼突破「小耳朵」，向我們發起攻擊。我們的側翼已被轉移，戰線北端仍堅守原陣地的第一南非師及第五十師的其他旅均面臨被切斷的風險。

在 6 月 12 日和 13 日，阿德姆與「騎士橋」之間的山脊上爆發了激烈的戰鬥。這場戰役可謂坦克戰的巔峰；戰鬥結束後，敵軍掌控了戰場，而我們的裝甲部隊則遭受了重創。作為這個地區交通樞紐的「騎士橋」，在

警衛旅與皇家騎兵師第二團的支援下進行了頑強的抵抗，最終還是被迫撤退。正是由於及時撤退，第一南非師和第五十師才得以倖免於難；在皇家空軍的強力支援下，他們的撤退得以順利進行。

到 6 月 14 日，戰爭的形勢已經明顯急轉直下。國務大臣凱西先生發來一封電報，重點關注軍事情報。

國務大臣致首相

1942 年 6 月 14 日

你已經了解西部沙漠的戰況有多麼嚴峻。奧金萊克和里奇共同度過了二十四小時，6 月 13 日晚上才返回。經過商討，決定堅守阿克魯馬—阿德姆一線，分別距托布魯克以西和以南十六英里；奧金萊克對此已向里奇下達命令。第一南非師和第五十師正從加柴拉陣地撤退。我一直與總司令保持緊密連繫，並密切關注戰區的形勢變化以及已經派遣和正在派遣的增援情況。

至於奧金萊克，我對他的領導能力以及他運用現有兵力指揮戰事的方式充滿信任。我唯一的期望是，他能夠同時兼顧兩地，既在這個策略中心，又親臨前線指揮第八集團軍。我最近幾天甚至想，也許他親臨前線指揮會更好，而讓他的參謀長暫時留在這裡負責；然而，他並不認同，我也不想強迫他。這是奧金萊克指揮的戰役，他的下屬領導問題應由他自行決定。

在特德的指揮下，皇家空軍表現出色，且我相信可以合理地說，我們在這個戰區已經取得了空中優勢。前往馬爾他的兩支運輸船隊，其成功與否將在今明兩天見分曉。從空軍的角度看，西部沙漠無疑對西行的運輸船隊有所助益。西行的運輸船隊明天將面臨更大的威脅，可能來自義大利艦隊的水面艦艇。

凱西先生指出奧金萊克親自指揮沙漠戰役的優勢，這個觀點與我不謀而合，我早在一個月前就向這位將軍表達了相似的看法。中東總司令因職責繁重而受到限制。雖然他的所有工作都依賴於這場戰役，但他僅將其視

隆美爾發動反擊戰

為職責的一部分。來自北方的威脅始終存在，他認為需要重視，而我們這些身處國內、能更好判斷的人對此並不同意。

他所做的安排僅是權宜之計。他將這場關鍵戰役的任務交付給里奇將軍，儘管里奇將軍最近已經不再擔任他的副參謀長。同時，他對這位軍官進行嚴格監控，頻繁發布指令。直到災難發生後，他才意識到應該親自掌控戰事，這還是在國務大臣多次勸說下才做出的決定。我將他的個人失敗歸因於某些錯誤，而這些錯誤無疑應由我和同僚負責；因為我們在一年前給了這位中東司令不適當的龐大任務。儘管我們竭盡全力透過明確、及時且反覆的建議來減輕他的負擔，但他拒絕了。在我看來，如果他從一開始就親自指揮，並在開羅留一位助手管理北方和處理龐大戰區的事務，他很可能會贏得這場戰爭；實際上，當他後來親自指揮時，也確實挽救了殘存的力量。

讀者很快便會察覺，這些事件如何令我深感痛苦，以至於在8月10日，我在給亞歷山大將軍的指示中，將他的主要職責明確無誤地界定清楚。活到老，學到老，這正是人生的真諦。

此刻，我向奧金萊克發送了一封電報，內容如下：

首相致奧金萊克將軍

1942年6月14日

你決意奮戰到底的態度贏得我最真摯的贊同。不論結局如何，我們將全力支持。退縮將是致命的。這不僅關乎武器，更關乎堅韌。願上帝庇佑你們所有人。

我們立即遭遇了托布魯克的問題；如同去年，我們必須竭盡全力守住它。在經過一個月的無謂拖延後，奧金萊克將軍現已從敘利亞調來紐西蘭師，但未能及時趕赴托布魯克參戰。

首相致奧金萊克將軍

1942 年 6 月 14 日

1. 里奇將軍計劃將加柴拉的軍隊撤退到哪個地點？必須確保無論在何種情況下都絕不能放棄托布魯克。只要堅守托布魯克，敵人就無法認真進攻埃及。我們在 1941 年 4 月已經經歷過類似情況。不清楚你提到的撤到「老邊界」具體是指哪裡。

2. 我很欣慰，你能夠將紐西蘭師調遣至西部沙漠。請告知該師何時何地可以展開部署。

3. 帝國的總參謀長對此表示贊同。請確保我始終掌握最新動態。

奧金萊克將軍致首相

1942 年 6 月 15 日

1. 已命令里奇將軍阻止敵軍越過阿克魯馬－阿德姆－比爾古比總戰線。這並不意味著此線能作為或應作為連續設防的戰線來堅守，而是禁止敵人在該線以東立足。來自加柴拉陣地的兩個師應能對此有所助益。我雖無意讓第八集團軍被圍困於托布魯克，但也絕不打算放棄該地。我給里奇將軍的命令是：

（1）禁止敵軍穿越阿克魯馬－阿德姆－比爾古比這條主要防線；

（2）禁止他的部隊在托布魯克被圍困；

（3）伺機發動攻擊並擾亂敵方。

與此同時，我提議在塞盧姆－馬達累納堡區域部署最強的後備隊，以便盡快發起反攻。

2. 正在行進中的紐西蘭師預計在十到十二天內全部集結，但若有需要，先遣部隊將提前抵達。

我們對發給里奇將軍的命令感到不滿，因為這道命令並未明確要求他保衛托布魯克。為澄清事實，我發出了以下電報：

隆美爾發動反擊戰

首相致奧金萊克將軍

1942 年 6 月 15 日

我們得知你承諾不會放棄托布魯克,感到欣慰。戰時內閣將你的電報解讀為,一旦有必要,里奇將軍將依據情況,在當地駐紮足夠的軍隊以確保托布魯克的安全。

回電十分確定。

奧金萊克將軍致首相

1942 年 6 月 16 日

戰時內閣對電報的解讀是準確的。里奇將軍正在部署他認為合適的兵力駐守該地,即使托布魯克暫時被隔斷,仍能夠堅守。基本駐軍為四個旅,並且儲備了充足的彈藥、糧食和水源。第八集團軍近期的基本策略是,以阿德姆設防區為核心,並動用所有現有的機動部隊,阻止敵人在阿德姆或托布魯克以東地區立足。關於這一點,已向里奇將軍發出非常明確的指令,而且,我相信他能成功執行。

形勢與去年截然不同,因為目前在邊境上設防的是我們,而非敵人;即便我們暫時無法使用甘布特的飛機著陸場,我們仍能在托布魯克上空部署戰鬥機。依我看,敵人若想圍攻托布魯克,並阻擋我方在邊境陣地的火力,所需兵力必定超過我們情報中所述數量。因此,我們有能力防止邊境和托布魯克之間的地區落入敵手。

我已經與國務大臣及其他總司令就此問題進行磋商,他們對所提議的方案表示贊同。

首相致奧金萊克將軍

1942 年 6 月 16 日

關於您在新戰線上成功地與增援部隊密切協調以重新部署第八集團軍的消息,尤其令人振奮;同時,內閣得知您計劃不惜任何代價堅守托布魯

克時，也感到非常欣慰。

目前，我們無法從此處明確判斷戰爭的策略。然而，若我們的全軍能夠同步參戰，並且你能重新掌握主動權，這無疑是有利的。或許，伴隨著新局勢的演變，這樣的機會將會出現。此外，由於敵軍顯然已經感受到壓力，若能不給敵軍喘息之機，則更為有利。裝甲戰爭允許逐步展開的策略，這種戰術對進攻方有利；而防守方，儘管在上次戰爭中表現強勢，仍需不斷迎合進攻者的計畫。我們都向你致以良好的祝願。

基於先前戰爭所累積的經驗，我們對此充滿信心。此外，正如奧金萊克將軍所言，我們的形勢在理論上較1941年有了顯著改善。我們的一支軍隊已在托布魯克附近的防線展開，同時，一條新建的寬軌鐵路為我們提供了支持。我們不再依賴於主要依靠海上交通的側翼進行兵力部署；而是遵循戰爭的傳統原則，從前線的中心位置沿直角返回主要基地。在這種情況下，儘管我曾為已經發生的事情感到擔憂，但從雙方的兵力及隆美爾在補給上的種種困難來看，我仍然相信局勢會有所好轉。

然而，我們尚未掌握托布魯克當前的狀況。鑑於奧金萊克的策略是等待時機進攻，加之數個月的時間已經浪費了，實在難以想像托布魯克那些歷經考驗的防禦工事，是否依然保持最佳狀態，或得到了實質性增強。對於他已經決意進行的防禦戰而言，托布魯克的防禦工事和出擊口，都是不可估量的因素。

最終，「暫時」一詞在托布魯克防禦中的運用，包含倫敦未曾察覺的深意。我們的計畫 —— 我們相信總司令也完全同意 —— 是即便主要戰事對我方不利，托布魯克仍應作為孤立堡壘堅守，而第八集團軍應沿主要交通線撤退至馬特魯港陣地。這樣，托布魯克將繼續留在隆美爾的側翼，迫使他圍攻或監控，使其交通線越加延長並陷入緊張局面。由於紐西蘭師已經接近，並有強大援軍從海上抵達，我個人認為，雙方盡最大力量進行的

隆美爾發動反擊戰

苦戰，從長遠看對我方無害。因此，我沒有取消計畫中的華盛頓訪問，因為我需在那裡處理對戰爭整體策略極為重要的問題。在此事上，我得到了同僚的支持。

第二次訪問華盛頓

　　此次旅行的核心目標是在於對 1942 至 1943 年的軍事行動做出最終決策。美國的高層官員，尤其是史汀生先生和馬歇爾將軍，迫切希望立即對某些計畫做出決定，以便讓美國在 1942 年能與德國在陸地和空中展開大規模交戰。如果無法實現這個目標，美國的三軍參謀長聯席會可能會認真考慮對「德國第一」的策略進行根本性的修改。另一個令我憂慮的問題是「合金管」計畫，即後來被稱為原子彈的項目。我們的研究和實驗現已發展到必須與美國達成明確協定的階段；普遍認為，只有我親自與總統討論，才能確保事情順利進行。在沙漠戰役如火如荼之際，戰時內閣決定讓我在帝國總參謀長和伊斯梅將軍的陪同下離開祖國與戰時指揮中心，這個決策充分說明了我們對解決重大戰略問題的重視程度。

　　在這個極為艱難的時期，局勢緊迫且危機四伏，我因此選擇經由空中而非海路前往。這意味著我們將有二十四小時無法獲得充分的情報。為了確保來自埃及的消息能夠立即傳遞，同時使所有的報告能夠及時發出和迅速翻譯，我們已經做出了多種有效安排，以防止在預計或實際需要做出決定時出現不該有的延誤。

　　根據傳統，首相通常不會正式向國王推薦繼任者，除非被特別要求。在戰爭時期，為了回應國王在最後一次每週例行謁見中的請求，我向他發出了以下信件：

第二次訪問華盛頓

1942 年 6 月 16 日

唐寧街十號，白廳

尊敬的陛下：

  如若我在即將展開的旅途中遇到不測，懇請陛下採納我的提議，將籌組新政府的任務託付給現任外交大臣安東尼・艾登先生。在我眼中，他是下議院第一大黨以及我所領導的聯合政府之中一位卓越的部長。我堅信，他能夠以這個危急時刻所需的決斷、能力和智慧來處理陛下的事務。

你的忠實的臣僕

溫斯頓・邱吉爾

  雖然我此刻已經知曉在一月間從百慕達返回時曾面臨風險，但我對正駕駛員凱利・羅傑斯及波音水上飛機懷有極大的信任，因此特意要求他負責這次飛行。同行者包括陸軍部計劃局局長斯圖爾特准將（他後來在從卡薩布蘭卡會議返程時遇難）、查爾斯・威爾遜爵士、馬丁先生和湯普森海軍中校。我們於 6 月 17 日午夜前離開斯特蘭拉爾，伴隨著皎潔的月光和宜人的天氣。我在副駕駛座位上坐了兩個多小時，欣賞海面的輝煌，思索著自己的問題，也考慮到令人擔憂的戰役。隨後在這「新居」中我酣然入睡，直到天亮時我們抵達甘德。原計劃在此加油，但因無需加油，只是向機場打了招呼後繼續前行。在陽光的照耀下飛行，顯得日子漫長。我們在六小時內兩次享用了午餐，並計劃在抵達目的地後再享用晚餐。

  最後的兩小時是在陸地上空飛行的；大約在美國時間晚上七點，我們接近了華盛頓。當飛機逐漸下降至波多馬克河上空時，我注意到華盛頓紀念碑的頂端，其高度超過五百五十英尺，與我們的飛行高度相當。我提醒凱利・羅傑斯上尉，若我們在飛行過程中偏偏撞上了紀念碑的頂端，那將是極大的不幸。他向我保證會特別小心，避免碰到它。於是，我們在經過二十七小時的飛行後，終於安全、平穩地降落在波多馬克河上。哈里福克

斯勛爵、馬歇爾將軍及幾位美國高級官員在此迎接我們。我們一行人隨後前往英國大使館共進晚餐。此時天色已晚，來不及飛往海德公園。我們查看了所有最新的電報——並無重要內容——然後愉快地在露臺上用餐。英國大使館坐落在高地上，是華盛頓最涼爽的地方之一；從這一點來看，比白宮更令人心曠神怡。

翌日清晨，即6月19日，我乘坐班機前往海德公園。總統已經在當地機場等候，目睹我們在經歷過最猛烈的顛簸中著陸。他對我表示了極為熱忱的歡迎，並親自開車送我穿越赫德森河，抵達那巍峨的斷崖絕壁之地，他的家就在海德公園。總統為了讓我欣賞海德公園的美景，親自開車載我遊覽公園。在這次出遊中，我有許多時刻陷入沉思。羅斯福先生雖身患殘疾，無法用腳操作煞車、離合器或油門，但他的臂腕卻異常強健，能夠靈活應付各種情況。他要我試試他的臂力，並提到一位著名的職業拳擊師對此甚為羨慕。雖然這讓我感到安心，但我必須承認，當汽車在赫德森河對岸的懸崖邊緣調轉或倒車時，我真心希望汽車的機械或煞車不會出現故障。我們一路談論公務，儘管我努力不讓他在開車時分心，但我們的談話進展或許比正式會議的成果更為顯著。

總統得知我和帝國總參謀長一同前來，感到非常高興。他總是對年輕時的回憶充滿濃厚的興趣。總統的父親曾在海德公園招待過布魯克將軍的父親。羅斯福先生因此對會見這位父輩友人的兒子，表現出極大的熱情。兩天後的會晤中，他以極大的熱忱接待了他，而布魯克將軍的品格與風度也使兩人之間產生了一種近乎親密的情誼，這對於事務的推進極有幫助。

我曾將我所計劃達成決策的各個要點告訴哈里‧霍普金斯，由他傳達給總統，以便預先準備，使總統對每個議題有一個清晰的了解。在這些議題中，「合金管」是最為複雜的問題之一，並且，如後來的情況所示，它也是至關重要的問題。

第二次訪問華盛頓

　　我應該引用我於 1945 年 8 月 6 日廣島遭受原子彈轟炸化為廢墟後發表的宣告，以闡述當時的情境：

　　到 1939 年，來自原子裂變能量釋放的潛力已經被全球科學家普遍認可。然而，要將這個潛力轉化為現實成就，仍需克服大量複雜的問題。當時幾乎沒有科學家勇於預測，到 1945 年會有一枚原子彈成功製造且可投入使用。儘管如此，這個計畫的巨大潛力使得英王陛下政府意識到，儘管科學界對人才有著多樣化的需求，研究工作仍應繼續推進。在這個階段，研究主要在牛津、劍橋、倫敦（帝國理工學院）、利物浦和伯明翰等大學進行。聯合政府成立後，飛機生產部負責協調和推動工作，由喬治・湯姆森爵士領導的科學家委員會擔任顧問。

　　與此同時，依據當時廣泛接受的協定，大規模開展科學情報收集工作，聯合王國與美國的科學家們也在此過程中充分分享了彼此的看法。

　　至 1941 年夏季，進展已經達到以下說明程度：喬治・湯姆森委員會報告稱，他們認為在大戰結束前製造出原子彈是完全可能的。1941 年 8 月底，負責讓我了解所有技術進展的徹韋爾勳爵報告說，我們在相關研究方向正取得重大進展。時任樞密院長的約翰・安德森爵士全面負責各技術委員會的科學研究工作。在此背景下（也考慮到我們最近在普通高級炸藥效果方面的充分研究成果），我於 1941 年 8 月 30 日透過以下備忘錄向參謀長委員會提出了此問題：

首相致函伊斯梅將軍，轉參謀長委員會

　　儘管我個人對現有的炸藥相當滿意，但我認為不應阻礙這個領域的進步。因此，我贊同徹韋爾勳爵的建議，並且認為處理此事的內閣大臣應為約翰・安德森爵士。

　　我渴望了解參謀長委員會的看法。

三軍參謀長建議，務必在極高優先順序下立即採取行動。為此，我們在科學與工業領域設立了專門機構來指導這項工作，並且卜內門公司同意派出 W.A. 艾克斯先生負責我們出於保密原因稱為「合金管局」的任務。約翰‧安德森爵士在不再擔任樞密院長後轉任財政大臣，我要求他繼續負責這個工作，因為他對此尤為勝任。在他的領導下，還設立了一個諮詢委員會，作為他的顧問群。

　　1941 年 10 月 11 日，羅斯福總統致函於我，建議我們在此領域的努力應當進行聯合合作。因此，英、美雙方的所有工作都結合在一起，並且，一些相關的英國科學家前往美國。到 1942 年夏季，這項擴大的研究計畫在更為確切且廣泛的基礎上證實了前一年各種富有前景的預言，而且已經到了必須決定是否啟動建設大規模生產工廠的時刻。

　　當我與總統在海德公園相遇時，我們已經開始探討此問題。我手頭帶著文件，但由於總統還需要從華盛頓獲取更多情報，討論被延後到次日，即 6 月 20 日進行。午餐後，我們在樓下一個小而精緻的房間內進行了會談。這個房間陽光照射不到，非常陰暗。羅斯福先生安坐在幾乎與房間等大的書桌旁邊。哈里在他身後或坐或站。我的這兩位美國朋友似乎對這酷熱的天氣毫不在意。

　　我向總統簡要彙報了我們已經取得的顯著進展，同時，我們的科學家現在確信，在這場戰爭結束之前，定能取得成果。他提到，他們的工作也有進展，但在全面測試之前，沒人能保證不會遇到實際可能發生的各種問題。我們都深感可能一無所獲的風險。我們了解到，德國人正全力以赴獲取「重水」——一個可怕、邪惡且不尋常的名詞，已經悄然在我們的情報中出現。若敵人搶先製造出原子彈，後果將會如何？即便人們對科學家的主張持懷疑態度，這些主張在科學界內部也充滿爭議，並用外行難以理解的術語表達，但在這個可怕的領域，我們絕不能落後，更甚承擔致命風險。

第二次訪問華盛頓

　　我竭力主張，我們應當立即收集所有情報，並在平等的基礎上共同合作，若取得任何成果，需平等分享。因此，研究工廠的選址問題再次浮現。我們已經了解需承擔的巨大費用，以及從戰時其他系統中調撥大量資源和人才的必要性。鑑於英國正遭受頻繁轟炸和敵機偵察，在英倫三島上建設所需大型且顯眼的工廠似乎不可能。我們認為，我們至少與我們偉大的盟國同樣先進，當然，工廠也可以建在加拿大。加拿大透過願意供應鈾原料，做出了重要貢獻。對於一個跨大西洋的科學家都無法確保成功的計畫，需要耗費數百萬英鎊，並占用寶貴的作戰能力，實在難以決策。儘管如此，如果美國人不願冒險，我們當然可以憑藉自己的力量在加拿大繼續前進；若加拿大政府反對，還可以在大英帝國的其他地區設立工廠。然而，當總統表示美國決心建設工廠時，我感到非常欣慰。我們因此達成共識，奠定了協定的基礎。與此同時，我深信不疑，正是我們向總統展示了英國的研究進展和我們科學家對最終成功的信念，使他做出了這個重大的決定。

　　同日，我已經將關於我們面臨的緊迫戰略決策的備忘錄提交給總統：

前海軍人員致羅斯福總統

1942 年 6 月 20 日

　　1. 海上船隻接連不斷地大量沉沒，已經成為我們最緊迫和重大的威脅。為減少除了戰鬥中不可避免的損失之外的沉船事件，目前還有哪些進一步措施可以採取？護航制度何時將在加勒比海和墨西哥灣實施？是否有不必要的貨運需要削減？我們是否應減少商船噸數以建造更多護航艦隻？如果是，需要減少多少數量？

　　2. 我們務必繼續籌備「波利樂」作戰計畫，若有可能，可以在 1942 年實施，但最適當的時機是在 1943 年執行。此計畫的各項工作正在推進。我們正著手安排，準備在 9 月初以六至八個師的兵力在法國北部海岸登

陸。然而，英國政府反對可能導致災難的軍事行動，因為無論俄國面臨何種局勢，這項計畫的執行對他們無益，且會使法國人遭到德國的報復；此外，可能還會嚴重拖延1943年的主要戰役。我們堅定認為，除非我們計劃留駐法國，否則今年在法國不可能有實質性登陸。

3. 除非德軍徹底喪失士氣（目前這一點尚不可能），迄今為止，沒有任何負責的英國軍事當局能夠制定出有成功希望的1942年9月作戰計畫。美國參謀長們有什麼方案？他們計劃攻擊哪些地點？可供使用的登陸艇和船艦有哪些？誰將指揮這場軍事行動？英國需要提供哪些部隊和援助？如果能夠找到一個合適且有成功希望的計畫，英王陛下政府將熱忱歡迎，並願意全力分擔美國盟友的風險和犧牲。這始終是我們堅定不移的共同政策。

4. 然而，若無法制定出令相關當局皆充滿信心的方案，導致1942年9月在法國無法展開大規模戰鬥，那麼我們應當採取何種行動呢？難道我們能在1942年期間任由大西洋戰場保持沉寂嗎？是否應在「波利樂」計畫的總體框架內策劃其他軍事行動，以便獲得某些戰略優勢，同時直接或間接減輕俄國的壓力？正是在這樣的背景下，應研究對法屬西北非的軍事行動。

6月20日深夜，總統的專車將我們送回華盛頓；翌日清晨八時左右抵達。我們在嚴密的護衛下到達白宮。我再度被安置在寬敞且配有空調的房間，溫度約為30度，比白宮其他房間的溫度低；在此我舒適地居住。我花了一小時閱讀報紙和電報，然後用早餐，在走廊中遇見哈里，接著前往總統書房拜訪他。伊斯梅將軍與我同行。不久，一封電報送至總統手中。他默不作聲地遞給我。電報上寫：「托布魯克投降，二萬五千人被俘。」這消息令人震驚，我幾乎無法相信。我於是請伊斯梅致電倫敦查詢。幾分鐘後，他帶來了亞歷山大港哈伍德海軍上將的來電：

第二次訪問華盛頓

　　托布魯克已被攻陷,形勢越加嚴峻,亞歷山大港或面臨重大空襲;鑑於月圓即將到來,我正將所有東方艦隊調遣至運河以南,以防不測。我期望英王陛下軍艦「伊莉莎白女王」號能在本週末離開船塢。

　　在大戰期間,這是我所能回憶到最重大的挫折之一。其不僅在軍事上造成了嚴重後果,還對英國軍隊的聲譽帶來了影響。在新加坡,八萬五千名士兵向數量較少的日軍投降。而在托布魯克,二萬五千名(實際上是三萬三千名)久經沙場的士兵向可能只有他們一半數量的敵人繳械。若這是沙漠軍隊士氣的真實寫照,那麼東北非洲面臨的災難將更加難以應付。我沒有試圖向總統掩飾我所受到的震驚。這是一個痛苦的時刻。失敗是一回事;恥辱則是另一回事。我無比珍視我這兩位美國朋友的同情與俠義之心。他們沒有責備,也沒有說出不遜之言。羅斯福詢問:「我們該如何幫助你呢?」我立即回答:「盡可能多地將你們能調配的『謝爾曼』坦克給我們,並盡快運往中東。」總統派人請來了馬歇爾將軍。幾分鐘後,馬歇爾將軍到來,總統向他轉達了我的請求。馬歇爾回應道:「總統先生,『謝爾曼』坦克剛剛投產。首批幾百輛已經分配給我們的裝甲師,此前他們只能使用陳舊裝備。從士兵手中拿走武器是非常困難的。然而,如果英國迫切需要,我們會設法解決;此外,我們還可以提供一百門105公釐口徑的自走式榴彈炮。」

　　為了完整地闡述此事,我必須發表以下的宣告:美國人的行動力勝於口頭表達。尚未安裝發動機的三百輛「謝爾曼」坦克和一百門105公釐口徑的自走式榴彈炮被裝載到六艘美國最快的船隻上,駛向蘇伊士運河。在百慕達附近,一艘裝載所有坦克發動機的船隻被潛艇擊沉。總統和馬歇爾將軍以行動代替言語,便迅速將另一批發動機裝載到另一艘快船上,命其追趕運輸船隊。「患難之交才是真正的朋友。」

　　不久之後,布魯克將軍和哈里・霍普金斯與我們共同召開會議,討論

未來的策略問題。伊斯梅將軍對軍事結論寫下了一份紀錄。

　　1. 關於 1943 年「波利樂」作戰行動，計畫和準備工作規模越大越好，須立即全力以赴。然而，關鍵在於美國和英國需要在 1942 年做好攻勢準備。

　　2. 1942 年在法國或低地國家的軍事行動如若成功，將帶來超越其他戰場的戰略效果和政治收益。對此戰場的各類計畫與準備應以最大可能的速度、力量和智慧推行。還需以最堅定的努力克服行動中顯著的危險與困難。如果可以制定出合理且明智的方案，我們應毫不猶豫地執行。相反，若經過詳盡的審查後顯示，即便全力以赴，勝利也未必可期，我們必須準備另一個計畫。

　　3. 法屬北非戰役（代號「體育家」）的可能性將進行謹慎而完整的審查，各種計畫應儘早具體化。「體育家」作戰計畫所需的軍隊，主要可以從尚未離開美國的「波利樂」作戰計畫的部隊中選派。此外，1942 年秋季和冬季在挪威和伊比利半島進行戰鬥的可能性，也需要請聯合參謀部仔細評估。

　　4. 關於「波利樂」作戰行動的計畫仍然集中在倫敦，而「體育家」作戰行動的計畫則集中在華盛頓。

　　6 月 21 日，午餐後我們閒坐時，哈里對我提到：「總統非常希望你能見一見兩位美國軍官，因為他們在陸軍中以及在馬歇爾和總統本人那裡都備受重視。」於是，艾森豪少將和克拉克少將於下午五點被帶到我那間有冷氣的房間。我立即對這兩位之前未曾謀面的傑出人物留下了深刻印象。他們都是總統邀請來的，也是首次與總統會面。我們的談話幾乎完全圍繞在 1943 年橫渡海峽進攻歐洲大陸的計畫之中。這項計畫當時被稱作「圍殲」行動，而他們顯然專注於此。我們愉快地交談了一個多小時。為了讓他們相信我對這個計畫的個人關注，我將我在出發前兩天，即 6 月 15 日

第二次訪問華盛頓

給三軍參謀長寫的文件副本交給他們；在那份文件中，我提出了對這類戰鬥行動的方法和規模的初步想法。無論如何，他們對這份文件的精神表示肯定。我當時認為，1943年春季或夏季是攻擊的時機。我確信，這兩位軍官將在這場戰鬥中發揮重要作用，而這正是他們被介紹給我的原因。因此，我們之間開始了一種友誼；這種友誼經歷了戰爭的起伏，我非常高興地一直保持到今天。

一個月後，身處英國的艾森豪將軍顯然急於了解我對英、美合作的態度，詢問我是否願意將我的文件副本交給馬歇爾將軍。我照做了。

晚間九時三十分，我們在總統辦公室再次召開會議。此次會議中美國三軍參謀長全體參與。我們深入探討了海軍局勢，尤其是德國潛艇在美國東海岸附近擊沉船隻的駭人消息。我強烈建議金海軍上將立即將護航制度擴展至加勒比海和墨西哥灣。他完全贊同，但認為應等到適宜的護航船隻可以投入使用時再進行。

夜晚十一時三十分，我再次與總統進行了會晤。馬歇爾、金、阿諾德、迪爾、布魯克和伊斯梅均出席。討論的核心是中東局勢的惡化，以及在派遣經過沙漠戰特殊訓練的第2裝甲師之後，再次向該地區增派大批美軍的可能性。大家一致認為，這種可能性需要特別結合航運狀況進行仔細研究。同時，經總統完全同意，我將通知奧金萊克將軍，他在8月間有望獲得1支裝備有「謝爾曼」式和「李」式坦克的美國裝甲師的增援。

與此同時，托布魯克的投降在全球引發了廣泛關注。6月22日，我與霍普金斯在總統的辦公室共進午餐。不久之後，戰時情報局局長埃爾默·戴維斯帶著一沓紐約報紙前來。報紙上刊登著引人注目的標題，如「英國陷入憤怒」，「托布魯克的失陷可能導致政府改組」，「邱吉爾將面臨不信任投票」等等。馬歇爾將軍已經邀請我參觀南卡羅來納的一個美軍基地。我們計劃在6月23日晚上與他及史汀生先生一起乘火車出發。戴維斯先生

鄭重地詢問我，鑑於國內的政治局勢，我是否仍然認為應該遵循原本精心安排的訪問計畫。在非洲和倫敦發生如此重大的事件時，我是否在美國檢閱軍隊會引發誤解？我回答說，我一定會繼續進行計畫中的檢閱，而且，我懷疑自己是否能夠激怒二十幾位議員到議會廳針對信任問題來反對政府。事實上，這正是議會中對政府不滿最終聚集的大致人數。

於是，翌日夜晚，我乘坐火車前往南卡羅來納。次日清晨，我們抵達傑克森堡。列車停在一片開闊的平原上，而非車站。當天炎熱異常，我們下車後直奔閱兵場，這讓我想起了印度平原的酷熱。我們首先走到一個涼棚下，觀摩美國裝甲部隊和步兵的分列式。接著，我們觀看了跳傘演習。他們的表現令人動容。我從未見過一千人同時在空中跳傘。他們給我一個「報話機」讓我背上。這是我首次使用如此便捷的設備。下午，我們觀摩了大批美國部隊的實彈野戰演習。結束時，我對伊斯梅說（關於此事的描述，我應向他致謝）：「你怎麼看？」他答道：「用這些軍隊對抗德國軍隊，簡直是送死。」對此，我回答：「你錯了。他們具備特殊的潛力，很快就能學會。」不過，對於我的美國東道主，我始終強調，訓練一名士兵需要兩年或更長時間。在南卡羅來納所見的那些軍隊，兩年後，他們的表現無疑會如同老兵。

我有必要記錄我在 1946 年戰後所發表的言論。當時，我以一名非官方的私人身分受到了在華盛頓五角大樓召開會議的美國三軍長官們的接待。

我對美國軍隊的籌組方式深感欽佩。這是組織工作的奇蹟，是即興之作的典範。一個強大的國家願意籌建大批軍隊，憑藉資金、時間、紀律和忠誠，能夠建立龐大軍隊的例子並不少見。然而，美軍的部隊在戰前不久僅有幾十萬人，卻能在如此小規模的基礎上迅速擴展到幾百萬人，這種速度在軍事史上堪稱奇蹟。

第二次訪問華盛頓

兩、三年前,我抵達美國,與馬歇爾將軍一起參觀了南卡羅來納的美國陸軍軍團訓練營。在那裡,我們目睹了你們或許稱為「大量生產」的各個師的訓練景象。那些部隊在大規模且快速的輪訓中籌組,並繼續邁向更高的完善階段。我親眼見證了這支強大軍隊的崛起——從原本人數稀少的基礎上,在如此短暫的時間內建構起如此強大的軍隊,他們在各個戰場上對敵作戰中總是無往不勝。這是每個國家的軍人都應永遠懷著欽佩和羨慕之情來學習的成就。

然而,這並非全部的經歷,甚至也不是其經歷的主要部分。籌組大量軍隊是一回事,而指揮和管理他們則是另一回事。在我看來,還有一個未解的謎團,即美國在和平時期僅維持少量軍事人員,如何不僅能夠籌組各種陸軍和空軍部隊,還能挑選出領導者和大量工作人員,這些人員不僅能夠管理龐大的軍隊,還能迅速將他們調動到比戰前更遙遠的地方。

6月24日下午,我們乘飛機返回華盛頓。在那裡,我接到多項報告。

有一封信件來自奧金萊克將軍:

奧金萊克將軍致首相

1942年6月24日

在如此危急的時刻,由於我指揮的部隊遭遇嚴重失敗,給你帶來了沉重的打擊,對此我深感歉疚。除了敵軍目前已經占領圖卜魯特別,我擔心當前的局勢與我一年前接任司令時無異;而托布魯克對敵軍而言極為有利,這不僅在補給方面如此,而且因為敵軍無需再派遣部隊去牽制該地……

在闡述了他的部署後,他接著說道:

我們對您與美國總統深表感謝;因為您建議他給予我們慷慨的援助,並正在迅速安排將這些援助送達我們手中。正如「格蘭特」式坦克和「李」式坦克將從印度調動,美國第二裝甲師的到來確實是受歡迎的援助。您保證印度步兵師和印度裝甲旅無需調回印度,這大大緩解了我在伊拉克和波

斯，尤其是在產油區治安問題上的困難。特德空軍中將通知我說，調撥飛機到這個戰場，將極大增強我們的力量。

我衷心感謝您去年給予我的幫助和支持，同時，對上個月遭遇的失敗和挫折深感遺憾。對此，我承擔全部責任。

在我離開華盛頓之前，我讓奧金萊克堅信我對他的完全信任。

首相致奧金萊克將軍

1942 年 6 月 25 日

我已經通知你，美國總統曾建議將美國第二裝甲師調撥給你，並計劃於 7 月 5 日左右移往蘇伊士運河地區。我們認為在下個月內運輸該師存在相當大的困難。馬歇爾將軍因此提出了一項建議，帝國總參謀長認為這對你更為有利，因為你將獲得大量最現代化的裝備，同時從英國獲得的增援也不會受到影響。因此，我們接受了以下建議。

美國人計劃將三百輛 M4「謝爾曼」坦克和一百門 105 公釐口徑的自走式榴彈炮運往中東，作為緊急行動的一部分。這些裝備預定於 7 月 10 日左右由哈瓦那船隊中調出的兩支海上運輸船隊運至蘇伊士運河區；船隊航行速度分別為每小時十五海里和十三海里，並且將盡可能加快速度。少數美國必要人員將護送這些坦克和大炮……

切勿對國內事務的進展有所擔憂。無論我在戰爭中的行動如何，或是對應否更早採取行動的看法，你都得到了我完全的信任，我也全然與你分擔責任……

請轉告哈伍德，我對亞歷山大港方面傳來的過度沮喪和恐慌的情緒，以及海軍急於撤往紅海的報告感到不安。儘管可以採取多種預防措施，且「伊莉莎白女王」號應儘早出塢，我仍相信應保持堅定且自信的態度。根據總統從羅馬收到的情報，隆美爾可能會在進攻馬特魯陣地前拖延三到四週。我認為，這個拖延時間可能會更長。

第二次訪問華盛頓

　　我希望此次危機能激發尼羅河三角洲所有軍事人員及所有可作戰的忠誠人士，鼓舞其戰鬥精神。你在中東的軍隊人數已經超過七十萬。所有能戰鬥的男性應被培養成無畏的戰士，為勝利而戰。沒有理由不派遣數千名軍官和後勤人員增強各營及工作部門的實力，進而增援馬特魯陣地的防守部隊。你當前的境況如同跟我們在英倫三島面臨入侵時一樣，應充滿同樣的緊迫感和決斷力。

　　6月25日，我與自治領和印度的代表會晤，並參加了太平洋作戰委員會的會議。當天晚上，我將前往巴爾的摩，我的水上飛機停泊在那裡。總統在白宮熱情地與我告別，哈里・霍普金斯和艾夫里爾・哈里曼前來送行。那條狹長且有遮蓋的臨時跳板通向河裡，由美國武裝警察嚴密護衛。氣氛似乎有些緊張，警官們神情嚴肅。在我們起飛前，有人告訴我，一名值班的便衣人員被逮捕；他手指撫弄著手槍，口中喃喃自語要「幹掉」我，還說了其他不當言辭。警察迅速將他制伏並逮捕。後來，發現他是個瘋子。瘋子在公職人員看來特別危險，因為，他們對「走開，走開」的警告毫不理會。

　　次日清晨，我們在巴特伍德降落以便加油，享用了一頓豐盛的新鮮龍蝦後繼續飛行。隨後，我便在想吃東西的時候——也就是在兩餐之間的間隙——隨便吃點東西，並抓住任何機會休息。在飛越北愛爾蘭後，黎明時分接近克萊德河，我坐在副駕駛座上。飛機安全著陸，我的火車已經在等候。我的私人祕書佩克也在那裡，還有一大堆箱子和幾天的報紙。一個小時內，我們再次啟程南下。由於在莫爾頓選舉中徹底失利，我們失去了一個補選的席位，這是托布魯克事件的副產品之一。

　　這段時間對我而言似乎不太走運。我躺在床上，隨意瀏覽了一會兒文件，然後睡了四、五個小時，直到抵達倫敦。能睡眠乃是何等的幸福！戰時內閣成員在站臺上迎接我。我迅速回到內閣辦公室繼續工作。

國會再陷信任危機

　　報紙上充滿了刻薄的文章和辛辣的評論，這些議論和批評在下議院獲得了二、三十位議員的支持，而我們大多數人則感受相當鬱悶和悲觀的氣氛。在此時機，如果是由一個政黨單獨執政的政府，不經過一次投票，就可能會像在 1940 年 5 月那樣，迫使張伯倫先生在一陣激烈的爭論中交出權力。然而，經過 2 月分的改組，民族聯合政府的力量得到了增強，其團結一致的力量是巨大且具有壓倒性優勢的。所有主要的大臣都團結在我身邊，毫無不忠或不堅定的念頭。我也似乎贏得了所有充分了解情況、關心局勢發展的成員信任，沒有人動搖，也沒有私下的陰謀討論。我們已經成為一個強大且牢不可破的團體，能夠抵禦任何外來的政治攻擊，能夠承受每一種挫折，並為共同的事業堅持不懈。

　　我們已經歷經一系列的失利與敗北——馬來亞、新加坡和緬甸的失守；奧金萊克在沙漠戰役中的挫折；托布魯克戰役的失敗，不僅未曾解釋，且難以徹底說明；沙漠軍隊的急速撤退，以及我們在昔蘭尼加和利比亞所有占領地的淪陷；向埃及邊界退卻四百英里；五萬餘人傷亡及被俘。我們損失了大量火炮、彈藥、車輛和各類儲備。我們又退回到馬特魯，回到兩年前的舊戰線；然而，此次隆美爾和他的德軍乘勝追擊，坐在繳獲的我方車輛上，使用我方提供的燃料，大多數時候發射著我方的彈藥，逼近我方陣地。只需再前進一步，再贏得幾場勝利，墨索里尼與隆美爾便可攜手進駐開羅或其廢墟。在這千鈞一髮之際，在我們遭遇驚人挫折之後，又面臨著未知因素的影響，誰能預見，這種局勢將如何演變呢？

　　議會的局勢急需澄清。然而，在新加坡淪陷前不久已經進行過一次信

國會再陷信任危機

任投票，再次要求下議院進行此類投票實屬困難。然而，若持有異議的議員自行安排不信任投票，那將十分便捷。

6月25日，議程清單中包含一項動議，其措辭如下：

下議院在承認皇家軍隊於極其艱難的情勢下展現出的英勇和頑強時，儘管表達了敬意，但對於中央在戰爭中的指揮表現卻持懷疑態度。

列名者是保守黨內一位有影響力的議員，約翰·沃德洛-米爾恩。他擔任全黨財政委員會的主席，該委員會負責調查行政浪費和效率不彰等問題，我始終密切關注並深入研究其報告。委員會掌握了大量消息資源，並且與戰爭機構的外圍部門保持著廣泛連繫。當海軍元帥羅傑·凱斯爵士表示支持這項動議，前陸軍大臣霍爾-貝利沙先生亦表示贊同時，形勢立刻變得清晰明朗，一場嚴重的挑戰已經開始。實際上，一些報紙和議會走廊中已經在討論一場決定性的政治危機即將來臨。

我立刻表示，我們已經決定安排一次公開辯論的機會，會議定於7月1日舉行。我認為有必要發布一則公告。

首相致奧金萊克將軍

1942年6月29日

在星期四下午四點左右的不信任投票辯論中發言時，我認為有必要宣布，你將從6月25日起接替里奇的指揮職務。

埃及的戰爭危機越發嚴重，普遍認為開羅和亞歷山大港將很快落入隆美爾的掌控之下。墨索里尼已經準備飛往隆美爾的總部，計劃參與這兩個城市或其中一個的凱旋入城儀式。似乎我們在議會和沙漠前線同時面臨最嚴峻的時刻。當我們的批評者意識到他們將面對一個團結的聯合政府時，一些人的熱情消退了。動議的提議者提到，如果埃及的嚴峻形勢使公開討論變得不合時宜，他們建議撤銷動議。然而，我們不會讓他們輕易退卻。

考慮到近 3 個星期以來，全世界的朋友和敵人都在緊張關注著日益加劇的政治和軍事局勢，不把事情弄個明白是不行的。

邱吉爾先生致函約翰・沃德洛－米爾恩爵士

1942 年 6 月 30 日

今日清晨，我將你 6 月 30 日的來信呈交戰時內閣，他們要求我告訴你，由於這種對政府能力和權威的挑戰在過去幾天已經傳遍全球，故此需要將此事提交討論，迅速作出結論，各項安排已經妥善準備。

在辯論開始之前，海軍中校金－霍爾起身請求約翰・沃德洛－米爾恩爵士延後他的動議，直至利比亞的激烈戰事結束。約翰爵士回應稱，若政府因國家利益選擇延後，他將勉強同意，但政府並未提出此建議。於是，我發表了以下宣告：

我已經深思熟慮過這個問題，毫無猶豫。然而，若因局勢緊迫和嚴重性而有人發出呼籲，辯論可能需要延後。然而，這項不信任投票提案已經在議程的排程上有相當長的時間，並且迅速傳遍全球。當我在美國時，親眼目睹該問題初現時所引發的強烈情緒。儘管我們國內的人對制度的穩定性和現今政府的力量有所了解，但這種對制度的接受並不為其他國家所理解。如今，事態已經發展到這個地步，並且一個多星期以來，這件事已經成為全球話題。在我看來，延後決定比立即討論更為有害。

由於我將我的發言留到辯論結束時，我得以思考斯塔福德・克里普斯爵士的報告，該報告列舉了他認為我會受到批評的一些要點。

斯塔福德・克里普斯爵士致首相

1942 年 7 月 2 日

在下議院以及全國，意見顯然是多元而複雜的。然而，我們也清楚，不信任投票絕不代表全國對新聞報導的普遍反應。同時，在莫爾頓的補選

中，政府候選人在約兩萬張總票數中僅獲得六千二百二十六票，這個投票結果毫無疑問地受到了利比亞戰局的影響，並且展現了選民的深切不安和不信任。我不認為選民的情緒是針對首相個人的，而是對政府的某些錯誤行為普遍不滿，要求立即糾正。根據我的推測，責難的情緒集中在以下六個主要問題上：

（1）來自開羅過於樂觀的新聞報導——雖然這些報導並非官方發布，但顯然受到了軍事當局向報紙提供的消息所影響；這些消息的主要目的是引導記者進行過分樂觀的報導，而官方公報未能糾正這些樂觀情緒。普遍的印象是，軍事當局未能意識到戰局的嚴峻性，且軍事情報不夠準確，常導致戰場指揮官作出錯誤判斷。這種報導策略，毫無疑問加劇了托布魯克淪陷和向馬特魯撤退消息帶來的震驚。

（2）指揮能力——普遍觀點認為，如果指揮能力更強，隆美爾或許早就已經被擊敗了。尤其是根據奧金萊克將軍的說法，當時隆美爾已經筋疲力盡，處於極度危險的境地。值得注意的是，缺乏有效的指揮，並且整個戰役過於側重防禦，而在關鍵時刻缺乏反擊的勇氣。這種批評引發了人們對總司令或陸軍司令官是否真正掌握現代機械化戰爭策略和戰術的疑慮，也讓人們考慮是否應全面更換指揮官，用更具備機械化戰爭經驗和能力的人來代替。

（3）最高指揮——上述（2）所提到的責難顯示出對最高軍事指揮層的普遍質疑，質疑他們是否同樣不合時宜，無法掌握對隆美爾及其部隊作戰的正確策略。相關的是，空軍與陸軍的合作沒有達到預期的效率，此外，最高統帥部也需要共同努力和協調計畫。

（4）武器——或許最為嚴屬的指責在於，經過將近三年的戰爭，我們在坦克和反坦克炮等關鍵武器上依舊處於下風；此外，不少人認為這種劣勢是導致失敗的主要原因。

（5）研究與發明——仍有許多人認為，儘管英國擁有許多才華橫溢

的科學研究人員、科學家及發明家，但在戰時的軍備競賽中，我們始終未能充分發揮他們的才能，同時，在組織方式上，如果想要從這場戰爭的重要部門獲得最大利益，仍有改進的空間。

（6）空軍——儘管人們聽到奧金萊克將軍表示，空軍士氣高漲，但我們無法阻止敵人的推進，這種情況讓人難以自圓其說。這引發了對各種精密空軍武器效用的懷疑，並再次喚起對俯衝轟炸機的整體質疑以及飛機型式的其他問題。在這方面，我們感到非常不安，因為我們對飛機型式持有過於僵化的觀點，即便在空中占據優勢，也無法像敵人那樣有效地進行空戰。

鑑於我們在地中海的海軍力量有限，是否可以有效地利用遠端飛機？這又引發了如何阻止敵方在利比亞獲得援助的問題。

我認為，上述各點總結了全國人民中較為認真思考問題的一部分人心中深感不安的幾個主要問題。

約翰·沃德洛-米爾恩爵士發表了一篇感人至深的演講，提出了關鍵問題，開始了辯論。他的動議「並不是針對戰場上的軍官，而是明確地針對倫敦的核心機構；我想指出，我們失敗的關鍵原因在於倫敦，而絕非利比亞或其他地方。我們在這場戰爭中所犯的首個重大錯誤是讓首相兼任國防大臣」。他詳細闡述了集中於這兩個職務負責人身上的「重大責任」。「我們必須有一位強而有力的專職人員擔任參謀長委員會的主席。我要求任命一位不受任何方面牽制的魄力人物來擔任陸軍、海軍將領等職務。我要求一位有力的人物負責皇家軍隊的三軍……他的權力足夠強大，可以要求獲取勝利所必需的一切武器……敢讓海、陸、空軍的將領們按照他們的計畫行事而不受上級不當的干預。最重要的是，我要求一個人，如果達不到他設定的目標，就應當辭職……我們之所以遭受挫折，既是因為缺乏首相對國內事務的詳細審查，也由於未能從國防大臣或其他軍隊管理官員那

裡得到應有的指示⋯⋯任何一個平民都很清楚，過去幾個月，實際上是過去兩年來的一系列災難，都是由於我們戰時行政核心存在基本缺陷所造成的。」

約翰・沃德洛-米爾恩爵士的言論頗為中肯，然而，他隨後又提出：「如果國王陛下和格洛斯特公爵殿下同意，任命格洛斯特公爵殿下為英軍總司令，並不兼任其他行政職務，這將是一項令人滿意的提案。」此提案對其議案產生了妨礙，因為它被視為將王室捲入引發嚴重爭論的責任。此外，將幾乎不受限制的最高軍事指揮權與王室公爵相結合，似乎帶有獨裁色彩。從此刻起，這份詳盡的控訴似乎失去了一些力量。約翰爵士最後說道：「下議院應明確決議，我們需要一位全身心投入戰爭勝利的人，全權負責王室的武裝部隊；若有此人，請下議院賦予他獨立執行任務的許可權。」

羅傑・凱斯爵士支持這項動議。這位海軍元帥因為被解除聯合作戰指揮官一職而感到不滿，而且，由於我在他任職期間常常不採納他的建議，更加不快；然而，我們之間的長久友誼使他在批評中有所節制。他的指責主要針對我的專業顧問們——顯然是指三軍參謀長。「在他擔任首相期間，曾有三次——在加利波利、挪威和地中海——在執行可能改變兩大戰役全局的戰略攻擊時，每次都因為他的法定海軍顧問們不願冒險，不肯與他分擔責任而遭遇挫折，這是無法容忍的。」這個論點與原提案人的論點不一致，引起了關注。獨立工黨議員史蒂芬先生打斷發言，指出原提案人「因首相不當干預軍事指揮而建議不信任投票；而附議人支持，似乎是因為首相未能充分干預軍事指揮」。下議院顯然注意到了這一點。

凱斯海軍元帥表示：「我們期待首相妥善處理國內事務，再次凝聚全國力量以完成這項艱鉅任務。」此時，另一位工黨議員適時地插話：「動議是針對中央對戰爭的指揮排程。如果動議通過，首相必須辭職；然而，這位高尚而正直的議員卻在呼籲我們讓首相繼續留任。」羅傑爵士說道：「如

果首相必須辭職，那將是一個悲劇性的災難。」因此，辯論一開始就陷入了混亂。

儘管如此，辯論依然如火如荼，而批評者們則更加踴躍地發聲。生產大臣奧利弗・利特爾頓上校在討論裝備問題指控時，發表了一段激烈的演講，詳細闡述了相關情況。保守黨從後座席位表達了對政府的強力支持，尤其是布思比先生，他的發言既有力又有助益。下議院的元老溫特頓勳爵重新發起攻擊，集中火力針對我。「誰是納爾維克戰役中實際負責的政府大臣？正是現任首相，當時的海軍大臣……沒有人敢責備首相，因為這樣做必須遵循憲法規定……無論我們何時遭遇災難，總會得到相同的答案，那就是，無論發生什麼，我們絕不可責備首相；我們正逐漸接近德國人的思維與道德狀態：『元首永遠是對的』……在我於下議院的三十七年裡，從未見過像現在這樣試圖為首相開脫責任的情況……在上次大戰中，我們從未有過可與現在相比的一連串災難。現在，看看政府如何開脫責任吧 —— 因為『元首永遠是對的』。我們都同意，首相是我們在 1940 年展現勇氣與堅定意志的領袖。然而，自 1940 年以來，發生了許多事情。如果這種災難繼續下去，這位尊敬的紳士應當執行任何人都能做到的最大自我否定行為，走到他的同僚中去 —— 現在坐在國務大臣席位上不止一人適合出任首相 —— 並建議其中一位應出面籌組政府，而這位尊敬的紳士本人將在他手下任職。或許，他可以擔任外相，因為他在處理英國與俄國以及美國關係時是正確的。」

這些激烈的辯論一直持續到翌日凌晨三點，我卻沒能聽完一半以上。我本應專注於明天的答辯準備，然而，我的心思卻全在那場似乎關乎埃及生死存亡的戰鬥上。

這場辯論持續至翌日凌晨，7 月 2 日，大家依然精神抖擻地繼續進行。當然，自由發言並未被拒絕，也不乏自由發言。一位議員甚至表示：

國會再陷信任危機

在我們這個國家中，有五、六位來自捷克斯洛伐克、波蘭和法國的將軍，他們皆接受過關於使用德國武器及實施德國戰術的訓練。我意識到這可能有損我們的尊嚴，然而，是否可以暫時指派其中一些人來指揮作戰，直到我們能培養出我們自己的指揮人才呢？派遣這些與里奇將軍同級別的人去前線，是否有誤呢？為何不讓他們負責指揮我們的軍隊？他們了解如何進行這場戰爭，而我們的人卻不懂；我認為，與其讓我們自己無能的軍官指揮而失敗，不如讓盟國的其他成員來指揮以取得勝利，拯救英國士兵的生命。首相必須了解，國內流傳著一種諷刺的說法，稱如果隆美爾在英軍中，他最多也只是個中士。是否真如此？這種笑話在軍中廣為流傳。現在，英國軍隊中有一個人 —— 這說明我們如何使用訓練有素的人才 —— 名叫麥可‧鄧巴，他曾率領十五萬人越過西班牙的埃布羅河。他目前是本國裝甲旅的一名中士。在西班牙，他是參謀長；他曾在埃布羅河取得勝利，而現在卻是英軍中的中士。事實是英軍被階級偏見所左右。你必須改變這一點，你一定得改變它。如果下議院沒有勇氣促使政府改變，事態的發展將會迫使改變。儘管下議院今天可能不會重視我的話，但下週你們會的。下週一和週二，你們一定會想起我的話。批評政府的是當前發生的重大事件。我們現在所做的就是將它們發聲，也許措辭不夠準確，但我們正在竭力表達。

前陸軍大臣霍爾-貝利沙先生對這項反對政府的動議進行了總結。他總結道：「我們可能會失去埃及，也可能不會 —— 願上帝保佑我們不要失去埃及 —— 然而，當首相曾說過，我們將保住新加坡，我們將保住克里特島，我們在利比亞已經擊敗德軍……當我閱讀他所說的一切，並聽到他說我們將保住埃及時，我的憂慮就更深了……對於那種屢次判斷錯誤的人，人們怎麼能信任呢？這就是下議院必須決定的。想一想最大的危險是什麼。在一百天內，我們已經失去了我們的遠東帝國。接下來的百日，還會發生什麼呢？讓每位議員憑良心投票吧。」

在這番慷慨激昂的發言之後，我緊隨其後地發表了自己的看法，以此為辯論畫上句號。下議院座無虛席。我自然毫無保留地表達了所有我想到的觀點。

這場冗長的辯論已經進入尾聲。我們的議會制度在戰時仍能自由運作，真是一個自由民主顯著的例證！所有能夠想到的或蒐集到的例證，都被用來削弱對政府的信任，證明大臣們的無能，並削弱他們自己的信心，使軍隊對政府的支持失去信任，使工人對他們辛苦製造的武器失去信心，將政府描繪為以首相為首的一群無用之人，然後再傷害他的精神，如果可能，還在全國人民面前損害他。所有這一切都透過電報和廣播傳遍世界，使我們的朋友痛心，使敵人快慰！我支持這樣的自由，在我們經歷的危急時刻，其他國家都不會、也不敢行使這樣的自由。然而，事情不能就此停下；我現在向下議院呼籲，絕不能就此打住。

在過去的兩週裡，昔蘭尼加和埃及的軍事挫敗不僅重塑了該戰場的局勢，也徹底改寫了整個地中海的形勢。我們損失了超過五萬名士兵，大部分被俘；物資損失慘重，儘管進行了周密的破壞計畫，仍有大量儲備落入敵手。隆美爾橫穿沙漠，推進了約四百英里，現已逼近富饒的尼羅河三角洲。這些事件在土耳其、西班牙、法國及法屬北非引發的負面影響至今難以估量。目前，我們在中東和地中海地區面臨自法國淪陷以來最嚴峻的困境。如果有人想從這場災難中獲利，認為可以用更悲觀的角度來描述現狀，他們當然有權力這樣做。

這幅悲慘畫面最令人痛心的特徵就是其突如其來。駐守托布魯克的兩萬五千名士兵在短短一天內便失守，這個結果極其出人意料。不僅下議院和公眾未曾預見，連戰時內閣、三軍參謀長和陸軍總參謀部也未曾預料。奧金萊克將軍及中東戰區最高指揮部同樣未曾預見。在托布魯克失陷前夜，我們收到奧金萊克的電報，稱他已經派遣他認為最適合的部隊駐守，防禦形勢良好，且部隊的物資供應足夠支撐九十天。我們原本希望能夠堅

國會再陷信任危機

守這個極為穩固的邊防陣地。這是從塞盧姆到哈爾法亞，從卡普措到馬達累納堡一帶，由德軍修建並由我們改進的陣地。我們新建的鐵路從此陣地向後延伸，形成直角；而且，正如所指出的那樣，我們已經不再像利比亞戰役初期那樣，背海而側面受敵。奧金萊克將軍希望堅守這些陣地，等待正在趕來的強大援軍，其中一部分已經抵達；如此一來，他便有可能爭取主動，發動反擊……

6月21日那個星期天的早晨，當我走進總統辦公室時，我極為震驚地發現托布魯克已經淪陷的報告。我起初難以置信，但幾分鐘後，來自倫敦的電報也證實了這個消息。我希望下議院能體會到這對我來說是多麼痛苦的事情。更糟糕的是，我正承擔著重要使命出訪我們一個偉大的盟國時，有人輕率地臆測，因為政府在面對挫折時保持冷靜，所以政府成員對公眾的不幸沒有像獨立評論家那樣感到切膚之痛。事實上，我懷疑是否有人比那些中樞負責國事的人更加悲傷和痛苦。接下來的日子裡，當我讀到關於英國和下議院情緒的誤導性報導時，我的悲痛加劇了。下議院無法想像他們的議事紀錄在大洋彼岸是如何被發表的。在這裡提出的問題，個別議員或不代表有組織政治力量的獨立議員所作的評論，常常被逐字逐句地電傳過來，並被誤認為是下議院的意見。議會走廊的閒談、吸菸室裡的迴響以及艦隊街的街談巷議，這些都被組合成嚴肅的文章，似乎在暗示英國政治生活的基礎已經動搖。猜測和推論無處不在。於是，我讀到諸如「下議院要求邱吉爾回國面對指責」、「邱吉爾回國將面臨嚴重政治危機」等通欄大標題。這種氣氛對一個正在從事與戰爭大局相關國家大事談判的英國代表顯然不利。這些從英國傳來的謠言未能損害我工作的主要原因是我們的美國朋友是共患難的夥伴。他們從未認為這場戰爭會短暫或易於應對，或戰爭的過程不會充滿悲劇性的不幸。相反，我承認，在這種特殊情況下，所有上層人員之間的友誼關係更加鞏固。

然而，我必須指出，我無法相信任何一位肩負重任的本國公職人員在出訪他國期間，會像我在美國訪問時那樣受到國人的嘲弄──我確信這

並非出於故意。只有英國廣大民眾對我堅定不移的信任支撐著我度過了那些艱難時刻。我自然了解，那些在議會中侃侃而談的人並不能代表整個下議院，就如同將散布關於英、美關係及英、澳關係有害的謠言作為職業的一小部分記者，無法代表受人尊敬的新聞工作者一樣。我還進一步說明，當我回國時，這一切將由下議院全體成員作出負責任、適當且審慎的意見作為證明。這正是我今天所要求的。

霍爾-貝利沙先生提及英國坦克的挫敗及我們裝甲裝備的不足。由於戰前陸軍部的紀錄，他無法理直氣壯地發言，而我卻能以牙還牙。

坦克的構思是由英國人首創。根據戴高樂將軍的著作，類似現代使用裝甲部隊的方式，主要是法國人的發明。後來，德國人將這些概念改造成適合他們需求的形式。在戰前三四年間，他們一如既往地全力投入，專注於設計和製造坦克，並研究和實踐裝甲戰術。人們可能會想到，即便當時的陸軍大臣缺乏經費來大規模生產坦克，他仍可以製造各種實體模型，並千方百計地進行實驗，選擇工廠，提供各種鑽模和儀表，這樣，在戰爭爆發時，他就能大規模生產坦克和反坦克武器。

當我稱之為貝利沙時代的終結時，我們僅有二百五十輛裝甲車，其中極少數能夠配備兩磅炮。這些車輛大多數已經在法國被德軍繳獲或被摧毀……

我願意接受並且必須接受溫特頓伯爵所提及的每件已經發生事件的「憲法上的責任」；我相信自己在履行這些責任時，並未對我軍與敵軍作戰的技術事務進行干預。然而，在戰役開始之前，我多次敦促奧金萊克將軍親自指揮，因為我堅信在未來的一、兩個月內，整個中東地區不會有比這次西部沙漠戰鬥更為重要的戰鬥；並且我認為他是適合擔任此項職務的人。他向我提出了各種充分理由，認為無須如此；因此，這次戰役由里奇將軍指揮。正如我在星期二向下議院所述，奧金萊克將軍已在6月25日接替里奇將軍，親自擔任指揮。我們立即批准了他的決定，但我必須坦白

國會再陷信任危機

承認,就更迭的軍官而言,這並不是我作出最後判斷的根據。我無法輕易依據這次戰役中發生的事件作出判斷。我珍愛我們的海、陸、空軍指揮官,感覺到在他們與所有批評者之間,政府彷彿是一個堅強的中立者。他們應有公正的機會,並且要有不止一次的機會。人們難免會犯錯,但可以從中汲取教訓。人們或許會遭遇厄運,然而,命運也可能會改變。但無論如何,你不應該讓將領們冒險,除非他們感受到有一個堅強的政府在支持他們。除非他們對國內事務無後顧之憂,除非他們能夠專注於敵人,否則他們絕不會冒險。我還可以補充,除非政府官員感到有忠誠且團結的多數人在背後支持他們,你也無法讓政府冒險。請看看現在有人要求我們做的事吧,設想一下,如果我們嘗試照辦而失敗了,他們會如何攻擊我們!在戰爭時期,如果你願意服務,就必須忠誠⋯⋯

我願意表達幾句「關於極大忠誠和敬意」的言辭——正如他們在外交文件中提及的那樣——我也希望能享有最廣泛的辯論自由。此屆議會負有特殊的責任。當各種邪惡在全球蔓延時,它正掌管關鍵事務。我得到下議院的極大支持,並且期望下議院能成功目睹各種邪惡的終結。唯有在必須經歷的漫長階段中,下議院對其選出的責任政府提供堅實的支持基礎,才能實現這個目標。下議院必須成為國家中的穩定力量,而非成為新聞界中不滿人士挑起危機的工具。若民主和議會制度在這場戰爭中獲勝,則絕對必要的是,民主和議會制度的政府能有所作為,並勇於有所作為,王室的臣僕們不被吹毛求疵的批評和狺狺的吠叫所困擾,而敵人的宣傳無需我們助長,我們的聲譽在世界上也不應被貶低或損害。反之,在關鍵時刻,下議院全體議員的意志應明確表達。重要的是,不僅發言者,而且觀察者、聽眾和判斷者都應該被視為全球事務中的重要因素。總之,我們正為生存而戰,為比生命更珍貴的事業而戰。我們沒有權利假設一定能勝利;只有盡職盡責,勝利才是必然的。嚴肅而建設性的批評,或在祕密會議中的批評,都有其優點;但下議院的責任在於支持政府,或更換政府。若下議院無法更換政府,就應支持它。在戰時,沒有中間立場這個選項。5月

的兩天辯論在國外已經造成不良影響。敵對演說一旦傳至國外，敵人就會利用此事。

在戰爭議題的辯論之後，緊隨其後的通常是投票，或者是為投票創造機會；因此，我深信，下議院中絕大多數的意見不僅在投票中應被明確表達，而且在未來的日子裡也應如此。而那些實力較弱的成員，若我可以如此稱呼他們的話，將無法篡奪或壟斷下議院的特權與崇高權威。下議院的多數必須履行其職責。我所要求的是透過某種方式達成決議。

報紙上如今呈現出一種激進的言論，這種言論在議會中的某些反對演講裡也得到了呼應，即建議剝奪我對戰爭全面指揮與監督的權力。對此，我今天不打算詳細辯解，因為最近的辯論中已經充分討論過這個問題。在當前的安排下，各軍種參謀長幾乎不間斷地召開會議，他們在直接指揮海、陸、空三軍時，不僅能夠得到為他們服務的各種機構的支持，也受到聯合參謀長委員會的協助，日復一日地推動戰爭的進展。作為首相或國防大臣，我負責監督他們的活動。在戰時內閣的監督和控制下，我進行工作，向其諮詢所有重要問題，並經由戰時內閣做出所有重要決定。幾乎我的所有工作都有紀錄，我發出的每一道命令，我擬議的每份調查報告，我起草的每封電報，均有紀錄可查。經過這些紀錄對我作出判斷，我將感到完全滿意。

我不請求對我和陛下政府的寬恕。當帝國命運懸於一線之時，我在竭盡所能為前任辯護後擔任首相和國防大臣。我是你們的公僕，隨時可以被你們解職。你們無權要求我承擔責任卻不給予有效行動的權力，要求我履行首相職責，卻如那位尊敬的議員所言，「受到各方面權威的制約」。若今天或未來的任何時刻，下議院行使其無可爭議的權力，我可以心安理得地離開，確信已經盡我所能。在那種情況下，我只請求你們將不願給予我的適當權力賦予我的繼任者。

然而，一個更為重大的問題超越了個人困擾。發起不信任投票的動議

者建議，我應卸下所有與國防相關的職責，以便某位軍界人士或一名未被指名的個人接手全面戰事指揮的重任，他應擁有對皇家軍隊的絕對控制權，擔任參謀長委員會的主席，並擁有任免三軍將領的權力。而且，如果他無法獲得所需的一切——即便這意味著與他的政界同僚對峙，若他們能被視為同僚的話——他將隨時準備辭職；或者在他之下任命一位王室公爵為陸軍總司令。因此，儘管未明確提及，我可以假設這位未被指名的人物將把首相視作附屬，當局勢不佳時，由首相向議會提供必要的解釋、請求原諒和道歉，正如過去常常發生的那樣，並且未來也可能如此。這無疑是一種政策。它與我們現行的議會制度截然不同，且容易與獨裁制度相似或演變為獨裁制度。我願明確宣告，就我而言，我絕不會參與這樣的制度。

此刻，約翰・沃德洛-米爾恩爵士插言：「我希望我深受敬重的朋友沒有遺忘那句原話，即『受制於戰時內閣』！」

我接著說道：

「受制於戰時內閣」的含義在於，這位擁有絕對權力的領導者若無法實施其意圖，他應當毫不猶豫地在任何時刻選擇辭職。這是一個方案，但並非我個人願意參與的方案，而且，我也不認為這是一個應該向下議院推薦的方案。

所有政黨的議員們拒絕這次不信任投票是一個相當重大的事件。我請求你們，不要讓下議院低估已經發生事件的嚴重性。我們遭受責難的情況已經傳遍全球，而且，每一個國家，不論是敵人還是朋友，都在期待下議院真正的決斷和信心的揭曉，因此事情必須進行到底。我可以證明，在全球，在美國各地，在俄國，在遙遠的中國，在每一個遭受敵人踐踏的國家，我們所有的朋友都在等待，看看在英國是否有一個堅強團結的政府，以及英國的國家領導者是否會遭到反對。每一張票都說明問題。如果那些攻擊我們的人減少到微不足道的比數，而他們對聯合政府所投的不信任票轉變成對這個動議的製造者們的不信任票，毫無疑問，英國的每一個朋友

和我們事業的每一個忠誠的公僕都會為之歡呼，而我們正在力圖推翻的暴君耳邊將響起失望的喪鐘。

下議院進行了投票。約翰·沃德洛-米爾恩爵士提出的不信任動議以 25 票對 475 票被否決。

我的美國朋友們以一種極為焦慮的心情等待結果揭曉。結果令他們感到寬慰。我醒來時收到了他們的祝賀消息。

總統致首相

恭喜你！

1942 年 7 月 2 日

哈里·霍普金斯致首相

1942 年 7 月 2 日

今日下議院的投票讓我感到安慰。這些日子確實艱難，未來無疑也會有這樣的日子。那些膽怯的人總是試圖逃避每一次挫折，他們無法贏得這場戰鬥。你的力量、堅韌和不滅的勇氣將讓你看到英國度過難關，而且，你知道總統不會拋棄你。我明白，你是堅定不移的，對於你們和我們的軍事失利，以及我們必然的勝利，我們是同甘共苦的。希望你能獲得更多的權力。

我的回應是：

首相致哈里·霍普金斯先生

1942 年 7 月 3 日

我的朋友，對你萬分感激。我明白你和總統對我此次在國內的勝利感到欣慰。我希望有朝一日，我能以更具體的情況告訴你。

在辯論中，華特·埃利奧特先生提及一個引人深思的歷史事實，他引述麥考利關於皮特執政時期的描述：「皮特在國家面臨生死存亡之際擔任

國會再陷信任危機

國家首腦⋯⋯然而，經過八年的戰爭，損失了大量生命和財富後，皮特領導下的英國軍隊被全歐洲嘲笑。他們幾乎沒有任何值得誇耀的輝煌戰果。在歐洲大陸，他們毫無建樹，只是被擊敗、追趕，並被迫重返船上逃回。」麥考利繼續描述，儘管如此，皮特始終得到下議院的支持。「在漫長而艱難的時期，他在議會外遭遇的每次災難，總是以議會內的勝利告終。最終，他再也沒有遇到反對黨，而在 1799 年這個多事之年，反對政府的最大人數僅有二十五人。」埃利奧特先生感嘆道：「歷史在某些方面的重演真是令人驚訝。」他在表決前竟準確無誤地預測了結果。我也感到驚訝，因為二十五這個數字正好是我在托布魯克淪陷那天對總統和霍普金斯所提到的。

第八軍陷入困局中

　　奧金萊克將軍曾在二月下達命令，儘管托布魯克是我軍進攻時的重要補給基地，但若我們被迫撤退，「一旦敵人有效包圍該城市，我軍不應繼續堅守。如果這種情況難以避免，應撤出並盡可能破壞該地」。由於這些指令，防務未能充分展開。許多地雷已被移作他用，鐵絲網上開了許多缺口供車輛通行，很多反坦克壕被泥沙填滿，以至於在某些地方失去防禦作用。僅有環形陣地的西面和西南面防禦堅固；其他地方，尤其是東面，情況堪憂。同時，大量軍需品、彈藥和汽油堆積在那裡，未能撤走。

　　里奇將軍提議將托布魯克西部防線作為向東南延伸至阿德姆整體防線的一部分，並依靠在防線南部地區活動的一支機動部隊提供支援，防止敵人包圍。他向奧金萊克報告稱，這樣的安排可能會導致托布魯克被敵軍包圍，但或許只是暫時的。如果該建議不可行，則只能選擇撤出所有防守力量。奧金萊克起初不同意這個計畫。他在 6 月 14 日致電里奇，表示：「必須保住托布魯克，不能讓敵人包圍。這意味著，第八集團軍必須堅守從阿克魯馬到阿德姆的戰線及其以南的地區。」不久後，他再次致電稱：「兵力調動必須以托布魯克和其他關鍵據點的防禦為中心，但絕不可讓第八集團軍被困在托布魯克。」

　　我們在國內完全沒有預見到這兩位司令官的計畫或思想中會有撤出托布魯克的意圖。內閣的立場顯然是，即便第 8 集團軍被擊退，我們也應該像去年那樣，讓托布魯克成為敵後的一根刺。我為了確認奧金萊克持有與國內相同觀點，我曾在 6 月 14 日，也就是我動身前往華盛頓之前，給他發了一封電報：

第八軍陷入困局中

我假定無論在何種情形下,你都不會捨棄托布魯克。

翌日,奧金萊克回應稱,他無意讓第八集團軍被困在托布魯克,他絕無放棄該地的打算。他對里奇將軍的指令目的在避免其部隊在托布魯克遭到包圍。

我們認為這個答覆有些模糊,因此明確地提出這一點:「戰時內閣對你電報的理解是,里奇將軍在必要時將獲得充分的兵力以確保該地。」

對於這份電報,奧金萊克於6月16日回覆道:

對戰時內閣的理解是準確的。里奇將軍正以他認為充足的兵力捍衛該地,即便該地被孤立也將堅持防守。

與此同時,他向里奇將軍發送了以下的電報:

儘管我已經明確告訴,絕不允許托布魯克遭到包圍,但我意識到,在我們發起反攻之前,那裡的駐軍可能會暫時孤立無援。

倘若我當時目睹此電報,必定心生不悅。

第二南非師的指揮官克洛普將軍受命捍衛這座要塞。儲備的物資和彈藥足以支撐守軍九十天。克洛普將軍深信,托布魯克將在整個策略中發揮其應有的作用;這個策略包括第八集團軍在環形陣地外堅守阿德姆和貝爾漢穆德這兩個堅固據點。駐守部隊由四個步兵旅(共十四個營)、一個擁有六十一輛步兵坦克的坦克旅、五個野戰炮和中型炮炮兵團以及約七十門反坦克炮組成。此外,約有一萬名後勤和運輸人員集中在港口及基地設施周圍。環形陣地內共計約有三萬五千人,這個兵力與一年前首次圍困托布魯克時的守軍大致相同。

6月16日,隆美爾在短暫的兩天停頓後再度發起攻勢。經過一系列猛烈的攻擊,他成功占領了阿德姆、貝爾漢穆德和阿克魯馬。6月17日,他在西迪雷澤格擊潰了我們的第4裝甲旅,令其僅剩二十輛坦克。至6月

19 日，托布魯克已被合圍，並在增援的坦克抵達前，缺乏有效的裝甲部隊從外部支援或解救駐守部隊。6 月 20 日清晨六時，敵軍以大炮和俯衝轟炸機對第十一印度步兵旅防守的托布魯克環形陣地東南部展開猛烈轟擊。半小時後，進攻正式開始。他們以第二十一裝甲師為先鋒，並由第十五裝甲師及義大利裝甲師和一個摩托化步兵師協同支援展開攻勢。由於我軍在托布魯克外圍的裝甲部隊已經被摧毀，隆美爾得以全力投入此次打擊。印度旅中的一個營，因駐守在防禦最薄弱的地區，承受了最大的壓力。進攻不久後，敵軍便從該處突破並深入。由於我軍空軍已經撤至遙遠的機場，我們無法以戰鬥機掩護部隊。

克洛普將軍下令其坦克部隊與部分科爾斯特里姆警備隊發起反攻。由於反攻計畫倉促且各部隊啟動時間不一，最終以失敗告終。撤退的英國坦克被德軍逼至一個巨大的鍋形地帶，位於「國王十字碑」公路交叉點東南，與殘餘的印度步兵在此地進行殊死搏鬥，但徒勞無功。至中午，我們僅剩幾輛坦克，支援炮臺也落入敵手。敵軍坦克分頭向西、北推進，主力直逼「國王十字碑」。下午兩點，隆美爾親臨該地，命令一部隊直接攻擊托布魯克。儘管遭受我方炮擊的重創，但該部隊於下午 3 點半抵達索拉羅山脊，六點到達托布魯克近郊。另一部隊被派往「國王十字碑」正西，沿山地向皮拉斯特里努推進，遭遇警衛旅迎擊。由於未預料到敵軍從此方向進攻，警衛旅的防禦部署極其倉促。

在炮兵的強力支援下，警衛旅在整個下午和晚間激戰，損失慘重。部分地域已被敵軍占領，旅部亦遭敵人攻陷，然而，至傍晚時分，敵人被迫停止推進。形勢岌岌可危。環形陣地的西線和南線仍保持完整，駐守極左翼的廓爾喀部隊繼續奮戰，儘管如此，托布魯克要塞的大部分割槽域已經落入敵手。我方所有後備兵力均被敵軍牽制，難以脫身。我們下達了破壞瀕臨危險基地設施的命令。在托布魯克市內，後備交通工具被禁止使用，

第八軍陷入困局中

並準備進行破壞,儘管在剩餘守軍撤退時,這些交通工具至關重要。

6月20日晚八時,克洛普將軍向第八集團軍司令部彙報:「我的司令部已經被包圍。環形陣地上的步兵仍在艱苦奮戰。我正在堅持抵抗,但我不敢說還能堅持多久。」他請求指示,得到的答覆是:「最好在明天夜裡突圍出來;如果不行,就在今天夜裡突圍。」他召集他的高級軍官開會,徵求他們的意見。有些人認為,有效的抵抗已經不可能。由於主要物資已淪入敵手,彈藥漸缺,繼續戰鬥意味著徒然遭受嚴重的傷亡,因此應該讓一切能突圍的部隊都突圍。但是另一些軍官贊成繼續打下去。因為撤走時必不可少的交通工具已經被敵人奪走,同時,一個救援縱隊可望能從南面趕到,因此應把所有剩餘的力量集中在環形陣地的西南角,一直戰鬥到援軍到達。凌晨二時,月亮已落,如果說在此以前還有可能從布雷區突圍而出,到了此刻也已經完全不可能了。克洛普將軍同里奇將軍舉行了一次無線電話會議,告訴他說,形勢類似「屠宰場」。繼續抵抗下去,將遭到可怕的傷亡;前方還在「拚命奮戰」。里奇將軍指示他說:「每一天和每一個小時的抵抗,都大大有助於我們的事業。我不了解那裡的戰術情況,因此,關於投降問題,必須由你根據自己的判斷來決定……整個第八集團軍一直在欽佩地注視著你們的英勇奮戰。」

6月21日黎明時分,克洛普將軍派遣談判代表,要求投降;早上七點四十五分,德國軍官抵達他的司令部接受投降。他的許多部隊,其中一些幾乎沒有參與過戰鬥,都在懷疑和沮喪中接到了他的命令。對於他屬下的某些指揮官,他不得不親自告知命令,因為除此之外別無他法使他們接受。根據德國的文件,我們有三萬三千人被俘。也有一些小股部隊不顧克洛普將軍的命令,嘗試各種方法企圖逃出包圍,但由於缺乏交通工具,幾乎全都失敗了。只有一支人數不算太少的隊伍成功突圍,那就是勇敢無畏的科爾斯特里姆警備隊的199名官兵和188名南非士兵。他們集結了一些

卡車，集體出發，突破包圍圈，在一個寬廣的地帶衝出重圍。夜幕降臨時，他們到達了七十英里外的埃及國境線。

守軍期盼援軍相助，然而希望落空。第七裝甲師當時正於南方沙漠中整編。6月20日，他們接到命令派遣部隊支援，但隆美爾的進展太迅速，尚未出發，一切已成定局。

德軍繳獲了大批物資。以下是後來的隆美爾參謀長韋斯特法爾將軍的報告：

戰利品豐富，足以供給三萬人使用三個月，還有超過一萬立方公尺的汽油。若無此等戰利品，未來幾個月中，我們的裝甲師幾乎無法獲得足夠的糧食和衣物。海運物資僅在1942年4月到達過一次，只能滿足部隊一個月的需求。

未經長期圍困即攻克托布魯克的消息，徹底改變了軸心國的策略規劃。此前，他們預期在占領托布魯克後，隆美爾將駐紮在埃及邊境，而接下來的關鍵行動是透過空運和海運部隊奪取馬爾他。直到6月21日，墨索里尼仍在根據這個計畫不斷重申命令。托布魯克淪陷翌日，隆美爾報告稱，他建議消滅邊境線上為數不多的英軍，以此打開通往埃及的通道。軍隊的狀態和士氣，以及他所繳獲的大量軍需物資，加上英國人所處的脆弱局勢，促使他決定「進攻埃及的核心」。他請求批准他的建議。同時，希特勒也致函墨索里尼，施加壓力要求他同意隆美爾的提議。

命運為我們創造了一個千載難逢的契機，這樣的機遇在同一戰線上永遠不會重現……第8集團軍事實上已經被瓦解。托布魯克的港口設施幾乎完好無損。領袖，您現在獲得了一個策略支點。由於英國人從那裡修建了一條幾乎延伸至埃及的鐵路，它的策略意義更加重大。上次當英國人停止進攻時，他們幾乎抵達的黎波里，卻因派兵至希臘而突然止步。如果此時我們不乘機追擊，徹底殲滅英國第八集團軍的殘餘勢力，那麼，同樣的局

第八軍陷入困局中

面將再次上演……

戰爭女神只會眷顧勇者一次。若讓她離去，便再無機緣。

「領袖」無需他人勸服。征服埃及的願景令他得意忘形。因此，他將攻擊馬爾他延後至9月，而隆美爾——此時已經令義大利人意外地晉升他為陸軍元帥——被指示占領阿拉曼和卡塔臘盆地之間的狹窄通路，作為未來軍事行動的起點，目標是蘇伊士運河。

凱塞林對此持不同意見。他認為，在未奪取馬爾他之前，軸心國在沙漠的地位始終不穩，因此，計畫的改變令他憂慮。他向隆美爾指出這種「冒險無謀」的危險性。希特勒對於進攻馬爾他缺乏信心，因為他對義大利軍隊的能力持懷疑態度，而這支軍隊將成為此次遠征的主力。如果真的發動進攻，失敗的機率很高。

另一方面，從我方的角度來看，托布魯克的淪陷雖然令人震驚和痛心，卻意外地使馬爾他避免了一場嚴峻的考驗。每一個真正的軍人，無論是否參與這場戰鬥，自然都不會對此感到欣慰。責任應由最高統帥部承擔，而非克洛普將軍或其士兵。

里奇將軍的歷程展現了他作為參謀人員的能力，並且後來也證明他是一位有毅力的將軍。然而，將他從奧金萊克的副參謀長位置調任為第八集團軍司令官，卻不是明智的決定。這兩種職責截然不同，應當嚴格區分。由於他與奧金萊克之間的私人關係，限制了他發揮獨立思考的空間，而在指揮激烈戰鬥時，獨立思考是至關重要的。因為缺乏清晰的策略意圖，以及奧金萊克與慣於擔任參謀的里奇將軍之間責任界限不明確，導致了兵力使用不當。就其性質和後果而言，這種用人不當的現象導致出現了英國軍事歷史上不幸的一章。當時無法對此作出判斷，因為托布魯克的指揮官們皆已成為戰俘。然而，現在這個重大事實已經廣為人知，事情的真相不應再模糊不清。

此時，第八集團軍餘部皆已退至國境線後方。6月21日，開羅的中東防務委員會在一封電報中詳細描述了他們可以採取的其他措施：

第一種策略是在邊境防禦工事中與敵軍交戰。由於缺乏足夠的裝甲力量，這種策略存在使我們失去所有邊境步兵部隊的風險。

第二種策略是利用高度機動化的部隊在邊境線上牽制敵人，同時將第八集團軍的主力撤退至馬特魯港的防禦陣地。這個策略結合空軍的牽製作用，將為我們爭取時間提供最佳機會，以便重組和建立一支能夠進攻的戰鬥部隊……

我們已經決定採用第二種策略。

我對這個決定持反對態度，並從華盛頓發送了以下的電報：

首相致奧金萊克將軍

1942年6月22日

1. 帝國總參謀長迪爾和我都迫切期望你們在塞盧姆國境線上進行頑強抵抗。敵人顯然已經承受了巨大的壓力。強大的援軍正在趕來。爭取一週的時間，可能具有決定性的重要性。我們尚不清楚紐西蘭師的確切調遣日期，但原計畫是在本月底之前。第八裝甲師和第四十四師即將抵達。我們同意史末資將軍的看法，即當北方的威脅減輕後，你可以自由從第九集團軍和第十集團軍調動人員。這樣，你便可以對目前駐紮在蘇伊士運河以東的三個師進行大規模的人員調整。

2. 你所描述的情形確實讓我感到相當尷尬，因為這幾乎意味著我們回到了十八個月前的境地，而在這十八個月中所取得的進展必須重新開始。不過，我並不認為我們無法有效保衛尼羅河三角洲，我也希望敵人的猛烈攻擊不會給任何人帶來錯誤的印象。我堅信，憑藉你的堅定意志和隨時準備冒險的決心，特別是在大量援軍即將抵達的情況下，一定能夠恢復以前的局勢。

第八軍陷入困局中

3. 在華盛頓，總統對已經發生事件深感觸動；他與其他美國高級官員均表示願意提供最大的協助。他們授權我通知你，曾在加州接受過沙漠作戰特殊訓練的美國第二裝甲師預計將於7月5日左右離開此地前往蘇伊士地區，並於8月抵達你處。你無需再按原計畫將印度師和第二百八十八印度裝甲旅送回印度。除參謀長在電報中提到的措施外，目前還在採取額外措施，準備將原計畫送往印度的飛機轉移至利比亞戰場……

4. 你當前的首要任務是激勵所有部隊堅定抵抗，而非因隆美爾的一些重型裝甲部隊而做出非理性決策。務必確保在這緊要關頭充分運用全部人力。英王陛下政府樂於共同承擔這次全力勇敢防禦的責任。

然而，奧金萊克依然堅持其個人觀點。

隆美爾迅速組織追擊，並於6月24日跨越國境線進入埃及。他僅遭遇我們輕機動縱隊和皇家空軍頑強優秀的戰鬥機中隊的抵抗；這些戰鬥機中隊的確掩護了第八集團軍撤退至馬特魯。第八集團軍在那裡的防禦陣地並不堅固。城市周圍有一個有組織的防禦體系，但在其南方，僅有幾道互不相連且防守力量薄弱的布雷區。正如之前放棄的國境線陣地曾經出現的情況，若要成功守住馬特魯防線，必須由強大的裝甲部隊守衛其南翼。儘管第七裝甲師當時已經重新組織到近百輛坦克的規模，但仍無法勝任這個此守衛任務。

6月25日，奧金萊克將軍親臨馬特魯，並決意親自從里奇將軍手中接管第八集團軍的指揮權。事實上，我在5月提及此事時，他就應如此行事。

首相致奧金萊克將軍

1942年6月28日

我非常欣慰你已經掌握指揮權。不論戰至何處，務必戰鬥到底。除了摧毀敵人的武裝和裝甲部隊外，其他皆無關緊要。強大援軍即將陸續抵達。我們堅信你將取得最終勝利。

奧金萊克將軍迅速得出結論：在馬特魯堅守到底是不可能的。他已經開始籌劃，準備在後方 120 英里的阿拉曼陣地建立防線。為阻止敵軍推進（即便是暫時的），他安排以下的部署：第十軍與第十印度步兵師和英國第五十步兵師一起守住馬特魯防線。其南方，由第十三軍指揮的第二十九印度步兵旅和紐西蘭師負責，其中前者防守布雷區之間六英里寬的缺口。第一裝甲師和第七裝甲師則負責防守沙漠側翼。

6 月 21 日，紐西蘭師從敘利亞調至馬特魯，終於在 6 月 26 日於明卡凱姆周圍的山脊參戰。當天夜裡，敵軍突破了布雷不足的第二十九印度步兵旅的防線。次日清晨，敵人從缺口湧入，繞到紐西蘭部隊背後，從三面發動圍攻。整日的激烈戰鬥讓紐西蘭師幾乎面臨被全殲的危機。弗賴伯格將軍受了重傷，但他有一位值得信賴的接替者。英格利斯准將決定突圍。午夜剛過，第四紐西蘭旅分散各營，槍上刺刀，向正東推進。他們前進了一千碼，未遇敵人。隨後，炮火響起，整個旅橫隊突擊。德國人對此毫無防備，在月色下的白刃戰中被徹底擊潰。紐西蘭師的其餘部隊則選擇南方迂迴突圍。隆美爾對此事的描述是：

> 接踵而來的猛烈戰火，亦波及到了我的戰地司令部。……我部隊與紐西蘭軍之間的炮火交鋒，激烈程度令人瞠目。不久，司令部四周皆為燃燒的車輛所圍，成為敵軍的目標，持續遭受近距離炮火的猛烈攻擊。片刻之後，我已經無力支撐，下令部隊及司令部人員朝東南方向撤退。那晚的混亂狀況實在難以想像。

紐西蘭人因此徹底突圍成功。全師在八十英里外的阿拉曼陣地附近重整旗鼓，紀律嚴明，士氣高昂。他們保持了良好的秩序，因而迅速被派遣去增強阿拉曼的防禦。

第八軍陷入困局中

首相致弗賴伯格將軍

1942 年 7 月 4 日

得知你近期再次負傷,並獲得了新的榮譽,令我深感動容。願你的傷勢輕微,並能迅速重返職位,繼續引領你的傑出師團。向你和你的士兵致以誠摯的祝福。

在馬特魯周圍部署的第十軍的兩個師,儘管面臨諸多困難,仍然成功撤回安全區域。6 月 27 日,他們曾南下迎擊突破防線的敵軍,但未能有效阻止其推進。敵軍的猛烈攻勢威脅到了沿海公路,第十軍接到命令向東撤退。他們一路奮勇作戰,最終被敵軍一支部隊阻截。於是,他們向南突圍,穿越沙漠抵達阿拉曼。第三十軍早已撤至阿拉曼。在那裡,他們與第十軍和第十三軍會合,所有部隊在 6 月 30 日被部署在新的防線或其後方。士兵們感受更多的是驚恐,而非沮喪。

在此次動亂中,凱西表現得異常鎮定正向,並給予了部隊巨大的支持。我要求他在後方以及焦躁不安的開羅掌控局勢。

首相致國務大臣

1942 年 6 月 30 日

我非常希望你能夠明白,在這個至關重要的形勢下,以及在指揮官人事調整中,你所發揮的作用對我有多麼重要(這些調整一直是我長期以來所期望和倡導的)。當奧金萊克在前線作戰時,你必須堅決地要求後方的所有部隊動員起來,準備投入戰鬥。每一個穿上制服的人都必須做好萬全準備,就如同肯特郡和索塞克斯郡遭到入侵時的情形一樣。裝備黏性炸彈和炮彈的反坦克小組,要在每一個防禦區域或堅固建築物中誓死抵抗,將每一個據點化為勝利的象徵,每一道戰壕變成最後的防線。這種精神是你必須努力灌輸給士兵們的。全面撤退絕不允許,苟且偷安絕不容忍。埃及必須不惜一切代價守住。

我深知，第八集團軍若缺乏空軍的全力支持，絕不可能有序撤退。空軍一直在前線機場起飛作戰，直至敵軍幾乎越過這些機場。如今，他們能夠從埃及穩固的基地出發，與推進中的敵軍交鋒。

首相致空軍上將特德

1942 年 7 月 4 日

國內的我們都熱切關注著皇家空軍在當前埃及戰爭中的卓越且無與倫比的貢獻。你的部下在尼羅河流域的保衛戰中發揮了至關重要的作用；關於這個情況的報告正從各地傳來。不列顛光榮戰役的場景在遙遠的異地再次上演。我們堅信，你將始終是你那些英勇士兵的摯友。

阿拉曼的陣地從阿拉曼車站出發，延伸至南方三十五英里處的卡塔臘盆地，這個區域幾乎無法穿越。以現有的防守力量而言，這是一條相當長的防線。我們已經完成了大量的工作，但除了在阿拉曼周圍設有半永久性的堡壘外，這條防線主要是由幾個互不相連的工事構成。然而，兩翼的防守相對穩固，第八集團軍也得到了強而有力的增援。紐西蘭師在勝利後井然有序，享有盛譽的第九澳洲師不久也抵達了此地。由於交通線較短，且距離亞歷山大港僅四十英里，第八集團軍的重組並未耗費太多時間。曾直接指揮第八集團軍的奧金萊克，似乎已不再像過去那般深謀遠慮；當時，他不僅需要應付關鍵戰役，還得防範敘利亞和波斯的潛在威脅。此刻，他渴望迅速取得戰術上的主動性。早在 7 月 2 日，他便開始了一系列反攻，一直持續到 7 月中旬。這些反攻威脅到了隆美爾岌岌可危的優勢。在與反攻的炮火同步進行的不信任決議案辯論當天早晨，我向他發去了一封鼓勵的電報。

第八軍陷入困局中

首相致奧金萊克將軍

1942 年 7 月 4 日

我對事情發展的趨勢深感欣慰。若運氣好轉,我確信你將如你所言般「毫不留情地」奪取優勢。

由南非指揮官領導的南非師在托布魯克的投降,對史末資將軍而言,是一次政治和軍事上的嚴重意外打擊。

首相致史末資將軍

1942 年 7 月 4 日

1. 自上週自美國歸來,面對下議院中不自信的同僚讓我倍感痛苦。直至今日方有機會告訴你,南非師的重大損失令我心痛不已,而你以堅定不屈的精神教導南非人面對如此嚴重打擊,令我無比欽佩。

2. 我們多年共事,思想常常一致。因此,對於過去三週發生的悲劇,我無需多言。我仍然希望一切能夠挽救。羅斯福總統提供了三百輛效能遠勝於「格蘭特」的最新「謝爾曼」坦克和一百門 105 公釐的自走式榴彈炮,作為反坦克武器。這些裝備預計在 9 月初運抵埃及。總統還提供了約一百架「解放者」飛機,將在 7 月內運到。從英格蘭出發的兩個「哈利福克斯」重型轟炸機中隊,將在十天內參戰。另有六十架美國戰鬥機正越過大西洋,經過塔科拉迪運往埃及。這些都是在我們常規空中支援之外的額外增援。你可能知道,第八裝甲師目前正在登陸,他們有三百五十輛坦克,主要是「瓦倫丁」。英國第四十四步兵師將於 7 月 23 日登陸,第五十一師將在一個月後抵達。這些兵力能否發揮應有的作用,將取決於當前在阿拉曼進行的戰役。

史末資將軍沉著冷靜。面對命運的無常,他顯得從容不迫。無人比他更了解如何經歷勝利和災難,以相同的策略去對付這些狀態。

史末資將軍致首相

1942 年 7 月 7 日

　　你昨日發來最振奮人心的電報和消息，預示著阿拉曼的局勢即將發生變化；這讓昨天成為我近期最愉快的一天。我確信隆美爾已經過度深入，如奧金萊克繼續親自指揮，不僅可以為托布魯克復仇，我們的反攻亦能推進至的黎波里，並解救埃及和馬爾他。你提到的援軍對於實現這個宏偉目標將大有助益；我希望這些援軍不會再被調往其他戰場。如此，不僅能確保埃及的安全，亦能在未來對軸心國最脆弱之處發動反攻，可能引發其他重要結果。我相信德國人經過敘利亞到達伊拉克油田的可能性也會因此受挫。因此，我支持充分發展我們的勝利。由於隆美爾的貿然深入，我相信我們的勝利已經近在眼前。

　　奧金萊克可能面臨巨大的挑戰。他的運輸工具在長途撤退中損失慘重，敵人將竭盡全力破壞輸油管和鐵路以阻止他的推進，而敵人的援軍預計很快即將抵達。我們的空中優勢以及對敵人港口和交通線的持續轟炸，無論如何都會產生影響。

　　鑑於美國現階段是我們對敵實施最終打擊的首要策略儲備力量，你應巧妙地將大部分時間用於引導華盛頓參與戰爭的貢獻，同時確保任何重大戰爭政策問題不脫離我們的掌控。我認為在這個領域你的貢獻至少與在帝國戰爭中的貢獻相當。你與羅斯福的連繫是當前戰爭中最寶貴的資產之一，我希望有辦法讓那些目光短淺且信心不足的國內同僚們意識到這一點。

首相致弗雷澤先生和科廷先生

1942 年 7 月 11 日

　　你是否認同駐紮在中東的第一師在西部沙漠取得了顯著的勝利，並為該戰略要地的紐西蘭軍隊贏得了新的榮譽。

第八軍陷入困局中

……將我們從加柴拉逐至阿拉曼,並令我們失去托布魯克及損失五萬人的這場災禍,其不可預測的勢頭,目前已經暫時得到遏制。奧金萊克將軍已經獲得強大援軍,使其兵力增至十萬人;而在他們後方不遠的尼羅河三角洲,另有兩萬人待命。因此,他的兵力在數量上大約是隆美爾的兩倍。他的大炮數量也不遜於隆美爾,只是裝甲部隊仍稍顯不足。這使他需要更加謹慎,其原因有二:其一,若奧金萊克敗退,其後果將比隆美爾的敗退嚴重得多,因隆美爾的後方除了沙漠之外一無所有;其二,正前往支援奧金萊克將軍的援軍,其力量遠勝於敵人。

非常幸運的是,四個月前我從羅斯福總統那裡獲得了一批船隻,用於將額外的四萬人運往東方。在繞過好望角之前,這些部隊的目的地尚未確定。若無這批船隻,就無法獲得這批援軍;而目前這場意外的戰爭已經證明,這批援軍至關重要。

在華盛頓期間,我從總統處獲得了美國陸軍最新型、效能最佳的三百輛「謝爾曼」坦克。這批坦克是直接從美國陸軍手中調撥而來的,儘管他們也急需這些裝備。專門的運輸船隊將它們直接運往蘇伊士。同時,一百門一百零五公釐自走式榴彈炮也隨行,這種火炮的效能顯然優於八十八公釐。此外,還有大批美國相關人員隨著坦克和火炮一同前往。這些裝備和人員預定在9月初抵達。除了第八裝甲師外,尼羅河三角洲還有四個裝甲旅的人員等待重新裝備,他們當中約有一半人接受過沙漠坦克作戰的訓練。因此,我們有能力在中東,甚至全球,部署有史以來最強大、訓練最精良的裝甲師。不過,我希望這個問題能盡快按照我們的意願解決。由於從北方入侵埃及的威脅可能會增加——雖然我還不確定這種威脅是否會成為現實——因此我更加希望能早作決定。

同樣至關重要的是,總統在托布魯克戰役次日承諾給予我空中支援。正如你所知,儘管中東常常請求我們提供重型轟炸機,但由於技術或軍事方面的原因,我們至今未能向中東提供重型轟炸機中隊。如今,總統已經

派遣以下空軍力量來保護埃及：二十架「解放者」轟炸機，這些飛機在轟炸了羅馬尼亞的油田後正飛往印度；另外十架已經抵達印度的「解放者」轟炸機；從美國出發的三十五架「解放者」轟炸機。加上我們現有的「解放者」轟炸機，這使我們的同類型的重型轟炸機累積到有八十五架；這些飛機在本月內即可投入戰鬥。同時，我們的兩個「哈利福克斯」轟炸機中隊也將參戰，加上這批，我們的重型轟炸機總數將可達到一百二十七架。我計劃依靠這支空中力量攻擊托布魯克和班加西，以阻止隆美爾的增援；此外，當然主要還是需要依靠一支戰鬥艦隊來阻止敵人從海上入侵埃及。為重新供應馬爾他的糧食，我們還有許多重要工作要做；但由於這涉及未來的軍事行動，我相信你們能夠理解我不會詳細討論這個問題。

此外，若在沙漠中的戰鬥中失利，我們已經準備好防衛尼羅河三角洲的一切工作。在該地，我們部署了大量部隊。他們已經受命參與埃及的防衛戰，就好比英格蘭遭敵入侵時保衛英格蘭一樣。尼羅河三角洲因長期耕種和灌溉，地形成為全球最不利於裝甲車輛活動的地區；裝甲部隊作為戰鬥力量，在那裡將大幅喪失戰術優勢。所有主張我方撤退的聲音已經被壓制，目前的決心是為每一寸土地而戰，直到最後一刻。然而，正如我之前所言，我並不相信這種局面會真正出現。

下議院在這些艱難時期中的表現如同在反抗拿破崙時一樣堅定；同時，你們政府和人民的善意也給予了我極大的鼓舞。我從未如此堅信最終的完全勝利將屬於我們。然而，這場戰爭將曠日持久，我們不能有片刻的鬆懈。

隆美爾的運輸補給能力已達極限，他的部隊也已經疲憊不堪。德國坦克僅剩十二輛可參戰，而英國空軍，特別是戰鬥機，再度占據顯著優勢。隆美爾於7月4日報告稱，他已經停止進攻，暫時轉為防守，以整頓和補充兵力。然而，他仍然對占領埃及充滿信心，墨索里尼與希特勒亦持相同看法。實際上，德國元首已經將對馬爾他的進攻延後至完全征服埃及之

第八軍陷入困局中

後；他既未徵詢義大利的意見，也未詢問自己海軍統帥的意見。

在 7 月的前兩週，奧金萊克的反攻給隆美爾施加了巨大的壓力。隨後，隆美爾迎接了這個挑戰，並於 7 月 15 日至 7 月 20 日期間再度嘗試突破英軍的防線。到 7 月 21 日，他被迫承認受到了阻截：「危機依舊存在。」到了 7 月 26 日，他計劃撤退至國境線。他抱怨只獲得了少量補給，缺乏人力、坦克和火炮，而英國空軍則異常活躍。至此，7 月底之前，戰爭呈現拉鋸狀態，雙方均未取得進展。奧金萊克指揮的第八集團軍已經度過難關，在頑強抵抗中俘虜了七千名敵軍。埃及保持安全無虞。

決策「火炬」作戰

在今年七月的時間裡，政治局勢對我而言是最為艱難的，而軍事上也看不到任何勝利的希望。我不得不接受來自美國的決策，這個決策將在未來兩年內主導戰局，至於其利弊暫且不論。該決策即是放棄 1942 年橫渡英吉利海峽的計畫，轉而在秋季或冬季派遣一支龐大的英、美聯合遠征軍占領法屬北非。我曾深入研究過總統的想法以及其他各種可能的方案，確信北非計畫深深吸引了他。我在 1941 年 12 月的文件中曾經提到，這個計畫一直是我的目標。我們英國方面的人士現在也都相信，1942 年橫渡英吉利海峽的行動將會失敗，而大西洋兩岸的軍事家也不願推薦或為此負責。至此，英國方面普遍同意在 1943 年之前不執行大規模的橫渡英吉利海峽作戰計畫，但仍需全力進行一切渡海作戰的準備。

6 月 11 日，戰時內閣批准全面準備針對布雷斯特或瑟堡的「痛擊」作戰計畫，但前提是必須有良好的勝利前景方可發動。翌月初，三軍參謀長對這些狀況進行了再評估。7 月 2 日，他們撰寫了一份備忘錄，針對戰時內閣之前的多次討論提出了意見。他們指出：「在 6 月 11 日的戰時內閣會議上，首相的提議獲得全體通過，1942 年的軍事行動應遵循以下兩項原則：

（1）若無能力在登陸後堅守陣地，則不在法國進行大規模登陸；

（2）若德軍未因為對俄國的失敗而士氣低落，則不在法國進行大規模登陸。

依我們所見，這些條件難以實現，因此今年內推行『痛擊』作戰計畫的機會甚微。」

因此,我們的政策需要簡化。「痛擊」計畫不再具備可行性,應該摒棄。我在獲得所有同事和三軍參謀長一致同意後,致函總統,以最簡潔的語言詳細闡述了這個問題。

前海軍人員致羅斯福總統

1942 年 7 月 8 日

　　1. 英國陸軍、海軍或空軍的指揮官均無意將「痛擊」計畫納入 1942 年的可能作戰行動。三軍參謀長的報告指出:「實現『痛擊』作戰計畫所需的各種條件,極可能不會具備。」他們現今已經將報告提交給你們的三軍參謀長。

　　2. 為了迷惑敵人,我們已經開始向船隻裝載物資,儘管這會導致英國的進口減少約二十五萬噸。然而,更為嚴重的情況是,據蒙巴頓所言,如果我們中斷軍隊的訓練工作,不僅會損失登陸艇等裝備,還會使「圍殲」作戰計畫或 1943 年「波麗露」作戰計畫至少延後兩到三個月;即便這次冒險未能成功,登陸部隊在短暫停留後被迫撤退,也會造成同樣的損失。

　　3. 若要成功占領並守住一個據點,持續的補給是必不可少的,因此對德國的轟炸力度必須大幅削減。屆時我們必定全力以赴地保衛這個橋頭堡。即便 1943 年進行大規模戰役的可能性未完全消失,也會受到阻礙。我們的所有資源將被逐步投入到這個雖小但戰略意義重大的陣地。因此,可以說,1942 年尚未成熟且可能以失敗告終的行動,必然會影響 1943 年精心策畫大規模行動的前景。

　　4. 我堅信,1942 年在法屬北非實施的「體育家」計畫是緩解俄國戰線壓力的最佳機會。這個計畫始終與您們的意見一致。實際上,這是您的核心構想。這是 1942 年真正的第二戰場。我已經與內閣及國防委員會討論過此事,大家看法一致。這將是今年秋季最可靠且可以預期成果豐碩的攻勢。

　　5. 我們當然能夠從多角度提供支援,將美國或英國的登陸部隊從聯合

王國運往參加「體育家」戰役，並提供登陸艇與船隻。如果你們願意，可以從此地調派部分部隊，其餘的則直接經由大西洋運送，齊頭並進。

6. 有一點必須明確：我們不能期望維琪方面發出邀請或提供保證。然而，任何形式的抵抗都無法與德軍在加萊海峽的抵抗相提並論。事實上，這種抵抗也許僅僅是象徵性的。我們越強大，遭遇的抵抗就會越微弱，克服的過程也將越順利。這與其說是軍事問題，不如說是政治問題。在我看來，在這個決定性的年分中，我們不應放棄在西線戰場上進行這唯一具有重大戰略意義的行動。

7. 除了前述情況，我們正全力探索在挪威北部實施戰役的可行性；若無法在北部，則考慮挪威其他地區。由於沿岸基地的飛機對我方艦艇的襲擾，困難重重。至於向俄國派遣船隊的計畫，我們面臨諸多挑戰，但更為重要的是努力克服障礙，維持與俄國的連繫。

這一切都涉及到指揮官的人選問題，我再次向總統發出了兩封電報：

前海軍人員致羅斯福總統

1942 年 7 月 8 日

1. 我們已經詳盡地思考了關於「波麗露」計畫（大軍跨越英吉利海峽）的指揮事務。如果馬歇爾將軍能夠在 1943 年承擔這個重要使命，我們將感到欣慰。我們將全力支持他。

2. 戰時內閣已經授權我將上述意見通知給你。

1942 年 7 月 8 日

總統先生，我期望您在為 1943 年「波麗露」計畫指派一位美國指揮官時，務必不影響隨後的軍事行動，如「體育家」計畫。

另外一個需要注意的問題是作戰計畫代號的整理。事態經常變動，導致各種計畫代號出現嚴重混亂或過時。這些代號必須重新制定才能實用和有效。

決策「火炬」作戰

前海軍人員致羅斯福總統

1942 年 7 月 6 日

　　我們必須清理密碼代號。在我們英國人看來,「波麗露」計畫指的是 1942 年和 1943 年期間,為大陸作戰行動所需的大量準備工作。英、美聯合參謀長委員會正基於此進行運作。這些並非作戰行動,而是純粹的後勤措施。你們談到「三分之一的波麗露」,我們一直稱之為「痛擊」作戰計畫。「圍殲」這個名稱指的是 1943 年的作戰行動。我不喜歡這個名稱,因為它要麼顯得過於自信,要麼顯得過於悲觀,但它已經被廣泛使用。請告訴我,你對這些代號有何看法?我們所說的「體育家」作戰計畫,我認為是你們參謀所稱的「半體育家」的簡稱。我也用「朱比特」這個名稱來指代極北地區的一個計劃。

　　我依然對「朱比特」戰役寄予厚望。然而,對於其詳細計畫,進展幾乎微乎其微。我相信此行動將為加拿大陸軍提供一個光輝的契機;兩年來,加拿大軍隊在英國一直焦慮不安地準備抵禦入侵者。為此,我在契克斯公園與麥克諾頓將軍進行了一次深入交談;我非常看重他,他在加拿大政府中具有顯著影響力。我從各個方面向他闡述了整體局勢,並詢問他是否願意親自稽核方案並制定計畫。我們的技術部門將協助他完成這個計畫。他同意參與此戰役,並承諾全力以赴。

首相致函帝國總參謀長及參謀長委員會

1942 年 7 月 8 日

　　應將「朱比特」作戰計畫的初步研究與籌劃任務委託給麥克諾頓將軍,參謀長所屬機構應給予一切必要支持。若任務可行,從氣候條件看,應由加拿大陸軍執行。至於是否採納該計畫,將在稍後決定。

　　許久以來,我未曾聽聞麥克諾頓將軍對此事的看法。有關密碼代號,羅斯福總統作出了回應。他的回答在某種程度上表明了他對相關問題的深

刻理解。他提出了以下三點建議：

1.「波麗露」一詞用於描述美軍向歐洲戰場調動的準備與行動，因此，代表所有為接待美軍所做的準備工作，以及支持美軍在歐洲大陸作戰所需的裝備和物資的生產、組裝、運輸、接收和儲備等。

2.「痛擊」這個詞用於描述1942年英、美軍隊對歐洲大陸的一次攻勢；當德軍內部崩潰或俄軍陷入危機，需要緊急行動以迫使德軍從俄國戰線撤離時，這一場戰役應當展開。

3.「圍殲」或其他任何你可能選擇的名稱，指的是在1943年或之後，英、美聯軍針對德國在歐洲占領區發起的一次攻勢行動。

因此，我向三軍參謀長發送了以下備忘錄：

首相致霍利斯准將

1942 年 7 月 15 日

我擔心如果「圍殲」這個名稱有所更改，美軍可能會誤解為目標的變化。因此，我們必須保留這個自負且不恰當的名稱，希望它不會帶給我們厄運。

我認為我們最好維持總統所使用的字眼不變。目前我們並不是在處理政策議題，而僅僅是在解決術語問題。

先按照此方案草擬計畫，待獲得美方同意後再進行公布。

在做出重大決策之前，我將我的核心觀點撰寫成電報並發送給總統。

前海軍人員致羅斯福總統

1942 年 7 月 14 日

我迫切希望你能理解我當下的處境。我已經意識到，沒人認為「痛擊」計畫可行。我渴望你們立即啟動「體育家」計畫，並希望我們能與俄國人合作執行「朱比特」計畫。同時，必須全力準備1943年的「圍殲」計畫，以便在英格蘭對岸牽制大量敵軍。所有這些，對我而言都十分清晰。

決策「火炬」作戰

然而，作出這些軍事行動的最終決策仍需時日。美國作戰指揮的最高層領導人之間關係緊張。馬歇爾將軍與海軍上將金的意見明顯分歧，彼此間的隔閡如同歐洲大陸與太平洋般遙遠。他們兩人都不願介入北非的冒險行動。在此僵局中，總統對北非戰役的興趣越發濃厚。迪爾陸軍元帥憑其卓越才能贏得了所有反對者的信任，而他的機智也受到他們的讚賞。我與他的通訊，詳細說明了計畫工作的進展情況。

首相致迪爾陸軍元帥（在華盛頓）

1942 年 7 月 12 日

1. 我已將總參謀部文件的全文經由航空郵寄。請特別注意蒙巴頓的意見；他指出，「痛擊」計畫將對「圍殲」計畫造成致命損害。即使不考慮這一點，「痛擊」計畫本身的諸多問題也無法解決。

2.「體育家」計畫是 1942 年美軍打擊希特勒的唯一途徑。若「體育家」成功，我們對義大利的威脅將迫使德國空軍從俄國戰場撤出重要力量。「體育家」計畫並不妨礙「圍殲」計畫的大規模準備和訓練，只需調回六個不參與「圍殲」行動的美國師。這些師將由新的美國師替代，且在運輸計畫完成前準備就緒。

3. 然而，若總統選擇不推行「體育家」計畫，那便作罷。此役只能由美國軍隊獨自承擔。這次機會顯然將被錯失。1942 年兩國將保持觀望，所有力量將在 1943 年集中於「圍殲」戰役。

4. 在此情境中，美國沒有找到理由將力量轉移至太平洋，我認為這種做法很難獲得通過。

參加白宮會議的成員一致認為，為了對這些問題做出決策，訪問英國是唯一能夠達成共識的方法。我聽說，總統已經提議派遣他最信賴的朋友和軍官來拜訪我們。

迪爾陸軍元帥致首相

1942 年 7 月 15 日

　　馬歇爾、霍普金斯和金計劃於明晚啟程前往英國。簡而言之，反對「體育家」計畫的理由是：

　　（1）它必須迫使美國海軍，尤其是航空母艦，撤出太平洋；你已經清楚，美國當前在該地區作戰迫切需要這些艦艇。

　　（2）美軍若要在海上開闢新的交通線，並同時履行其他任務，勢必面臨不小的挑戰。

　　（3）在卡薩布蘭卡登陸困難重重，且缺乏必要的維持設備。同時，僅在卡薩布蘭卡發起攻勢也無助於迫使敵軍從俄國戰場撤退；若選擇攻擊地中海內部某些地點，如阿爾及爾或甚至比塞大，則風險過高，特別是考慮到軸心國軍隊可能輕而易舉地封鎖直布羅陀海峽的通道。

　　（4）「體育家」計畫將承擔重任，徹底消除 1943 年「圍殲」計畫的任何可能性。

　　一些有關太平洋地區的初步作戰方案已呈交總統……

　　這些行動將占用目前為「波麗露」計畫預留的所有船隻，並可能導致調往英國的美國空軍減少約三分之二……顯而易見，在太平洋的準備無法直接緩解俄國所承受的壓力，並且將延後對日本作戰的決定性勝利。

　　馬歇爾顯然希望執行他最初設想的計畫，但他認為歐洲計畫背後缺乏實際力量。會議接連召開，討論不斷進行，而寶貴的時間卻在不知不覺中消逝。德國在東方的忙碌狀態不會持久。如果我們不趁此機會行動，未來在西線面對的德國將強大得令人難以擊敗，進而使我們在歐洲大陸的進攻成為不可能。即便那時我們仍能與敵軍在空中交戰，但取得決定性勝利的希望已然渺茫。我相信，馬歇爾一定認為，一個大商人在面臨一筆可能致富或破產的交易時，必定會竭盡所能爭取成功，而他也很有可能會如願以償。

決策「火炬」作戰

金將重心集中於對日作戰。

我有一種預感（其依據僅是美國人的觀點，即太平洋或將取代「波麗露」，以及美國渴望籌組一支七百萬大軍的強烈意願）：某些身居高位的美國人認為，與德國人持續僵持下去可能是最佳的局面。

我建議你傳達給來訪者這樣的信念：你決心擊敗德軍，即便行動規模有限，你也將在歐洲大陸盡快採取攻勢；同時讓他們理解，任何違背這個核心精神的舉動都不會得到你的支持。馬歇爾認為，你偏好「體育家」計畫，就如同他偏好「波麗露」計畫一樣；而且，你常常因為些許瑣事而重新考慮推進「體育家」計畫。除非你能讓他相信你對「波麗露」計畫的堅定立場，否則我們目前所認同的策略將會前功盡棄，美國將撤回去從事自己在太平洋的戰爭，只留給我們有限的援助，要我們自己盡最大努力來抵抗德軍。

羅斯福總統也明白，反對「痛擊」計畫的觀點非常有力。假如他在來電中首先提及這個計畫，那將使馬歇爾將軍相信，實施這個計畫的可能性很大。然而，如果沒有人提到它，那該如何呢？美國總參謀部傾向於這樣一個看法：「若今年在歐洲無所作為，不如集中力量對付日本，這將使美國陸、海兩軍達成共識，使馬歇爾與海軍上將金步調一致。」7 月 15 日，正值下議院對不信任投票辯論之際，也是奧金萊克保衛開羅的關鍵時刻，那天「白宮異常緊張」。我們聽聞，「美國三軍各參謀長抱有『二選一』的心態」，總統則表示這無異於「各自為政」。這些直白的言辭，意指：「如果英國不願或無法在 1942 年執行『痛擊』計畫，我們將撤出歐洲戰場，集中力量打擊日本。」總統認為這實際上等同於放棄歐洲戰爭。至於馬歇爾將軍和海軍上將金是否持有此種想法，尚無證據。然而，美國的某些高級參謀人員中卻湧現出這種強烈的情緒。總統禁止並排除了這種危險的思維傾向。

他的第二種信念是美國陸軍必須在 1942 年對德軍展開戰鬥。那麼除了選擇法屬北非，還有哪些其他可能的戰場呢？史汀生先生表示：「這是戰爭形勢迫使他得出的內心結論。」討論的核心和總統的意圖最終匯聚成這樣的結論，確實無情。三週前，我前往華盛頓的目的正是為了達成這樣的決定。然而，托布魯克的淪陷、國內政治的喧囂，以及我所代表的國家因這次災難而無可置疑的在國際間減損威望，使我無法獲得令人滿意的結果。儘管如此，一些重要問題仍需解決。我當時堅信，釐清與統一我們的意見，一定會帶來良好的結果。

7 月 18 日星期六，我們的美國客人抵達普雷斯特韋奇，然後乘火車前往倫敦。隨即，他們與駐紮在首都的美國三軍領導人艾森豪、克拉克、斯塔克和斯帕茨展開會談。關於「痛擊」計畫的辯論再度展開。美國領導人依然強烈支持實施這個軍事行動。唯有總統本人似乎被我的論據所說服。他為代表團起草了一份我所見過他最有力和最精妙的戰爭政策文件。

撰寫給霍普金斯先生、馬歇爾將軍與金海軍上將的備忘錄
1942 年 7 月倫敦會議的相關指示

1942 年 7 月 16 日

1. 你們將以我個人代表的身分前往倫敦，與英國相關權威探討戰爭實施的事宜。

2. 自邱吉爾先生訪問華盛頓以來，陸、海軍戰略的變化相對更加顯著，因此英國與我們必須依據以下兩項原則迅速達成共同作戰計畫的協定：

（1）針對 1942 年剩餘時段的具體規劃。

（2）適用於 1943 年的試行方案。

3. 此類方案必然會因 1942 年事件的影響而有所調整，但當前必須立

即開始為 1943 年的行動計畫進行各項籌備工作。

（1）同盟國家的首要目標必須是擊敗軸心國家。在這一點上，絕無妥協餘地。

（2）我們應當將力量集中使用，避免分散資源。

（3）必須徹底統一運用英、美軍隊。

（4）當前的美、英軍隊應該在各戰場有需要時，立即迅速投入戰鬥。

（5）最為關鍵的是在 1942 年派遣美國地面部隊投入與敵人的戰鬥。

4. 英、美承諾提供給俄國的物資援助，必須確保全數運抵。若使用波斯的運輸線，則應優先運送軍事物資。只要運輸順暢，這種援助就必須持續進行；必須激勵俄國繼續作戰。只有在俄國徹底崩潰的情況下——這似乎是難以想像的——我們才應該考慮改變這個決定。

5. 你們需認真評估 1942 年實施「痛擊」計畫的可行性。此計畫的施行在今年無疑會對俄國提供極大支持。「痛擊」計畫既然如此關鍵，便有充分理由促成其實現。你們應盡力加快準備工作，全力推進計畫的完成；無論俄國的崩潰危機是否迫在眉睫，該計畫都應付諸實施。若俄國有可能崩潰，「痛擊」計畫不僅合適，而且必不可少。其主要目標在於確保德國空軍從俄國戰線撤離。

6. 若你們確信，由於缺乏適當的機會，「痛擊」計畫無法如預期實施，請立即告訴我。

7. 倘若「痛擊」計畫最終被確認無法成立，我要求你們在分析當時全球局勢後，重新決定美軍在 1942 年的其他作戰區域馳援規劃。

以下是我目前對全球戰爭情勢的觀點：

（a）若俄國成功牽制大量德軍，「圍殲」作戰計畫於 1943 年實現的可能性將大增，屆時應立即著手考量並開展相關準備工作。

（b）如若俄羅斯發生崩潰，而德國空軍及地面部隊撤出俄羅斯，那麼

「圍殲」計畫在 1943 年將無法執行。

8. 無論俄羅斯是否面臨崩潰，都必須盡全力保持在中東的陣地。我要求你們思考失去中東影響力的後果。一旦中東失守，將引發一連串的事件：

（1）失去埃及與蘇伊士運河。

（2）失去敘利亞。

（3）失去摩蘇爾油井。

（4）波斯灣因北方和西方的襲擊而被奪取，通往波斯灣油田的通道也將失去。

（5）德、日聯手，印度洋或將失守。

（6）德軍極有可能攻占突尼西亞、阿爾及爾、摩洛哥、達卡，並中斷從弗里敦至賴比瑞亞的海上通道。

（7）南大西洋的所有航運將處於極大的危險之中，同時，巴西及整個南美洲的東海岸也將面臨重大威脅。此外，德軍或許會藉助西班牙、葡萄牙及其屬地進行行動。

（8）你們需要確定維護中東穩定的有效策略。這些策略應清晰地涵蓋以下兩點或其中一點：

（a）將援助物資及地面部隊運抵波斯灣、敘利亞和埃及。

（b）在摩洛哥和阿爾及爾展開新一輪戰役，目標是切斷隆美爾部隊的撤退路線。法國殖民軍的立場依然不清。

9. 我不同意這種觀點：美國為了讓日本盡快崩潰而將全部力量投入太平洋。關鍵在於，我們必須理解，日本的崩潰並不意味著德國的崩潰；而且，美國若在今年或 1943 年集中力量攻擊日本，可能會增加德國全面掌控歐洲和非洲的機會。另一方面，如果我們在 1942 年或 1943 年擊敗或牽制德軍，顯然意味著德國在歐洲、非洲和近東戰場可能面臨最終崩潰。德國的崩潰意味著我們或許可以不費一彈、不傷一命地導致日本崩潰。

決策「火炬」作戰

10. 請牢記三大核心原則 —— 快速決策制定；計畫一致性；結合進攻與防禦，而非單純防禦。這些原則直接影響了 1942 年美國地面部隊對德軍作戰的目標。

11. 我希望在你們抵達英國後的一週內完成所有協定。

總司令富蘭克林・羅斯福

同日晚上，我在契克斯主持了參謀長委員會的會議，會議的核心內容如下：

此次討論顯示，首相與三軍參謀長的意見完全一致。

在 1942 年作戰策略中，「體育家」計畫似乎是唯一可行的方案。對我們而言，最為有利的局面是，首先在北非進行登陸，輕鬆地在該地區取得立足點，就如同德軍曾輕鬆占領挪威一般。

「體育家」作戰計畫其實是我們第二戰場的右翼。美軍占領卡薩布蘭卡及其周邊區域還不夠。行動必須擴展到阿爾及爾、奧蘭，以及更東部的地區。如果美軍無法為所有這些作戰行動一一提供軍隊，我們可以用英軍配合少量美軍分遣隊，負責更東部的作戰行動。美國方面除了為「波麗露」護航提供海軍部隊以外，恐怕難以為「體育家」計畫提供其所需的全部海軍。如果情況如此，我們應設法協助。

我自然明白，我們仍需向目前聚集在倫敦的美國軍事領袖們展開工作，讓他們堅信我們的觀點是唯一確實可行的方案。霍普金斯於週末來到契克斯，我們非正式地討論了雙方的不同意見。

7 月 20 日，星期一早晨，我們在內閣辦公室與美國代表進行了首次會晤。

我簡要地論述了英國政府的立場，這段發言已被記錄在案。

1942年7月20日，首相在會議上發表的演說要點

今天上午，我無意對當前我們面臨的諸多重要提案的優缺點發表任何意見，我的目標是分析整體形勢，並對會議的最佳方法和程序提出建議。儘管這些決定將對未來的整體戰局產生影響，但我們沒有理由拖延做出決定。

首先需要探討的是「痛擊」作戰計畫的可行性。我們是否應當實施這個計畫？與此同時，這也引發了另一個緊迫的問題：我們該以何種方式來推行該計畫？或許我們的客人所設想的是一件事，而我們正在執行的卻是另外一件。如果我們無法設計出一個令人滿意的方案，就必須誠懇而認真地關注美國方面的計畫。最為關鍵的是，參與討論時不應抱有任何成見——無論是支持還是反對特定計畫的偏見。當然，除了評估某項任務的可行性，還需要考慮在當下執行是否有利於資源的最佳利用。

我們需要審視「痛擊」計畫的實施與否對「圍殲」計畫的未來影響。為了推進「圍殲」計畫，「波麗露」計畫的所有準備工作正在進行中。我們強烈支持「圍殲」計畫。此處需明確「圍殲」的具體內容。它是否必須局限於對法國西海岸的攻擊？第二戰場的概念是否必須限定在這些領域內？是否可以擴展至更廣泛的範圍，若擴展是否有利？我們傾向於認為「痛擊」計畫可能會延遲甚至阻礙「圍殲」計畫的執行。另一方面，有人或許會認為，「圍殲」作戰計畫的成敗主要取決於俄國局勢的發展而非我們的行動。

迄今為止，我們在討論「痛擊」作戰計畫時的基礎是俄國的勝利或崩潰。然而，更可能的情形是我們將面對一種介於兩者之間的局勢。俄國的戰爭可能會長期僵持不下；或者結果難以預測，俄國戰線仍存在，僅僅向東移動了一些。

若「痛擊」計畫被撤銷，那麼在「圍殲」戰役之前，我們應採取何種措施呢？或者，如果存在這樣的觀點，即取消「痛擊」計畫可能會影響「圍

決策「火炬」作戰

殲」計畫的實施，那麼我們應如何應對呢？

接下來我將討論第二個議題，即「體育家」計畫。我們務必要從多方位對該計畫的各種形式進行評估。在德軍占領西北非並將西班牙和葡萄牙納入其體系之前，他們或許不會無限期地等待。由於德軍仍需應付俄國，因此暫時無力進攻英國，但他們可能很快便能集結足夠的力量對英國發起進攻。我們必須面對德軍占領北非和西非海岸的可能性。如果這種情況發生，將會造成極其嚴重的不利局面。

埃及的戰事正如火如荼地進行，這對「體育家」計畫的可行性至關重要。若奧金萊克將軍取勝，他或許能夠迅速向西推進。屆時，「雜技家」計畫可能實施，或對西西里島和義大利採取行動，並可能重新掌握南地中海的制空權，進而徹底避免航運損失。

我們的防禦體系目前存在顯著的漏洞。在地中海東部和裏海區域，幾乎沒有足夠的防禦力量。如果奧金萊克將軍在埃及的戰役中獲勝，我們便有機會籌組一支約八個師的部隊，這支部隊加上訓練有素的四個波蘭師，將有效遏制德軍的南下。然而，倘若奧金萊克將軍未能將敵軍驅逐出埃及，或者即便敵軍被迫撤退並被追擊至「雜技家」計畫區域，俄國南部的部隊將成為裏海以南主要地區的唯一防禦力量。至於他們的未來走向，尚不明朗，但斷言他們即將崩潰尚為時過早。即便面臨最壞的情形，他們仍可能經由高加索進行有效撤退，並在冬季堅守高加索山脈，同時在我們的空軍支援下，維持裏海的制海權。這支力量如同一道堅固的堡壘，目前他們是我們唯一的防線。

我們簡單討論了有關「安納吉姆」計畫（緬甸戰役）以及我們在太平洋戰場可以採取的協同作戰步驟。

7月22日下午，第二次會議召開。馬歇爾將軍率先發言，他表示，與其同僚和英國參謀長們的會談陷入僵局，因此他們必須向總統尋求指示。

我回應道，我與總統及其軍事顧問同樣渴望「儘早全力對敵作戰」。

然而，我堅信，由於我們當前力量有限，1942年不宜實施「痛擊」計畫。我列舉了我們可能面臨的失敗風險，比如，俄國可能崩潰，德軍可能進入高加索，或者可能擊敗奧金萊克將軍，占領尼羅河三角洲和蘇伊士運河，敵軍還可能在北非和西非站穩腳跟，進而使我們的航運幾近癱瘓。儘管如此，比起上述各種可能性，英、美之間的意見分歧將導致更嚴重的後果。因此，我同意美國三軍參謀長向總統報告，說明英國不準備進行「痛擊」計畫，並請他指示如何解決此問題。

羅斯福總統立即回電，表示對倫敦會談的失敗並不意外。他贊成在英國反對的情形下，無需再堅持實施「痛擊」計畫，並指示其代表團與我們就1942年美國陸軍參與某場對敵戰役達成協定。

「痛擊」計畫被擱置在一旁，而「體育家」計畫則獲得了應有的關注。儘管馬歇爾和金略感失望，但他們仍然遵從總司令的決定，我們之間再次充滿了友好的氛圍。

我急切地想為我鍾愛的「體育家」計畫重新命名。我們在密碼代號中拋棄了「體育家」、「超體育家」和「半體育家」等名稱。在我7月24日給三軍參謀長的指示中，我採用了全新的且富有巧思的「火炬」這個名稱。7月25日，總統發電給霍普金斯，指出「不遲於10月30日」實施的北非登陸計畫，應立即著手準備工作。那天晚上，我們的朋友們啟程返回華盛頓。

我與我的軍政同僚們經過深思熟慮後提出的意見，終於獲得了大家的贊同，並作出了決定。對此我感到非常高興，尤其因為這個決定是在看似最為艱難的時刻做出的。我希望實施的各項計畫，除了一個之外，都被採納了。未獲通過的計畫是「朱比特」作戰計畫（進攻挪威），但其價值毋庸置疑。我並未放棄該計畫，但最終也未能實現。在過去幾個月中，我一直致力於「取消『痛擊』作戰計畫」，並以進攻北非和實施「朱比特」作戰計畫替代。「朱比特」計畫最終未能實現。

決策「火炬」作戰

然而，我心滿意足的事物已然不少。

前海軍人員致羅斯福總統

1942 年 7 月 27 日

1. 我深信，你和我以及我們所有成員一樣，對於在這緊湊的一週當中所取得的成就感到欣慰。不僅在作戰行動上達成了一致意見，我們高級官員之間的真誠關係和戰友情誼也得到了進一步鞏固。若沒有哈里的寶貴支持，我對能否成功持懷疑態度。

2. 我們務必在今年以內開闢第二戰場，並儘早展開攻勢。我認為第二戰場應該包括 1 支將敵軍牽制在「痛擊」計畫區域對面的主力部隊，以及一個名為「火炬」（先前稱為「體育家」）的廣泛側翼行動。既然一切已定，我們可如你所言，全速前進。一切取決於保密和迅速行動，以及一個有序的軍事行動計畫。時間緊迫，我同意你的看法，最晚應在 10 月 30 日前完成。

3. 為保守祕密，唯一的方法是迷惑敵人。為達成此目標，我正準備實施「朱比特」計畫，同時我們也必須大力推進「痛擊」計畫。這些將為聯合王國的一切軍事行動提供掩護。隨著你們的軍隊開始執行「火炬」計畫，除機密機關外，所有人都會以為他們正前往蘇伊士運河或巴斯拉，他們所配備的熱帶裝備是最好的證明。這裡的加拿大軍隊將配備北極裝備，這樣敵軍直到最後一刻也無法弄清我們的意圖。

4. 同時，我期望「波麗露」的準備工作能繼續全力推進，儘管「火炬」計畫可能會對「波麗露」產生一些影響，但這影響僅限於延遲。如此一來，我們便能以雙線並進的方式展開攻擊。

所有的專家在我們雙方長久以來的計畫上達成了完全一致的看法，總統和我對此感到安慰。

羅斯福總統致前海軍人員

1942 年 7 月 28 日

　　三劍客今日下午順利抵達，婚禮將在預定日期如期舉行。對於這個結果，尤其是這次成功的坦誠會談，我感到無比欣慰。我不由得覺得，過去的一週象徵整個戰爭時期的一個轉捩點，而現在我們正攜手前行。我同意你的觀點，保密和迅速行動至關重要，並且我希望能將 10 月的日期提前。關於依據船舶噸位和英國進口糧食及原料等情況來計算補給和裝備的問題，我將與馬歇爾商議。我也會竭盡全力確保俄國南部翼獲得空軍支援。我認為這完全可行。

　　當前需要確定司令官的人選。

迪爾元帥致首相

1942 年 7 月 30 日

　　我須敦促你立即與總統協商關於指揮官的事宜。我個人認為馬歇爾是合適的人選，並且相信他會接受此職位。同樣明顯的是，目前這裡不能沒有他；然而，艾森豪完全可以代理他的職責。總統尚未與馬歇爾討論此事。這可能是因為總統擔心他會離開；然而，讓艾森豪作為他的副手這個提議會受到歡迎。

　　若此提議獲得批准，艾森豪將能凝聚他的聯合參謀團隊，使其真正發揮效用。在這個過程中，倘若艾森豪將「痛擊」計畫的設計和準備工作委託他人負責（顯然是委託給一位英國人），並讓他自己和參謀人員除對「痛擊」計畫進行總監督外，能全力集中於「火炬」計畫的準備工作，那將是極為明智的決策。當然，目前「火炬」計畫比任何事情都更為重要，它需要詳細的規劃、人力分配、任務安排和訓練等。從現在到戰役開始，工作必須緊鑼密鼓地進行；戰役越早發動，顯然越有利。

　　我對你在這些艱難談判中取得如此成功的結果深感欽佩。我希望能在下週初抵達倫敦，並期待有機會拜訪你。

決策「火炬」作戰

我撥通總統的電話，商討關於司令官的任命事宜。

前海軍人員致羅斯福總統

1942 年 7 月 31 日

1. 我迫切希望盡快確定「波麗露」、「痛擊」、「圍殲」和「火炬」計畫的司令官。如果能任命馬歇爾將軍為「圍殲」計畫的最高統帥，同時讓艾森豪將軍作為他的副手，我們將感到非常滿意。我們計劃首先任命亞歷山大將軍為特遣部隊司令，與艾森豪將軍共同工作。這兩人將負責「火炬」計畫，而艾森豪將軍也將暫時監督「波麗露」—「痛擊」計畫的執行。這樣，他能夠為「火炬」計畫調動各種必要的力量，而不會損害「波麗露」和「圍殲」計畫的進展。一旦「火炬」計畫準備就緒，他將指揮這次戰役，亞歷山大和一位美國司令官將分別從聯合王國和美國出發，擔任兩支特遣部隊的司令。當特遣部隊開始執行任務時，如果您任命馬歇爾將軍或其他人員代理執行「波麗露」、「痛擊」和「圍殲」計畫，我們將感到欣慰。我們也願意為他派遣一位助手。

2. 此事需迅速推進，因委員會數量龐大且行事緩慢。若你有其他計畫，請告訴我你的想法。

迪爾元帥致首相

1942 年 8 月 1 日

1. 總統已經前往海德公園短暫休息，但在啟程前下達命令，要求盡快全力實施「火炬」計畫。他要求參謀長聯席會議在 8 月 4 日告訴他最早的登陸日期。美方將兵力調往太平洋的風險或許依舊存在，但總統對此十分謹慎。

2. 美國人認為，因為接受了「火炬」計畫，1943 年的「圍殲」計畫已被取消。對此，我們無須爭辯。目前我們需要的是全心投入「火炬」計畫。我可以肯定，若總統同意，你會支持馬歇爾擔任總指揮；但無法在事

前保證他會獲得「圍殲」作戰計畫的最高司令職位，儘管你在 7 月 31 日給總統的電文中曾如此表示。

3. 願你在各項工作中取得與勇氣和抱負相符的成就。

午夜時分，我在萊納姆機場收到了這封電報。我即將從那裡開始一段旅程，至於此次旅行的起因與過程，將在下一章詳細闡述。

決策「火炬」作戰

開羅旅行及司令部重組

從多個管道獲取的報告，使我對中東最高司令部的懷疑逐漸加深。前往中東從現場解決那些關鍵問題，已經成為迫切需求。原本計劃的旅程是經由直布羅陀和塔科拉迪，再穿越中非到達開羅，整個過程可能需要五至六天的飛行。鑑於此次行程將穿越熱帶和瘧疾高發地區，因此需要進行一系列的預防接種。有些疫苗需十天後才能產生免疫效果，同時可能引發極度不適，甚至無法行動。戰時內閣的幾位成員關切地關注我的健康，反而讓我成了需要安慰他們的人。

然而，就在此時，一位名為范德克路特的美國年輕上尉駕駛員抵達英國，他剛從美國駕駛一架「突擊隊」飛機而來；這款飛機原型正是「解放者」飛機，但機內的炸彈架已被拆除，換裝了一些旅客設施。這架飛機顯然能夠按照規劃的航線完成全程飛行，並且還可以節省不少的時間。空軍參謀長波特爾與這位飛行員會面，詳細詢問了關於這架飛機的情況。累積飛行距離將近一百萬英里的范德克路特提出，何必繞道塔科拉迪、卡諾、拉密堡、歐拜伊德等地呢？他表示，自己可以直接從直布羅陀飛往開羅；從直布羅陀東飛，傍晚時分迅速轉向南，飛越西班牙或維琪的領土，然後繼續向東，直到接近艾斯尤特，就能看到尼羅河；再轉向北飛行，大約一小時後便能抵達位於金字塔西北的開羅機場。這個提議導致整個計畫被修改。我可以在兩天內抵達開羅，無需忍受中非臭蟲的騷擾，也不必接受預防牠們的注射。波特爾被他的建議說服了。

我們迫切地想了解蘇聯政府對於1942年不渡過英吉利海峽進行進攻這個出於無奈卻又可能令其不愉快消息的反應。7月28日晚，我正好在唐

開羅旅行及司令部重組

寧街十號，與戰時內閣的其他成員在臨時搭建的花廳內設宴款待國王。陛下已經私下同意我的出訪。在國王離開後，我立即邀請心情愉悅的內閣成員們到會議室進行討論。當時決定：我無論如何都應前往開羅一趟，並應向史達林提議與他會面。因此，我向他發出了以下電報：

首相致史達林總理

1942 年 7 月 30 日

1. 我們正在為另一個行動進行初步籌備，以確保一支龐大的運輸船隊能夠在九月的第一週前往阿爾漢格爾斯克。

2. 若收到你的邀請，我願意前往高加索的阿斯特拉罕或任何便於會面的類似地點與你會晤。屆時我們可以共同商討戰局，並一同做出決定。同時，我也可以向你說明我們與羅斯福總統已經制定的 1942 年進攻計畫。我將與帝國總參謀長一同前來。

3. 我即將啟程前往開羅，因為那裡有重要的事務需要我處理，相信這是你能夠理解的。如果你願意，我可以在那裡安排一個合適的會面日期，8 月 10 日至 13 日之間均可。

戰時內閣已經批准我的提議。

史達林總理致首相

1942 年 7 月 31 日

受蘇聯政府之託，我誠摯邀請您前往蘇聯與政府官員會面。鑑於希特勒對英、美、蘇的威脅現已異常緊張，若能蒞臨蘇聯，共商抗擊希特勒戰爭中的緊急事務，我將不勝感激。

我認為莫斯科是最合適的會面地點，原因在於，不僅是我，政府中的其他成員以及總參謀部的領導都無法在如此緊張的對德作戰時期離開首都。

帝國總參謀長的到來，完全符合我們的期盼。

请根据您在开罗执行任务所需的时间自行决定会面日期。我可以提前确定,任何日期对我而言都合适。

您承诺在九月初派遣第二批运送战争物资的船队前往苏联,我在此向您表达诚挚的谢意。尽管从战场上抽调飞机非常困难,但我们将竭尽所能采取措施以加强运输船队的空中防护。

首相致史达林总理

1942年8月1日

我必定前往莫斯科与你相会,至于抵达开罗后再敲定具体日期。

在此期间,鲁威塞特山脊的阿拉曼阵地仍在激战。隆美尔的进攻力道显得不足,而我方的防御力量相对充足。然而,胜负仍未可知。现已决定让我飞往开罗,因此我致电奥金莱克将军:

1942年7月31日

我计划于8月3日星期一抵达开罗。帝国总参谋长也会于同日经由其他路线抵达。我已要求史末资陆军元帅和韦维尔将军在同一週内前往开罗。请密切关注此事。

帝国总参谋长布鲁克将军目前驻紮在直布罗陀,他将经由马尔他前往开罗,我已经向他发送以下的电报:

首相致布鲁克将军

1942年8月1日

昨日我接获奥金莱克的电报,现摘录其中一段,由此可见,我们前往中东的旅程是何等重要:

「昨日与各军军长召开会议,深入探讨战术局势。鉴于兵力不足且敌方阵地已经有效巩固,我们不得不汇整出以下结论:当前形势下,不宜尝试突破敌方战线或从南翼袭击敌军。在9月中旬之前,重新採取攻势的机

會不大。這將視敵軍能否建立坦克部隊而定。因此，我們的暫時政策是採取守勢，在所有防禦區域內做好充分準備和鞏固工作。同時，我們將伺機發動攻勢，奇襲敵軍……」

外交部代表亞歷山大・卡多根爵士將伴隨我同行，行程已經妥善安排。8月2日，星期日午夜過後，我們從萊納姆乘坐 C-46 柯蒂斯轟炸機起飛。這次旅程與之前乘坐「波音」水上飛機的舒適大相逕庭。這種轟炸機當時缺乏暖氣，刺骨的寒風從多個縫隙灌入。機內沒有臥鋪，但後艙有兩塊擱板供我和我的醫師查爾斯・威爾遜爵士躺下，並有足夠的毯子供大家使用。我們低空飛過南英格蘭，以便讓我們的高射炮部隊辨識；雖然他們事先已經被通知，但仍保持「戒備」狀態。飛至海面後，我離開座艙，前往後艙休息。服用了安眠藥後，我睡得很安穩。

8月3日清晨，我們順利抵達直布羅陀，全天巡查了要塞周圍，傍晚六時啟程飛往開羅──此段需要飛行兩千多英里，為避開沙漠戰場周邊敵機，必須繞道遠行。范德克路特為節省燃油，未在日落前飛往地中海，而是直接穿越西班牙和半敵對的維琪屬地。因此，黃昏前我們有四架「勇士」戰鬥機護航，我們實際上已經打破了這兩個地區的中立。空中旅途順利，我們未進入任何大城市的炮火射程。當夜色籠罩著不甚迷人的景緻時，我們在 C-46 型飛機的後艙中就其所提供的臥具安睡，期間我感到非常愉悅。在中立區域被迫降落會帶來極大麻煩，即使在沙漠降落，情況稍好，也會有不同問題。然而，C-46 型飛機的四個引擎歡快地轟鳴著；在星空璀璨的夜晚通宵飛行，我安然入睡，直到黎明。

日出前，我習慣性地坐在副駕駛座上。8月4日晨光微曦時，我再次坐在這個位置，看見尼羅河如銀帶般蜿蜒展現眼前。這並非我第一次在尼羅河上觀賞晨曦。無論在戰時或和平時期，我幾乎走遍從維多利亞湖到地中海的尼羅河流域，唯獨「棟古拉一帶」除外。陽光灑在河面上，閃爍生

輝，今日的景色特別令人心曠神怡。

目前，我暫時化身為「前線人員」。不再身處國內靜候消息，而是親赴前線傳遞戰況，這實在令人振奮。

在開羅，我面臨一系列急需解決的問題：奧金萊克將軍或其屬下是否對沙漠地區部隊失去信心？如果情況屬實，他應該被撤職，但誰是合適的繼任者？即將對於一位具備高尚品格、卓越才能和堅定決心的指揮官，做出這樣的決定令人痛心。為避免判斷錯誤，我請史末資將軍從南非趕赴開羅。我到達時，他已經在英國大使館等待。我們進行了一個上午的討論，我向他詳述了我們的所有困難以及各種解決方案。下午，我與奧金萊克長談，他清晰地解釋了軍事形勢。次日早晨，因奧金萊克的請求，我會見了科貝特將軍，他是總司令的得力助手。他表示，奧金萊克迫切希望儘早卸任第八集團軍司令，返回開羅處理更廣泛的事務。接著，他令我驚訝地說：「我將接替他指揮第八集團軍。事實上，上週我已經準備就緒。」這種安排顯然未在我們的考慮之中。午餐後，韋維爾將軍從印度抵達。六時，我召開了關於中東問題的會議，史末資、凱西、帝國總參謀長、韋維爾、奧金萊克、海軍上將哈伍德和空軍的特德等所有負責人員均出席。我們討論了大量問題，並在許多議題上達成一致。然而，在整個會議期間，我的思緒始終圍繞著中東司令官這個核心問題。

處理這類性質的人員調動而不考慮其他因素是不現實的。帝國總參謀長的職責在於評估我們將領的素養及能力；在此問題上，他是我的顧問。我最初建議他出掌中東。布魯克將軍自然樂於讓他擔任作戰指揮官，而且我也知道，沒有人比他更為合適。他對此進行了考慮，並在次日上午與史末資將軍進行了深入交談。最終，他回答說，他擔任帝國總參謀長僅八個月，他相信已經贏得我的充分信任，並且目前總參謀部的運作極為順利。在此時變動，可能會在這個關鍵時刻引發暫時的混亂。此外，經過全面考

開羅旅行及司令部重組

慮,他不願承擔先勸奧金萊克辭職然後自己接任的這項任務。他的聲譽極高,不應遭受這種非難;因此,我只好另作打算。

亞歷山大與蒙哥馬利曾與布魯克並肩作戰,這讓我們回憶起1940年5月的敦克爾克事件。在緬甸,亞歷山大在注定失敗的戰役中表現卓越,我和帝國總參謀長對此深表欽佩。蒙哥馬利的聲望極高。如果決定替換奧金萊克,毫無疑問亞歷山大會被委以中東的重任。然而,第八集團軍的士氣不容忽視。若從英格蘭派遣兩名新將領接替在沙漠地區的指揮,這是否會被視為對他們及第八集團軍各級軍官的一種責難?在這一點上,戈特將軍似乎在各方面都適合需求。全軍對他表示忠誠;他贏得「懲罰者」這個稱號並非偶然。然而,據布魯克將軍所述,有一種觀點認為他已經疲憊,需要休息。因此此刻作出決定還為時尚早。我將在此次旅程中親自考察,想想在有限的時間內能實現什麼目標。

邁爾斯‧藍普森爵士給予我的款待極為隆重。我被安置在他配有空調的臥室,並在他同樣有空調的書房中工作。當時正值酷暑,唯有這兩間房的溫度令人感到舒適。在這個其餘條件不甚理想的環境中,我們逗留了一個多星期,收集消息,聽取不同意見,並前往開羅以東的卡塞辛區,視察前線及大型兵營,我們的強大援軍正陸續抵達此地。

8月5日,我對阿拉曼陣地進行了視察。奧金萊克將軍和我一同乘坐他的汽車,前往由第九澳洲師所防守的魯威塞特以西戰線最右邊側翼。隨後,我們沿著戰線前行,抵達魯威塞特山脊後方他的總部,並在圍有電網的區域內享用早餐;那裡的空中到處飛舞著蒼蠅。我要求各兵種的軍官前來,尤其是「懲罰者」戈特將軍,據說他因為工作過度而身體衰弱,我對此需要深入了解。在結識了在場的各兵種軍長和師長後,我邀請戈特將軍與我同車前往下一個目的地 —— 機場。奧金萊克的一位參謀反對此安排,稱這樣會多繞一小時,但我堅持戈特將軍應該同行。這是我第一次也

是最後一次見到戈特。汽車在崎嶇的道路上顛簸前行，我注視著他明亮的藍眼睛，詢問他的健康狀況。他是否感到疲憊？是否想表達他的看法？戈特承認，確實感到疲憊，已有多年未曾回國，他希望能在英格蘭度假 3 個月。然而，他表示仍能擔負新的緊要任務。我們於 8 月 5 日下午兩點在機場告別。兩天後，他在幾乎同樣的時間和地點被敵人擊殺。

在機場，我被安排由空軍少將科寧厄姆來迎接。他在特德的指揮下，負責協調空軍與陸軍的聯合行動；若非他的努力，五百英里的大撤退恐怕會面臨比以往更嚴重的災難。我們在十五分鐘內飛抵他的總部，那裡已經為我們準備了午餐，所有主要的空軍上校及以上的軍官都已聚集。我察覺到主人在我抵達時顯得特別緊張。所有餐點皆是從謝潑德飯店訂購。一輛專用卡車正從開羅運送美味佳餚，但途中迷路，派人四處尋找。最終，食物終於送達。

在我們愁緒滿懷時，這一刻卻顯得特別愉悅 —— 在廣袤沙漠之中，我們發現了一片真正的綠洲。很容易想像，空軍對陸軍會提出怎樣的批評，而陸、空軍雙方對我們的強大兵力遭遇的挫折感到多麼驚訝。那晚，我飛回開羅，發送了以下的電報：

首相致副首相

1942 年 8 月 5 日

1. 我與第八集團軍共度了一段漫長而振奮人心的時光，剛剛返回；我們參觀了阿拉曼和魯威塞特，檢閱了南非和澳洲的部隊，拜訪了莫斯黑德、拉姆斯登和戈特將軍，與奧金萊克共度了上午，並與特德、科寧厄姆以及皇家空軍的人員共度了下午。部隊士氣高昂，大家看起來充滿信心，鬥志昂揚，但對於屢次失去勝利的機會感到困惑不已。在我考慮需要向內閣推薦人選時，我請求他們讓我檢查所有前線和後方的部隊。

2. 我正與足智多謀的史末資商討整個局勢。局勢之所以嚴峻至此，錯

開羅旅行及司令部重組

誤顯然不在於軍隊，且與軍隊的裝備關係甚微。

3. 我有意讓自己未來的行動變得難以捉摸。下議院對我的報告表示滿意，聽來令人愉悅。這次環境的變化和戶外的生活讓我獲益良多。

翌日，即8月6日全天，我與布魯克和史末資共同討論，擬定致內閣的必要電文。當前需解決的問題，不僅涉及高級官員，還牽涉整個廣大戰區的指揮結構。我常感到，用「中東」一詞指代埃及、地中海東部沿岸地區、敘利亞及土耳其等地不太合適。這個地區應該稱為近東。波斯和伊拉克才是中東；印度、緬甸和馬來亞屬東方；而中國與日本則是遠東。然而，我認為，比起更改名稱更為重要的是重新劃分現有中東司令部的職責範圍。該單位管理的事務過多，區域過於廣泛。現在是進行改組的時機了。

首相致副首相

1942年8月6日晚八時十五分

1. 在此經過深入研究，並與史末資元帥、帝國總參謀長以及國務大臣多次磋商後，我已經決定立刻實施果斷行動，重組最高司令部。

2. 故我提議，將中東司令部拆分為兩個獨立的司令部，分別為：

（1）「近東司令部」，涵蓋埃及、巴勒斯坦和敘利亞，總部設在開羅；

（2）「中東司令部」涵蓋波斯及伊拉克，其總部位於巴斯拉或巴格達。

第八集團軍和第九集團軍隸屬於近東司令部，而第十集團軍則歸屬中東司令部。

3. 奧金萊克將軍被任命為新的中東司令部總司令，儘管職銜保持不變，但其許可權被縮減。這個調整可能在未來顯得尤為重要，同時也能讓奧金萊克將軍繼續與印度保持連繫。我們還需注意，韋維爾將軍擔任印度總司令的職務僅限於戰爭期間；印度事務部時常希望奧金萊克在可能的情況下返回印度。我完全不清楚這個計畫是否會因此而遇到阻礙，最終無法實現；當然，沒有人能對無法預測的事件作出保證。

4. 任命亞歷山大將軍擔任近東總司令一職。

5. 蒙哥馬利將軍接替亞歷山大執行「火炬」計畫。我感到遺憾的是，必須將亞歷山大調出「火炬」計畫；不過蒙哥馬利從各方面觀察都具備接替資格。

6. 戈特將軍被任命為第八集團軍指揮官，歸亞歷山大指揮。

7. 科貝特將軍將被免去近東司令部總參謀長職務。

8. 拉姆斯登將被免去第三十軍指揮官的職務。

9. 多爾曼－史密斯副總參謀長將被撤職。

10. 第八集團軍還需選定兩位新軍長以接替戈特和拉姆斯登。對於這兩個職位，我們已有一些考慮。然而，最好讓帝國總參謀長一併討論這些問題及一些下級人員的調動。部分下級人員的調動需待亞歷山大到任後由他與戈特共同商定。

......

12. 以上即為當前嚴峻緊迫局勢所迫切要求的重要人事調整。若我的戰時內閣同僚能給予批准，我將深表感激。史末資與帝國總參謀長希望我傳達他們的立場：他們全然認同，在諸多困難與可選方案中，此乃應遵循的正確方向。國務大臣亦完全支持。我堅信這些人事調整將為軍隊注入新的強大動力，恢復部隊對指揮部的信任，而遺憾的是，目前這種信任尚未存在。我在此必須強調，需要有一個全新的開始和激烈的行動，以賦予這個龐大、運轉不靈且有些混亂的機構新的活力。戰時內閣不難理解，8月或9月間對隆美爾的勝利，將在「火炬」計畫啟動時對北非法國人的態度產生決定性影響。

13. 我期望儘早收到關於戰時內閣批准的通知，並盼望亞歷山大立刻動身。他需在我和帝國總參謀長啟程前往俄羅斯之前到達。我打算在星期日或星期一出發。所有調動將在星期一起執行，並在符合前線作戰利益時盡快公布。目前必須嚴格保密。

開羅旅行及司令部重組

戰時內閣認可我對最高司令部立即採取重大變革的建議。他們熱情支持調任亞歷山大將軍，並表示他將立即從英國啟程。然而，他們不同意將中東司令部分為兩個獨立司令部。他們認為，當前成立一個統一司令部的理由比1941年12月決定這樣做時更為充分。他們同意由蒙哥馬利接替亞歷山大在「火炬」作戰計畫中的職務，並已召他立即前往倫敦。至於其他任命事宜，他們願意由我負責處理。

首相致副首相

1942年8月6日、7日

我們提出將中東司令部分成兩個的建議，完全是因為這樣做確有益處。如果奧金萊克將軍沒有因戰線過長、事務繁多而導致精力分散，或許西部沙漠的慘敗就不會發生。若非不願意專注於利比亞的戰術問題，他原本可以直接指揮5月底開始的戰役。「埋頭於利比亞的戰術問題」這句話本身就揭示了因瑣碎任務而造成的輕重失衡。事實上，當前任務的核心正是這些「利比亞的戰術問題」。

這兩個司令部被三、四百英里的沙漠隔離，彼此間唯一的橫向連繫是無法運送軍隊的土耳其鐵路、穿越沙漠的汽車道路，以及需時約十四日繞行阿拉伯半島的海上航線。兩個司令部的供應基地截然不同……我們堅信，目前提議的安排從地理、戰略及後勤等角度來看都是合理的……我之所以提出重新畫分戰區的建議，僅是因為需要採取突然且具有決定性的司令部改組行動以對抗隆美爾，並給予部隊煥然一新的感受。我極不願在我們命運依賴迅速且果斷擊敗隆美爾之際，使亞歷山大因顧慮其邊遠地區而感到困擾。

我真誠地希望，我的同事們能夠更加深入地思考這個極為複雜的問題，並允許我按照我的方案進行。在這些問題上，我已經完全獲得史末資和帝國總參謀長的同意。因為亞歷山大已經動身，而奧金萊克顯然對即

將發生的事態一無所知，因此此刻做出決定至關重要。我必須在明天告訴他。

內閣謹慎地同意了我計畫中的其他建議，這令我心懷感激。

戰時內閣表示，我的電報雖未徹底打消他們的疑慮，但鑑於史末資及帝國總參謀長均在場，並已同意該建議，他們準備批准我所提出的行動。然而，他們強烈指出，若奧金萊克將軍在被任命為波斯和伊拉克戰區司令的同時仍保留中東總司令的頭銜，勢必引發混亂。我同意這個看法，並採納了他們的建議。

8月7日，我探訪了剛抵達的第五十一蘇格蘭師。晚宴後，我在大使館上樓時，遇見了雅各布上校。他告訴我：「戈特真不走運。」我說：「發生了什麼事？」他說：「今天下午，他飛往開羅的飛機被擊落了。」我原本計劃在即將到來的戰役中任命這位出色的軍人承擔最緊要的戰鬥任務，因此他的犧牲讓我深感痛惜。我的整個計畫被打亂了。奧金萊克從最高統帥部調走後，任命擁有沙漠作戰經驗和威望的戈特到第八集團軍司令部，這樣力量得以平衡，且藉由亞歷山大承擔中東戰區的重任，整體局勢會得到彌補。可是現在該怎麼辦呢？

首相致副首相

1942年8月7日

戈特的飛機遭遇擊落，他已經犧牲，我對此深感痛惜。

毫無疑問，誰將成為他的繼任者。

首相致副首相

　　帝國總參謀長堅決提議由蒙哥馬利指揮第八集團軍。史末資和我都認為此職位需緊急填補。請盡快安排專機護送他赴任。到達時間請立即告訴。

開羅旅行及司令部重組

8月7日上午11時15分，戰時內閣似乎正在召開會議，討論我當天發過去剛剛翻譯完畢的電報。會議進行中，祕書送去了我陸續發送的電報，其中一封報告戈特已犧牲，另一封則要求立即派遣蒙哥馬利前來。據說，那一刻是我在唐寧街的朋友們極為悲痛的時刻。然而，正如我多次觀察到的，他們已經習慣了這樣的情況，因此能夠堅強應對。他們一直開會到黎明，一致同意我提出的主要建議，並對蒙哥馬利發出了必要的命令。

在我向戰時內閣發電報傳遞戈特去世的消息時，我曾要求不要將我們計劃讓蒙哥馬利接替亞歷山大的消息透露給艾森豪將軍。然而，消息已然傳達給了艾森豪。對計畫的進一步調整無疑會給「火炬」計畫的準備工作帶來不必要的混亂。在這項偉大的行動中，亞歷山大被任命指揮英國第一集團軍，他已經開始與艾森豪合作，並且相處融洽。如今，亞歷山大因為中東事務而離開。伊斯梅被指示將這個變動及我的歉意告訴艾森豪：由於戰事迫切，我不得不中斷並打亂了協調。伊斯梅詳細闡述了艾森豪作為戰地指揮官的卓越能力。蒙哥馬利幾乎立即抵達艾森豪的司令部，並免去了不同國家軍隊指揮官因共同任務而會面時所需的繁文縟節。然而，第二天早晨（8月8日），艾森豪被通知蒙哥馬利必須即日飛往開羅指揮第八集團軍。伊斯梅再次承擔起傳達這個任務的責任。艾森豪以寬宏大量和實事求是的態度處理這個局面，儘管如此，他對如此重大的作戰行動中關鍵職位在兩天內兩次變動感到困惑。他此時又將迎接第三位英國指揮官。不足為奇，他向伊斯梅詢問：「英國人是否認真對待『火炬』計畫？」儘管戈特之死是戰爭中的事實，一個優秀的軍人對此理當了解。安德森將軍被任命填補此空缺。蒙哥馬利與伊斯梅一同前往機場，途中，伊斯梅向他解釋了這些突然變動的背景。

他們的這次談話中據說還有一段故事——可惜未能證實。蒙哥馬利

提及軍人一生中的考驗與風險。他終身投身於軍事，勤勉不懈，克己奉公。終於，命運之神向他微笑，成功光芒灑在他的身上，他獲得晉升，機會降臨，他開始指揮大批軍隊。他贏得勝利，名揚四海，人人皆議論他。然而，命運突變，一場戰役使他的所有成就化為烏有，這或許並非他的過失，但他的名字被記入無盡的軍事失敗史。伊斯梅勸道：「但是，你不應該如此悲觀！中東正在集結一支優秀的軍隊。可以肯定地說，你不會遭遇災難。」蒙哥馬利在車裡大聲喊道：「什麼！你指的是什麼。我談的是隆美爾啊！」

8月8日這天，我與義勇騎兵師共度時光。這支傑出的部隊迄今未曾投入使用，尚未與敵人進行有效的交戰。他們駐紮在卡塞辛公路沿線。兩年來，他們在中東，主要在巴勒斯坦服役。我至今尚還未能為他們提供與其戰鬥力相稱的裝備，使其成為精銳部隊。如今，他們終於抵達前線後方，準備參戰。然而，正值他們大有作為之際，為了補充和重新裝備前線部隊，所有坦克必須調走。對這些充滿鬥志的人而言，這是何等的打擊！我的任務是從一個旅到另一個旅，向一批又一批軍官（每批約二、三百人）解釋在他們士氣高漲時卻要削弱他們力量的原因。但我也為他們帶來了好消息。三百輛「謝爾曼」坦克正通過紅海運來此地，半月內，該師將開始配備當時最強大的裝甲車。我向他們講述了托布魯克淪陷次日清晨，我與總統及馬歇爾將軍在一起的故事。當時，美國第一裝甲師對這些「謝爾曼」坦克何其渴求，但他們一接到命令，要給我們一個機會——或許我可以說，確實可能——來保衛亞歷山大港、開羅和埃及，使其免於淪陷，便立即調出這些坦克。義勇騎兵師將獲得這批坦克，並成為世界一流的裝甲部隊。我相信，軍官們從我講述的事件中獲得了慰藉。

我在崎嶇的道路上長途跋涉，朝著開羅行進，並於下午五點前抵達市中心。

開羅旅行及司令部重組

　　此刻我需要告訴奧金萊克將軍,他的指揮任務即將被解除。基於以往的經驗,這種不愉快的消息透過信件傳達更為妥當,因此我派遣雅各布上校攜帶以下信函乘飛機前往他的司令部。

1942 年 8 月 8 日

【引文】開羅

尊敬的奧金萊克將軍:

　　1. 在 6 月 23 日的電報中,你向帝國總參謀長表達了關於解除你在該戰區指揮職務的意願,並推薦亞歷山大將軍作為接替人選。由於當時軍隊面臨危機,陛下政府未能接受你的高尚建議。同時,你按照我一貫的期望,遵循我在 5 月 20 日電報中對你的建議,採取了有效的戰事指揮,成功遏制了不利局勢的發展。目前,戰線已然趨於穩定。

　　2. 依照你之前提出的意見,戰時內閣認為改組的時機已經成熟。我們計劃將波斯和伊拉克從當前的中東戰區中劃分出來。亞歷山大將被委任為中東戰區的指揮官,而蒙哥馬利將統領第八集團軍。我提議你負責指揮伊拉克和波斯戰區,包含第十集團軍在內,總部設在巴斯拉或巴格達。雖然這個戰區的規模確實比中東戰區小,但幾個月後,這裡可能成為關鍵戰鬥的地區,並且第十集團軍的增援正趕往途中。你對這個戰區有特殊的經驗,並且可以與印度保持連繫,因此我希望你能以一貫的大公無私精神同意我的願望和指示。亞歷山大即將到達,除非敵人行動造成變動,我希望下週初能在西部戰線順利有效地進行交接。

　　3. 若你願意,我將非常樂意在任何合適的時候與你見面。

　　請相信我!

你真誠的

溫斯頓・邱吉爾

　　附言:我已經委託持信人雅各布上校表達對戈特將軍驟然離世的哀悼。

我將所有情況告訴總統。

前海軍人員致羅斯福總統

1942 年 8 月 8 日

　　你想必已經見到來自倫敦的英國參謀長委員會向華盛頓參謀長聯席會議發出關於儘早執行「火炬」作戰計畫的電報。我確信此事極其重要，需付出非同尋常的努力。每一天的時間都至關重要。我已經電告倫敦，歡迎艾森豪將軍出任「火炬」作戰計畫的盟軍總司令，同時英國的高級軍官正與他密切合作……

　　我正忙於中東戰區最高統帥部的必要改組工作。我已經將伊拉克和波斯剝離出中東戰區，並將奧金萊克將軍調任至該地區。亞歷山大將接替他擔任中東總司令。戈特將軍被任命為亞歷山大指揮下的第八集團軍司令，但不幸於昨日犧牲。我建議任命蒙哥馬利將軍接替他的職務。這將大大集中作戰行動。此地的勝利可能讓法國對「火炬」計畫的態度產生決定性影響。

　　雅各布在夜間歸來。奧金萊克以士兵的莊重姿態面對這個打擊。他拒絕了新的指揮任務，並計劃次日拜訪我。

　　雅各布在日記中提到：

　　首相此刻正在酣睡，他將在凌晨六點醒來。我必須立刻將我與奧金萊克將軍的談話內容盡快向他彙報。帝國總參謀長也在那裡。首相的全部心思都集中在如何擊敗隆美爾，以及確保亞歷山大將軍全面負責西部沙漠戰鬥事宜。他無法理解為何在沙漠中發生重大事件時，人們仍然留在開羅，而讓他人負責沙漠的戰事。他來回踱步，滔滔不絕地談論這個問題，並希望事情按照他的意見來處理。他高喊：「隆美爾，隆美爾，隆美爾，隆美爾！除了打敗他，還有什麼更重要的？」

　　8 月 9 日上午，亞歷山大將軍抵達，並與我及帝國總參謀長一同享用早餐。

開羅旅行及司令部重組

奧金萊克將軍在午後抵達開羅,我們進行了一個小時的對話。這次交流很快變得乏味,但卻無可挑剔。

為此,我發出以下電報:

首相致伊斯梅將軍

1942 年 8 月 10 日

⋯⋯奧金萊克將軍不願接受伊拉克－波斯戰區司令官之職。⋯⋯不過,我依然堅信他是最佳人選,我已經給他幾天時間讓他重新考慮。我不會施壓逼他就任,但我擔心,由於最近的挫折 —— 儘管他以莊重的態度面對這個挫折,但自然仍感到痛心 —— 他可能無法作出任何決定。

軍事當局正評估將伊拉克和波斯設立為獨立戰區的建議,並檢討隨之而來的行政調整。如果三軍參謀長同時能提出最佳執行策略,我將非常欣慰。

史末資將軍已經返回南非,然而,帝國總參謀長與亞歷山大將軍與我的看法一致,認為當前的畫分是恰當的⋯⋯

當日,我再次致函奧金萊克將軍:

我計劃在歸國途中,於 14 日或 15 日在巴格達召開會議,專門探討設立伊拉克和波斯戰區獨立機構的事宜⋯⋯

我很想知道到時你能否接受我所提議這項重大而艱難的任務。如果如我所願,你願意承擔你所擅長的工作,那麼希望在移交指揮工作手續完成後,你能在巴格達與我會面。

那天晚上,亞歷山大將軍前來與我會面,我們完成了指揮官職務調動的最終部署。我向倫敦提交了詳盡的報告:

首相致函伊斯梅將軍,並轉有關人員

1942 年 8 月 10 日

1. 你應立刻宣告戈特將軍已經陣亡。

2. 我於 8 月 8 日已經致函告訴奧金萊克將軍我的決定，9 日他前來拜訪。除非亞歷山大將軍請求延遲幾日（不太可能），交接將在 9 日起的三天內完成。移交完成後，亞歷山大將通知你，屆時應發布以下的公告：

（1）亞歷山大將軍已被指定接替奧金萊克將軍，指揮英王陛下政府在中東的軍隊。

（2）蒙哥馬利將軍被任命接替里奇將軍指揮第八集團軍。

（3）麥克里將軍現已被任命為亞歷山大將軍的參謀長。

（4）拉姆斯登將軍傷勢痊癒，奉命擔任第三十軍軍長，接替已經殉職的戈特將軍。

3. 在接到亞歷山大將軍完成接管的報告之前，務必保持絕對保密。因此，新聞大臣應事先私下通知報社負責人或編輯，並告訴他們中東最高指揮部正在進行重要的人事變動，以便最大程度地鼓舞西部沙漠部隊。國務大臣也會採取類似步驟。

……

7. 我已經向亞歷山大將軍傳達了這些指令，這些指令最為符合他的願望，並且得到了帝國總參謀長的認可：

（1）你的首要任務是盡快擊敗或摧毀由隆美爾元帥指揮的德、義軍隊，以及他們在埃及和利比亞的所有補給和設施。

（2）你還需要親自完成或督促與英王陛下利益密切相關的其他戰區任務，只要這些任務不影響（1）中提到的任務。

無疑，隨著戰事推進，命令的核心或許將有所調整，然而我認為當前有必要保持任務的簡化和目標的集中。

亞歷山大在半年之後才回覆信件，這個事件將在未來適當時機詳細介紹。

防線失序，邱吉爾記錄全球潰敗時刻：
從新加坡淪陷到北非困局，政局動盪與軍事壓力同步襲來

作　　　者：	［英］溫斯頓・邱吉爾（Winston Churchill）
編　　　譯：	伊莉莎
發 行 人：	黃振庭
出 版 者：	複刻文化事業有限公司
發 行 者：	崧燁文化事業有限公司
E - m a i l：	sonbookservice@gmail.com
粉 絲 頁：	https://www.facebook.com/sonbookss/
網　　　址：	https://sonbook.net/
地　　　址：	台北市中正區重慶南路一段61號8樓 8F., No.61, Sec. 1, Chongqing S. Rd., Zhongzheng Dist., Taipei City 100, Taiwan

國家圖書館出版品預行編目資料

防線失序，邱吉爾記錄全球潰敗時刻：從新加坡淪陷到北非困局，政局動盪與軍事壓力同步襲來 / [英]溫斯頓・邱吉爾(Winston Churchill)著，伊莉莎 編譯. -- 第一版. -- 臺北市：複刻文化事業有限公司, 2025.07
面；　公分
POD版
ISBN 978-626-428-163-8(平裝)
1.CST: 第二次世界大戰
712.84　　　114008148

電　　　話：	(02)2370-3310
傳　　　真：	(02)2388-1990
印　　　刷：	京峯數位服務有限公司
律師顧問：	廣華律師事務所 張珮琦律師
定　　　價：	550元
發 行 日 期：	2025年07月第一版

◎本書以POD印製

電子書購買

爽讀APP　　　臉書